司法部法治建设与法学理论研究部级科研项目
重点课题"新质生产力发展的法治保障体系构建研究"
（项目编号：24SFB1002）

新质生产力
发展的法治保障

冯果 等著

图书在版编目(CIP)数据

新质生产力发展的法治保障/冯果等著. -- 北京：北京大学出版社, 2025. 9. -- ISBN 978-7-301-36586-1

Ⅰ. D920. 0

中国国家版本馆 CIP 数据核字第 2025TN7705 号

书　　　名	新质生产力发展的法治保障
	XINZHI SHENGCHANLI FAZHAN DE FAZHI BAOZHANG
著作责任者	冯　果　等著
责 任 编 辑	王建君
标 准 书 号	ISBN 978-7-301-36586-1
出 版 发 行	北京大学出版社
地　　　址	北京市海淀区成府路 205 号　100871
网　　　址	http://www.pup.cn　http://www.yandayuanzhao.com
电 子 邮 箱	编辑部 yandayuanzhao@pup.cn　总编室 zpup@pup.cn
新 浪 微 博	@北京大学出版社　@北大出版社燕大元照法律图书
电　　　话	邮购部 010-62752015　发行部 010-62750672
	编辑部 010-62117788
印 刷 者	大厂回族自治县彩虹印刷有限公司
经 销 者	新华书店
	650 毫米×980 毫米　16 开本　28 印张　413 千字
	2025 年 9 月第 1 版　2025 年 9 月第 1 次印刷
定　　　价	118.00 元

未经许可，不得以任何方式复制或抄袭本书之部分或全部内容。
版权所有，侵权必究
举报电话: 010-62752024　电子邮箱: fd@pup.cn
图书如有印装质量问题，请与出版部联系，电话: 010-62756370

"新质生产力"的提出,揭示了科技革命因应产业升级规律的发展方向,是对我国当下所需、未来所系的先进生产力的具体阐释。由于新质生产力是直接源于"生产力"这一底层概念,政治经济学领域的学者们基于生产力与生产关系的分析框架,将其视为对马克思主义生产力理论的守正创新,率先展开相关研究。不过值得注意的是,新质生产力的相关理论建构无疑是一个盛大的、跨领域的智性工程,绝不可能仅局限于单一的学科。党的二十届三中全会作出了"健全因地制宜发展新质生产力体制机制"的重大战略部署,实质上确立了新质生产力发展的法治保障这一法学命题。法学研究独特的方法论与分析范式,恰好能够弥合新质生产力发展与现行制度之间的各类张力:一则通过革新制度回应和指引新质生产力发展中出现的新现象;二则通过完善制度防范和化解新质生产力发展中产生的新风险。有鉴于此,我们在武汉大学数据智能研究院的支持下,组织"数智治理现代化研究团队"开展研究,并获得了"武汉大学社会科学数智创新研究团队项目"立项资助,本书即为该项目的阶段性成果。依托该成果,团队同时申请了司法部2024年度法治建设与法学理论研究部级科研项目重点课题"新质生产力发展的法治保障体系构建研

新质生产力发展的

究",并获立项(项目编号:24SFB1002)。

从域外比较视角看,美国《先进制造业国家战略》和欧盟"数字欧洲计划"等政策实践表明,全球价值链重构背景下的制度竞争已经上升为国家战略能力较量的关键。这要求在对新质生产力进行法学研究的过程中,既要扎根中国式现代化的发展场域,探索适应我国经济社会环境的本土经验,提升中国特色社会主义法治理论的有效性;又要在制度可移植性与文化根植性之间保持一种辩证平衡,掌握国际规则制定的主导权,增强我国在全球经济治理中的影响力。霍姆斯大法官"法律的生命不在于逻辑,而在于经验"这一著名论断,在此获得了新时代语境下的特殊诠释价值——新质生产力发展的法治保障体系建构,本质上是在社会主义市场经济的制度框架下,实现技术革命逻辑与法治演变逻辑的相得益彰。进言之,构建新质生产力发展的法治保障格局需要从纵向和横向双重维度入手,形成一套系统性的发展思路。在纵向维度上,建立涵盖传统产业转型、新兴产业培育、未来产业布局的立体式制度供给体系;在横向维度上,实现要素市场化配置、科技创新激励、风险预防规制的全方位制度协同机制。本书便是沿循前述研究背景和研究目标,旨在发挥法治固根本、稳预期、利长远的重要功能,锚定发展新质生产力过程中的差异需求,持续优化制度环境与生产力发展的适配度。

所谓"法治保障",可拆解为"法治"与"保障"两组关键词,前者是后者的工具和手段,后者是前者的目的和结果,据此衍生出本书的两个研究特色。其一,本书力求实现不同部门法之间的联动配合。新质生产力的法学研究具有明显的跨学科色彩,制度之间往往牵一发而动全身。单独制定一部"新质生产力促进法"既片面又不切实际,合理且有效的做法是强化各部门法之间的协调与合作,向其注入新质生产力所需的制度规则,充分发挥各自优势。例如,以公司法重塑市场主体组织形态,借金融法优化创新资本配置,凭竞争法规制平台垄断行为,依托知识产权法构建数字时代的价值分配秩序,形成支撑新质生产力发展的规范合力。其二,本书试图搭建结构性的保障体系。欲实现对新质生产力发展的全面保障,必须将庞杂、散乱的规则重新归类并加以整合。通过部门法来划分固然是一种简便的手段，但这相当于割裂地复述新质生产力的有关制度，缺乏理论上的迭代和深入本质的观察。倘若按照技术、经济、法律相互依存的有机关系，把新质生产力发展解耦成本体论、内核论、动力论、协调论、转型论、跃升论、环境论七阶进路，就能够从整体主义视角阐释法治保障的各个环节，克服分散式、碎片化研究的局限，使法治周延地覆盖新质生产力发展的全周期。正因如此，本书并非关注特定保障机制实施的专著，也绝非仅局限于单一部门法，而是希望立足于整体主义视阈，融合多学科、多领域的理论与实践，力求从更全面和多元的角度廓清不同法治保障机制作用于新质生产力发展的能动空间。同时，由于新质生产力涉及经济社会发展各领域，故本书主要从经济法角度来构建激励与约束相容的法治发展路径，结合我国具体环境得出安全与发展的最优均衡解。

本书的主体内容主要由七个章节构成。第一章梳理了新质生产力的定义、法治保障必要性及总体实现进路。通过分析新质生产力的背景、含义、特征、价值，指出新质生产力在市场经营、社会培育和国家规划层面对法治的需求，并围绕新质生产力法治化建设中的重点、堵点与难点，设计立法、执法、司法的统领性方案，向读者呈现法治保障在生产力迭代中的基础性地位。第二章讨论了如何引领作为新质生产力发展内核的劳动禀赋优化升级。通过聚焦劳动禀赋优化升级的历史逻辑、三重功用和法治需求，解析劳动者、劳动资料、劳动对象在数字经济、产业转型、技术革新背景下的新生困境，从法律赋能、权益保障与秩序维护三大维度出发，围绕数字化平台用工、劳动者权益保障、创新型人才评价和劳动市场秩序维护提出了具体措施，侧重于对新质生产力发展中"人"这一主体的关注。第三章厘清了如何激励科学技术革命性突破作为新质生产力的发展动力。结合科技创新驱动机制，剖析科学技术革命性突破的制度期待与法律激励模式。通过解构公平激励、期望激励、目标激励及信息激励的作用机理，加强科研人才利益的分配与保障机制、优化科研资金投入的管理与促进机制、平衡科研环境治理的引导与规范机制。第四章探究了如何通过生产要素创新性配置驱动新质生产力的发展。针对土地、资本、技术、数据等要素在配置过程中的制度瓶颈，找准确权、流通、交易、利用环节存在的法治障碍,设计要素交易场所准入规则与市场分类监管策略,完善竞争规制框架与价格监测机制,明确政府干预的合理边界,促进"生产要素"超越传统生产关系,实现在"新"与"质"层面市场化的创新配置。第五章剖析了如何通过传统产业绿色化转型实现向新质生产力迈进。基于对传统产业绿色化转型与新质生产力辩证关系的探讨,在产业内部,根据绿色制造业、绿色服务业、绿色能源产业、绿色低碳产业及其供应链等具体类型设计差异化的创新工具供给体系;在产业外部,主张关照多方利益,构建行政主导与市场自律的贯通机制,探索绿色化转型中制度"硬法"与标准"软法"的路径协同模式。第六章论证了如何实现数智化发展对新质生产力发展跃升的促进作用。回应数字革命对传统法律体系的冲击,分析数据要素产权界定、流通促进与安全保障的治理需求。围绕数字平台监管与算法治理难题,重构数据分级授权制度与人工智能责任规则,推动监管理念从事后惩戒向过程控制转型,确立适应新兴产业发展的弹性法治措施。第七章阐述了如何构建新质生产力发展过程中风险防控与国际合作的外部环境。着眼国际治理维度,研究新质生产力发展中的制度移植、冲突协调与风险防控机制。通过设计技术标准互认规则与数字贸易争端解决路径,构建预防性法律风险评估体系与多元化国际合作框架,在维护国家经济安全的同时推动全球创新法治秩序建设。

  本书是集体智慧的结晶。本书由本人与武汉大学法学院袁康教授、张阳副研究员论证研究框架,由本人、袁康、张阳以及浙江财经大学法学院副教授、武汉大学博士后陈波及本人指导的博士生团队共同完成。具体写作分工为:第一章(冯果、郑乾),第二章(张阳),第三章(袁康、贺亚峰),第四章(冯果、吕佳欣),第五章(陈波),第六章(袁康、鄢浩宇),第七章(冯果、刘汉广)。全书完成后,由本人进行统稿。幸得北京大学出版社学科副总编蒋浩老师邀约,编辑王建君为本书编校付出了细致辛苦的努力,让本书得以顺利出版,在此一并致谢。

  本书始终贯彻新发展理念的法治转化逻辑,将目光往返流转于生产力演进历史与当下多元需求之间,推动制度优势向新质生产力发展效能转化。七阶式的论证体系既形成严密的理论闭环,又精准对接产业变革、科技创新、要素配置等关键领域的实践痛点,为破解新质生产力发展跃升的法治梗阻提供了系统性的解决方案。我们期待本书的出版能激发学界对新质生产力法治命题的深度探讨,更希冀通过制度创新激活高质量发展动能,为全面深化改革注入法治力量。诚邀学界同仁与实务工作者共同参与这场关乎未来发展的法治探索。书中观点难免存在思虑不周之处,恳请读者在阅读过程中不吝赐教,指出书中的不足与谬误,以助我们不断完善、精进。

冯 果

2025 年 2 月 21 日

第一章 发展本体论：新质生产力发展的法治基础 001

一、新质生产力的提出背景及其法治意涵 002
（一）新质生产力的时代背景 002
（二）新质生产力的含义阐释 005
（三）新质生产力的核心特征 008
（四）新质生产力的制度价值 012

二、新质生产力发展对法治保障的必然需求 015
（一）市场经营层面的"固根本"作用 015
（二）社会培育层面的"稳预期"功能 020
（三）国家规划层面的"利长远"效果 025

三、法治护航新质生产力发展中的关键议题 029
（一）重点：法治化中的三处着力 029
（二）堵点：法治化中的三重偏离 035
（三）难点：法治化中的三组关系 039

四、法治筑基新质生产力发展的实现进路 043
（一）新质生产力发展的法治逻辑 043
（二）新质生产力发展的法治框架 048
（三）新质生产力发展的法治方案 052

第二章 发展内核论：劳动禀赋优化升级的法律实现	058
一、劳动禀赋优化升级的时代需求	058
（一）劳动禀赋优化升级的历史逻辑	059
（二）劳动禀赋优化升级的三重功用	061
（三）劳动禀赋优化升级的法治需求	064
二、劳动禀赋优化升级的现实障碍	070
（一）数字经济下劳动者的身份及权益界定之困	070
（二）产业转型下劳动资料的科技化再适应之困	075
（三）技术革新下劳动对象的种类及价值评价之困	078
三、劳动禀赋优化升级的关键维度	080
（一）赋能型维度：劳动禀赋优化升级之准入破障	081
（二）保障型维度：劳动禀赋优化升级之权益拓充	084
（三）秩序型维度：劳动禀赋优化升级之退出协调	086
四、劳动禀赋优化升级的制度实现	088
（一）法律促进：数字化平台用工的法律制度	088
（二）法律优化：劳动者权益保障的法律制度	090
（三）法律引导：创新型人才评价的法律制度	094
（四）法律规制：劳动市场秩序维护的法律制度	096
第三章 发展动力论：科学技术革命性突破的法律激励	098
一、科学技术革命性突破的法律激励需求	099
（一）科学技术革命性突破的基础要义	099
（二）科学技术革命性突破的驱动因素	103
（三）科学技术革命性突破的制度需求	106
二、科学技术革命性突破的关键要素	110
（一）科学技术革命性突破的驱动要素：科研人才	111
（二）科学技术革命性突破的支撑要素：科研资金	115
（三）科学技术革命性突破的外部要素：科研环境	119

三、科学技术革命性突破的法律激励方式 　　122
　　（一）法律的公平激励：维持科学技术革命性突破活力 　　123
　　（二）法律的期望激励：激发科学技术革命性突破动力 　　125
　　（三）法律的目标激励：引领科学技术革命性突破方向 　　128
　　（四）法律的信息激励：明确科学技术革命性突破范围 　　130

四、科学技术革命性突破的法律激励模式 　　132
　　（一）权利与义务模式 　　133
　　（二）奖励与惩罚模式 　　135
　　（三）助力与阻力模式 　　138

五、科学技术革命性突破法律激励的精进 　　141
　　（一）加强科研人才利益的分配与保障机制 　　142
　　（二）优化科研资金投入的管理与促进机制 　　145
　　（三）平衡科研环境治理的引导与规范机制 　　149

第四章　发展协调论：生产要素创新性配置的法律调节 　　153

一、新质生产力发展的关键驱动：生产要素创新性配置 　　154
　　（一）生产要素创新性配置何以成为新质生产力发展的关键驱动？ 　　154
　　（二）生产要素创新性配置引领产业转型升级 　　156
　　（三）生产要素创新性配置推动经济发展模式革新 　　157

二、生产要素创新性配置的时代表现 　　158
　　（一）生产要素在"新"与"质"层面的突破 　　158
　　（二）生产要素配置的三重革新：组合优化、渗透融合、高效流动 　　161
　　（三）生产要素创新性配置的现实发展障碍 　　163
　　（四）生产要素创新性配置的关键矛盾解读 　　165

三、生产要素创新性配置的内在机理与实现路径 　　167
　　（一）过程解构：确权、流通、交易、利用 　　167
　　（二）核心目标：发挥生产要素协同配置效应 　　169
　　（三）基础环境：构建生产要素全国统一大市场 　　171
　　（四）法治实现：法律在生产要素创新性配置中的协调、
　　　　保障与促进功能 　　173

四、生产要素创新性配置的交易机制完善 　　175
　　（一）市场主体：多元主体的市场定位与权利保障 　　176
　　（二）交易客体：生产要素的确权、样态与分类分级探讨 　　179
　　（三）交易价格：生产要素定价的效率性与灵活性增进 　　181
　　（四）交易方式：场内交易与场外交易的协调发展 　　183
　　（五）交易市场：多层次生产要素市场体系优化 　　185

五、生产要素创新性配置的规制面向探讨 　　187
　　（一）生产要素创新性配置中政府规制的双重面向 　　187
　　（二）竞争面向：生产要素市场公平竞争的四维强化 　　189
　　（三）价格面向：厘清政府在生产要素定价中的角色定位 　　195

六、生产要素创新性配置的培育环境建构 　　197
　　（一）本土主义视角下生产要素创新性配置的主体培育 　　197
　　（二）功能主义视角下生产要素创新性配置的要素培育 　　198
　　（三）整体主义视角下生产要素创新性配置的理念培育 　　199
　　（四）激励主义视角下生产要素创新性配置的分配制度
　　　　培育 　　201

第五章　发展转型论：传统产业绿色化转型的法律促进 　　204
一、传统产业绿色化转型与新质生产力的辩证关系 　　205
　　（一）新质生产力就是绿色生产力 　　205
　　（二）传统产业绿色化转型是发展新质生产力的重要要求 　　210
　　（三）发展新质生产力是传统产业绿色化转型的必由
　　　　之路 　　215

二、传统产业绿色化转型的现实障碍和法治需求　　218
　　（一）时间维度：转型的共时性与历时性龃龉　　218
　　（二）空间维度：转型的普遍性与特殊性冲突　　224
　　（三）价值维度：转型的合理性与合法性矛盾　　228
　　（四）规范维度：转型的政策与法律结构异化　　230

三、传统产业绿色化转型的改革重点与法律场域　　234
　　（一）做强绿色制造业：生产过程清洁化　　234
　　（二）发展绿色服务业：资源利用集约化　　239
　　（三）壮大绿色能源产业：能源消费低碳化　　243
　　（四）发展绿色低碳产业及其供应链：产品供给绿色化　　247

四、传统产业绿色化转型的法治逻辑和制度实现　　251
　　（一）体系衔接：绿色低碳发展的制度协调与制度供给　　251
　　（二）路径协同：产业绿色化转型的法律与政策良性耦合　　255
　　（三）上下贯通：绿色化转型中行政主导与市场调节的衔接　　260
　　（四）要素保障：优化绿色发展的多元主体与灵活工具　　264

第六章　发展跃升论：产业数智化发展的法律保障　　268

一、数智化发展促进新质生产力发展跃升的理论逻辑　　269
　　（一）要素跃升：以新型生产要素驱动新质发展生态　　269
　　（二）范式跃升：以数字化和智能化促进经济范式转型　　273
　　（三）生产力跃升：以数智化改造实现生产力的飞跃　　277

二、数智化发展的体制桎梏与法治需求　　282
　　（一）风险挑战：生产行为模式的数智化冲击　　283
　　（二）安全隐患：生产组织形式的无序式发展　　287
　　（三）治理缺失：治理监管方式的系统性失灵　　294
　　（四）法治失调：生产法律关系的滞后性沉疴　　299

三、数智化发展中数字技术行为的法律规范   301
    （一）要素安全：数据要素安全性的法律保障   301
    （二）技术正义：数字智能偏见性的法律矫正   306
    （三）技术责任：数字智能责任性的法律界定   310

四、数智化发展中组织平台的法律治理   315
    （一）组织规范：数字平台权力运行的法律规制   315
    （二）组织竞争：数字平台竞争秩序的法律监督   319
    （三）组织安全：数字平台运营安全的法律保障   323

五、数智化发展中监管体系的法律优化   327
    （一）监管理念：包容审慎视角下监管理念的调整优化   327
    （二）监管体制：统筹协调安排下监管体制的改革完善   330
    （三）监管模式：柔性监管模式下监管能效的创新提升   332

第七章　发展环境论：高水平对外开放体制机制塑造的法律支撑   338
一、高水平对外开放是新质生产力发展的环境基础   338
    （一）高水平对外开放的背景阐释与概念内涵   338
    （二）高水平对外开放是新质生产力发展的必要条件   341
    （三）高水平对外开放与新质生产力其他方面的互动   344

二、现状分析：新质生产力发展的法律基础条件   347
    （一）制度型开放是保障新质法治的基本形式   347
    （二）保障新质法治需平衡的三组核心关系   349
    （三）法律制度引导调控新质生产力发展的理论基础   351
    （四）法律制度引导调控新质生产力发展的实践形式   353

三、展望未来：新质生产力发展的法律障碍破除   356
    （一）基本法律框架：正式法律、法规   357
    （二）灵活性保留：非正式原则与倡议   367
    （三）司法与执法水平的进阶路径：透明化、数字化、国际化   370

四、新质生产力建设中国际合作的法律协调 373
- （一）制度冲突与体系协调：从"立改废释"到对抗侵入型立法 373
- （二）制度移植的创新路径：从"被动移植"到"兼容同构" 376
- （三）制度整合：涉外法律制度中的互认与协作 379
- （四）制度引领：建设国际法律秩序的中国方案 383

五、新质生产力发展中风险防控的安全底线 385
- （一）风险的五种基本样态及其形成的基本原理 386
- （二）风险传导的基本原理 395
- （三）风险的识别与预警机制：从预防、监测到应急处置 398
- （四）风险的应对机制：局部与整体并重 400

主要参考文献 405
关键词索引 425

第一章

发展本体论：新质生产力发展的法治基础

纵观人类文明的历史轨迹，每一次生产力的迭代，都将带来经济社会发展的极大跃升。从 18 世纪第一次工业革命的机械化，到 19 世纪第二次工业革命的电气化，再到 20 世纪第三次工业革命的信息化，颠覆性科技的出现昭示了生产力发展到了关键时点。如今，被称作"工业 4.0"或"工业智能化"的第四次工业革命势不可挡，这意味着一场改变价值创造方式的生产力革命，正在同步酝酿之中。人工智能、大数据、物联网等新兴技术竞相进发，科技与产业的融合催生了全新的生产力形态，世界各国既是见证者，也是参与者，纷纷加大对关键技术领域的投入力度，以期占据新时代发展的制高点。随着我国经济发展迈入新常态，依靠投资和低成本劳动力驱动的传统增长路径已然步履维艰。因此，面对国际竞争压力与国内经济瓶颈的双重困局，如何借助生产力的突破性进步，因势利导，促使技术创新源泉充分涌流，为产业升级寻求新的经济增长点，成为实现跨越式发展、把握发展机遇、完成中华民族伟大复兴任务的重要抓手。

中华人民共和国成立以来，中国共产党领导人民用短短几十年的时间走完了发达国家数百年的工业化历程，我国发展为世界第二大经济体，创造了举世瞩目的经济快速发展奇迹。中国在全球经济格局中的影响力越来越大，其中的关键原因之一便是始终坚持解放和发展社会生产力。"新质生产力"这一崭新的表述，由习近平总书记 2023 年在黑龙江考察调研时首次提出，后在中央经济工作会议上深刻强调"发展新质生产力",并在中共中央政治局第十一次集体学习时作出系统阐释,于党的二十届三中全会上进一步明确了新质生产力的发展路径和方向。当前,发展新质生产力的理念已逐步获得社会广泛认同,成为推动经济发展的着力方向。新质生产力是对马克思主义生产力理论的创新和发展,因此,目前有关新质生产力的研究与阐释多集中在马克思主义政治经济学语境内。①"兵马未动,粮草先行",科技固然是大国经济实力角逐的前沿战场,但法治更是激发新质生产力发展潜能的后勤保障。技术创新的日新月异,使得法律在制定与实施过程中必须具备更强的前瞻性和灵活性,新质生产力对现有的治理体系和治理框架提出了新的要求与挑战。我国在推动新质生产力发展的过程中,必须形塑与之相适应的法治底色,既要为新兴技术的研发应用和产业结构的升级调整提供坚实的规则支撑,又要防止因制度空白或监管不足而导致的市场失序和社会风险。鉴于此,本章作为总论,试图厘清新质生产力的本质内涵,剖析其在法治维度下的实然需求与应然面向,探究其法治化发展的构建路径,为全书的铺开奠定研究基础。

一、新质生产力的提出背景及其法治意涵

(一) 新质生产力的时代背景

1. 新一轮科技革命与产业革命来临

早在2013年,习近平总书记就对新一轮科技革命的发展趋势作出深刻预判:"一些重要科学问题和关键核心技术已经呈现出革命性突破的先兆,带动了关键技术交叉融合、群体跃进,变革突破的能量正在不断积累。"②新一轮科技革命与产业革命相互交织的深刻变革,使得全球创新版图与经济布局面临重塑。以人工智能、大数据、物联网、区块链、虚拟现实、量子计算等为代表的新兴技术迅猛发展,呈现多点式爆发的态势,以

---

① 参见刘元春:《新质生产力的科学内涵与发展着力点》,载《中国社会科学评价》2024年第3期。

② 习近平:《敏锐把握世界科技创新发展趋势 切实把创新驱动发展战略实施好》,载《人民日报》2013年10月2日,第1版。

前所未有的广度、深度、速度渗透到实体经济的方方面面。新一轮科技革命在世界范围内逐步进入加速发展阶段，其所涉领域之全面、研发内容之前沿对于任何一个国家而言都是不小的挑战，如何充分释放诸多新兴技术的效能则成为各国在应对这场挑战过程中需要重点回答的问题。① 随着科技进步与产业发展的不断融合，二者日渐演化为一种相互促进、相互依存的动态关系。一方面，科技进步为产业发展注入了新动能，通过提高生产效率、优化资源配置、降低生产成本，推动产业的转型升级与高质量发展。新技术的应用不仅让传统产业焕发新生，更引领了新兴产业的崛起和扩张。另一方面，产业发展为科技进步提供了广阔的应用场景和市场需求，激励科技创新的持续深化。广阔的市场和丰富的需求不仅推动科研机构和科技企业加大对前沿技术的研发投入，还促进科技成果的快速转化与应用。科技和产业的融合，更实现了从商业模式到组织形态、从生产要素到生产方式的根本性转变。与此同时，这一发展趋势也对我国现有的经济发展模式和生产力创造过程提出了严峻挑战。技术创新最终要转化为社会财富的增加和人民福祉的提升，这便要求我们构建一个更具包容性和创新性的法治体系，以适应技术变革带来的新挑战和新机遇。② 因此，新质生产力不仅是对生产效率的追求，更是对整个社会经济发展模式的一次重新定义，生产力亟须自我优化与自我升级。在"科技强—产业强—经济强—国家强"发展链条形成的过程中，新质生产力正是其中最为关键的逻辑联结。

2. 国际竞争情势与格局的急剧变化

国际竞争具有长期性，唯有认识到博弈的不对等性、保持冲突的适度性、维持秩序的开放性、倡导关系的公平性，我国才能在全面竞争的时代中稳步发展。③ 传统经济强国与新兴经济体在融入经济全球化的

---

① 参见邱耕田、强竞丹：《新科技革命视域下的新质生产力》，载《人文杂志》2024年第7期。
② 参见〔德〕克劳斯·施瓦布、〔澳〕尼古拉斯·戴维斯：《第四次工业革命——行动路线图：打造创新型社会》，世界经济论坛北京代表处译，中信出版集团2018年版，第7页。
③ 参见庞金友：《大变局时代大国政治格局与演变趋势分析》，载《人民论坛·学术前沿》2020年第7期。

过程中,立足自身的差异定位,展开了不同角度的竞争。前者依托其雄厚的技术基础和创新能力,通过不断优化产业结构,提升科技水平,试图继续巩固其在全球经济中的领导地位。后者则通过大力发展高新技术产业,积极参与全球产业链和价值链,力求缩小与发达国家的差距,实现错位竞争与弯道超车。以美国为例,为在新一轮科技革命中加速提升生产力,2023年美国仅在人工智能一项的风险投资即高达954亿美元,几乎是位列第二位的中国和第三位的欧盟在该领域投资之和的5倍。① 从国家政策角度来审视世界各国特别是大国之间的竞争,归根到底是生产力能否顺应时代潮流变革的竞争。近年来,美国发布了"先进制造业国家战略",欧盟亦提出了"数字欧洲计划"。因此,我国适时强调"发展新质生产力"势在必行。然而,需注意到,目前逆全球化的"暗流"不断涌动,且愈演愈烈。科学技术和产业升级使得发达国家的劳动生产率快速提升,新的产业集群和创新中心在全球范围内涌现,进而削弱了发展中国家在传统劳动密集型产业中的成本优势,进一步加剧了国际竞争的复杂性和不确定性。这一变化增加了制造业回流发达国家本土的可能性,导致全球产业链布局发生了显著变化,发展中国家的经济增长面临新的挑战。某些国家大力推动新保护主义,利用关税、制裁等手段打击贸易伙伴国,破坏了基于比较优势的全球化分工。② 新质生产力不仅仅是对传统生产力的延续和优化,更是对先进技术和创新理念的融合。在当前的国际竞争格局中,只有通过培育和发展新质生产力,在技术、产业、市场等多个维度占据优势,确保我国在国际竞争中掌握主动权,才能立于不败之地。

3. 国内经济增长新动能的迫切需求

当前,我国正处于全面建成社会主义现代化强国,迈向第二个百年奋斗目标的新发展阶段。根据通行的国际标准,我国经济已呈现出明显的中等收入阶段特征。相较于低收入阶段,中等收入阶段会产生一系列新

---

① 参见蔡翠红:《新科技革命与国际秩序转型变革》,载《人民论坛》2024年第4期。
② 参见〔美〕约瑟夫·E.斯蒂格利茨:《全球化逆潮》,李杨、唐克、章添香等译,机械工业出版社2019年版,第45页。

的重大发展问题,这意味着低收入阶段的一些经济发展理论将不再具有适用性。要准确地回应这些新的挑战,必须进行理论创新。① 简言之,经济增长亟待挖掘新动能。从产业端来看,传统产业的饱和与资源环境的约束,使产业结构的优化升级成为必然趋势。新质生产力通过引入新技术、新工艺、新模式等新型生产要素,促进传统产业改造升级,推动产业结构向高层次和精细化方向发展,并实现社会需求与创新、协调、绿色、开放、共享五大新发展理念的有效对接。新质生产力通过科技创新推动生产设备、生产方式和生产资源配置的不断优化,不仅能够创新产品、服务,还能够创造新的市场需求,从而有效避免产能过剩,实现供需平衡和社会经济的高质量发展。从消费端来看,我国社会的主要矛盾已转化为人民日益增长的美好生活需要和不平衡不充分的发展之间的矛盾。经济发展和居民收入水平的提高,带来了消费结构的升级。消费者对高品质、智能化、绿色环保产品的需求不断增长,这需要生产力从传统的低成本、低质量的模式向高效、高质量的模式转型。新质生产力依托新兴产业的崛起而不断涌现。新的生产技术与新的消费方式会打破过去的市场格局,以满足人民所需。② 如此一来,便可激发消费活力,扩大内需,发挥消费对经济增长的推动作用,破解我国经济发展长期依赖投资和出口"两驾马车"的结构性困局。同时,我国幅员辽阔,但区域经济发展不平衡的问题长期存在。③ 新质生产力通过科技创新和产业升级,给中西部等欠发达地区带来新的发展机遇。借助先进技术和创新理念,这些地区可以在较短时间内提升产业竞争力,培育新兴产业,并通过大数据、人工智能、物联网等新兴技术的应用,更好地整合和利用当地资源,缩小区域差距,优化区域经济结构,促进共同富裕。

(二)新质生产力的含义阐释

"新":新质生产力的逻辑起点。"新"与"旧"相对,揭示了新质生产

---

① 参见洪银兴:《以创新的经济发展理论阐释中国经济发展》,载《中国社会科学》2016年第11期。
② 参见李克、朱新月:《第四次工业革命》,北京理工大学出版社2015年版,第184页。
③ 参见石佑启、李坤朋:《论新时代实现共同富裕的法治保障》,载《学术研究》2024年第4期。

力较传统生产力具有显著变化。从一般意义上讲,传统生产力是指人们依赖传统资源要素,通过大规模的资源和能源消耗推动经济社会发展,满足人们需求的物质力量。与之相对,新质生产力之"新"指向通过新的技术要素、数据要素,运用新的能源动力、开拓新的发展领域、催生新的产业模式所实现的生产力跃迁,其核心表现的是新生产要素(数据)及新的要素结合方式。① 技术层面上,新质生产力应当具有充分的颠覆性与突破性,而非边际的创新或细微的进步。人工智能技术通过智能化的生产设备和系统,实现了生产过程的高度自动化和智能化,从而减少了对人工操作的依赖,大幅提高了生产效率。区块链技术则通过分布式账本和智能合约的应用,增强了生产和交易过程中的透明度和安全性,促进新型商业模式的诞生。要素层面上,新质生产力既体现为新的生产要素的加入,也包括对各类生产要素创造性地重新配置与组合。数据等新生产要素正逐步与传统要素协同赋能产业发展,以数据要素的流通带动多元生产要素的融通,以数据要素的价值实现乘数放大其他要素的价值创造②,进而带动生产组织形式发生变化。平台经济、共享经济、网络化协作等新模式的兴起,打破了传统的科层组织结构,使得资源配置更加灵活高效,市场反应更加敏捷。产业层面上,发展新兴产业与未来产业自然是"新"的题中之义,通过发展高端制造业和知识密集型产业,使经济增长从依赖低劳动密集型产业转向依赖高技术、高附加值的产业。但传统产业是国民经济的底盘,发展新质生产力不等同于忽视、放弃传统产业,而是要提高传统产业的技术含量和附加值。③ 新质生产力强调通过技术创新和流程优化,推动传统产业转型升级,使之更好地适应新经济形态。新质生产力通过将传统的大规模、标准化生产模式转变为柔性生产、定制化生产等新模式,及时回应消费端多样化、个性化的市场需求。

---

① 参见张占斌、付霞:《深刻把握发展新质生产力的逻辑内涵》,载《广东社会科学》2024年第4期。
② 参见黄尹旭、杨竹、张超:《数字融通与优化配置:促进新质生产力发展的数字金融法治建构》,载《学习与实践》2024年第7期。
③ 参见郑永年:《如何科学地理解"新质生产力"》,载《中国科学院院刊》2024年第5期。

"质":新质生产力的优化方向。"质"是"量"积累到一定阶段的结果,新质生产力旨在实现传统生产力基础上的能级跃迁。首先,新质生产力的"质"呈现出"高质量"。经济增长的评价体系应当破除"唯速度"的标准,更应强调增长的可持续性。新质生产力通过推动传统产业的升级换代,淘汰落后产能,培育新兴产业,实现经济结构的优化升级,追求质的有效提升和量的合理增长。同时,随着经济转型和科学技术的广泛应用,对劳动力素质的要求显著提高,推动劳动力从传统的低技能、低效率向高技能、高素质转变。参与新质生产力的劳动者是能够充分利用现代技术、适应现代高端先进设备、具有知识快速迭代能力的新型人才。其次,新质生产力的"质"包含了"多质态"。新质生产力是在新发展理念指导下成长起来的,具有创新性、协调性、绿色性、共享性和开放性等多重特质,由此衍生形成数字经济、绿色经济、共享经济等各种新兴经济领域。当前科技创新的通用性特点使科技的应用更加广泛,人工智能、信息技术等通用性技术对生产、流通和消费各环节都产生了深远的影响,而多质态将使新质生产力具有更强的适应性和包容性。① 最后,新质生产力的"质"反映为"长质效"。新质生产力不仅关注经济效益,还强调社会效益。社会治理要处理好活力和秩序的关系。② 新质生产力能够对环境保护、社会公平、生活质量提升等方面给予综合关注,通过创新和产业升级,提升就业质量,增加高技能岗位,促进社会福利的整体提升。遵循经济与社会协调发展的目标,通过引入智能制造、绿色生产和数字化管理,新质生产力能够显著提高生产效率、降低生产成本,并在节能减排等方面取得积极成果,避免因片面追求经济利益而导致环境破坏或资源枯竭,从而为经济的可持续发展奠定基础。

"生产力":新质生产力的实践载体。生产力是人类利用自然、改造自然以生产人类所需要的物质产品的能力,"是有用的、具体的劳动的生产力"③。从社会演进视角来观察,不同历史条件下,人类利用资源的能力

---

① 参见刘守英、黄彪:《从传统生产力到新质生产力》,载《中国人民大学学报》2024年第4期。
② 参见徐汉明:《论新时代中国社会治理理论》,载《中国法学》2023年第6期。
③ 《马克思恩格斯文集》(第2卷),人民出版社2009年版,第59页。

并不相同,故生产力的内涵与表现形式也随着科技发展而不断变化,变得愈加复杂。每一种新生产要素的出现,既是特定时代的产物,也是当时生产力水平的烙印,反过来作用于生产力,不断扩大劳动者、劳动资料、劳动对象的使用边界,推动其内涵的革新,加快生产力的发展。① 数据要素被誉为当今时代的"新石油"。通过大数据技术的应用,对个人数据、企业数据、公共数据等进行充分整合,可以为企业提供精准的市场洞察,优化生产流程,提高生产效率。"生产力"既体现在对现有技术的应用能力上,也体现在对新技术的转化能力上。前沿技术不仅需要被应用,还必须与产业深度融合,转化为具体的生产力。从过程角度看,科技成果转化本身就是形成生产力的过程,新质生产力的形成依赖科技成果的转化。传统生产力可通过原创性、颠覆性科技成果赋能,转型升级成为新质生产力,而新质生产力也会随着技术迭代、理念更新被淘汰为传统生产力。这就要求科技成果转化是进步的、迭代的,如果没有持续不断的科技成果转化,今天的新质生产力就会成为明天的落后产能。新质生产力强调技术进步与实际生产的紧密结合,推动经济结构的优化和产业的转型升级。值得注意的是,我国幅员辽阔,人口众多,生产力呈现出地区差异基础上的非均质化特征。因此,党的二十届三中全会提出"健全因地制宜发展新质生产力体制机制"的重要论述。发展新质生产力既要强调"全国一盘棋"的整体协调与经济总量的提升,又要充分考虑各地区资源禀赋、产业结构与经济发展水平,彰显区域特色。

(三)新质生产力的核心特征

习近平总书记在中共中央政治局第十一次集体学习时明确,新质生产力"具有高科技、高效能、高质量特征"②,这是从社会生产力发展的角度作出的精准概括。事物在某个系统中的内在统一性内容称为"特征"。因此,欲寻求新质生产力与法治之间的契合,需要从制度视角展开分析,可以将新质生产力的核心特征归纳为创新性、持续性与安全性。

---

① 参见焦方义、杜瑄:《数据要素加快新质生产力发展的政治经济学分析》,载《现代经济探讨》2024年第8期。
② 《习近平在中共中央政治局第十一次集体学习时强调 加快发展新质生产力 扎实推进高质量发展》,载《人民日报》2024年2月2日,第1版。

1. 创新性

根据世界知识产权组织发布的《2024年全球创新指数报告》,我国创新能力综合排名显著提升,但部分指标与他国的差距也暴露出原始创新能力相对薄弱、关键核心技术受制于人的问题。因此,强调创新性,提升科技创新能力,特别是突破关键核心技术瓶颈,是新质生产力的核心特征之一。创新竞争是一种良性竞争,其动态效率的特质对提升社会总福利具有重要作用。① 新质生产力强调基础研究,旨在构建"科学研究—技术革新"的框架体系,从根本上增强国家的科技自主创新能力。通过强化国家创新体系建设,集中整合优质资源,推动重大科技任务攻关,能更有效地掌握关键核心技术,从而为新质生产力提供强有力的科技保障。同时,新质生产力的创新性不仅体现在技术和业态模式上,也体现在管理和制度的全面改革上。以人工智能和大数据的结合为特征的新科技时代,不仅给法律领域带来技术层面和法教义学层面的问题,也对法学基本范畴构成挑战。② 生产力与生产关系的相适应有赖于全面深化改革来实现。政府的超前规划引导、科学政策支持与市场机制的调节作用相结合,形成了新质生产力发展的制度创新。在产学研用深度融合的过程中,科技创新成果只有通过有效的管理和制度创新,才能真正转化为新质生产力。因此,在政策制定和执行过程中,政府与市场力量需相互配合,确保创新成果能够迅速转化为实际生产力,推动经济结构优化和产业升级。这不仅能够带来新的产品和技术,还能为生产、销售和分销产品引入更具效率的新商业模式。③ 科技创新与制度创新之间相互促进,构成推动新质生产力发展的完整生态系统。科技创新为制度创新提供技术基础和发展动力,制度创新则为科技创新的推广应用提供支持和保障。新质生产力的创新性确保了各个不同领域的协同进步。简言之,新质生产力的形成不再依赖单一的创新环节,而是通过系统性创新的综合作用来推

---

① 参见方翔:《论数字经济时代反垄断法的创新价值目标》,载《法学》2021年第12期。
② 参见谭启平:《习近平科技创新重要论述的法治化意义》,载《东方法学》2024年第2期。
③ See Paul Nihoul, Pieter van Cleynenbreugel, *The Roles of Innovation in Competition Law Analysis*, Edward Elgar Publishing, 2018, pp. 33-34.

动经济和社会的发展。

2. 持续性

新质生产力不仅追求生产效率的提升,更关注长远的可持续发展。新质生产力的持续性特征能确保其在经济增长的同时兼顾环境保护、社会保障等多元利益。经济发展的最终目的是改善人民的生活质量,生产力的提升能够为社会提供更多高质量的就业岗位,推动社会进步,促进全社会的共同富裕与和谐发展。传统生产力模式往往依赖大量资源投入和高能耗,虽然可以在短期内实现较高的经济增长,但这种增长模式通常不可持续,容易导致资源枯竭、环境污染,甚至诱发经济的不稳定。发展新质生产力所倡导的绿色生产技术、循环经济模式等,其目的都是在提高生产力的同时,降低资源消耗,保护生态环境,确保经济活动能够在资源的承载能力范围内持续进行。数据作为新质生产力的关键要素之一,与传统的生产要素不同,是一种可复制的资源,重复利用并不会减损其承载的内容。① 相反,数据在使用过程中往往会产生更多数据,这使得数据成为一种可持续资源,为新质生产力提供了一个无尽的资源池,推动经济增长不断获得新动能。因此,数据不仅是单个企业的资产,更是一种可以通过共享和协作带来更大社会效益的公共资源。通过数据的开放和共享,多个经济主体可以协同工作,提升整体经济效率和创新能力。一切领域的可持续性发展最终归集为社会发展的可持续性,而社会发展的可持续性与制度的持续性息息相关。在制定新质生产力的相关政策时既要考虑长远的社会经济发展趋势,包括技术进步、人口结构变化、国际环境等因素,建立以未来为导向的政策制定机制,确保政策设计不仅符合当前需求,更能应对未来的挑战;也要考虑政策的持续性,政策的持续性需要通过法律、行政规章等形式得到保障,建立政策的跟踪评估和调整机制,使其能够持续适应变化的经济发展环境。② 因此,新质生产力追求的是一种更高质量、更加稳定和持久的经济增长模式,而不是短期、不可持续的

---

① 参见申晨:《论数据产权的构成要件——基于交易成本理论》,载《中外法学》2024年第2期。

② 参见武峥:《新质生产力赋能中国式现代化:理论逻辑、动力机制与未来路径》,载《新疆社会科学》2024年第2期。

扩张。

3. 安全性

唯有内蕴安全性的特征,新质生产力才能有效应对经济发展中的不确定性。正是由于社会中的风险无处不在,风险应对的逻辑应当从风险控制转变为风险适应。① 多样化的风险意味着新质生产力保有技术安全性、金融安全性、社会安全性、制度安全性等子项特征。就技术安全性而言,科技领域的竞争愈加激烈,特别是在战略性新兴产业和未来产业的发展中,掌握关键核心技术的自主权显得尤为重要。我国在一些关键技术领域仍然受制于人,对经济安全性构成潜在威胁。保障科技创新的安全性,推进自主创新,打破技术封锁,确保关键技术掌握在自己手中,是推动经济结构转型和新质生产力持续发展的必要条件。同时,诸如人工智能等技术在提高生产效率的同时,如果未能妥善管理,可能导致数据泄露、侵犯隐私,甚至网络攻击等问题。因此,防范技术滥用和失控,保障技术的可控性和可靠性,是新质生产力安全性的重要体现。就金融安全性而言,新质生产力的发展高度依赖金融资本的支持,尤其是在高科技产业和创新领域,企业往往需要大量的资金投入。与之前主要追求一国内部金融体系稳定不同,新质生产力下的金融安全更加关照金融全球化的背景,在维护本国金融体系健康发展的同时,注重以科学的、主动的金融发展促进和塑造更高水平的金融安全。② 就社会安全性而言,倘若资源分配不合理,过度集中在传统产业或某些高风险领域,可能导致新兴产业所需的资源不足,以优化资源配置为内涵的新质生产力当然具有维护社会整体安全的特性。进一步而言,传统产业的衰退和新兴产业的崛起会导致产业结构发生深刻变化,甚至传导至劳动市场,出现工人的再就业问题及收入分配的不均衡等现象,社会公平遭到冲击,故新质生产力的社会安全性意味着不宜引发非必要的社会波动。就制度安全性而言,制度的稳定是法治的基

---

① 参见冯果:《略论经济法在风险社会中的适应性》,载《经济法论丛》2018年第1期。
② 参见李建伟:《总体国家安全观视域下金融安全法律规范体系的构建》,载《法学》2022年第8期。

础,法律必须稳定,但不能一成不变。① 无论何种安全性,均应当由相应的制度来守护,故新质生产力的制度安全性特征表现为不断孕育和出台与之相协调的规范。

(四)新质生产力的制度价值

价值是一个表征"关系"和"意义"的范畴,揭示了实践活动的目的和动机。制度以秩序、自由、正义等价值为基础,结合我国特定现实与国情等因素,外化为具体的积极作用。② 新质生产力的制度价值反映在高标准市场体系、高水平对外开放、高质量发展三处场景中,亦即,发展新质生产力绝不能只局限于一隅,而应在国内建设高标准市场体系的基础上,将该种良好效果通过高水平对外开放传导至国际,并谋求整体上的高质量发展。

1. 有助于建设高标准市场体系

发展新质生产力为建设竞争有序和制度完备的高标准市场体系提供了有力支持。市场是随着分工及社会生产力的发展而出现的,其既是经济活动的场所,也是商品交易关系的总和,具有资源配置的功能,但同时又受政府调控。③ 市场体系包括商品市场和要素市场,发展顺序为先商品市场,后要素市场。一方面,新质生产力通过帮助商品市场实现多样性与高效化,保障商品市场的公平竞争与消费者权益。大数据、智能制造等新技术,根据市场需求精准匹配和进行供给,减少了信息不对称,使市场运作更加透明,增加市场的竞争性。由此,市场主体的创新活力在新质生产力下被大大激发,企业在技术、管理、服务等领域不断创新,以寻求市场中的竞争优势。新质生产力在科技成果转化的同时,也将进一步完善市场的准入与退出机制,达到企业自身发展与市场体系标准同步提升的效果。另一方面,新质生产力赋能传统要素,引入新型要素,促进要素市场的高效配置与良性循环。传统要素例如资本要素,在区块链等技术的帮助

---

① 参见〔美〕本杰明·N.卡多佐:《法律的成长》,李红勃、李璐怡译,北京大学出版社2014年版,第14—15页。

② 参见姚建宗:《中国特色社会主义法的价值论》,载《辽宁大学学报(哲学社会科学版)》2013年第2期。

③ 参见张旭、隋筱童:《社会主义统一大市场的历史、理论和当代发展》,载《学习与探索》2022年第12期。

下,能够实现高频、定向地投向所需的行业,及时补充相关产业的融资缺口。新型要素例如数据要素,依据完善的数据产权界定、配置与交易制度,能够帮助市场主体充分发掘数据的潜在信息价值。① 此外,全国统一大市场具有统一性、开放性、竞争性和有序性的特征:统一性指市场的非分割、整体性特征,开放性指市场的非封闭、与外界可交换能量的特征,竞争性指市场的非垄断性、公平交易的特征,有序性指市场在运行中表现出来的稳定性、规则性、重复性和因果关联性。② 新质生产力通过推动技术创新和产业升级,促使区域间经济联系更加紧密,消除市场壁垒,促进商品和要素在全国范围内自由流动并有效配置,能够助益全国统一大市场的建设。各地市场在统一的规则和标准下运行,不仅可以提升全国经济的整体效率,也可以进一步巩固高标准市场体系的建设基础。

2. 有助于扩大高水平对外开放

发展新质生产力对推动更高水平开放型经济新体制建设具有至关重要的作用。尽管当前经济全球化受到地缘政治经济思维的干扰,但这只是在经济全球化调整期出现的暂时现象,经济全球化是人类社会经济发展的必然趋势。发展新质生产力可以促进社会分工的专业化,而高水平对外开放所追求的产业间分工、产业内分工向全球产业链、全球创新链的演化,正体现了二者在逻辑上的一致性。③ 因此,发展新质生产力旨在充分利用国际国内两个市场、两种资源,增强面向全球的资源配置和整合能力。我国在经济活动中充分吸收各类创新要素,以高质量外资流入驱动先进科技、现代化管理和高水平人才的聚集与配置。在供给端,新质生产力鼓励数字化生产技术的广泛引入,这不仅能提质增效,还能增强产业链的韧性与灵活性。在需求端,新质生产力通过推动智能化产品的普及,产

---

① 参见陈兵:《新发展格局下数据要素有序流通的市场经济法治建构》,载《社会科学战线》2022年第1期。

② 参见刘志彪、孔令池:《从分割走向整合:推进国内统一大市场建设的阻力与对策》,载《中国工业经济》2021年第8期。

③ 参见佟家栋、于博:《新质生产力与高水平对外开放:必要性、一致性与实现路径》,载《国际经济合作》2024年第4期。

生了新的市场需求,市场参与主体更具活力,市场更加开放,为我国进一步融入全球经济提供强有力的支撑。在全球经济竞争日益激烈的背景下,掌握新质生产力的国家将在未来的产业竞争中占据优势地位。通过加大对新质生产力的投资,特别是在人工智能、量子信息、生物医药等领域,我国能够在全球新兴产业中占据战略高地。如果说商品和要素流动型开放就是出口进口、资本及其他要素引进来与走出去的开放,是注重商品要素本身的物质方面的话,那么制度型开放则是聚焦规则与制度层面的开放,是高水平开放的新范式。① 我国在规则、规制、管理、标准等方面不断与国际接轨,营造国际化的一流营商环境,在新质生产力的发展中形成具有国际影响力的规则体系,从而提升我国在全球经济治理中的话语权和规则制定权。因此,通过制度型开放和新质生产力的培育,我国能够由点到面地建立起适应全球化趋势和国际分工新形势的经济新秩序,使其更加公平、合理,充分回应我国发展过程中的利益和需求。

3. 有助于实现高质量发展

发展新质生产力是实现高质量发展的必然要求与重要引擎。首先,关键性、颠覆性技术的突破是实现高质量发展的核心驱动力。传统的经济增长方式主要依赖于资源的广泛投入,而新质生产力则通过创新技术的应用,大幅提升生产效率和产品质量,从而实现从"粗放式"增长向"集约式"增长的转变。新技术的出现不仅能够解决传统产业中存在的瓶颈问题,还能推动新兴产业的发展,不再依赖资源的过度消耗,而是采取更高效、更可持续的模式。其次,随着全球竞争的加剧,技术和知识密集型产业正在取代传统的资源密集型产业,推动经济从数量增长向质量提升转变。新质生产力通过对先进技术的深度应用和创新,可以优化升级产业结构,经济体系将变得更加依赖技术进步和知识积累。产业结构从以资源禀赋为基础的比较优势,逐步转向以核心技术和知识为基础的竞争优势。再次,新质生产力的崛起要求劳动者具备更高的技能和素质,劳动者能力将得到全方位提升。高质量发展需要劳动者能够掌握和运用新

---

① 参见冯果:《资本市场制度型开放的内在机理与法治因应》,载《北京大学学报(哲学社会科学版)》2023年第5期。

技术,适应新的生产方式和产业模式,因而劳动者素质成为未来影响生产力发展的关键因素。新质生产力是劳动者、劳动资料、劳动对象等方面的全面创新,随着"人口红利"转向"人才红利",整个经济体系的生产效率和创新能力无疑会显著提升,从而进一步推动经济的高质量发展。最后,推动经济高质量发展,尽管需要大量运用经济手段,但须臾也离不开法治的促进和保障,尤其要求进一步优化法治轨道。① 新质生产力对我国的经济法治建设提出了更高要求:优化宏观调控和市场规制领域的立法,有效保护创新成果,激励企业和科研机构加大研发投入,促进技术转移和产业化,推动科技成果快速转化为生产力,补齐产业"短板",提高生产效率,实现"提质""降本""增效"的效果。发展新质生产力应构建能够及时回应科技创新的良法,并以良法促进发展,保障经济领域的善治,落实高质量发展的要义。

二、新质生产力发展对法治保障的必然需求

新质生产力带来的新产业、新业态和新模式,不仅需要技术的支撑,更需要一系列配套制度框架来激励创新、防范风险。科技和法治是社会现代化的阿基米德支点,"科学技术是第一生产力"和"法律是人类最伟大的发明"两个理论命题足以表明科技和法治对人类社会具有决定性意义,同时也蕴涵着科技与法治的内在联系。② 法治是国家治理体系和治理能力的重要依托,能够在新质生产力的形成和发展过程中提供有效指引,发挥固根本、稳预期、利长远的保障作用。

(一)市场经营层面的"固根本"作用

法治在市场经营层面具有"固根本"的作用。市场主体是推动新质生产力发展的最小单位,具有极强的主观能动性。保护创新者的合法权益,激发科技企业活力与创造力,能够使新质生产力的成果分享并惠及全体社会成员。因此,唯有依靠法律制度形成广泛认同与普遍遵从,提振市场主体兴业求进的信心,才能将市场主体塑造成新质生产力发展的稳固

---

① 参见张守文:《论在法治轨道上推动经济发展》,载《法学论坛》2024年第3期。
② 参见张文显:《论中国式法治现代化新道路》,载《中国法学》2022年第1期。

基础力量。

知识产权法律制度保障市场经营中的"成果",其核心在于推动创新产品的市场化应用,依靠权利保护机制、激励创新机制、利益平衡机制以及市场导向机制,为以创新为主导的新质生产力的发展提供坚实的制度保障。按照《知识产权强国建设纲要(2021—2035年)》的战略部署,统筹推进知识产权强国建设的目的是全面提升知识产权创造、运用、保护、管理和服务水平,进而充分发挥知识产权法律制度在社会主义现代化建设中的重要作用。首先,健全的权利保护机制通过明确创新成果的所有权、使用权等权利归属,使创新者能够从其创造的无形资产中获得收益,进而激发持续创新的动力。创新往往涉及高昂的前期研发成本,知识产权法律制度能够保障创新者在一定时间内的独占权,确保创新者能够在市场上占据优势,收回投资并获取利益,极大地降低了创新的风险和不确定性。与传统有形商品的单一权利主体结构不同,数据、算法等数字化财产呈现多元权利主体结构,可能出现若干权利人彼此独立地对同一财产享有同一性质权利的情形。① 只有确立各类新型无形资产的产权,新质生产力要素方可被吸纳为法律保护的客体,从而确保创新成果在市场中获得应有的法律保障和经济回报。其次,发展新质生产力要求抢占战略性新兴产业、未来产业发展的制高点,成为技术发展的领跑者,这对创新效率提出新要求。知识产权法律制度蕴含强大的生产组织能力。知识产权的存在,在很大程度上缓解了技术等创造物流失的风险,因此使创造者得以自由平等地选择生产的组合方式。他们既可以选择与供应链伙伴分工合作,在与低成本供应商的合作中获取专业化收益,也可以选择采取高度整合的一体化生产方式,减少与外部供应链的联络,以便尽可能地规避技术等创造物流失的风险。② 再次,诸如合理使用、权利保护期限、权利不得滥用等制度构成知识产权的利益平衡机制,可以降低社会公众获取知识和技术应用的成本,促进社会各层面对新质生产力的接纳和应用。新质生

---

① 参见吴汉东:《数据财产赋权:从数据专有权到数据使用权》,载《法商研究》2024年第3期。

② 参见余俊:《新质生产力的知识产权命题》,载《知识产权》2024年第7期。

产力的一个重要表现是"技术—经济"范式的形成,即一套通用的技术和组织原则在被广泛采纳后,成为经济活动和制度构建的基础。而知识产权法律制度提供了一种激励知识生产和提高创新效率的制度,在经济上以最有效率的方式确立了知识产权保护的边界,使得知识资源在市场经济中获得最佳利用。① 最后,知识产权具有天然的市场导向性,有利于充分发挥市场在创新资源配置中的决定性作用,促使创新者通过适应既有市场以及开发新需求、开创新市场来营利。知识产权市场化定价和交易制度使技术创新可以在更广泛的市场中进行转移和扩散,降低创新的边际成本,使新技术能够在更短的时间内得到广泛应用和推广,从而实现资源的高效配置。特别是在全球化背景下,知识产权法为技术转移和扩散提供了法律保障,确保技术能够在不同国家和地区之间顺畅流动。跨国界的技术传播促进了不同经济体之间的技术合作与创新协同,进一步推动了全球经济的整体发展。

劳动与社会保障法律制度保障市场经营中的"个体",其因应新质生产力带来的产业升级与经济结构转型,使劳动者在技术变革中能够获得公平的待遇,保护劳动者的基本权益。信息技术的广泛运用,已经影响到劳动关系领域,在给实现劳动者权益带来便捷的同时,也会造成不利影响。劳动法必须跟上时代发展步伐,应对信息技术发展引发的劳动问题。② 新质生产力对劳动关系的重新界定涉及技术进步,也涉及诸如远程工作、数字化平台、自由职业等新形式的就业模式,这对劳动合同、工作地点和工时等传统制度提出挑战。在此背景下,劳动与社会保障法律制度通过设定最低工资标准、规定合理的工作时间、确保安全的劳动条件等,维护劳动者的基本权益,防止在经济转型过程中可能出现的劳动力市场失衡和社会不稳定。保护劳动者权益不仅是社会公平的要求,也是新质生产力得以持续发展的必要条件。在一个得到充分保护的劳动市场中,劳动者更有动力提高自身技能,积极适应新技术和新产业的需

---

① 参见冯晓青:《知识产权制度的效率之维》,载《现代法学》2022年第4期。
② 参见喻术红:《网络信息化对劳动者权益的影响及其应对——基于美国的立法与实践考察》,载《四川大学学报(哲学社会科学版)》2016年第6期。

求,从而在新质生产力的推动下实现自我提升和职业发展。这种良性循环有助于激发劳动者的创造力和工作积极性,为经济的创新驱动提供源源不断的稳定劳动力。在某些新质生产关系中,劳动者与雇主之间的传统劳动关系可能不再明晰。在以互联网技术为特点的商业环境中,随着互联互通运作方式的持续演绎与扩散,加之个体自我认知的改变,平台用工形式正在发生翻天覆地的变化,平台用工单位从线性、确定的形态逐渐向非线性、不确定的形态改变,开放化、柔性化成为此类单位的最大特点。① 平台经济中的服务提供者可能既非"雇员"也非"自雇"。针对非典型雇佣关系的社会保险和公共就业服务法律制度的完善,能够有效避免"零工经济"中劳动者面临的保障空白。同时,新质生产力对高技能劳动力需求的增加,需要劳动与社会保障法律制度通过职业培训、技能提升等措施,帮助劳动者提升其适应新技术和新工艺的能力。反过来,劳动者整体素质的提高,又进而推动了技术与人力资源的深度融合,技术创新得以迅速转化为实际生产力。新质生产力倾向于强调个体的灵活性和适应性,需要对兼职、临时和契约工作进行更灵活的规范,并确保这种灵活性不会侵蚀人们的基本劳动权利。因此,劳动与社会保障法律制度还鼓励通过集体谈判和协商解决劳动争议,减少因新技术引入和生产方式变革带来的冲突,促进企业内部和谐的劳动关系,通过制度安排有效缓解经济转型过程中可能出现的社会压力,确保新质生产力的推进不会因社会不稳定因素而受到阻碍。此外,科研人员有别于传统劳动者,主要体现在他们的劳动成果高度依赖知识和创新能力,而非体力或重复性操作,故应当被视作新质生产力发展中创新创造的关键个体。传统劳动者通常依靠固定的工作时间和任务量获得报酬,而科研人员的工作则更加灵活和复杂,其成果往往具有不可预见性。② 因此,科研人员的报酬应不仅限于固定工资,还应当与其科研成果、技术转让和专利收益直接挂钩。劳动与社会保障法律制度充分彰显了对新质生产力中劳动者的尊重,激励其不断创新创造。

---

① 参见欧阳天健:《新经济模式下经营所得课税之优化》,载《法学》2023 年第 5 期。
② 参见胡明:《科研合同的功能性规制》,载《中国社会科学》2020 年第 9 期。

发展本体论：新质生产力发展的法治基础

公司与证券法律制度保障市场经营中的"组织"，企业在新质生产力发展中坚守实体经济根基，积极布局新型产业，扮演着构建和优化产业链的重要角色。公司治理结构的优化不仅提高了公司决策的效率，更为创新活动提供了一个稳定的制度环境。通过明确公司内部的权责分配，公司法为董事会、股东会和管理层之间的关系提供清晰的法律指引，保证决策机构在合法合规的框架内进行创新决策，减少利益冲突情况的发生。特别是在重大投资和技术研发等领域，公司法明确要求董监高的忠实、勤勉义务，以保障企业的长期利益为导向，在权衡风险的基础上鼓励创新。然而，技术创新并不是一蹴而就的，可能存在碰壁与试错，故需要重构董监高责任的规范体系，精准问责、合理容错、宽容失败，确立有限责任为主、无限责任为辅的理念。① 企业家作为劳动者本身就是传统生产力的三要素之一。发展新质生产力，需要能够创造新质生产力的战略人才，企业家在战略规划、战略抉择、资源配置和危机处置中，发挥着一般劳动者不能替代的关键作用。公司法对企业家精神的弘扬，意味着不仅关注企业的经济效益，更关注企业的创新能力与社会责任，从而实现对新质生产力的制度性支持。在出口端，破产清算程序为面临重大财务风险的企业提供法律支持，实现有进有退，淘汰落后生产力，保护股东和债权人的合法权益，维护市场的稳定性。公司既是联合经营的商业组织，也是向社会募集资金的工具或融资组织方式。从现代公司诞生那天起，公司制度就与资本和资本市场紧密相连，并在资本市场的支撑下不断发展壮大，公司法也反过来不断适应、服务和支持资本市场发展。② 公司法允许企业通过发行股票、债券等多种方式进行融资，为大规模的技术研发和市场拓展提供资金保障。同时，证券法对证券发行、交易的监管，推动科技创新企业的市场化发展。一方面，科技创新往往需要大量的资金投入，证券市场则为企业提供了一个有效的融资平台。规范化的证券市场可以满足企业融资活动公开、公平和透明的需求，使科技创新

---

① 参见刘俊海：《董事责任制度重构：精准问责、合理容错、宽容失败——以弘扬企业家精神为视角》，载《交大法学》2023年第3期。

② 参见冯果：《整体主义视角下公司法的理念调适与体系重塑》，载《中国法学》2021年第2期。

企业得以顺利进入资本市场,获取发展所需的资金。另一方面,证券法要求科技创新企业在发行证券时必须进行充分的信息披露,确保投资者能够全面了解企业的财务状况、科技项目进展和市场前景。在确保投资者掌握信息的基础上,实现了市场对科技创新企业的合理估值和资本配置,促进科技创新企业的健康发展。公司与证券法律制度优化了企业在科技创新中的治理结构,并为企业持续融资创造了良好的市场环境,推动了科技创新成果的快速市场化,强化了企业这一市场经营主体在新质生产力发展过程中的地位与作用。

(二)社会培育层面的"稳预期"功能

法治在社会培育层面具有"稳预期"功能。良好的秩序环境是一切发展的基础,法治通过确定和实施稳定、公开、规范的制度机制和行为准则,为新质生产力的创新活动创造良好的外部条件,进而凝聚最大社会共识,为各类创新主体提供明确的发展方向。在尊重创新、鼓励创新的基础上,形成培育新质生产力的浓厚社会氛围。

竞争法律制度为新质生产力创设了公平竞争的基础环境。2022 年修正的《中华人民共和国反垄断法》(以下简称《反垄断法》)首次将"创新"作为法律目标,并在第 1 条增加了"鼓励创新"的表述。"鼓励创新"被法律确认和保护,是实现新质生产力发展的重要法律保障。垄断企业的控制市场资源、限制竞争者进入市场、操纵市场价格等行为,不仅削弱了市场活力和创新动力,还导致资源配置效率的降低和消费者利益的受损。《反垄断法》通过规制这些不公平的竞争行为,防止垄断企业排挤中小企业,确保各类市场主体在公平的市场环境中竞争,激发更多企业的创新活力,从而推动新质生产力的发展。同时,《反垄断法》能够促进资源的有效配置,提高经济运行效率。垄断企业常常利用其市场优势地位获取超额利润,抬高市场壁垒,扭曲资源配置。强化反垄断监管,能够有效规制这些不合理的垄断行为,促进要素自由流动和资源优化配置,为产业转型升级和新质生产力的发展奠定良好基础。在新质生产力发展过程中,竞争呈现新特点和新格局。竞争和创新之间存在动态且复杂的关系,不同背景下的竞争对创新的影响是积极还是消极难以把握。① 以数字平台为例,多层次竞争格局逐渐形成,具体表现为"平台经营者—平台经营者""平台经营者—平台内经营者""平台内经营者—平台内经营者"交错纠葛的复杂形态②,数据、技术、算法等无形要素,成为扰乱市场公平竞争秩序、造成垄断现象的根源。国家市场监督管理总局发布的数据显示,截至2025年1月底,我国民营企业数量达到5670.7万户,高新技术企业中民营企业占比扩大至92%以上。③ 民营企业是我国社会主义市场经济的重要组成部分,是市场活动的源泉,是创新的主力军。保障民营企业平等的法律地位和发展权利,使其公平参与竞争,是发展新型生产关系的应有之义,是为发展新质生产力提供源源不断创新驱动力的关键。随着全国统一大市场的构建,公平竞争的市场环境为新质生产力的发展提供了广阔的空间和强大的动力。新质生产力旨在打破地区间的壁垒,使资本、技术、人才、数据等各类创新要素能够自由流动。在这一过程中,通过构建公平竞争审查等具体制度,能够规范市场主体行为,防止地方保护主义和不正当竞争,确保资源配置的公平性和高效性。欠发达地区的企业可以通过公平的市场竞争获得发展机会,进而培育当地企业的新质生产力。区域间的协调发展,有助于在全国范围内形成创新网络和产业链协同效应,增强社会整体经济的创新能力和竞争力。除引导作用外,竞争法律制度还能够运用威慑理论长出"牙齿",对市场主体不当参与竞争的行为加以约束,严厉打击数据操纵、算法偏见和平台滥用市场支配地位等行为,并科以相应的责任,维护市场公平竞争秩序。因此,新质生产力的发展需要法律规范市场竞争秩序,为创新型企业在市场中打造容身空间。

科技法律制度为新质生产力营造了支持创新的成长环境。科技发展的迅速性与法律制度的相对稳定性之间,往往存在滞后性的矛盾。当该

---

① 参见孙晋:《借助〈反不正当竞争法〉修订促进新质生产力发展》,载《数字法治》2024年第3期。
② 参见刘权:《网络平台的公共性及其实现——以电商平台的法律规制为视角》,载《法学研究》2020年第2期。
③ 参见赵文君:《我国民营企业数量呈现快速增长态势》,载中国政府网,https://www.gov.cn/lianbo/bumen/202503/content_7011082.htm,访问日期:2025年6月1日。

种滞后性未能得到有效应对时,就会引发法律适用中的不确定性,阻碍新质生产力的发展。科技创新和产业创新相辅相成,二者实现深度融合,是加快培育新质生产力的必然要求,对推动高质量发展、提升产业链安全韧性、建设科技强国具有重要意义。科技法律制度必须具备足够的适应性和前瞻性,才能有效应对新兴技术带来的法律挑战,主要包括《中华人民共和国科学技术进步法》(以下简称《科学技术进步法》)和《中华人民共和国促进科技成果转化法》(以下简称《促进科技成果转化法》),前者旨在推进技术的研发,后者侧重于科技成果商品化、产业化的过程。① 《科学技术进步法》明确规定了国家对科技研发的支持政策,包括科研项目的资助、科研人员的激励、科技基础设施的建设等。科研活动只有具备稳定的法律保障,得到足够的政策倾斜和资金支持,各类创新主体的积极性才会被激发,技术进步方可实现。通过《科学技术进步法》,国家能够对重点领域的科技研发进行战略引导,将有限的资源集中在具有前瞻性和战略意义的领域,如人工智能、量子计算、生命科学等。这些领域的技术突破和发展,成为新质生产力发展的重要来源。高等院校、科研机构、医疗卫生机构、企业、社会组织、科研人员等都是开展基础研究的主体,法律需要明确规定各类创新主体在开展基础研究和应用基础研究中的权利和责任。对于地方科研机构,支持其强化自主创新能力建设,通过与央属机构联合开展基础研究和应用基础研究,提高其对国家重大科技创新成果的承接能力和参与国际合作竞争的能力。对于科研人员,通过强化激励和完善考核评价机制等方式引导其开展基础研究和应用基础研究,同时加强基础研究人才的培养,提高当地的科技自立自强能力。从《促进科技成果转化法》的角度,国家可以有效引导科技成果向市场需求靠拢,促进科技与经济的紧密结合。法律保障为科技成果的商品化提供支持,同时推动新兴产业发展和传统产业升级,为新质生产力的发展奠定坚实的产业基础。科技成果的有效转化,不仅依赖于创新本身,还依赖于法律对成果的应用和市场化的支持。规范技术转让程序,能够确保创新成果在市场中获得合法的地位和合理的

---

① 参见罗玉中主编:《科技法学》,华中科技大学出版社 2005 年版,第 315 页。

经济回报。这种法律保障机制,使得科研人员和企业能够放心地将科技创新投入市场,从而促进科技成果的广泛应用。赋予科研人员职务科技成果所有权或长期使用权制度是科技成果转化路径的新探索,是科技成果权益分配的一大突破,旨在充分调动科研人员在科技成果转化中的主动性。① 此外,技术合同相关制度的优化,能够保障技术交易过程中的公平与透明,防止技术交易中的欺诈行为,保障技术市场的健康发展。总的来说,《科学技术进步法》通过激励创新和促进产学研结合,为新质生产力的发展提供了技术支持和法律保障;而《促进科技成果转化法》则通过规范科技成果转化过程,促进科技成果的商品化和产业化。二者相辅相成,共同推动了科技创新与经济发展的深度融合,为新质生产力的市场化应用和产业升级提供了法律保障。

金融法律制度为新质生产力提供了风险可控的融资环境。新质生产力的形成和发展需要大量的资金投入,而创新型企业和科技项目往往面临高风险、高不确定性的挑战。金融法律制度通过规范金融市场和监管金融产品,确保了融资过程的透明度和合法性,减少了信息不对称,降低了企业融资的风险。这种法律保障提升了投资者对与新质生产力相关项目的回报预期,从而愿意提供更多的资金支持。资金的流动性和金融市场的稳定性直接影响科技成果能否顺利转化为实际生产力。② 法律制度必须为科技成果转化提供金融支持与风险保障,以稳定社会各界对科技成果市场化的预期。金融法律制度在推动新质生产力发展中,还通过构建和规范多元化的融资渠道,为创新型企业提供了丰富的融资选择。传统的银行贷款、股权融资、债券发行等方式,已经无法完全满足新质生产力的发展需求。特别是对处于初创阶段的科技企业而言,金融法律制度的支持使得它们能够通过风险投资、天使投资等方式获取早期资本,推动技术研发和市场拓展。资本市场具有强大的风险定价能力,有利于实现

---

① 参见唐素琴、魏旭丹:《职务科技成果"赋权"改革的实证分析及思考》,载《科技与法律》2024年第3期。

② See Nina Rosenbusch, Jan Brinckmann and Andreas Bausch, "Is Innovation Always Beneficial? A Meta-Analysis of the Relationship Between Innovation and Performance in SMEs", 26 *Journal of Business Venturing* 441-457(2011).

科技企业的价值评估并促成交易。① 此外,科技金融作为加快建设金融强国的金融"五篇大文章"之首,在新质生产力发展过程中,推动金融市场出现许多新型金融工具和产品。通过金融法律制度的规范和引导,避免这些新型金融工具和产品被异化为资本套利的手段,从而能够有效服务于新质生产力的发展。例如,金融衍生品能够帮助创新型企业对冲市场风险,提高融资的灵活性;区块链金融则通过去中心化的特性,提升了融资的效率和透明度。传统金融服务中融入大量以人工智能大模型、算法、区块链为代表的科技元素,科技创新和数字化变革催生出新的金融发展动能,使得新质生产力的发展能够获得更加稳定和高效的金融支持。② 值得注意的是,金融市场的不稳定和系统性风险不仅会影响企业的融资能力,还可能对整个经济系统产生负面影响。金融法律制度通过严格的金融监管和风险管理措施,保障了金融市场的稳定运行。虽然中国金融稳定立法的直接动因是防范化解金融风险、应对可能发生的金融危机,但其更深层次的目标任务则是实现经济与社会层面的综合平衡。③ 健全的金融风险防控机制可以有效减少金融危机对科技成果转化过程的冲击,维护社会的预期稳定。通过明确金融机构的责任和义务,规范资本市场行为,确保相关主体在金融市场出现波动时能够迅速采取应对措施,防止科技企业因资金断流而导致科技成果转化中断。金融风险一旦爆发,可能迅速传导至科技领域,导致企业面临生存危机。因此,金融法律制度通过构建金融风险的应急处理机制,不仅能够在金融危机发生时迅速响应,减少对科技企业的冲击,还能通过法律手段协调各方资源,确保科技企业在危机中能够继续获取必要的资金支持。金融法律制度的保障,一方面使金融可以发挥要素融通的基本功能,促进生产要素创新性配置,保障科技成果转化路径的通畅;另一方面增强了企业的创新动力,为投资者提供了

---

① 参见徐玉德、李昌振:《资本市场支持科技创新的逻辑机理与现实路径》,载《财会月刊》2022年第16期。
② 参见郭雳:《国家金融安全视域下金融科技的风险应对与法治保障》,载《现代法学》2024年第3期。
③ 参见肖京:《中国金融稳定立法的底层逻辑与路径选择》,载《北京大学学报(哲学社会科学版)》2024年第2期。

更安全的投资环境,进而稳定了社会对新质生产力发展的预期。

(三)国家规划层面的"利长远"效果

法治在国家规划层面具有"利长远"效果。"规划"是指有目的地构建社会秩序和社会互动。① 在法治轨道上推进新质生产力发展,既是立足于解决当前问题的现实考量,也是着眼于长远目标和发展的战略谋划。通过法律的制定和实施,新质生产力发展的重点、方向、路径得以明确。法治以前瞻性的目光审视经济社会,保障技术研发和产业升级始终围绕国家整体发展的核心需求展开。

围绕生态文明建设,法治推动新质生产力"向深"而行。生态文明建设是关系中华民族永续发展的根本大计。《中共中央关于进一步全面深化改革 推进中国式现代化的决定》指出,要"聚焦建设美丽中国,加快经济社会发展全面绿色转型"。习近平总书记指出,"绿色发展是高质量发展的底色,新质生产力本身就是绿色生产力"②。发展新质生产力不是放弃传统产业,而是将传统产业改造成绿色、高水平、高质量的产业。我国经济社会发展已经进入加快绿色化、低碳化的高质量发展阶段,法治为培育发展壮大新质生产力提供了重要动力机制,为美丽中国建设提供了重要支撑。从资源价值到环境价值的观念转变,是新质生产力在传统生产力基础上向更深层次发展的要求。其一,法治引导生产活动的转型。新质生产力旨在实现经济发展和生态保护双赢。通过明确的法律规定和政策引导,可促进生产活动从传统的高耗能、高污染模式向绿色、低碳、循环经济模式转型。构建绿色生产关系,不仅会推动新要素对传统要素的替代,更会加速自然资源等传统要素利用方式的优化,这必然要求更精细、更有效和更高质量的资源管理制度。③ 法治对企业的环境责任提出了更高要求。企业不仅要遵守法律规定的环保标准,还要在社会责任的框架

---

① 参见〔美〕史蒂文·瓦戈:《法律与社会(第9版)》,梁坤、邢朝国译,中国人民大学出版社2011年版,第250页。
② 《习近平在中共中央政治局第十一次集体学习时强调 加快发展新质生产力 扎实推进高质量发展》,载《人民日报》2024年2月2日,第1版。
③ 参见盖凯程、韩文龙:《新质生产力》,中国社会科学出版社2024年版,第100—102页。

下,积极参与环保事业。由此,企业从被动遵守法律转向主动开展环保行动,加快生产活动的绿色转型,主动开展绿色供应链管理,将环境责任贯穿于整个生产和供应链过程。更重要的是,法治在引导生产活动转型的过程中,还促进了整个经济结构的调整和优化。随着越来越多的企业转向绿色生产模式,资源密集型和污染密集型产业逐渐萎缩,而绿色、循环、低碳等新兴产业迅速崛起。这种结构调整为新质生产力的发展提供了肥沃的土壤,推动经济向更高质量、更具可持续性的方向发展。其二,法治激励绿色技术的创新。绿色技术研发的关键在于前沿绿色科技的革命性突破。以具有自主知识产权、达到国际先进水平为目标导向,面向世界科技前沿、面向经济主战场、面向国家重大需求、面向人民生命健康,深耕减污降碳协同、应对气候变化、生物多样性保护、新污染物治理等科技研发领域,定期开展前瞻性技术预测和颠覆性技术清单编制,将现存的"卡脖子"环节逐个攻克,打造以前沿绿色技术为"关键变量"的创新体系,强化国家战略科技力量。通过在资金、税收等方面给予绿色技术企业优惠政策,法治为绿色技术的研发、推广和应用提供了明确的法律框架和政策支持。同时,标准的制定为技术的开发提供了明确的方向,给市场提供了统一的评价依据。法治能够以建立绿色技术标准体系的方式,实现绿色技术的普及和应用,推动整个行业的技术升级。

实施网络强国战略,法治推动新质生产力"向实"而行。网络是新质生产力的关键技术,网络空间是新质生产力的重要场域,故网络法治是信息革命发展的时代需求,是网络强国建设的重要保障。2024年是习近平总书记提出网络强国战略目标10周年,是我国全功能接入国际互联网30周年,也是我国网络法治建设起步30周年。首先,法治保障网络安全,夯实新质生产力的发展基础。由于存在信息泄露、网络攻击等风险,需要国家对网络空间的各类行为进行规范。只有在网络安全得到法律制度维护的前提下,各类主体才能信任信息技术,并将其投入到创新生产活动中,推动新质生产力从概念走向实践。法治应当从管理体制和管理措施两方面予以供给,前者从宏观上涉及信息安全等级保护制度的构建和安全保护机构的设置,后者从微观层面进行安全规划编制。各类主体应当明晰自身在网络安全中的责任和义务,在涵盖技术标准、安全审查等内容的全面监管体系下,必须采取有效措施保护网络系统和数据安全,避免新质生产力发展受损或中断。其次,法治规范信息技术应用,推动新质生产力实际落地。信息技术只有在商业活动、公共服务和社会生活中遵循一定的应用规范,才能使新质生产力合法、合规地发展。在法律的引导下,信息技术被应用于生产流程优化、供应链管理、客户服务等多个环节,使得生产效率提高、成本降低,同时也推动了新业态和新模式的出现。信息技术的应用往往涉及多元主体,包括企业、消费者、政府等,冲突与纠纷在所难免。法律调节各方利益,创造公平、透明的市场环境,使信息技术能够更快、更广泛地被接受和应用。此外,技术往往受制于兼容性问题,这极大地阻碍了技术的推广和应用。法律通过明确技术标准及推动技术标准的统一,提高了信息技术在不同领域的互操作性和可扩展性,提升了整体效率,为新质生产力的规模化应用奠定了基础,使新质生产力能够在更大的范围内产生实际效益。最后,法治支持数字基础设施建设,推动新质生产力的全面应用。数字基础设施是"技术主权"的内容之一。① 没有完善的基础设施,信息技术的应用和推广将受到极大限制,故其是新质生产力发展的重要载体。相关法律的制定和实施,为数字基础设施的规划、建设、运营等各个环节提供了明确的规范和要求,避免了基础设施建设中的随意性和不确定性,确保资源的合理配置和技术的有效应用。这使得数字基础设施能够高效运作并持续支持新质生产力的发展,推动物联网、智能制造、自动驾驶等新兴产业从设想转化为现实应用。通过完善的基础设施接入机制,新质生产力将不再局限于特定区域和人群,让发展成果更多更公平地惠及全体人民。此种由公平性带来的普惠性,意味着新质生产力的发展不仅反映在技术上的进步,更体现为社会结构的优化与经济效益的普及。

追求制度型开放,法治推动新质生产力"向远"而行。制度型开放是区别于政策型开放、项目式开放、要素型开放、区域性开放的更高水平、更高层次、更高质量的开放。在传统生产力下,我国对外开放合作主要以贸

---

① 参见张吉豫:《数字法理的基础概念与命题》,载《法制与社会发展》2022年第5期。

易和外商直接投资为主,边境政策受到关注。但目前新质生产力发展的重点逐渐转向技术、人才、数据等要素,推动这类要素优化配置并转化为先进生产力,特别需要"边境"政策和"边境后"政策的配合,进行系统性的体制机制设计,既需要国内高水平的制度设计,也要与高标准国际经贸规则对标。通过法律制度体系的构建和完善,以更具稳定性、更具规范性、更具预期性的开放效能发展新质生产力。换言之,开放条件下发展新质生产力,需要形成与之相匹配的国内国际层面新型生产关系。具有对内制度创新与对外国际经贸规则嵌入双向协同特征的制度型开放,契合新质生产力发展所要求的新型生产关系适应性调整,因而能够赋能新质生产力发展。① 具体来说,制度型开放主要包含一国制度的"进口"和"出口"两个方面。所谓制度的"进口",是指构建与高标准国际经贸规则相衔接、相协调的国内规则和制度体系。在新质生产力框架下,全球产业链中涉及技术、劳动、产品质量、环境保护等多重国际规则与标准。与此同时,新质生产力越来越强调兼容互操作,相关标准的龃龉不合提高了贸易成本,亟须消除不同场景间的信息孤岛,实现技术创新与产业创新的协同发展。② 法治的推动作用,使得新质生产力能够在符合国际标准的基础上,与全球市场无缝对接,避免因技术壁垒和标准差异而导致的市场分割和竞争劣势。在此基础上,越来越多的企业将参与国际化竞争,在全球市场中立足,推动新质生产力的持续创新与发展。国家通过调整和完善国内法律,使其与国际规则接轨,消除了国际合作中的法律冲突和摩擦。这种法律体系的协调和整合,为新质生产力的全球化发展创造了更加开放和安全的制度环境,使得国内创新力量能够顺利进入国际市场,并在全球范围内进行资源整合和市场拓展。所谓制度的"出口",是指通过在国内实施一系列有特色、系统性的制度创新,进行国际制度供给或实现制度外溢。在新一轮科技革命与产业革命中,规则制定的主导地位成为各国争夺的焦点。法治在多边合作机制的形成过程中发挥了桥梁作用。我国通

---

① 参见戴翔、刘长鹏、成鹏东:《制度型开放赋能新质生产力发展:理论与实证》,载《财贸研究》2024年第5期。
② 参见赵若锦、聂平香、崔艳新:《全球数字经贸规则:进展、动向及中国应对》,载《北京航空航天大学学报(社会科学版)》2024年第4期。

发展本体论：新质生产力发展的法治基础

过积极参与和制定多边合作规则,实现制度"硬输出"与"软输出"并举,主动融入全球治理体系,不断巩固和扩大我国的国际影响力,从而为新质生产力的发展创造更为有利的外部条件。

三、法治护航新质生产力发展中的关键议题

(一)重点:法治化中的三处着力

1. 科技创新

数字经济是新质生产力发展的主要经济形态,其以数据资源为关键要素,推动生产方式的深刻变革。2023年9月发布的十四届全国人大常委会立法规划,将"数字经济促进法"列入第二类项目,即需要抓紧工作、条件成熟时提请审议的法律草案。数字经济的"空间的多元化""主体的平台化""行为的信息化"等特征,使该领域对法治的需求呈现出多元化特征,除基础性法律外,还要因地、因时针对发展与治理中的法治需求作出回应。① 在数字经济中,法律制度不仅是经济活动的基本规范,也是保障经济红利公平分配的基石,故健全的数字法治体系能够有效地管理数据流动、保护数据安全,防止因法律欠缺而导致的市场垄断和数据滥用。在数据作为五大生产要素之一的背景之下,发展数字经济的动力引擎主要指向各种数据资源。② 数据资源开发利用的保护体系亟待建立,在对数据分级分类的基础上,明确各类数据资源的开放共享与开发利用,建立数据资源的全生命周期管理制度,优化整个数字经济生态系统,为新质生产力的发展创造更优越的创新环境。

科技伦理的法治建设为新质生产力的发展设定了规范性条件。对技术效用单一维度的追求容易导致科技异化现象,技术发展逐渐偏离"善"的方向,进而引发一系列伦理风险。③ 2022年3月,中共中央办公厅、国务院办公厅印发《关于加强科技伦理治理的意见》,明确划定了科技伦理

---

① 参见张守文:《数字经济与经济法的理论拓展》,载《地方立法研究》2021年第1期。
② 参见胡光志、苟学珍:《数字经济的地方法治试验:理论阐释与实践路径》,载《重庆大学学报(社会科学版)》2022年第6期。
③ 参见石佳友、刘忠炫:《科技伦理治理的法治化路径——以基因编辑技术的规制为例》,载《学海》2022年第5期。

治理的重点领域,不仅提出了"伦理先行""依法依规""敏捷治理""立足国情""开放合作"的治理要求,还提出了"增进人类福祉""尊重生命权利""坚持公平公正""合理控制风险""保持公开透明"的治理原则。新质生产力所依托的科学技术本身没有价值取向,因此科技伦理不应局限于作为个体层面道德反思的指引,更应当纳入法治框架中,实现公共政策转向。以透明度、可解释、可问责作为科技伦理法律制度的基本原则,通过制定科技伦理规范和标准、建立科技伦理审查和监管制度,保障科技在研发、应用中的每一个环节都符合伦理标准。在发展新质生产力的过程中,科技创新可能引发数据隐私、算法偏见和责任主体不明等一系列伦理问题,故要求科技的发展必须在法治的指引下服务于人类社会的整体福祉,避免因技术滥用而带来负面影响。

科研人员是新质生产力发展中的重要角色,围绕该主体的法治建设直接影响新质生产力的发展潜力,并对科技创新的整体氛围和社会风气塑造发挥重要作用。科学研究从最初的智力性活动,发展为具有独立地位的知识生产系统,最终演变为由国家加以投资、引导和组织的国家资源与能力的重要组成部分,甚至成为国家之间科技战略的核心焦点。这一演进是"政府—科学"关系调适的必然结果。① 通过完善劳动法律和知识产权法律体系,确保科研人员在就业、薪酬、职业发展等方面的权益得到充分保护,使所产出的技术发明和科研成果能够获得法律上的认可与经济上的回报,为科研人员提供一个安全、稳定的创新环境,激励其投身于科技研发与创新工作。新质生产力的发展需要多学科、多领域的科技人才协作创新。一方面,通过建立完善的教育和科研法律体系,鼓励企业和科研机构持续开展科研人员的技能培训,加大对科技人才的资金投入;另一方面,通过健全的人才流动和合作机制,促进跨学科、跨领域的科技人才流动与合作。保障人才跨地区、跨行业流动的合法性和顺畅性,鼓励科技人才在不同领域之间的合作与交流,从而推动创新成果的快速转化和应用。

---

① See H. W. Paul, T. W. Shinn, "The Structure and State of Science in France", 6 *Contemporary French Civilization* 153-193(1981-1982).

2. 业态升级

传统产业在国民经济体系中具有不可替代的重要作用，是推动经济持续增长和社会稳定的基石。习近平总书记指出："发展新质生产力不是要忽视、放弃传统产业，要防止一哄而上、泡沫化，也不要搞一种模式。"①在过去三十年中，国家出台了大量的产业政策调控经济，各地方政府也常常运用产业政策抑制或者扶持某一产业，引导其退出或者加速发展，以实现产业的转移升级。② 随着新质生产力的发展，传统产业正在向集群化、平台化、绿色化方向发展。在集群化方面，传统产业转型成长为先进制造业集群，中小企业特色产业集群快速发展。通过需求牵引、创新供给等多种方式，产业链上中下游配套水平得以提高，传统产业链的集聚转型效能显现。为企业之间的合作提供法律保障，促进集群内部资源的共享和优势互补，能够有效增强集群的整体竞争力和抗风险能力。在平台化方面，产业互联网和商业互联网平台成为传统产业转型新范式。一些传统制造业打造产业互联网平台，在很大程度上推动了传统制造业企业的数字化、智能化转型；一些商业互联网平台吸引大量传统制造业企业进驻，这些企业积极探索以销售数字化带动传统制造业的数字化转型。因此，规范平台企业的运营，保护平台中各类市场主体的合法权益，有助于防止平台垄断和不正当竞争行为，从而促进平台经济的健康发展。在绿色化方面，新质生产力不仅追求高效生产，更强调低碳、环保和可持续发展。传统产业实现设计、生产、经营、回收、处置和采购的全产业链绿色化，并推动能源结构的调整，需要法律制度的支持，以确保环保技术的推广和环保标准的实施。

战略性新兴产业必须同时满足两点：一是产业先进且意义重大，未来甚至可能成为影响整体经济潜在增长率的重要产业；二是相关业态已经在市场上达成广泛共识，并在一定程度上投入实践，形成较大规模。相较于战略性新兴产业，未来产业只满足第一点，也就是产业先进且意义重

---

① 习近平：《开创我国高质量发展新局面》，载《求是》2024 年第 12 期。
② 参见梁平、潘帅：《地方产业政策法治化的制度建构——以雄安新区传统产业转移升级为例》，载《河北法学》2023 年第 3 期。

大,但理论认知、发展路径和业态尚不清晰稳定,仍在探索阶段。2023年8月,工业和信息化部、科技部、国家能源局、国家标准化管理委员会印发《新产业标准化领航工程实施方案(2023—2035年)》,聚焦新一代信息技术、新能源、新材料等八大新兴产业,以及元宇宙、脑机接口、量子信息、人形机器人等九大未来产业。战略性新兴产业虽然有一定的可知性,但由于技术路线的动态性,仍有很大的不确定性;而未来产业本身就有很大的不可知性,故要求法律具备足够的灵活性,有必要在法治体系中引入适应性强、可预见性高的制度工具,以应对技术演进和市场变化的复杂性,支持和引导新兴产业与未来产业的健康发展。从技术角度看,新兴产业与未来产业的技术创新具有极高的研发成本和显著的技术壁垒,现有的知识产权法律体系需要进一步优化,以适应新兴产业与未来产业的特殊需求。例如,法律需要考虑如何保护尚未成熟但具有巨大潜力的技术,以及如何处理新兴产业与未来产业中可能出现的技术垄断和竞争问题。从资金角度看,新兴产业与未来产业的技术研发和产业化过程通常需要大量的资本投入。因此,应当支持风险投资、创新金融工具的发展,同时建立健全的金融监管体制,确保资金流向对产业发展最有利的领域,防范金融风险。

3. 营商环境

着力优化营商环境夯实制度基础,将为新质生产力的发展积聚法治之势,充分发挥市场在资源配置中的决定性作用。① 因此,新质生产力既要求转变发展方式和增长路径,以及在基础设施等"硬环境"上持续优化改善,更需要从便利营商的制度性、体制性安排切入,围绕市场主体尤其是私营企业在开展经济活动的过程中,着手改善法治"软环境"。

明确的产权归属与周延的产权保护能够为市场主体提供稳定的预期,激励企业与个人进行投资和创新。反言之,产权制度不健全将增加新质生产力发展中遇到纠纷的可能性,进而减损市场效率。传统的物权理论要求物权客体具备有体性、特定性、独占性等特征,这些特征在新质生产力发展的社会背景下逐步被突破,知识产权与数据产权是这一突破最

---

① 参见冯果:《以高质量法治助推新质生产力发展》,载《民主与法制》2024年第6期。

为重要的两个面向。知识产权的客体是创新主体利用智慧、时间、资金和劳动等创作出来的智力劳动成果,如果缺乏特别的制度安排,那么创新主体就没有更多动力来提供更多智慧创作物。① 完善的知识产权规则能够有效保护专利、商标、版权等无形资产,防止侵权行为,鼓励企业加大研发投入,推动技术进步和产业升级。数据产权包含对数据的支配对抗、许可使用、流通转让、担保融资等具体权能。② 中共中央、国务院《关于构建数据基础制度更好发挥数据要素作用的意见》提出了建立数据资源持有权、数据加工使用权、数据产品经营权"三权分置"的数据产权运行机制。数据产权明晰是建立数据交易规则,形成有效市场,建立良好市场秩序的前提,有助于推动新质生产力的发展。

公平、透明的市场准入制度决定了市场主体能否便利、自由地进入市场,降低企业的进入成本和交易成本,使得节约的资金成本可以更多地用于科技创新活动,促进新质生产力发展。2024年8月中共中央办公厅、国务院办公厅印发《关于完善市场准入制度的意见》,通过实施市场准入负面清单制度,国家可以明确哪些领域允许市场主体自由进入,哪些领域受到限制。负面清单作为市场主导型准入规则,通过激发增量投资而优化投资结构,进而实现对产业结构的调整。而"产业结构优化和产业发展"正是产业法制度保障功能的体现。因此,以"产业结构优化"目标为中心,负面清单制度与产业法形成协同关系。③ 消除不必要的行政审批和隐性壁垒,可以减少市场准入的不确定性,增强企业的信心和预期。同时,"放管服"改革,即简政放权、放管结合、优化服务,通过减少行政审批、降低市场准入门槛,旨在激发市场活力。在放宽市场准入的同时,强化事中事后监管,确保市场行为的规范性和公平性。优化服务意味着政府要加强对企业的服务,提供高效的政务服务,降低企业合规成本,促进创新

---

① 参见戚建刚:《优化营商环境与知识产权保护法研究》,载《理论探索》2021年第2期。
② 参见申卫星:《数据产权:从两权分离到三权分置》,载《中国法律评论》2023年第6期。
③ 参见杜永波:《市场准入负面清单制度与产业法协同性考量》,载《中国政法大学学报》2020年第4期。

发展。

公平竞争制度可以防止市场垄断和恶性竞争行为,确保市场中的各类主体无论规模大小,都能在同一法律框架下公平竞争,促进市场创新的积极性。虽然竞争政策只是政府经济政策体系中的一个组成部分,但是相对于其他经济政策,竞争政策是市场经济条件下一项基础甚至优先的经济政策,这是由市场经济本身的特点所决定的。① 其中,竞争政策规制的行为类型既包括排除、限制竞争的行为即垄断行为,也包括各种不正当竞争行为。此外,还需要解决政府滥用行政权力排除、限制竞争即所谓行政性垄断问题。公平竞争审查机制可以防范政府政策和行为中的倾向性和歧视性问题,确保政策的制定和执行有助于市场的公平竞争。这对于新质生产力的形成尤为重要,因为它确保创新型企业能够在公平的市场环境中脱颖而出,推动技术进步和产业转型。

建立和完善社会信用法律制度,可以有效规范市场主体的行为,提升市场的诚信意识和透明度。市场经济也是信用经济,当前的社会信用体系建设意在全方位覆盖"政府—市场—社会"领域,其名义上是为提高诚信,实际兼具加强法律实施之意。② 社会信用法律制度通过对市场主体的信用记录进行系统化管理,增强了市场主体之间的信任。这种信任是经济活动顺利进行的基础,尤其是在新质生产力发展过程中,企业、个人、政府之间的高效合作是必不可少的。信用良好的市场主体更容易获得合作伙伴的认可和支持,从而加快创新成果的转化和推广。同时,社会信用法律制度能够有效减少信息不对称,通过信用评分和信用报告等手段,帮助金融机构、投资者更好地识别优质企业和项目,进而促进资金、技术等创新资源的合理流动。在新兴产业和未来产业中,市场的快速变化带来新的监管挑战,通过对市场主体信用行为的监测和评价,监管机构可以及时发现潜在的风险,采取预防性措施,加强对市场秩序的维护,确保新质生产力在合法合规的环境中发展。

---

① 参见王先林:《优化营商环境背景下我国公平竞争制度建设的基本框架》,载《政法论丛》2024年第3期。

② 参见沈岿:《社会信用体系建设的法治之道》,载《中国法学》2019年第5期。

(二)堵点:法治化中的三重偏离

1. 治理手段:强管理弱赋权

当前的制度设计过度依赖行政主体的管理,忽视市场主体的自主性和创新能力,导致法律规范在新兴领域出现空白、滞后与不足,最终导致治理呈现出"运动式"的模式。"一刀切"的静态监管容易产生监管刚性,对被监管主体作出非此即彼的判断①,不仅会削弱法律的稳定性和连续性,也会使个体市场主体难以参与到法治建设中,从而过度追逐短期利益,忽略了持久的创新与创造。

传统治理手段往往通过设立严格的规章制度、审批程序和监管措施,试图达到快速整治市场秩序的目的。然而,在新质生产力背景下,各类技术的更新速度极快,强管理的治理方式难以适应产业发展的变化节奏。在市场经济中,秩序之所以重要,是因为事关"交易"和"预期"。② 面对新质生产力的新业态、新模式,法律法规滞后于实际需求,临时性、应急式的管理措施凸显严厉秉性。"一抓就死"的现象不仅抑制了市场的自发创新,也使企业在面临高度不确定性的法律环境时,倾向于采取保守策略,减少在新兴领域的投入与探索。当政府意识到过度管理带来的弊端后,试图通过放松监管来恢复市场活力,却容易出现"一放就乱"的局面,导致市场无序竞争、法律真空和各类违规现象频发。简言之,监管采取"一刀切"的禁令模式,虽然能够暂时性地应对危机,但不利于激励创新,阻碍新质生产力的形成和发展。尽管行政主体能够通过营造"监管沙盒"的方式为创新活动提供一个试错机制,使管理略显柔性,但这对管理者的专业程度要求较高。在"监管沙盒"运行中,监管机构与参与企业保持着高频且密切的互动。这种非常规的接触关系容易削弱监管决策的客观性与中立性。由于沙盒机制本身对创新具有一定的容错空间,监管机构更可能倾向于认可创新企业的潜在优势,从而在无意中为率先进入沙盒的企业提供政策支持和资源便利。然而,这种偏好容易忽视对市场整

---

① 参见周仲飞、李敬伟:《金融科技背景下金融监管范式的转变》,载《法学研究》2018年第5期。

② 参见江小涓、黄颖轩:《数字时代的市场秩序、市场监管与平台治理》,载《经济研究》2021年第12期。

体行为的审慎评估,模糊企业层面与市场层面的风险界限,最终可能引发监管俘获问题。同时,出于对安全性与创新性的考虑,"监管沙盒"的测试时间、样本范围注定是有限的,各类主体的迅速进入,使得原本适用于小范围试点的经验在向更大范围推广时,可能因管理机制和资源配置难以及时跟进,而暴露出适应性不足的问题。市场主体在新质生产力法治化建设中的参与感普遍缺失,法律制定和执行更多地依赖政府的单方面主导,而不是通过协同共治的方式。企业和个人的逐利行为可能导致技术应用中出现的伦理问题、安全隐患等难以得到有效治理。当市场主体缺失对法治的信任度和认同感时,将导致其对法律实施难以达成共识,进一步加剧了市场的不稳定性。新质生产力的发展需要各类市场主体在法律框架内充分发挥自主性和创造力,而现行的强管理弱赋权模式却往往忽视了市场主体在法律制定和执行中的能动性,使得法治建设难以真正落地,无法形成持续、健康的市场环境。

2. 治理结构:多零散少体系

体系性法律即法律体系,是由诸多要素构成的完整系统,法律体系的要素是部门法。① 由于新质生产力本身涵盖了多样化的技术和延长化的产业链,涉及多个部门法,多种具体制度,因此体系化法治建设不仅能够协调既有规则,还有助于填补制度空白。目前有关新质生产力的制度规范多以单点式、碎片化的方式不断完善,由此会导致治理空白与重叠冲突的"二元悖论"。

不同的法律各自为政,缺乏系统的统筹和整合,使得在实际操作中,各法律之间常常发生冲突或无法形成有效联动。一方面,随着科技和产业的迅速发展,新兴领域如人工智能、大数据、区块链等往往处于法律规制的边缘,缺乏明确的法律规范。另一方面,部分领域因各部门法之间缺乏呼应,导致法律适用上的重复和冲突。以数据要素的治理为例,数据保护涉及隐私法、网络安全法、消费者权益保护法等多个法律,而这些法律在数据收集、使用和保护方面,规定和要求各不相同,给市场主体带来

---

① 参见陈金钊:《作为法治原则之法律的体系性》,载《济南大学学报(社会科学版)》2024年第1期。

困惑与挑战。在数据保护领域,网络安全法强调数据本地化存储,要求企业在处理数据时遵守严格的安全标准;在数据流通领域,电子商务法则要求数据流动自由化,以促进交易的发展。两者在具体执行过程中往往出现龃龉,企业在法律适用上无所适从,既要遵守数据安全的高标准,又要确保数据的自由流动,导致合规成本增加,创新能力受限。政府除划定规制底线红线的任务之外,应整合位阶较低、存在冲突的现有规范体系,形成协调统一的数据要素治理规范体系。① 虽然根据 2023 年 3 月十四届全国人大一次会议通过的《国务院机构改革方案》,组建了国家数据局。然而国家数据局职责履行的重点并非数据安全监管等微观管理事项,而是强化对数字中国建设的战略规划与统筹,故当前的治理主体仍联动不足,治理工作任重而道远。网络数据监管由中央网络安全和信息化委员会办公室、工业和信息化部等部门负责,大数据产业及相关的软件服务业、通信业的行业管理职责归属工信部门。因此,新质生产力的发展涉及多个政府部门,容易出现"多龙治水"的难题。在法规制定上,如科技部门负责创新政策的制定,工信部门负责产业政策的落实,环保部门则监管企业的环保行为。在推动绿色金融过程中,金融监管部门与环保部门之间的协调不足,导致绿色金融政策的落地受到阻碍,影响新质生产力绿色发展目标的实现。在监管执行上,这些部门在职能分工上往往是垂直化的,导致令出多门,且缺乏有效的沟通和协作机制。职能分割导致法律的执行力受到限制,尤其是在跨部门的法律问题上,往往出现管理真空或推诿现象。不同部门在案件的认定标准、执法力度上常常缺乏统一,导致执法效果不佳。部门间的执法信息共享机制尚未健全,执法数据难以实现联动,进一步削弱了法律的执行力和威慑力。

3. 治理视角:重国内轻国外

新质生产力是国家经济发展与技术创新的重要驱动力,尤其在当前全球化竞争加剧的背景下,掌握规则的制定权成为提升国家影响力和竞争力的关键。然而,目前我国在新质生产力法治化建设中,偏重采用内向

---

① 参见郭雳:《精巧规制理论及其在数据要素治理中的应用》,载《行政法学研究》2023 年第 5 期。

性的制度设计,这固然能直面国内市场的发展需求,但由于缺乏国际化治理视角,不仅会加剧与域外规则衔接的隔阂,还会使新质生产力"走出去"的进程受到限制。

既有法律条文很少考虑国际技术合作、跨国知识产权保护、数据跨境流动等国际化问题,同时在制定时未充分参考国际通行的法律规则,导致国内企业在国际市场中往往面临法律适用上的不确定性和冲突,极大限制了我国企业在国际市场中的活动自由度。例如,在数据保护领域,国内法律强调数据本地化存储和严格的安全管理,而这与国际上强调的数据自由流动和全球数据治理的趋势不相符,导致我国企业在跨国经营中经常面临法律冲突和复杂的合规问题,在全球市场中的竞争力受到削弱。法制输出是发达国家建立和维系传统国际秩序的重要途径之一。① 发展新质生产力是我国经济快速跃升和法治弯道超车的方法。倘若国内法律体系与国际规则不接轨,我国在跨国技术合作中的地位将受影响,新质生产力将难以实现国际化的扩展。国际规则与标准在全球经济和技术领域发挥着至关重要的作用,其不仅规范了全球市场的竞争规则,也决定了技术的推广和市场占有率。掌握国际规则与标准的制定权,意味着一个国家在全球产业链中具有主导地位,可以引导全球技术的发展方向。参考欧盟的数据政策,其对内始终服务于以公平贸易与基本权利为代表的欧盟共同价值观,对外则具有明确的法律输出动机,从附带性输出发展为战略性输出,意在使欧盟成为全球数据规则和标准的制定者。欧盟数据规则和标准的全球输出主要包含数据流动规则的显性输出与个人数据保护标准的隐性输出两类输出途径。② 因此,技术规则与标准的输出是国家竞争力的重要体现。然而,我国在新质生产力的法治化建设中,过于注重国内标准和法规的制定,忽视了向外的接轨和参与。目前我国在标准和规则的输出上,与法律保障存在明显脱节,这种治理视角的局限性直接导致我国在国际规则与标准制定中处于被动地位。与发达国家相比,我国主

---

① 参见张泽平:《论国际税收秩序演进中的法制输出》,载《政治与法律》2023年第6期。
② 参见金晶:《欧盟的规则,全球的标准?数据跨境流动监管的"逐顶竞争"》,载《中外法学》2023年第1期。

导制定的国际标准无论是数量还是影响力,仍然十分有限。如果我国仅一味地作为标准的"跟随者"或"参与者"而非"引领者",不仅会使我国的技术优势无法转化为全球通行认知,还会导致我国在国际市场中需要遵循他国主导制定的规则,从而增加了合规成本,削弱了国际竞争力。我国在制定绿色经济、数字经济相关法律的过程中,尽管在国内取得了一定成效,但在国际舞台上,如何将这些成功经验和标准推广出去,使其融入全球治理体系,仍缺乏系统规划和法律保障。如果在新质生产力的法治化建设中缺乏全球治理视角,在应对国际竞争和技术封锁时,我国就会显得力不从心,无法有效捍卫国家利益和产业安全。

(三)难点:法治化中的三组关系

面对新质生产力发展带来的复杂局面,法治建设不仅要保障各方关系的和谐与平衡,还需具备动态调整的能力,以适应不断变化的内外部环境。政府与市场关系的协调、中央与地方关系的重构,以及技术与制度的互动,都是法治在新时代背景下必须深刻把握的课题。只有通过科学、合理的法治设计,才能在尊重市场规律的同时,更好地发挥政府作用;在明确中央与地方职责的基础上,激发区域发展的活力;在规范技术发展的同时,为创新提供宽松的制度环境。

1. 政府与市场的关系

在新质生产力发展背景下,政府与市场的关系是法治化进程中一个核心议题。这一关系决定了资源配置的效率,影响经济运行的稳定性和创新能力的发挥。为了真正全面地促进有为政府"有为",必须明确政府干预市场的边界与尺度,将政府职能的"简化""强化"与"优化"协同起来,实现政府与市场关系的良性互动。[①] 新质生产力的崛起对政府和市场之间的传统界限提出了挑战,要求通过法治手段实现供给侧和需求侧的平衡,从而在激励创新、稳定预期、优化资源配置、应对风险等方面,实现有效市场和有为政府的有机结合。

(1)尊重市场在资源配置中的决定性作用是新质生产力发展的基本

---

① 参见刘大洪:《"中国式现代化"与有为政府的经济法促进》,载《政治与法律》2023年第8期。

前提。在现代市场经济体系中,市场被视为资源配置的主要力量,它能够通过价格机制和竞争机制,引导资源向最具效率的领域流动。法治在其中的作用,主要体现在通过制定和完善法律法规,保护产权、维护契约自由、打击垄断行为,进而为市场主体提供一个公平竞争的环境。在数字经济等新兴领域,各地相继出台的数字经济促进条例,通过规范市场行为、保护数据权益、促进公平竞争,为新质生产力的健康发展提供了法律保障。在可竞争市场理论和激励性规制新方法基础上兴起的"后规制",强调尊重市场竞争机制和维护市场竞争秩序。① 通过产权保护、合同执行等方面的法律体系建设,确保市场机制的有效运行,使市场能够在新质生产力的发展中发挥最大效能。

(2)政府在新质生产力发展中扮演着重要的推动者角色。政府的作用不仅限于提供基础设施和公共服务,还包括通过政策引导和资源配置,支持关键领域的创新发展。在这一过程中,法治化的行政审批流程简化成为政府优化市场环境的重要措施之一。通过简化行政审批流程,能够减少政府对市场的直接干预,转而通过间接手段,如财政激励、科技补贴、产业政策等,支持新质生产力的发展。这种转变不仅降低了企业的运营成本,还增强了市场的活力,使得企业能够更加专注于创新和生产力的提升。

法治必须在政府干预与市场调节之间找到平衡。② 新质生产力的发展往往伴随着市场结构的深刻变化,这种变化有时会带来一定的风险,如行业波动、技术性失业等。政府作为市场的补充力量,必须通过法治手段进行适度的宏观调控,以维护经济的稳定性和社会的可持续发展。在这方面,通过建立健全的宏观调控机制,如财政政策、货币政策等,确保政府能够在经济过热或萧条时及时进行调节,防止市场失灵对社会经济造成过度冲击。在法治化过程中,政府与市场的关系还需要在国际经济环境中加以考量。随着全球化的深入,新质生产力的发展越来越依赖国际资源的流动和市场的开放。法治建设应当通过完善跨境投资、国际贸易等

---

① 参见孙晋:《公平竞争原则与政府规制变革》,载《中国法学》2021年第3期。
② 参见张守文:《政府与市场关系的法律调整》,载《中国法学》2014年第5期。

方面的法律制度,促进资本、技术、人才等要素的全球配置。同时,通过积极参与国际规则的制定和协调,增强国家在全球经济治理中的话语权,为国内新质生产力的发展创造更加有利的外部环境。国际化的市场环境对国内法治建设提出更高要求,不仅要维护国内市场秩序,还必须适应全球市场的规则和标准。同时,通过国际合作和跨国法律框架的建设,能够为国内市场引入更多的国际资源和机会,进一步推动新质生产力的发展。

2. 中央与地方的关系

国家治理能力的提升不能简单地理解为就是强化中央集权,而是通过国家立法合理界定和配置央地事权,保证地方享有纯粹地方性事务的治权,促进国家纵向治理结构的优化与高效运作。① 随着经济和社会的发展,中央和地方在经济管理、社会治理以及资源配置等方面的职责划分日益复杂。在新质生产力的推动下,传统的中央与地方关系格局面临挑战,需要通过法治手段进行重新构建,以适应经济全球化、科技进步和区域差异化的发展需求。

(1)中央和地方关系的重构必须以明确的权责划分为基础。在新质生产力发展过程中,中央政府主要承担宏观调控和战略制定的职责,而地方政府则负责具体政策的执行和区域经济的发展。这种权责划分有助于在全国范围内实现政策的统一性和连续性,同时也允许地方政府根据本地的具体情况进行灵活的调整和创新。通过法治手段明确中央与地方的权责界限,不仅能减少职能重叠和政策冲突,还能提升行政效率和治理效果。以法律规范的形式明确规定中央与地方的职责权限,可以避免权力错位、越位、缺位导致的行政效率低下和资源浪费。具体而言,可以通过制定统一的法律框架来规范中央和地方在财政管理、公共服务、环境保护等领域的职责划分,确保各级政府能够在法治框架内有效履行各自的职能。同时,法律规范也为中央政府在国家整体战略上的宏观调控提供了合法性支持,确保地方政府在政策执行过程中能够有效配合中央政策的实施。

---

① 参见封丽霞:《国家治理转型的纵向维度——基于央地关系改革的法治化视角》,载《东方法学》2020年第2期。

（2）赋予地方政府更大的自主权是新质生产力发展的必要条件。随着科技进步和产业结构的升级,各地区的发展水平和需求日益多样化,单一的中央集权管理模式难以满足区域发展的差异性需求。法律通过明确地方政府在特定领域、特定条件下的自主决策权,有效实现中央与地方权力配置的纵向划分,例如,在区域经济发展、科技创新、环境保护等领域,地方政府可以根据本地特点制定适合当地发展的政策措施,这既有利于增强地方政府的责任感和参与意识①,也有助于防止地方政府在行使自主权时出现地方保护主义、行政垄断等问题,维护全国统一市场的公平竞争环境。

（3）中央与地方关系的重构还涉及财政体制的改革与创新。政府间财政关系主要取决于中央政府对激励、平衡和控制三大目标的平衡,同时,其还受地方政府行动产出弹性、成本系数、外部性和不确定性等客观条件的制约;中央和地方政府积极性的发挥既受政府间财政关系的影响,同时也与政府目标、政府行动产出弹性和成本有关。② 在新质生产力发展过程中,地方政府的财政自主权和财政责任需要进一步明确和加强。通过建立健全的财政转移支付制度和税收分配机制,可以有效解决地方政府在公共服务供给和基础设施建设中的资金短缺问题。在这一过程中,通过法律保障财政体制改革的顺利推进,确保中央与地方在财政资源上的合理分配,进而为新质生产力的发展提供稳定的财政支持。

3. 技术与制度的关系

在新质生产力发展过程中,技术创新与制度创新是不可分割的两个方面。技术创新为生产力注入了新的活力,制度创新则为技术的推广和应用提供了坚实的保障和必要的引导。二者之间的良性互动需要法治予以调节和平衡,方能实现技术进步与社会利益的和谐统一。

技术创新是新质生产力发展的核心动力。无论是信息技术、生物技术,还是新能源技术,都在推动经济结构和产业形态的深刻变革。然

---

① 参见杨海坤、金亮新:《中央与地方关系法治化之基本问题研讨》,载《现代法学》2007年第6期。

② 参见吕冰洋、胡深:《中国央地财政关系的演进:一个理论框架》,载《经济研究》2024年第6期。

而,技术的快速发展也可能带来新的风险和挑战,如数据隐私问题、网络安全威胁以及伦理争议等。因此,制度创新在技术发展的每一个阶段都起着至关重要的作用。通过法律和制度的规范,技术创新得以在一个安全、可控的环境中进行,从而减少可能对社会产生的负面影响。

需要注意的是,技术与制度的关系应保持一种动态平衡。制度不应成为技术发展的掣肘,制度应当为技术提供一种合理定型。① 特别是在技术创新初期,过度的法律约束可能会抑制创新活力。因此,需要在规范技术的同时,为其发展预留足够的空间。灵活的法律框架与适度的监管安排能够共同营造宽松而有序的法治环境,使技术创新在遵循基本法律原则的前提下充分释放潜力。在技术与制度的互动中,法律需要针对技术价值的不同面向而进行自我调整,在技术价值和法律价值世界的碰撞中进行重构,解决技术所引发的归责原理和规范建构问题。② 通过定期修订法规、引入弹性条款等方式,完整地呈现技术价值和法律价值相互作用的方式,确保制度能够及时回应技术发展的需求,避免因制度滞后而产生治理真空。除成文法外,以技术标准为代表的"软法"也能作为新质生产力发展中重要的法律渊源。尽管技术标准不具备法律规范的外形,但通过设定量化的数值、指标等方式,直接规定技术目标和工艺流程,便于行政机关反复适用,从而对私人主体产生了外部法律效果。

四、法治筑基新质生产力发展的实现进路

(一)新质生产力发展的法治逻辑

新质生产力的发展遵循"内核、动力、协调、转型、跃升、环境"的递进式法治建设逻辑。这一逻辑结构绝非单纯的步骤罗列,而是基于生产力发展规律和法治保障需要所形成的体系构造。各个阶段的法治建设相互依存、相互促进,共同构建了一个有机统一的法治发展脉络。从确立基础,到激发动力,再到协调资源,进而适应变革并实现跃升,最终形成良好

---

① 参见陈伟:《作为规范的技术标准及其与法律的关系》,载《法学研究》2022 年第 5 期。
② 参见郑玉双:《破解技术中立难题——法律与科技之关系的法理学再思》,载《华东政法大学学报》2018 年第 1 期。

的外部环境,每一步对新质生产力的发展都至关重要。

"内核"决定着新质生产力发展的稳定基础。劳动禀赋之所以被视为新质生产力的内核,首先在于它是生产力的直接来源。劳动禀赋包括劳动者的知识、技能、经验和创新能力,这些因素直接决定了生产力的水平和质量。在现代经济中,随着技术的进步和产业结构的升级,劳动禀赋的重要性日益凸显。在改革与法治关系转化为实践的策略形态上,用法治引领和规范改革可以被简要概括为"先变法后改革"。[①] 没有高质量的劳动禀赋,先进技术和创新资源将难以得到有效的转化和应用。因此,劳动禀赋的优化和升级成为新质生产力发展的关键,而这一过程必须通过法治手段加以实现和保障。无论何种科学技术,其本质都是"人"的创造能力的体现。新质生产力不仅仅是技术进步的结果,更是以劳动者的创新能力、适应能力和技术应用能力为支撑的复合性生产力形态。新质生产力强调技术、数据、资本等要素的深度融合,而劳动禀赋中蕴含的高素质人才储备和技能适应性,正是这一融合的前提条件。缺乏与之匹配的劳动者素质,即使有先进技术和资本投入,也难以实现预期的经济转化和产业升级。新质生产力不同于传统依赖规模化投入的生产方式,它依赖的是劳动者的持续学习与技能升级,是以人的素质提升为基础的内生性生产力跃升。劳动禀赋的动态性和可塑性,使其能够不断适应新产业、新业态的发展,促进技术成果的商业化和产业化。从根本上来说,法治对于劳动禀赋的保障,是新质生产力持续发展的关键。

"动力"来源于新质生产力发展的科技突破。过去,人们往往将法律与科技视为"两张皮","未来法治"作为人类法治文明的新形态新阶段,其鲜明特质之一是科技与法治体系的深度融合。[②] 在传统生产模式中,动力可能来源于资本积累、劳动力扩展或资源开发。然而,随着技术进步和全球化的加深,传统的动力源已经逐渐显现出局限性,无法满足现代经济高效、可持续发展的需求。在该背景下,科技突破成为新质生产力的主要引擎,它通过不断创造新的技术和应用,推动经济结构和产业形态

---

① 参见陈甦:《构建法治引领和规范改革的新常态》,载《法学研究》2014年第6期。
② 参见张文显:《论建构中国自主法学知识体系》,载《法学家》2023年第2期。

的深刻变革。法治在这一阶段的作用逻辑在于,通过法律手段激发和保障这种动力的持续释放,推动生产力从传统模式向新质形态跃升。科技突破作为动力,体现在它对经济和社会结构的引领作用上。现代科技的发展不仅改变了传统的生产方式,还推动了信息经济、数字经济等新兴产业的兴起。这种变革性的力量使科技突破成为经济增长的主要驱动力及法治体系关注和保护的重点。通过法律规范,法治建设能够确保科技创新成果被合理、有效地应用到社会各个领域,从而最大化其社会效益,促进经济和社会的全面进步。相比于传统的经济动力,科技突破不仅能带来短期的经济增长,更能够通过持续的技术进步,推动经济和社会的长期发展。这种持续性的动力,需要法治的引导和保障,以确保科技突破沿着正确的方向发展,避免技术滥用或对社会造成损害。

"协调"整合了新质生产力发展的各方资源。协调不等同于要素的简单调配,法治的作用体现在通过法律机制促进要素的自由流动与创新配置。土地、劳动力、资本、技术、数据等生产要素具备不同的功能和作用。在新质生产力中,各种要素应当在最适合的时间和地点,以最有效的方式发挥作用。具有协调性的外在构造,是以法律规则的形式对内在价值体系所作的阐明,反映出对数据控制和数据流动互动关系的不同预期和多元定位。① 通过协调,平衡和统筹资源在不同时期的需求差异,避免因资源过度集中或分散而导致的效率低下,实现整体系统功能的最大化。新质生产力的发展往往涉及政府、企业、科研机构、社会组织等多方主体,这些主体在资源投入和利益分配上可能存在差异。生产力的提升往往不是由单一要素决定的,而是多种要素共同作用的结果。协调的目标在于促使这些要素之间形成一种协同效应,使它们在相互作用中提高整体系统的效率和效果。在这一过程中,通过制定透明、公平的规则,规范各方的行为,使得不同主体能够在法治框架下有效合作,这不仅避免了资源错配和重复建设,还提升了各要素的独立价值,通过相互作用创造出超越个体贡献的整体效益。进一步而言,随着外部环境和内部条

---

① 参见张琨蓓、陈星月:《跨境数据流动法律规制协调性之检视与重塑》,载《重庆社会科学》2022 年第 3 期。

件的变化,生产力发展所需的资源和要素可能会发生变化,法治予以持续的监测和调整,为未来的调整和改进留出了空间,能够确保新质生产力不断因应变化的环境。

"转型"呈现出新质生产力发展的变革方向。随着新质生产力的发展,新的技术和商业模式不断涌现,适用于传统产业的原有法律框架逐渐失效,甚至可能成为发展新质生产力的阻力。只有理解技术变迁可能会使法律本身有什么样的转型,才能更好地思考转型后的法律如何应对技术变迁所产生的具体法律问题。① 转型意味着摆脱传统生产力的限制,探索新的发展路径和模式,故需要结合不断变化的市场需求和技术环境而进行深度调整与重构。诸如人工智能、大数据、区块链等技术的应用,导致运作方式、市场模式以及潜在的风险都超出了传统法律的规制范围。法治旨在提供稳定的预期和行为规范,但当经济和社会结构发生深刻变革时,法律框架若不及时调整,将逐渐失去对新形势的有效约束力。新质生产力的发展可能带来资源分配和利益格局的重新调整,传统的法律框架可能未充分考虑到这些变化对社会公平和正义的影响。如果法律体系不能及时回应新形势下的社会需求,就可能加剧社会不平等和利益冲突,甚至威胁社会稳定。新质生产力的出现使得传统的法律规则在新的经济形态下可能变得不再适用,这种失效不仅削弱了法律的约束力,还可能导致法律实施中的混乱和不确定性。因此,为了保持法律的有效性和权威性,法律框架必须随新质生产力的发展而转型,更新和调整规则体系。

"跃升"反映着新质生产力发展的层次演进。新质生产力不是线性的发展,跃升的本质是生产力的自我超越。随着技术的进步和市场需求的变化,原有的生产力形态逐渐无法满足更高效、更高质的生产需求。跃升可以理解为生产力发展的关键节点,内在的压力促使生产力不断寻求突破,借助技术进步打破现有的瓶颈,实现从量到质的跨越,表现为生产力在质量、效率、创新能力等方面的整体提升。2024年1月,工业和信息化部等七部门印发《关于推动未来产业创新发展的实施意见》,明确了发展

---

① 参见李晟:《略论人工智能语境下的法律转型》,载《法学评论》2018年第1期。

目标:到 2025 年,初步形成符合我国实际的未来产业发展模式;到 2027年,未来产业综合实力显著提升,部分领域实现全球引领。法学虽然不能与技术同步,但是可以提前预测技术应用的效果。① 法律体系不应当只是一项被动的反应机制,更应当作为一种积极的引导力量。前瞻性的法治建设应当兼顾新质生产力发展的长远目标和阶段性需求,进行具有长期指导意义的制度设计,这不仅能满足当前的生产力发展需求,还能够预见未来的发展趋势,为新质生产力的进一步跃升提供法律保障。同时,在新质生产力跃升过程中,社会对新技术和新模式的接受程度以及由此引发的伦理和价值观问题,都会对法治建设产生深远影响,因此法治建设必须注重与社会共识的互动,在广泛征求社会意见的基础上推进,充分彰显社会主流价值观。

"环境"强调了新质生产力发展的外部空间。发展环境不仅是一个被动适应的对象,更是一个需要主动参与和塑造的领域。一个良好的环境能够有效防范外部风险,为新质生产力的长期可持续发展提供保障。新质生产力的发展环境是一个多层次的系统,既包含国内的法律制度和政策导向,也涉及国际市场的开放性和规则一致性。与诸多后发国家和发展中国家相似,在国际社会的交流中,治理与法治的张力以及治理法治化的权衡问题在我国尤为重要。② 各国在市场准入、知识产权保护、贸易政策等方面都有各自的法律体系,直接影响新质生产力能否有效进入国际市场。在全球化趋势下,新质生产力的发展必须应对国际市场的复杂性和跨境合作的挑战。因此,环境的构建不仅需要优化内部因素,还需要积极融入全球市场规则和合作机制,以突破外部市场壁垒,解决法律适用冲突,确保新质生产力在全球范围内顺利运行。新质生产力的发展往往需要跨越国界的资源整合、技术交流和市场拓展。法治建设为我国新质生产力在国际市场中的竞争提供了坚实的法律保障和制度支持,不仅有助于优化资源配置,促进技术、资本和人才的跨境流动,还能够通过与他国

---

① 参见孙笑侠:《数字权力如何塑造法治?——关于数字法治的逻辑与使命》,载《法制与社会发展》2024 年第 2 期。
② 参见向淼:《国家治理法治化:话语张力与理想类型——基于对营商环境法治化的分析》,载《探索与争鸣》2024 年第 7 期。

的合作交流,推动新质生产力不断发展。围绕环境的法律保障体系能够使新质生产力在面对国际市场波动时,保持稳健的发展态势,同时通过建立跨境争端解决机制,及时、公正地解决国际合作过程中出现的问题。

(二)新质生产力发展的法治框架

新质生产力发展的法治框架涵盖"劳动禀赋、科学技术、生产要素、绿色化、数智化、对外开放"六阶进路,是对前述法治化中的三处着力的具体阐释,其分别代表新质生产力的发展源头、资源配置、创新驱动、可持续要求、技术支撑和全球竞争力提升面向。由此,树立新质生产力在现代经济体系中得以稳步发展的根基。

劳动禀赋是劳动者劳动能力的体现,因此其与劳动者基本权益的保障息息相关。在新质生产力发展进程中,传统劳动法所确立的劳动者权益保障机制往往难以与新的生产方式和就业形态相匹配,导致适用时力不从心,这使得对劳动者权益的重新定义与强化成为必然。特别是随着网络信息技术的发展,除了传统的定期劳动合同用工、劳务派遣、非全日制用工等形式,基于网络信息技术的平台用工、远程办公等新型用工方式蓬勃发展。一方面,劳动者的基本权利受到侵蚀。由于数字技术的发展,用人单位可以随时随地向雇员发出工作指示,雇员也可以随时随地开展工作,这使得劳动者的休息权受到极大挑战。① 通过对劳动者工资、工时、休息休假等基本权益的系统性保障,基本劳动条件才能更好地契合新时代的发展要求。法治建设为劳动者提供了基本的生活保障,有助于新质生产力背景下劳动者的职业发展和技能提升。另一方面,诸如"个人信息权益"等劳动者的新型权利亟须确立。雇员个人信息和隐私保护是21世纪劳动关系最核心的问题之一。② 将劳动禀赋的内涵扩展到适应现代技术和工作模式的更广泛领域,不仅可以保护劳动者的基本权益,还可以增强他们在数字时代的竞争力和适应能力。通过法律手段确保劳动者的基本权益在新经济形态中的实现,实际上就是对劳动禀赋的优化和升

---

① 参见谢增毅:《劳动法典编纂的重大意义与体例结构》,载《中国法学》2023年第3期。
② See Benjamin Dabosville, Protection of Employee's Personal Information and Privacy in France, in Protection of Employees' Personal Information and Privacy (JILPT Report No. 14), The Japan Institute for Labour Policy and Training, 2014, p. 31.

级,为新质生产力的蓬勃发展奠定基础。

科学技术是新质生产力的核心驱动力,推动了经济结构升级和社会进步。当前对科技创新的规制仍主要依赖"命令—控制"模式,而这种传统的监管模式因其固有的缺陷无法有效实现新质生产力发展背景下的科技创新治理。① 科技创新的活力源自有效的激励机制,这在新质生产力发展的法治框架中尤为重要。知识产权法作为激励科技创新的主要法律工具,通过对创新成果的保护,确保发明者和创新者能够获得应有的经济回报,激励企业和个人持续投入研发。政府政策激励也是科技创新激励机制的重要组成部分。在法治框架下,可以通过税收减免、补贴及创新基金等方式,激励企业特别是中小企业加大科研投入。这些措施不仅能降低创新的潜在风险,还能提高科技成果转化为生产力的效率,推动技术成果快速产业化,进而提升整体经济的技术水平。在激励科技创新的同时,约束机制也是法治框架中不可或缺的一部分。过度的市场垄断可能会抑制创新,导致生产力停滞不前。因此,《反垄断法》和《中华人民共和国反不正当竞争法》(以下简称《反不正当竞争法》)可以防止市场上出现过度集中的创新资源,从而确保科技创新的多元化和持续性,在维护市场活力、保护中小企业创新能力方面发挥关键作用。此外,还需要通过严格的监管机制来规范科技创新的发展方向。尤其在涉及公共安全、环境保护和数据隐私等敏感领域,法律必须设定明确的红线,防止科技创新的弊端。

生产要素包括土地、劳动力、资本、技术、数据等,是推动经济活动的基本资源,更是促进新质生产力发展的基础条件。目前,在要素领域普遍存在的"计划管理—市场调节"或"政府控制—市场配置"的二元结构,会影响市场主体对要素的平等获取,导致市场机制难以贯通,降低资源的配置效率。② 劳动力要素已在劳动禀赋部分予以阐述,此处不再赘述。首先,土地是经济活动的物质基础,制度设计应通过合理的土地使用规划,保障土地资源的高效利用,避免土地资源的浪费和低效使用。新质生产力需要高附加值产业的涌现,土地流转、征地补偿、土地权属等机制,能

---

① 参见刘岳川:《科技创新的法律规制》,载《华东政法大学学报》2023年第3期。
② 参见张守文:《要素市场化配置的经济法调整》,载《当代法学》2022年第5期。

够保障土地的公平分配和合理利用,推动土地资源向高附加值产业集中,提升土地资源的利用效率。其次,资本要素在市场经济条件下的逐利性、流动性和扩张性赋予其优化资源配置、推动经济发展的重要作用,但同时也使之成为经济发展中的扰动因素和宏观不稳定的重要根源。① 资本要素能够通过引导产业结构优化,支持实体经济的增量扩张,推动创新型企业的存量改造。推动资本要素向实体经济领域聚集,防止空转套利和脱实向虚,尤其是引导资本向创新领域与中小企业聚集,着力解决创新动力不足与企业融资难、融资贵的问题。同时,风险控制、市场监管等机制的设置,实现了金融风险的防范、化解和处置。最后,技术要素与数据要素是新质生产力在新兴领域发展的关键。法律应鼓励技术的研发和转化,推动技术要素、数据要素与其他生产要素的融合,形成新的生产力增长点。

绿色化强调在经济增长的同时实现环境保护和资源的可持续利用。随着全球环境问题的日益突出,绿色经济已经成为各国推动经济转型升级的重要路径。我国东部、中部和西部在生态环境脆弱性、自然资源储存量、经济发展条件等方面差异较大,因此新质生产力的绿色化发展应当从系统化与差异化两个角度来实现实质公平。② 健全法律责任制度,能够促使企业在生产过程中遵守环境保护标准,减少污染物排放,保护自然资源,并使污染者就其环境破坏行为承担法律后果。通过强化环境保护执法力度,可有效引导企业采用绿色技术,推动绿色生产方式的普及。绿色金融作为新质生产力绿色化发展的重要工具,通过提供绿色信贷、绿色债券和绿色基金等金融工具,鼓励金融机构和投资者将资金投入绿色产业和可持续项目。准确识别具有良好前景和收益的减碳、清洁能源技术和项目,通过绿色金融产品和项目的设计,构建"市场导向的绿色发展与创新体系",发挥绿色金融产品优势,为用能企业产业转型提供融资便利,激发企业绿色转型的内生动力。各国经验表明,碳交易系统

---

① 参见胡怀国:《社会主义市场经济条件下的资本要素:特性、作用和行为规律》,载《经济学动态》2022年第9期。
② 参见秦天宝:《双重社会转型下中国环境法的挑战与因应》,载《社会科学文摘》2024年第7期。

及其市场定价机制可以有效引导更多社会资本投入到节能减排相关领域和产业,推动企业技术引进和绿色转型。① 丰厚资金的支持,将有效推动绿色技术的研发和应用,加速绿色产业的成长,形成经济增长与环境保护的良性循环。

数智化,即数字化与智能化的结合。随着信息技术的飞速发展,生产方式、管理模式和市场结构正在数智化的影响下改变。科学技术发展与社会内部需求形成的内外推力使得治理方式和治理工具不断升级,数字社会建设则进一步推动社会治理机制的优化和治理能力的提升。人类通过数智化的方式和手段将经济、政治、社会等均嵌入数智化浪潮,最终实现整个国家和社会的一体化。② 新质生产力的发展使得法律规范需要重点聚焦算法治理、数据确权、平台规制等新兴领域。法律应当规范数字经济的各个方面,包括数据的使用、共享、跨境流动等,确保数字技术能够在法律框架内得到广泛应用和推广。而在自动化决策和人工智能的应用场景中,法律应当规定清晰的责任归属和权利保护机制,确保个体在面对技术时不会被算法所主导,能够自主决定并维护自己的权利。随着数字技术的内化,法律逐渐以算法和代码的形式嵌入社会治理结构中。法律的代码化意味着法律规则将通过代码化处理内嵌于数智化社会的后设机制之中,内嵌于一切必要的时空场景及行为流程之中,构成数智化社会运行的神经系统、运行轨道和尺度边界,进而实现法律的算法化自动运行。③ 这种转变使得法律适用更加精准和高效,但也对法治建设提出了更高的技术要求,即只有对数字技术的深刻理解,才能实现法律规则的有效执行。

对外开放是新质生产力与经济全球化相向而行的举措。新质生产力的发展不仅依赖国内市场的资源和环境,更需要通过对外开放,参与全球经济体系,获取国际市场的支持。世界各国经济发展程度不尽相同,法律

---

① 参见倪受彬:《碳排放权权利属性论——兼谈中国碳市场交易规则的完善》,载《政治与法律》2022年第2期。
② 参见张建锋、肖利华、许诗军:《数智化:数字政府、数字经济与数字社会大融合》,电子工业出版社2022年版,第17页。
③ 参见齐延平:《数智化社会的法律调控》,载《中国法学》2022年第1期。

制度也不尽相同,追求彻底划一状态的法律全球化是不现实的。① 不过,跨国投资、贸易以及技术合作日趋频繁,为了适应这一趋势,法律制度必须与国际规则接轨。需要参考国际公约和惯例,制定符合国际标准的法律规范。这不仅有助于保护本国企业和公民的合法权益,也能提升国家在国际社会中的法律信誉和影响力。开放不仅是引进技术,更是将国内企业推向国际市场、扩大市场空间的重要手段。通过对外开放,国内企业得以进入国际市场,参与国际竞争,这有助于提升企业的竞争力,进一步促进国内产业结构的优化和升级。此外,我国应通过"一带一路"、上海合作组织等国际合作机制,构建面向新兴未来产业发展的国际争端解决机制,增强外商投资信心。通过保护外国投资者的合法权益,吸引更多国际资本流入国内市场,促进新质生产力的发展。建立和完善世界范围的新型经济纠纷解决机制,在平等协商的基础上,推动调解机制和仲裁机制的实施,并促进仲裁裁决的互认与执行,谋求在实体法和程序法两个方面保障新质生产力的发展。

(三)新质生产力发展的法治方案

1. 发展导向性的立法保障

立法所因循的"发展"导向,兼顾国家整体发展与国民个体发展。发展是一种特殊现象,它打破了均衡,并且永远改变着和替代着均衡状态。② 在新质生产力背景下,随着科技和产业环境的跨越式发展,立法层面必须定期开展前瞻性研究,预见未来的发展趋势,以便提前布局相关的制度方案。发展导向性的立法意味着法律必须超前思考,既要解决现有问题,也要为未来的发展留出足够的空间。故在构建立法保障的过程中,首要任务是明确法律目标与法律原则,确保法律体系能够直接服务于新质生产力的发展。立法者在制定法律时,需要将经济和社会发展的原则与目标明确纳入法律体系的核心之中。例如,法治社会中的平等、公

---

① 参见邓正来:《谁之全球化?何种法哲学?——开放性全球化观与中国法律哲学建构论纲》,商务印书馆2009年版,第130—138页。
② 参见〔美〕约瑟夫·阿洛伊斯·熊彼特:《经济发展理论——对利润、资本、信贷、利息和经济周期的探究》,叶华译,中国社会科学出版社2009年版,第83页。

正、公开等基本原则,是保障市场行为和创新活动的基石,而新质生产力发展的目标则包括优先考虑如何促进科技创新、提高生产效率和优化资源配置。立法者在制定法律时,需要结合不同部门法各自的立法目标,因势利导地将"发展新质生产力"的理念融入其中。

立法历来是在各类目标和利益之间寻求平衡。新质生产力的发展涉及多个领域,如科技创新、环境保护、劳动权益和市场竞争等,这些领域的法律需要协调统一,才能相得益彰,形成整体合力。具体而言,立法过程中应建立跨部门的协调机制,以保证各领域的法律法规在目标和措施上能够相互支持。例如,在促进科技创新的同时,法律应当兼顾环境保护和劳动者权益保障,通过立法确保创新活动在合法合规的框架内进行。同时,为避免各类法律之间的矛盾,立法机关需要通过统一的法律解释,使不同领域的法律在实践中相辅相成。

结合法律实施效果的反馈与评估,立法机关应当根据不同区域、不同问题对制度规范进行动态调整、及时更新。新质生产力的发展具有高度不确定性和快速迭代的特征,因此需要在立法层面建立快速响应机制,及时对相关法律制度进行修订和完善,这样有助于规范体系可以持续地因应生产力发展的现实需求,为新质生产力的发展提供持续的法律保障。一方面,法律制度可通过"立法试点"的方式,在特定区域或行业进行法律试点,验证新法的适用性和实施效果,然后根据试点结果进行调整和推广。另一方面,还可以结合各地区的具体情况,通过地方性法规的制定进行因地制宜的调整,以支持区域特色发展。对于经济特区、高新技术产业开发区等,应围绕其特殊需求制定专项法律。

立法冠以"发展导向"的前缀时,表明制度应当富含一定的柔性。促进型立法通过提倡、引导等方式贯彻国家意志,宣示性、倡导性条文较多,有大量"支持""保障""援助""奖励"的相关规定。[1] 此外,以行业标准、技术指南等为代表的软法,出现于诸多行业领域和群体,这表明其适用范畴具有最基层、最直接、最具共识性的特征,并能充分体现

---

[1] 参见胡曼:《促进型立法如何起到"促进"作用》,载《学习时报》2024年3月27日,第A3版。

主体本位的意识。① 软法能够及时填补硬法难以覆盖的空白,尤其是在新兴领域的快速发展中发挥着重要作用。通过软法和硬法的结合,法律体系既能够保持必要的强制力,又能够灵活应对新兴领域的发展需求,提供更加具体和灵活的操作指引,从而增强新质生产力法律体系的稳固性与适应力。

2. 包容审慎式的执法保障

面对新质生产力背景下科技发展与新经济业态的不确定性,包容审慎理念标志着执法保障的动态反思与演化趋势。"包容"意味着接纳和不排斥,对某事项所涉及的参与主体、方式、程序等方面给予最大限度的接纳和宽容。② "审慎"则指在严守安全底线的前提下,给予某事项合理的"观察期"和"过渡期",避免直接介入。一味地以处罚作为规制手段,是执法机关趋利避害和不顾实际的做法,过度的执法将干扰市场主体正常的经营,打击其发展新质生产力的信心和动力。

传统的单一管理模式在面对复杂多变的新兴产业时,往往显得僵化和滞后,难以应对多元化的市场需求和快速变化的技术环境。在新质生产力的推进过程中,如果执法过于严格,可能会扼杀创新活力,阻碍新兴产业的发展。包容审慎式执法提倡协同共治,即政府、企业、社会组织和个人共同参与法律的实施和监督,形成多方合作的治理格局。越是复杂的治理事务,对执法体系的协同和整合要求就越高。③ 不应只包括部门间的联合执法,还应当通过公众参与、专家咨询、行业自律等机制,提升法律的灵活性和适应性,减少法律滞后性和不确定性带来的风险。给予与执法内容有利害关系的多元主体以论辩沟通的机会,不仅有助于提升执法决策质效,还能赋予行政机关执行监管规定以民主正当性,进而提高执法结果的可接受性。如此,法律的执行可以更加贴近市场实际需求,同时避免因过度干预而导致的市场扭曲。

---

① 参见刘云亮:《经济法的软法形式、理性与治理》,载《南京社会科学》2018 年第 4 期。
② 参见苟学珍:《论数字经济包容性治理的法律激励》,载《现代法学》2024 年第 1 期。
③ 参见刘杨:《法治政府视野下执法协作的实践困境与破解路径》,载《法商研究》2023 年第 2 期。

包容审慎式执法应当为市场主体提供明确的激励和容错机制。执法机关应当明确市场主体的行为边界,通过知识产权保护、市场准入便利化、金融支持等措施,激发企业的创新活力。"执法不必然严、违法不必然究",是包容审慎监管的内在要求。对于已有违法违规行为的企业,可以与其签订行政执法和解协议,由企业承诺完善合规体系或重建合规计划,考验期结束后视情况从轻、减轻或免除处罚,以利于企业的可持续发展;对于主观恶性不大、情节轻微、社会危害程度不高的违法企业,也可直接予以从轻、减轻或者免除处罚。① 在新质生产力发展过程中,倘若罔顾市场主体在违法行为上的主观故意与社会危害程度,在责任方面不加区分地予以追究,则不利于形成鼓励创新、宽容失败,激励企业家创业的浓厚氛围。

包容审慎式执法的有效性,在很大程度上依赖执法的专业性与透明度。科技创新领域的执法尤为需要专业技能,如果缺乏对有关背景知识的了解,执法机构将无法准确识别和评估技术创新中的法律风险,采取的法律措施容易出现偏差。执法的透明度是提升法治公信力的重要因素,因此应当建立健全的法律监督机制,关注数据安全、生态环境、公众健康等关键领域,通过事前预防、事中监控、事后补救的方式,使公众和市场主体能够及时了解执法情况,增强执法的可预测性和信任度。由于包容审慎式执法能够有效减少随意性和不公正现象,故其执法过程有助于引导社会舆论,形成良好的法律生态环境,推动新质生产力的持续发展。

3. 预测回应型的司法保障

纠纷的高效化解和多元纠纷解决机制是维护新质生产力发展的重要一环。随着科技进步和产业变革,涉及新质生产力的法律纠纷变得更加复杂和多样化,新兴领域的诉讼需求亟须完善的司法程序。司法在保障新质生产力发展中并非只是简单地复述法律的规定,而是展现出一定的"规则建构"作用,以简约的法律规定智慧地回应复杂的社会

---

① 参见刘权:《数字经济视域下包容审慎监管的法治逻辑》,载《法学研究》2022年第4期。

现实。①

围绕数字平台、知识产权、网络空间等内容的纠纷,将在新质生产力有关诉讼中占据主要部分。司法机关应当充分回应人工智能、量子信息、元宇宙等关键核心技术的发展需求,增强对战略性新兴产业与未来产业的知悉程度,以实现高度技术化、专业化的案件能够得到公平、公正的裁决,维护创新主体的合法权益。随着数字经济的飞速发展,网络空间治理和涉网法律纠纷愈加复杂。我国特别设立了北京、杭州和广州三家互联网法院,及时响应数字时代的权益保护与纠纷解决需求,激发数字司法效能。通过在线庭审、电子证据提交、智能判决辅助等创新模式,司法系统可以大幅提高审判效率,缩短诉讼周期,降低诉讼成本。这不仅提高了司法的公信力,还能让当事人更便捷地获得司法服务。此外,预测回应型的司法保障还体现为司法救济的前置化,即司法机关在个体法益损害发生或扩大前对当事人提供司法救济。② 预防性救济措施能够在纠纷尚未全面爆发之前,提前介入以维护人身、财产等重要法益的安全。在新质生产力引发紧急情况时,如数据泄露、环境污染等,司法应具备采取应急措施的能力。这些措施可能包括发布临时禁令、冻结相关资产或启动快速审查程序,以防止事态进一步恶化。

此外,司法机关还可以充分利用大数据、人工智能等手段,建设智慧法院和智慧检察院以提升司法效率。算法预测可以帮助司法系统提前识别潜在的法律风险,特别是在技术创新、数据隐私、知识产权等领域。通过建立司法数据共享机制,司法系统能够更好地掌握社会动态,及时调整司法策略,提高整体治理效果。这种信息化的司法体系,不仅能够快速应对新质生产力发展中的法律问题,还能为未来的法律发展提供有力支持。基于对大数据的分析和模型的训练,司法机关可以识别出新质生产力发展中的高风险案件以及常见的法律纠纷,补强并优化裁判的论证与分析。③ 不过,值得

---

① 参见侯明明:《反思性司法:系统论视野下司法回应社会的新模式》,载《环球法律评论》2022年第5期。
② 参见黄文艺:《论预防型法治》,载《法学研究》2024年第2期。
③ 参见王禄生:《论预测性司法》,载《中国社会科学》2024年第6期。

注意的是,在处理涉及新兴技术和商业模式的案件时,司法机关应避免机械地适用类案类判原则,因为这些类案往往基于过去的数据,无法适应未来的发展需求。因此,在审理案件时,应灵活运用裁量权,预测可能发生的风险和技术发展的走向,回应市场主体的创新需求,通过司法保障维护法律的稳定性,这将极大地支持并促进新质生产力的发展。

第二章

发展内核论：
劳动禀赋优化升级的法律实现

经济发展的本质在于人的发展，内核在于劳动者的发展。新质生产力作为现代生产力的新形态，特点体现为数字化、网络化和智能化，旨在推动生产资料及其使用方式发生根本性变革，以劳动者、劳动资料和劳动对象及其优化组合的跃升为基本内涵。生产力的发展离不开主体视角下劳动禀赋的优化升级，借助主体视角下的劳动者之变革方可实现生产力和生产关系的实质联结。在新时代发展背景下，劳动禀赋之优化离不开法治的护航，没有法治的保障，劳动禀赋无法获得稳定、长远、根本的提升，将难以为新质生产力的发展提供内核动力。① 目前亟须解决的是，数字经济下劳动者的身份及权益界定之困、产业转型下劳动资料的科技化再适应之困、技术革新下劳动对象的种类及价值评价之困。为解决此问题，笔者提出从赋能型维度解决新型劳动者的市场准入障碍、从保障型维度增进劳动权益的全面拓充、从秩序型维度推进劳动市场的自由流动，并最终回归法学视角，从法律的促进、优化、引导和规制四重面向全面推进劳动禀赋优化升级的法治回应。

一、劳动禀赋优化升级的时代需求

劳动禀赋的发展和提升有历史性的特征，秉持循序渐进之逻辑，具有

---

① 参见冯果：《以高质量法治助推新质生产力发展》，载《民主与法制》2024年第6期。

发展内核论：劳动禀赋优化升级的法律实现

鲜明的时代性特点，在传统农业社会、工业大生产社会和信息数据化社会，其具有不同的适应性要求。自改革开放以来，我国社会经济发展经历了巨大变迁，社会经济结构、技术水平、产业基础、劳动力构成发生了翻天覆地的变化。在数字时代背景下，劳动禀赋已有较大进步，但仍以契合工业大生产的特点为主导，亟须在新时代迭代升级，以适应灵活化、远程化、原子化等新特点。① 劳动禀赋并非单指劳动者禀赋，而是劳动力禀赋之简称。换言之，劳动禀赋之优化升级具有体系性特点，其不是单一强调劳动者能力的提升，而是更加关注劳动者、劳动资料、劳动对象之优化组合，并寻求最优化的效率提升，以此形成层次化、差异化、适应性的劳动生产要素的效用，深度嵌入社会关系的发展。

（一）劳动禀赋优化升级的历史逻辑

劳动者是生产力的构成要素，是劳动力的人格化载体。在新质生产力跃升的背景下，劳动者的禀赋正在发生新的变化。

1. 劳动者的技能结构升级革新

随着技术的发展，尤其是颠覆性技术和前沿性技术的应用，劳动过程日益复杂化、智能化，这对劳动者提出了新的要求：他们不仅要掌握操作相关机械、设备的技术能力，还要具备分析数据和处理新问题的能力。这打破了传统工业时代以经验性习得为主的积累方式，使得劳动者需高密度地学习和吸收信息与知识。换言之，创新能力、批判能力和适应性学习技能变得更为重要。此外，传统的劳动更强调"螺丝钉"式的细密分工，这在既有的产业布局中确可适用。但在新质生产力发展背景下，领域性集成的新兴产业不断涌现，工作环境日益交融化、复杂化，劳动者应具备体系化思考的能力，打破既有的"象牙塔"式的知识分工，整合不同学科、领域、方向、背景之知识，以便在多领域内高效工作。而且，较于传统大机器工业模式下知识的稳定，在新质生产力发展背景下，尤其强调技术的突破性变革。是以，劳动者应树立终身学习的理念并具有及时跟进的能力，在新技术出现时，可以学习新技能、补充新知识，以因应技术变革给产业发

---

① 参见王天玉：《数字时代劳动法典的规范构造与篇章体例》，载《吉林大学社会科学学报》2023 年第 5 期。

展和工作实践带来的挑战。简言之,在新质生产力发展背景下,劳动者的技能结构需更加全面化、及时化、深度化。

2. 劳动者的主体定位更为凸显

新质生产力要求劳动者具备更深厚的专业知识、更强的创新能力及更高的自主决策能力,这些能力的提升,在一定程度上赋予劳动者在生产过程中主动参与和决策的权利。不能否认,随着数字化、智能化、互联网、工业机器人的发展,不少一般意义上的体力劳动会被取代。① 在新质生产力发展的背景下,劳动者的主动性更为突出,其不仅是传统意义上执行任务的主体,更是能够自主思考、解决复杂问题的主体。此时,智力劳动更为重要,劳动者对生产过程的掌控力及在创新发展中的贡献度得以提高,这也使得他们在企业内部的决策执行机制中拥有更多的话语权。而且,技术进步也为劳动者创造了更为广阔的劳动空间。例如,网络用工、远程劳动、线上办公、平台用工、灵活用工等,使劳动者在传统的强人身从属性劳动之下对工作时间、工作环境、工作地点和工作要求等有更多的自主调控权②,劳动者可以结合个人职业发展规划、兴趣特长与专业优势,进行灵活的工作选择和劳动安排。

3. 劳动者的协作方式发生变化

在传统小农经济时代,生产活动多是个体劳动,或以家庭为主的劳动,"户"是核心运作单位,这种模式强调在生产力水平较低的背景下实现劳动共享和责任共担。进入工业时代,生产模式以流水线作业和大机器生产为主导。此时,劳动者间虽为团队协作,但更多是机械主导下的"螺丝钉"式的运作,即劳动者只是参与到具体工作之中,无须过多承担统筹、协调和体系化思考的任务,也不需要知识的及时更新。到了数字时代,信息技术、自动化、人工智能等新科技重塑了劳动者的协作方式。在劳动过程中,个体与个体、个体与企业、企业与企业之间的协作方式发生了改变,这主要体现于工作的网络化、虚拟化、同步化。劳动

---

① 参见胡莹:《劳动分工视角下新质生产力的形成路径研究》,载《改革与战略》2024年第2期。

② 参见王全兴、刘琦:《我国新经济下灵活用工的特点、挑战和法律规制》,载《法学评论》2019年第4期。

者可通过云平台实现在不同劳动场所进行即时的在线劳动协作,从而突破时间和空间的约束。同时,除既有的从属性较强的"单位制"①运作劳动关系外,以项目制为核心的新型劳动协作关系也在形成。项目驱动的工作模式要求劳动协作方式增强动态性和适应性,同时也强调跨领域知识和技能的整合,以提高工作效率和创新能力。从政治经济学理论出发,生产关系的变革是生产力发展的结果,新质生产力发展背景下劳动协作方式的变革也是劳动者适应生产力的必然选择。

4. 劳动雇佣关系出现灵活化、去中介化、原子化的变化

新质生产力的兴起,特别是平台化技术和共享性商业模式,对劳动雇佣关系也产生了深刻影响。首先,灵活化。灵活化及其内含的自主性是平台用工等新就业形态区别于传统单位制从属性劳动的显著特征,传统全职雇佣关系逐步让位于更多样的雇佣形式,如合同工、兼职工、远程工作工等。这些新型雇佣关系使劳动者有更多选择权,选择在何时、何地以何种形式提供劳动。平台就业人员不再严格遵循传统用工模式下用人单位确定的工作时间表。换言之,用人单位拥有的管理、惩戒、指挥等一系列权利在数字时代遭到冲击甚至消解。其次,去中介化。互联网和移动终端的发展,使劳动者和用人单位可实现平台下的直接匹配和对谈,不再过分依赖劳动力中介机构,这大大缩减了工作的搜寻、匹配和谈判成本,同时也为劳动力市场的竞争提供了更为优化的环境和技术空间。最后,劳动原子化。②提供劳务及其他类型劳动的人力单元越来越小,甚至一定程度上剥离了传统必须借助劳动合力方能完成的工作。析其缘由,概因平台通过网络技术、数据分析和信用支持等手段实现了对更多劳动者(尤其是灵活用工者)的赋能,使个人劳务可突破组织控制,有效适用于新质生产力发展背景下更多的工作场景。

(二)劳动禀赋优化升级的三重功用

在新质生产力发展背景下,劳动禀赋优化升级具有必要性和充分

---

① 参见秦国荣:《劳动法上用人单位:内涵厘定与立法考察》,载《当代法学》2015年第4期。
② 参见王天玉:《数字时代劳动法典的规范构造与篇章体例》,载《吉林大学社会科学学报》2023年第5期。

性,其对劳动者禀赋成长、生产力促进和消费升级都有关键作用。

(1)从劳动者自身而言,劳动禀赋的优化升级能促进个人的价值实现和全面发展。此论断之得出是基于对劳动与人的关系之审视。新质生产力的发展不单单代表着人类生产能力的空前提高,更是劳动与人的关系的深刻变革。首先,新质生产力发展背景下劳动禀赋的优化升级有助于劳动者的全面发展。在科技革命的引领下,原创性、颠覆性的技术不断涌现,继而推动生产力要素结构中实体性要素与非实体性要素的深度融合。这促进了产品的丰富,劳动者也不必再将精力过多地投入到满足基本生活之需,而是可以结合个人志趣专长更多地选择自身发展方向,特别是在物质需求之外,有更多时间去寻求精神需求的满足和提升。如今,技术进步不仅使体力劳动减少,而且使智力劳动更有针对性和成就感。如有学者所言,人类将可能进入"后物质时代"。① 劳动者之"劳动"也开始具有过程和结果的双重满足感。其次,劳动禀赋的优化升级也提升了劳动者的自由度。随着人类劳动能力的提升,以及劳动工具的数字化、智能化、效率化,劳动者对自然支配力量的依赖程度越来越低,劳动自由程度实现质的跃升。加之在科技(如人工智能、大规模生成式模型等)的支撑下,人类对现实世界和虚拟世界的感知力、操控力不断增强,知识的习得和能力的获取不再是点滴式的经验积累,而是可借助科技工具在特定领域迅速实现知识整合和专业强化。这不仅促使劳动者的适应能力不断提升,也拓宽了劳动选择的机会和空间。劳动者可不再受单位制的单一人身从属性束缚,而向一定的"经济从属性"转变②,工作方式也越来越自由,远程工作或成为主流③。最后,劳动禀赋的优化升级也可助益劳动者的幸福度提升。新质生产力的本质是创新驱动,具有涉及领域新、技术含量高、要素匹配优、环境友好等关键特征。④ 科技创新驱动新业态、新模式、新环

---

① 参见何云峰:《从现代劳动发展的视角审视发展新质生产力》,载《工会理论研究》2024年第3期。
② 参见杨浩楠:《共享经济背景下我国劳动关系认定标准的路径选择》,载《法学评论》2022年第2期。
③ 参见谢增毅:《远程工作的立法理念与制度建构》,载《中国法学》2021年第1期。
④ 参见盛朝迅:《新质生产力的形成条件与培育路径》,载《经济纵横》2024年第2期。

境、新动能的发展。新质生产力是一种减少高度物质资源投入和人力投入,以信息技术智能化和先进制造为增长引擎的可持续新生产范式。其能够降低传统劳动带来的负面影响,显著提升可享受性和自由度;由此带来的劳动尊严感,以及劳动者获得的自由全面发展,都是史无前例的。

(2)从对生产力的促进而言,劳动禀赋的优化升级会推进生产力的持续发展,尤其是数字劳动禀赋的提升,在重塑生产力要素的同时,也从生产要素所有权、产品分配机制方面重新定义了生产关系。① 劳动禀赋的优化升级会进一步促进生产技术创新、产业优化升级,乃至经济发展模式的转型。具言之,一是技术与劳动联结愈发密切。与传统技术相比,劳动禀赋优化升级后的数字劳动广泛运用区块链、大数据、智能算法、深度学习等技术,有更强的运算能力和控制能力,生产效率更高,生产过程更绿色,生产耗费更低;同时,数字劳动使劳动者获得赋能,劳动难度降低,复杂的劳动过程可模块化处理,程序控制更科学化、精准化,从而为新质生产力的提升提供强有力的技术支持。二是以数据、算法、算力为核心的数字劳动禀赋有助于产业转型。② 传统企业通过对生产流程、管理模式、商业运作的数字化改革,带动产业的数字化变革;而且,数字劳动以数据、技术为支撑,通过要素的协同效应助益于产业要素体系的构建。毕竟相较于土地、技术、资本、能源等要素,数据要素是全流程、全面向的覆盖,能极大提高既有生产要素的效益,"数据+"模式推动了产业链的现代化升级和国际竞争力的提高。三是有利于经济发展模式的转变。随着我国经济的持续深入发展,资源消耗型模式逐渐被创新驱动型模式替代,而劳动禀赋的优化升级尤为关注数字技术的应用,这不仅有利于促进不同产业之间的融合,如智慧制造、智慧交通、智慧服务等产业的发展,也有利于绿色发展之生态环境保护,能更有效地使用可再生能源服务于生产力的发展,这与新质生产力的高科技、高质量、高水平的要求相契合。另外,劳动禀赋的优化升级也要求新的分配方式与之匹配。代表新质生产力的人工智能的应用将批量替代劳动者,成为新型生产主体,但无论生产力如何发

---

① 参见姜奇平:《新质生产力:核心要素与逻辑结构》,载《探索与争鸣》2024年第1期。
② 参见洪银兴:《新质生产力及其培育和发展》,载《经济学动态》2024年第1期。

展,其不可能完全替代人。换言之,机器不可能在各领域全面替代人类,机器、算法、技术虽然看似中立,但其背后仍是人的价值判断和控制。新质生产力的发展将推动劳动过程无限趋近马克思预判的从简单的劳动过程向科学过程的转化,使劳动者渐次完成作为机器的从属要素向生产过程参与者的角色转化。按要素分配的政策已得到党中央的认可和支持,而社会成员对生产要素的公共所有权成为新的分配正义标准。

（3）从消费升级来看,劳动禀赋的优化也会带动消费水平的提升和消费结构的转变。生产决定消费,消费又会刺激新的生产方式的产生。在当代经济发展中,消费结构的演化显著影响生产力的性质与组织方式,特别是随着知识经济与服务经济的崛起,消费者偏好逐步从以物质产品为中心转移至更高层次的服务与体验需求。① 劳动禀赋的提升相较传统的技术、技艺、技巧的积累和习得,更加关注创新能力、协作能力及情绪智慧等更高维度。劳动禀赋的提升将直接影响劳动市场和产品市场的变化,不同"能力"维度的劳动会创造更多现代化、工业化、智慧化、数字化、前沿化、功能化、个性化的产品,由此带动消费水平的提升,刺激新型消费需求的涌现。数字技术的应用和数据要素的参与,使数字劳动具有更高的共享性。例如,不同数字劳动者可对同一数据进行不同的生产活动,其劳动过程和劳动结果具有同步性和共享性。同时,劳动禀赋的优化升级,也使劳动者不仅关注产品本身的制作工序,还会具备更强的体系化思维、整体的市场感知能力与调研能力,从而对产品的优化创新和市场反馈形成更准确的闭环分析。"更高禀赋的劳动者—更高质量的产品—更准确的市场反馈—更优的产品升级—禀赋再次升级的劳动者",如此通过新质生产力的内核——劳动禀赋的提升,实现了劳动者个人素养的提升、社会生产力的提高及消费的刺激和升级。

（三）劳动禀赋优化升级的法治需求

劳动禀赋的优化升级并非一时之策,也不是一家之责,其需要根本性、全局性、长期性的制度保障,方可推进可持续发展。② 在既有的部门法

---

① 参见徐政、张姣玉：《新质生产力中的劳动者变革问题》,载《理论探索》2024年第2期。

② 参见冯果：《以高质量法治助推新质生产力发展》,载《民主与法制》2024年第6期。

或领域法中,劳动法(及社会法)是与劳动禀赋最为相关的法律群,在我国发展过程中发挥了保障、规范和促进劳动禀赋提升的关键作用。本部分先回溯历史,明确不同阶段的劳动禀赋或现实问题是如何通过劳动法律制度的完善得以解决的,然后再聚焦新质生产力发展的背景,研判现阶段及未来劳动禀赋优化升级的新法治需求。

改革开放前的三十年。中华人民共和国成立后,恢复国民经济和保障民生成为经济社会领域的核心任务。在1949—1952年国民经济恢复时期,"公私兼顾,劳资两利"是基本经济政策之一,劳动者的权益开始得到制度的保障,除1949年通过的《中国人民政治协商会议共同纲领》中的劳动条款外,还有1950年颁布的《中华人民共和国工会法》、1951年颁布的《中华人民共和国劳动保险条例》(首次确立了工伤、医疗、丧葬、养老、生育五大险种)①、1952年通过的《政务院关于劳动就业问题的决定》(从严限制解雇、多方式保障失业人员就业等)。1953—1956年步入工商业社会主义改造时期。这一阶段,扩大社会主义全民所有制和合作社的适用范围是经济体制改革的核心任务,就业制度走向统一调配,劳动用工也从严格限制解雇政策转为颇具时代特色的"固定工制"。1954年颁布的《中华人民共和国宪法》(以下简称《宪法》)明确了公民劳动权和遵守劳动法律的相关规定,确立了劳动者的法律定位,并规定劳动者有休息和获得物质帮助的权利。随着1956年步入计划经济时期,公有制经济在国民经济中占比接近百分之百,这一时期相关的劳动立法和国务院规定对劳动禀赋的促进主要集中于工资改革、退休退职等方面。国家实行统一的工资分配制度,劳动用工模式以固定工制为主、合同工制为补充。综言之,此阶段的劳动政策具有公法性劳动政策和行政性劳动关系的特征,对于协调劳动关系、确立劳动者的主人翁精神、保护劳动者的权益发挥了基础性作用。不过囿于发展阶段,此时期劳动禀赋发展程度相对较低,劳动力无法自由流动、企业没有劳动用工自主权、"铁饭

---

① 《中华人民共和国劳动保险条例》构建了一个相对完整的劳动保险制度体系,开创了新中国社会保险制度的先河,其中多数内容在计划经济时期被新的政策替代。但值得注意的是,该条例中的不少制度在新时期被新的法律、制度所吸收。参见古钺:《劳动保险制度的兴衰——新中国社会保险史话之二》,载《中国社会保障》2019年第2期。

碗"用工效率较低等问题相对突出。①

改革开放至1994年《中华人民共和国劳动法》(以下简称《劳动法》)制定之前。该阶段是劳动禀赋向市场化转型的阶段,相关劳动立法也在推进市场化劳动制度改革。1982年颁布的《宪法》对公民的劳动权、休息权、获得物质帮助权、受教育权等作出了更为全面的规定,劳动禀赋的提升和保障得到根本大法的支持。同时,在此阶段,外商投资、个体和私营经济兴起,国有企业也实行股份制改革。1986年国务院出台关于国有企业劳动制度改革的四项暂行规定(关于招用工人、劳动合同制、辞退违纪职工、职工待业保险),劳动禀赋的市场化开始显现,劳动者择业自由度开始上升,相关社会保障制度也在健全。此阶段为劳动禀赋市场化转型打开了通道,但毕竟是改革试点阶段,最大问题在于多种模式并行,例如,国营企业用工双轨制、不同所有制企业实行不同的劳动用工制度,这增加了制度的施行成本,也在劳动者之间、劳动者和用人单位之间产生了不少利益冲突。

1994年《劳动法》颁布至今。1994年我国劳动领域第一部基本法——《劳动法》颁布,它首次将保护劳动者的合法权益确立为立法目的,并初步构建起由就业法、单个劳动关系法、集体劳动关系法、劳动条件基准法、社会保险法等组成的现代劳动法律体系框架。《劳动法》的颁布意味着具有中国特色市场经济特征的劳动法律制度正式确立,我国劳动关系也实现了从行政化到市场化的转变。② 此后,以《劳动法》为基础,劳动领域相关单行法逐步铺开,先后出台了《中华人民共和国职业病防治法》《中华人民共和国安全生产法》,并修改了20世纪50年代颁行的《中华人民共和国工会法》。进入21世纪以来,在市场于资源配置中发挥基础性作用转向决定性作用之背景下,我国于2007年出台三部劳动相关立法(2007年也被称为"劳动立法年"),即《中华人民共和国劳动合同法》(以下简称《劳动合同法》)、《中华人民共和国劳动争议调解仲裁法》(以下简称《劳动争议调解仲裁法》)、《中华人民共和国就业促进法》(以下简称《就业促进法》),如此既有市场化的

---

① 参见王全兴、石超:《新中国70年劳动法的回顾与思考》,载《求索》2020年第3期。
② 参见涂永前:《论我国劳动法治的现代化与劳动法典的编纂》,载《法学论坛》2023年第2期。

第二章
发展内核论：劳动禀赋优化升级的法律实现

劳动合同之规范，亦有大量化解劳动纠纷的法律；同时，还存在国家层面的引导型、促进型、发展型法律。不同所有制劳动关系实行统一运行规则，国有制劳动关系的特殊运行规则逐步退出舞台，劳动力市场也由城乡分割走向城乡统一。我国劳动法律体系基本成型，这能在很大程度上解决既有的劳动实践问题，对劳动者权益之保护发挥了重要作用。但不能否认的是，既有立法仍是基于传统社会化工业大生产模式之立法，更适合高度集中化、组织化、单一化的用工模式。

随着数字时代的到来，在劳动形态因技术驱动逐渐演变的背景下，平台用工、灵活用工、离线权、远程工作、劳动者个人信息保护、算法歧视、数据权益等新命题逐渐显现，劳动禀赋的优化升级仅依靠传统劳动法律显得力有不逮，尤其是在新质生产力发展背景下，劳动禀赋的优化升级如何获得法治保障？换言之，法治需要为劳动禀赋的优化升级提供何种支撑和规范？笔者认为，劳动禀赋的优化升级有四方面的法治需求。

（1）差异化之法治需求。既有的劳动立法因时代特点，偏向于为工业化时代的劳动者提供统一制度规范，以此减少劳动者权益被侵害的可能，尤其是着力确立劳动公法性的劳动基准，但对劳动私法自由方面的保障相对欠缺。以人格或组织从属性和主体资格作为界定劳动关系的标准，以平台用工为代表的新就业形态（有学者称为第三类劳动形态）难以被纳入既有劳动形态范畴。而且，平台之下的灵活用工模式，使劳动者能够独立参与到网络化社会分工体系之中，突破了自然人只能依赖组织体就业的单一渠道，而既有劳动法律更多规制的是团体性劳动。在数字经济下，个体劳动难以完全按照团体性劳动的逻辑设定进行，在突破时间控制、场所控制和组织控制的情况下，个体劳动不存在同等性的劳动比照。换言之，在新质生产力发展背景下，劳动者和用人单位之间存在多样化的雇佣关系，两者并不必然构成人身从属性的劳动关系。对新型劳动用工，应通过立法实现对劳动禀赋的差异化保障。有学者即指出，新的劳动立法应重点补足灵活就业劳动法、数字经济劳动法、人才型劳动法。① 另

---

① 参见王全兴：《我国〈劳动法典〉编纂若干基本问题的初步思考》，载《北方法学》2022年第6期。

外,劳动禀赋的优化升级不仅应体现于主体差异,还应体现于不同政府主体、用工单位和劳动者之间的差异化权责配置,在数字经济背景下,亟待新型的权责安排。

（2）全面化之法治需求。劳动禀赋的优化升级归根结底需要对劳动者权益进行全面化的保障。在数字经济与科技主导的新质生产力发展背景下,劳动者的权益范围较以往有了新的扩展,对指向人性尊严和美好生活的新兴权利或新的权益面向提出了更多需求。例如,在对过度劳动问题的回应上,劳动禀赋的优化升级绝不是靠对时间和工作量的挤压,而更多借助能力和知识的提升及体系化的职业规划。目前,关于过度劳动问题,尚无专门立法,既有劳动法也并无"过劳""过劳死"等法律概念,一些劳动者长期处于高强度工作状态,过度劳动已成为劳动者面临的新兴劳动风险。① 在劳动者能否享有劳动时间之外的"离线权"（劳动者应该享有在非工作时间脱离工作状态且不参与和工作有关的电子通信的权利）这一问题上,法律尚未明确其正当性。劳动者在非工作时间收到用人单位超出必要限度的工作指示,导致个人的休息权和安宁权被侵扰,但维权往往无果。② 此外,相关问题还包带薪休假制度（不能通过劳动契约随便变更或替代）③、多样化给付下工资给付的标准和范围（货币之外的给付如何认定等）④及劳动者的数据/个人信息权益保护⑤、人才奖励、教育职业培训权等。

（3）全程化之法治需求。受计划经济之遗留影响,劳动用工长期被视为单位制下的固定工作,劳动者权益之维护更是"重入不重出"。换言之,在既有的劳动立法中,对劳动者权益之保障侧重"在工之时"的规制,此存在一个预设前提,即市场劳动关系多是稳定的、长期的,鲜有劳动（力）自由流动之空间。在数字化时代背景下,劳动禀赋之优化升级应更加关注"后端"

---

① 参见涂永前:《论我国劳动法治的现代化与劳动法典的编纂》,载《法学论坛》2023年第2期。
② 参见朱晓峰:《数字时代离线权民法保护的解释路径》,载《环球法律评论》2023年第3期。
③ 参见王显勇:《带薪年休假的法律属性及实施机制》,载《法学》2023年第3期。
④ 参见战东升:《论劳动法上的工资》,载《法学评论》2023年第3期。
⑤ 参见王倩:《论"网约工"劳动权益的数据法保护路径》,载《法学》2023年第11期。

的离职、解雇等相关制度之完善,尤其是在技术支撑下的社会化小生产背景下,劳动保护的灵活性更为突出,不能陷入复制大工业、组织化的模式和机制之中。① 需要考量以个人本位为基础、侧重保护职业稳定性而建构的《劳动合同法》应如何嵌入社会公共利益,以实现对社会公正、社会稳定、社会发展等更多价值的寻求和平衡。此外,党的二十大报告指出,"实施更加积极、更加开放、更加有效的人才政策","促进人才区域合理布局和协调发展"。离职竞业限制违约金规则事关劳动力市场的合理流动,目前该规则尚缺乏规范的共识性提炼,司法同案不同判现象频现,亟待基于公私法融合、整体主义的理念及方法,就纠纷的本质和症结给出有针对性的解决方案。②

(4)集成化之法治需求。系统观念是基础性的思想和工作方法。新质生产力强调体系化发展,劳动禀赋的优化升级之法治保障亦有体系性需求,单点、分散的制度易造成法体系的割裂和冲突。我国现行的劳动法律以单行法(七部核心法律)为核心,除《劳动法》这一相对粗糙、框架性、偏于原则的劳动法领域的"小宪法"之外,大部分都是围绕某个特别法律事项进行特别规定,普遍缺乏整体更新和前沿的立法意识③,如此,相对孤立的单行法难以对劳动禀赋的整体提升形成全面的因应、赋能和保障。此外,劳动立法还存在三方面问题:一是基本制度供给不足,有关工时、工资、休息休假等劳动基准、集体劳动关系及灵活用工等方面的立法尚不完备。二是规则法律位阶偏低,既有劳动关系中的重要制度虽在法律中被提及,但更多具有操作性的规范是以条例、规章的形式颁布的,如劳动监管制度(2004年颁布的《劳动保障监察条例》)、集体合同制度(2004年颁布的《集体合同规定》)、最低工资制度(2004年颁布的《最低工资规定》),而关于劳动关系认定的方法则仅在劳动主管部门颁布的"一纸通知"(劳动和社会保障部《关于确立劳动关系有关事项的通知》,劳社部发〔2005〕12号)中提及。三是地方立法碎片化。由于全国性的立法尚不健全,地方立法补位跟进,颁布了关于工资支付等重要事项的地方规定,但

---

① 参见闫冬:《社会化小生产与劳动法的制度调适》,载《中外法学》2020年第6期。
② 参见冯辉:《整体主义视野下离职竞业限制违约金的法律治理》,载《清华法学》2023年第2期。
③ 参见张琳琳:《以系统观念推进劳动法典编纂》,载《法制与社会发展》2024年第2期。

内容差异较大,影响了全国劳动市场的稳定和流动秩序。从问题出发,更集成性的"劳动法典"之编纂已成为学界和业界讨论的重要方向,其可回应数字时代新质生产力发展背景下用工灵活化、新就业形态蓬勃发展面临的挑战,并为劳动禀赋优化升级提供体系化、一致性的制度保障。①

二、劳动禀赋优化升级的现实障碍

新质生产力的发展离不开劳动禀赋的优化升级,相较于传统的生产力模式,技术化、全球化、智能化、数据化、转型化的新质生产力对劳动禀赋提出了新的适应性挑战。劳动者的角色、劳动方式以及与之相适应的经济系统的组织形式,均在新质生产力的冲击下呈现出质的变化。② 从要素拆解的角度看,劳动禀赋优化升级面临三方面的现实障碍,分别是数字经济下劳动者的身份及权益界定之困、产业转型下劳动资料的科技化再适应之困、技术革新下劳动对象的种类及价值评价之困。

(一)数字经济下劳动者的身份及权益界定之困

数字经济下,劳动者日益分化,用工模式也不再是相对单一、同质化的组织模式,"立体多维"是劳动禀赋优化升级过程中亟待关注的劳动者主体特征。总结而言,相较传统劳动者,技术化、智能化、国际化趋势促使劳动(力)禀赋呈现三种新形态,即网络化平台就业人员、高端人才型劳动者、在华就业的外籍人员。这对传统劳动法律规范的理念基础和制度框架提出了新的挑战。

1. 平台用工方面

在新质生产力发展背景下,网络技术、大数据、算法、平台、人工智能成为新时代典型的技术应用。这些技术推动着社会进行新的转型,从农业社会、工业社会到信息社会,及至目前的数字社会,很大程度上改变了劳务供需匹配机制和就业参与方式。《中共中央关于进一步全面深化改革 推进中国式现代化的决定》指出,"支持和规范发展新就业形态","健

---

① 参见谢增毅:《劳动法典编纂的重大意义与体例结构》,载《中国法学》2023年第3期。
② 参见徐政、张姣玉:《新质生产力中的劳动者变革问题》,载《理论探索》2024年第2期。

发展内核论:劳动禀赋优化升级的法律实现

全灵活就业人员、农民工、新就业形态人员社保制度"。不能否认的是,平台用工模式给现行的规模型、组织化的劳动法制度群带来了新的冲击和挑战。其中最为突出的是平台网约工的劳动者身份之界定问题,即平台与众包型网约工的劳动关系认定问题。由于新就业形态人员多通过平台自主接单,准入和退出门槛较低,工作时间相对自由,劳动所得主要是从消费者支付的费用中抽成,从而难以将平台用工直接纳入既有的劳动法律法规保障之范围。

针对既有的"民法(劳务关系)—劳动法(劳动关系)"之二分的理论和制度架构,学界提出了三种方案:其一,融入劳动法的"次劳动法"模式(也有学者称为劳动法做减法),即改变传统劳动关系认定标准,将新型劳动形态纳入劳动法的规范之中,同时考虑到平台用工的特殊性及与常规用工的差异性,将平台用工界定为"非标准/非典型劳动关系",以劳动法适用为原则,剔除部分不适用的保障制度。① 其二,融入民法的"高级民法"模式,即将平台用工纳入"劳务关系"的兜底规范之中。其三,新增第三维度,制定新法规范新型平台用工模式,而不再寻求对标既有民法、劳动法的保护规范(也称为转型三分法调整模式)。② 但目前,学界对此并未达成共识,数字经济下平台用工人员的身份尚不明确。

实践中,平台用工关系不清晰、法律关系复杂问题突出。大部分平台从业人员未与平台签订劳动合同,而多代之以"合作协议"。不少平台要求灵活用工主体先注册为个体工商户,然后再开展平等主体间的合作,甚至不再进行业务的外包和转包,而是通过引入中间型用工主体,减轻平台本体的用工负担并降低承担责任的风险。这导致平台用工主体复杂,法律关系多元,一旦出现劳动纠纷或侵害第三人等纠纷,平台从业人员往往难以识别用工主体。此外,平台从业人员劳动权益无法得到充分保障的

---

① 参见谢增毅:《互联网平台用工劳动关系认定》,载《中外法学》2018 年第 6 期;常凯、郑小静:《雇佣关系还是合作关系?——互联网经济中用工关系性质辨析》,载《中国人民大学学报》2019 年第 2 期。
② 参见王天玉:《平台用工的"劳动三分法"治理模式》,载《中国法学》2023 年第 2 期;娄宇:《新就业形态人员的身份认定与劳动权益保障制度建设——基于比较法的研究》,载《中国法律评论》2021 年第 4 期。

情况多发。例如,劳动时间过长、收入不够稳定(多采用按件计酬而非按照工作时间计酬,故长时间工作以获得更多单量的情况较多)、劳动卫生安全条件保障不足(职业损害频发①)、社会保险缴纳有缺损、平台算法透明度和合理性欠缺(平台通常利用算法分配工作任务、控制工作过程、对从业人员进行奖惩,这些规则和算法往往由平台单方制定,内容复杂且可能不合理,算法还可能产生歧视和偏见,平台从业人员有异议时,难以获得救济)、集体行权困难(平台从业人员分散且数量大,由于劳动关系并未被明确认定,加入工会的难度增加,如何集体行权面临问题)等。②

2. 高端人才方面

新质生产力的本质是先进生产力,其摆脱了旧技术体系和传统增长路径的限制,转而追求与数字时代相适应、高度融合且更具先进内涵的发展模式。这也催生了劳动者的转型,不仅对传统的劳动型劳动者,也对人才型劳动者提出了更高要求。有学者即指出,目前劳动法治的短板之一在于人才型劳动法的缺乏。③ 我国既有的劳动法经过本土化的探索和实践,以提炼最大公约数的方式为劳动合同、劳动基准、劳动保护等相关问题及劳动者权益的保护提供了基础支撑。换言之,劳动法本身并不具有过多个性化设计,此亦符合我国立法进展之国情。但随着新质生产力的发展、数字技术的进步、产业的深度转型,劳动力型劳动法已难以满足社会发展之需,也无法最大限度地覆盖新型技术型、人才型劳动者的权益保护之需要。因此,亟待从劳动法治升级的角度,对现有劳动法进行修改或法典化的编纂,形成更完善的体例和更多样的规范安排。不过值得注意的是,(高端)人才的劳动权益之保护,不仅局限于劳动法领域的保障,我国已在人才强国等相关政策目标和人力资源保障等方面,对其进行了有针对性的特殊保障。王全兴教授指出,无论社会如何变迁,高中低端劳动者群体规模的"金字塔式"结构决定了劳动力型劳动法的地位更为重要。不过,笔者认为,劳动者群体规模随着

---

① 参见向春华:《统一与分化:平台用工职业伤害保险制度之体系构建》,载《华东政法大学学报》2023 年第 6 期。

② 参见谢增毅:《平台用工劳动权益保护的立法进路》,载《中外法学》2022 年第 1 期。

③ 参见王全兴:《我国〈劳动法典〉编纂若干基本问题的初步思考》,载《北方法学》2022 年第 6 期。

第二章 发展内核论：劳动禀赋优化升级的法律实现

技术的发展逐渐呈现出"纺锤体"结构；如何回应高素质群体人力资源的开发和配置、劳动关系的协调、劳动权益保障等新问题，亟待推动专业人才型劳动法的理念升级和规范保障。

3. 外国人才方面

中国特色社会主义进入新时代，我国劳动力市场也在发生深刻变革，除本土化劳动者之外，随着对外开放的扩大和"一带一路"倡议的深入推进，来华就业的外国人数量不断增加。2023年7月发布的《国务院关于进一步优化外商投资环境加大吸引外商投资力度的意见》即提出，"为符合条件的外商投资企业聘雇并推荐的外籍高级管理、技术人才申请永久居留提供便利"。在数字经济发展背景下，我国的开放度不断增加，制度型开放更是成为新的发展目标，完善的外国人来华就业制度也是更具全球化、更具命运共同体理念、更具营商环境优化特点的我国劳动制度体系不可缺少的组成部分。所谓外国人来华就业制度，一般是指中国对不具有本国国籍的自然人在中国境内从事社会劳动并获取劳动报酬等行为进行管理的法律规范。各国一般通过两种法律来规范外国人就业，一是前端准入的"移民法"，二是后端权益保障的"雇佣法"。①

回观我国之情形，前者主要包括《外国人在中国就业管理规定》《中华人民共和国出境入境管理法》（以下简称《出境入境管理法》），后者则主要是《劳动法》《劳动合同法》。虽然目前来华就业的外国人数量日益增多，但尚存在以下问题：第一，类型化的人才引进或雇佣机制相对僵化、偏离市场需求。相较于西方发达国家，整体而言，我国劳动力市场较为饱和，因此我国确立了"以我为主、按需引进"的政策。② 2017年国家外国专家局等部门发布的《关于全面实施外国人来华工作许可制度的通知》附件《外国人来华工作分类标准（试行）》中将来华就业外国人分为三类：外国高端人才（A类）、外国专业人才（B类）和其他外国人员（C类）。外国高端人才引进之前提是用人单位的邀请，如此烦琐的程序前置和行政管控思维，不利于外国

---

① 参见汪发洋、李坤刚、曹有康：《外国人在华就业法律规制的完善》，载《上海财经大学学报》2023年第6期。
② 《外国人在中国就业管理规定》第6条规定："用人单位聘用外国人从事的岗位应是有特殊需要，国内暂缺适当人选，且不违反国家有关规定的岗位……"

高端人才引进之便利和主动性的发挥。外国专业人才是介于"高端"和"其他"之间的中间类型,引入雇佣目录不清晰,导致行政管理部门的裁量权过于宽泛,用人单位的市场需求无法得到切实准确的满足。这种以风险防范和官方判断为核心的模式,实际上阻断了大量中间型专业人才的引入。较于前两类人才,我国针对用人单位非法雇佣外国人员的制裁手段单一且力度较弱。① 第二,外国人在华就业适用的劳动法律并不清晰。② 当事人一方或双方是外国公民、外国法人或者其他组织、无国籍人的,为涉外法律关系,所以在我国就业的外国人订立的劳动合同需考量准据法的问题。根据《中华人民共和国涉外民事关系法律适用法》(以下简称《涉外民事关系法律适用法》)第43条之规定,"劳动合同,适用劳动者工作地法律"。因此,从属地主义原则考虑,我国《劳动法》的适用范围应包括在华合法就业的外国人。③ 但问题在于《劳动法》和《劳动合同法》却未对此作出明确规定,仅靠准据法难以实现后续权益保护。司法实践中,对于合法就业外国人的劳动法律适用标准至今未达成共识,除最低工资、工作时间、休息休假、劳动安全卫生、社会保险五方面外,外国人是否享有其他劳动权益,司法实践中认识不一(如广东省高级人民法院肯定了我国《劳动法》对合法就业外国人完全适用④,而上海市法院系统则普遍持否定意见⑤),学者也认为其他劳动权益应由双方约定,不应适用我国《劳动法》。⑥ 如此争议之存在根本在于未能对合法就业的外国人进行功能目的主义的判断,预期的不确定性将影响

---

① 《出境入境管理法》第80条第3款规定:"非法聘用外国人的,处每非法聘用一人一万元,总额不超过十万元的罚款;有违法所得的,没收违法所得。"
② 参见班小辉:《法典编纂视野下劳动法域外适用制度的体系化建构》,载《法学》2024年第1期。
③ 参见喻术红:《构建"人类命运共同体"理念下在华外籍劳工权益之保护》,载《社会科学战线》2020年第1期。
④ 参见(2020)粤民申8555号民事裁定书、(2020)粤民申1271号民事裁定书、(2018)粤民再267号民事判决书、(2017)粤民申844号民事裁定书。
⑤ 参见(2019)沪民再6号民事判决书、(2019)沪民申363号民事裁定书、(2018)沪民申2729号民事裁定书、(2017)沪民申1209号民事裁定书、(2015)沪高民一(民)申字第1072号民事裁定书。
⑥ 参见刘国福:《改革中的外国人来华工作法律规制研究》,载《社会科学战线》2017年第5期。

外国人在华就业的积极性。

(二) 产业转型下劳动资料的科技化再适应之困

在新质生产力发展背景下,科技创新催生了新产业、新模式、新动能,新的劳动形态也日渐显现,劳动资料也日益复杂。一方面,随着科学技术的发展,新型劳动工具不断出现,人工智能的应用减少了直接操作机器的劳动力;从物质资料的劳动工具角度来看,劳动资料愈发简单,劳动者只需电脑或手机等智能终端即可操作。另一方面,由于科技含量的提升,劳动资料更加抽象,数据信息的重要性愈发突出。劳动者如何适应劳动资料的科技化成为劳动禀赋优化升级的重要挑战,毕竟,若缺乏与劳动资料、劳动工具相适配的创新,便难以直接赋能新质生产力的发展。具言之,从劳动过程的变化来审视,笔者认为,劳动资料的科技化主要体现于算法化、远程化、数智化和平台化四个方面。

1. 劳动资料的算法化

算法已经成为当前网络灵活用工甚至常规用工的核心技术手段,但新的风险也相伴而生。一是算法歧视。算法看似具有中立的外表,甚至学界在开始探究技术规制时也强调"技术中立""包容审慎",但不能否认技术背后的人的主观价值判断。在平台对网约工进行行为数字化、画像预测与评估的三个阶段,由于输入算法的数据本身可能就是歧视性选择的结果,系统设定的挑选特征和评估标准也易带有歧视。这些歧视源于人类社会的偏见被带入算法模型,且这些歧视还可能通过机器学习进一步放大。例如,典型的性别歧视[①],隐蔽性更深的可能还有"优秀""忠诚""出勤率"[②]等"伪中立"陷阱[③]。二是算法控制。在传统白纸黑字的劳动用工规章制度中,用人单位下达的任务指令往往清晰可循,并有较好的互动沟通可能。但在由算法模型技术控制的工作中,相关劳动规则成

---

① 参见胡萧力:《算法决策场景中就业性别歧视判定的挑战及应对》,载《现代法学》2023年第4期。

② 如将出勤率作为员工"忠诚度"的考量标准,表面上似乎合理中立,但根据《中华人民共和国妇女权益保障法》(以下简称《妇女权益保障法》)之规定,孕期女职工享有休产假的权利,从该方面来看,女性对请假的需求会更多。

③ 参见李成:《人工智能歧视的法律治理》,载《中国法学》2021年第2期。

为代码化的体现,多数决策由系统自动作出,即使算法是辅助性的工具,人类(用工单位)的决策出于对数据的全景掌握,也难免对其愈发依赖。算法实际上成为一种技术"黑箱",嵌入一定隐形价值判断的算法往往又以中立的技术显现,从而影响劳动者权益的实现。劳动者对劳动资料的使用看似更加频繁(如手机、APP、小程序等技术工具),但实际上,深层次的劳动所得、信用评价、工作分配等机制却更不清晰①,实践中甚至出现了"算法压榨"②。因此,算法的信息披露机制亟待加强,平台使用自动化系统监控、评估网约工的工作表现或作出工作任务决策(如时间、地点、身份、账户限制等)的,应履行书面告知或公示的义务。三是算法风险。算法也存在运作紊乱或失序的技术风险,如果缺乏有效的恢复计划等应对方案,既有的劳动成果或工作任务可能会被他人修改或抹除;而且,在当前阶段的人工智能条件下,算法对劳动者的评估无法完全替代用人单位(雇主)的主观评价,尤其是在劳动禀赋优化升级的目标下,暂无法实现对所有能力(如品质)的精准量化判断。

2. 劳动资料的远程化

随着互联网和通信技术的发展,技术赋能使劳动者能够借助远程工具(如电脑、手机终端等)开展工作。根据美国2010年颁布的《远程工作促进法》,远程工作是指一项工作弹性的安排,即雇员可在其本应工作的地点之外履行岗位职责及从事被授权的活动。一般而言,远程工作是劳动资料技术化的重要表现,包括四重特征:工作地点远程、使用信息技术、工作具有常规性、存在劳动关系。远程工作有其优势,例如,能减少劳动者的通勤时间、降低雇主的办公场所成本、提高雇员工作时间的灵活性、促进特定人群(如残疾人)就业、在紧急状态或恶劣天气下保持正常办公等。③ 但其也存在隐患和现实风险,如劳动者在线工作时间过长,其需要随时等待雇主的用工指示,导致身体和心理压力更大;因远程技术的介入,劳动者被雇主长时

---

① 不过,算法也可助益劳动权益保护的合规运作,如通过算法设计工作时间的上限或休息时间的下限,使线上工作时间太长的网约工技术性下线。参见赵红梅:《网约平台从业者工作时间与劳动强度的立法规制》,载《人权》2021年第6期。

② 参见王倩:《论"网约工"劳动权益的数据法保护路径》,载《法学》2023年第11期。

③ 参见谢增毅:《远程工作的立法理念与制度建构》,载《中国法学》2021年第1期。

间、透明化的监督,进而引发个人隐私被侵犯等问题。虽然实践中远程技术已较为成熟并被雇主广泛应用,但远程劳动的(劳动)立法尚为空白,远程劳动能否纳入《劳动法》或《劳动合同法》的规制范围,目前尚无明确规定。实践中纠纷频发,例如,用人单位是否允许在家办公①、劳动者在家是否提供了劳动②、劳动者远程工作的工资如何计算等问题③。

3. 劳动资料的数智化

由于区块链、人工智能、大数据等前沿技术的应用,劳动资料日益呈现出无形化特征,劳动的(产品、过程甚至主体)数字化更为凸显。以传统机械为主的机器工具发生了颠覆性变化,劳动工具具有虚拟与真实交织的共在性,既包括高速泛在、天地一体、云网融合、智能敏捷、绿色低碳、安全可控的智能化综合性数字信息基础设施,也包括现代计算中心和数据处理中心、电子信息设备设施和各种通信工具等通用性设备,还包括适用于不同领域、行业和群体的商业软件、硬件设施。④ 劳动者需要掌握更多的知识、接受更多培训并提升自身能力,来适应劳动资料的数智化发展;同时,这也对劳动成果的分配和认定、劳动过程中侵害行为的处理、劳动数据的利益分配等方面提出了新的挑战。

4. 劳动资料的平台化

较于传统的工厂化、组织化劳动,新质生产力发展背景下存在大量的灵活用工,其本质是交易场所化的任务式劳动供需匹配。例如,有学者认为,自治型平台创设了中介性质的网络劳务市场,组织型平台则承担了特定社会服务的供应功能。⑤ 平台通过算法和智能终端充当了事实上的辅助者,使劳务活动的个人属性更为凸显,可以形容为"平台中心化、个体原子化",与工业时代的组织化、科层制生产方式截然不同。⑥ 从产生机理

---

① 参见上海市第一中级人民法院(2019)沪01民终7247号民事判决书。
② 参见广东省深圳市中级人民法院(2018)粤03民终15410号民事判决书。
③ 参见上海市第二中级人民法院(2019)沪02民终1880号民事判决书。
④ 参见胡莹:《劳动分工视角下新质生产力的形成路径研究》,载《改革与战略》2024年第2期。
⑤ 参见王天玉:《互联网平台用工的合同定性及法律适用》,载《法学》2019年第10期。
⑥ 参见王天玉:《数字时代劳动法典的规范构造与篇章体例》,载《吉林大学社会科学学报》2023年第5期。

看,平台用工既不是用人单位的创新,也不是劳动者的个人选择,其本质是新质生产力中典型科技进步的必然结果,是信息化生产方式的产物。劳动者的劳动资料愈发智能化、简单化,提供劳务的单位愈发"原子化",劳动者受组织化单位的限制逐渐减少,但同时对科技化平台的依赖却更加显著。劳动资料的平台化对劳动纠纷的化解和劳动禀赋的提升提出了新挑战,如劳动者和平台的关系到底如何界定、不同类型的平台对劳动关系的影响如何、同一劳动者在多个平台提供劳务时其背后的权益如何保障等,是目前不容忽视的重要命题。

(三)技术革新下劳动对象的种类及价值评价之困

相较于传统的劳动对象,技术革新背景下新质生产力的劳动对象正在发生扩充性变化,除物质形态的高端技术设备外,还包括数据等新型生产要素和劳动对象。作为继土地、劳动、资本、技术之后的第五大生产要素,数据对提高生产效率的乘数作用不断凸显。数据要素价值之深度发挥,关键不在于静态的控制,而在于动态的流通交易。① 党的二十届三中全会决定指出,"健全劳动、资本、土地、知识、技术、管理、数据等生产要素由市场评价贡献、按贡献决定报酬的机制"。数据的影响力日益突出,实践中数据交易亦层出不穷,除场外的个性化数据交易之外,大量的数据交易所兴起,聚焦数据产品的买卖和撮合。2022年12月,中共中央、国务院发布《关于构建数据基础制度更好发挥数据要素作用的意见》,明确提出"探索数据资产入表新模式";财政部亦于2023年8月出台《企业数据资源相关会计处理暂行规定》,从技术层面为数据入表提供指引。数据入表的提出是对数据商业价值的肯定,有利于促进数据流通利用,释放数据要素新质生产力,增加企业的资产,提升企业整体估值。② 是以,从该意义上看,不仅数字化技术的发展使得"数据+劳动"可以赋能劳动对象,让既有的劳动对象价值更为凸显,同时数据本身已成为劳动对象,经过智力的投入、训练、分析,获得的数据产品可在市场中流通、销售、利用,并产生经济

---

① 参见张阳:《谁需要数据交易所——治理三边模型的提出》,载《北方法学》2024年第4期。
② 参见张素华:《数据资产入表的法律配置》,载《中国法学》2024年第4期。

价值。换言之,在新质生产力发展背景下,数据正由辅助性、支撑性的工具,逐步成为独立劳动对象。值得注意的是,数据劳动和数字劳动不同,后者更多是劳动形式、过程的数字化,并不独立于社会劳动体系之外,它与实体劳动相辅相成、相互融合,有学者鲜明地指出,"独立的非物质数字劳动并不存在"①。

数据作为劳动对象已是基本共识,但从法律角度来看,数据权益的客体分类不一,不乏学者关注到数据、数据资源、数据集合、数据产品、数据服务存在的差异。② 例如,有观点认为,数据资源是原始数据,原始数据经过初步加工整理形成数据集合,数据集合经过实质性加工形成数据产品。数据服务则是向数据需求方提供能满足其特定信息需求的数据处理结果的服务。③ 也有观点认为,数据不能被作为一种特殊类型的标准化商品或通证化财产,将其纳入交易所的交易规制并不明智,该观点强调数据交易要关注技术条件,通过特定网络平台或空间来描述、识别和发现数据交易的法律关系。④ 还有观点以域外财产和合同的界分为基础,论及数据本身不能作为权利化客体,交易标的是数据服务,并对此进行类型化界分,强调数据交易不能是去人际化的产品交易模式,而应是渐进的合作模式。⑤ 数据交易所的交易标的范围未有定论,从相关规定来看,存在多种不同组合和近义性名称。⑥ 实践中,核心交易标的又包括数据集合、数据

---

① 高斯扬:《基于马克思劳动观的数字劳动界定》,载《经济纵横》2023年第8期。
② 参见刘维:《论数据产品的权利配置》,载《中外法学》2023年第6期;武腾:《数据资源的合理利用与财产构造》,载《清华法学》2023年第1期;孙莹:《论数据权益客体中的基本范畴》,载《东方法学》2024年第1期;申卫星:《论数据产权制度的层级性:"三三制"数据确权法》,载《中国法学》2023年第4期。
③ 参见孙莹:《论数据权益客体中的基本范畴》,载《东方法学》2024年第1期。
④ 参见梅夏英:《数据交易的法律范畴界定与实现路径》,载《比较法研究》2022年第6期。
⑤ 参见丁晓东:《数据交易如何破局——数据要素市场中的阿罗信息悖论与法律应对》,载《东方法学》2022年第2期。
⑥ 例如:(1)数据、数据产品、数据服务(《北京市数字经济促进条例》《深圳经济特区数字经济产业促进条例》《山东省大数据发展促进条例》);(2)信息资源的集合、数字技术和数字产品(《河南省数字经济促进条例》);(3)数据资源开发利用的成果(《广东省数字经济促进条例》)。

服务、数据分析报告等。① 关于数据与数据产品的差异,司法审判中意见不一,实践中多认为数据交易所不能交易原始数据、数据库特殊权利、著作权,而应主要交易有表达性的衍生数据。② 可见,数据交易标的模糊不清,数据、产品、服务混杂其中,学界、业界和司法界试图作规范意义上的文义解释,但交易标的正当性始终存在难以言明的分类困局,这给新质生产力发展背景下作为新型劳动对象的数据造成了一定的困扰。

另外,数据定价问题也不清楚。交易的本质是价格,价格反映价值。与其他交易标的不同,数据具有需求导向、非均质性、非独占性、使用非损耗性等特性,数据确有价值,但数据的价格如何确定是一大难题。特别是数据产品的了解过程与使用过程重叠,数据的有用性无法事先确定,加之数据的高固定成本、低边际成本、产权不清的特征,定价的清晰性和公允性难以保障。③ 实践中存在成本价格法、市场法、收益法等多种模式④,但目前并无定论。数据价值的实现具有高度的场景化、个性化特征,对于 A 而言价值连城的数据,对于 B 而言可能毫无用处。如此,后端的数据价值评估之不稳定性问题也进一步影响到前端的数据生产加工等数据劳动的价值评估。在传统生产力背景下,劳动者生产的产品具有较为清晰的市场定价,雇主会结合市场价格、用工成本等给予劳动者工资,即按照以市场贡献为主的标准,但在新型的劳动对象——数据面前,囿于数据产品的定价机制暂不清晰,雇主也暂时难以对劳动者的贡献或价值进行精准的评判。如何对数据产品进行价值评估和劳动贡献的分析,是新质生产力发展之重要命题。

三、劳动禀赋优化升级的关键维度

系统思维是重要的法治建设思维和工作方法。习近平总书记强

---

① 参见包晓丽、杜万里:《数据可信交易体系的制度构建——基于场内交易视角》,载《电子政务》2023 年第 6 期。
② 参见李晓珊:《数据产品的界定和法律保护》,载《法学论坛》2022 年第 3 期。
③ 参见戎珂、陆志鹏:《数据要素论》,人民出版社 2022 年版,第 136 页。
④ 参见张阳:《谁需要数据交易所——治理三边模型的提出》,载《北方法学》2024 年第 4 期。

调,"要坚持系统观念,加强对各领域发展的前瞻性思考、全局性谋划、战略性布局、整体性推进"①。新质生产力的发展是全面的、质性的发展,对劳动禀赋优化升级之需求亦是系统性的。相较于传统生产力中对于个别基础禀赋的关注和依赖不同,从法治的视角看,新质生产力之劳动禀赋应是全面的发展,可从赋能型维度、保障型维度和秩序型维度三方面展开。

(一)赋能型维度:劳动禀赋优化升级之准入破障

法律制度的重要功能之一即通过制度之明定提供正当性。赋能型维度关注劳动禀赋之前端准入环节。换言之,自然人具有劳动的能力,劳动权是宪法赋予公民的基本权利,但是否能与用人单位构成适合的劳动关系(劳务关系、雇佣关系),存在一定的法律考量。法律的介入能缩小市场中灰色灵活劳动的空间,通过强制约束力或监察制度减少性别歧视等显性或隐性用工障碍,通过选择性的制度适用规范外国劳动力的行为,通过法律的解释与适用规范学术劳动力的聘用准入。

1. 技术革新下的准入破障——灵活劳动力之赋能

新质生产力是一种先进的生产力形态,是由颠覆性技术突破而产生的生产力,强调以科技创新为核心。与科技创新、网络技术、算法科技、人工智能等革新相适应,出现了以平台经济为支撑的"网约工"等新形态劳动者,其运作存在去组织体化、原子化的特点,淡化了传统的时间、空间和组织控制,也突破了传统劳动关系界定理论中的"人身(格)从属性"之要义②,而代之以"经济从属性"的新蕴含。实践中,囿于传统的劳动关系认定方式,网约工的身份属性呈现多元化,不可能完全被劳动法所覆盖。③ 由于缺乏劳动法的确定性保护,部分履行了劳动义务的劳动者因无"劳动者"之身份而游离于劳动法的保障机制之外。事实上,在技术革新的背景下,"一刀切"的从属性认定过于武断,存在强弱、深浅之别。应在

---

① 习近平:《新发展阶段贯彻新发展理念必然要求构建新发展格局》,载《求是》2022年第17期。
② 参见肖竹:《劳动关系从属性认定标准的理论解释与体系构成》,载《法学》2021年第2期。
③ 参见王倩:《论"网约工"劳动权益的数据法保护路径》,载《法学》2023年第11期。

"着重保护劳动者基本权利"原则的指引下,扩大劳动关系认定之标准范围,赋能灵活劳动力权益保障,避免劳动立法和社会现实脱节。

2. 性别平等下的准入破障——女性劳动力之赋能

新质生产力的发展践行包容性发展观,劳动者的禀赋应被多样化地开发,人为的直接或间接的性别歧视往往是用人单位基于短期成本的考量作出的不当决定,需要反性别歧视之制度保障,这尤其体现于妇女之就业中。在传统工业化大生产中,基于对体力消耗的要求,男性通常具有更好的用工效能,但在新质生产力发展背景下,体力劳动的强度大幅降低,智力劳动成为主导,女性基于生理特质,具有细腻、善于沟通、共情能力强等优势。虽然《妇女权益保障法》对女性就业平等有宣称性的保障①,但要注意的是,在算法技术发展的背景下,应深度审视劳动法律制度,以防范通过技术手段进行的隐蔽性算法歧视。同时,依据《妇女权益保障法》的规定,当前就业性别歧视公认的歧视主体是"用人单位"。即便不讨论算法歧视的情形,这一歧视主体要件所涵盖的主体范围也是不全面的,宜将实施就业性别歧视的主体拓展至对就业机会有决定性影响的其他用人单位和个人。②

3. 共同命运下的准入破障——外国劳动力之赋能

发展新质生产力需要大量的人才,当前国际竞争和合作并存,科技创新亟待国际人才的通力合作,以便充分发挥智力协同优势,践行人类命运共同体之理念,共同促进劳动禀赋的优化升级和生产力跃升。囿于时代和立法技术重心的考量,既有劳动法律规范主要着眼于本土劳动者的权益保障,加之我国并非传统的移民国家,没有制定关于移民的基础性法律,外国人在华就业的法律制度缺乏。值得注意的是,引入外国劳动力,既应有赋能型举措,例如,明确外国人在华就业的劳动法律适用范围,保障其合法劳动权益,建立外国人才来华工作独立申请机制,简化审批流程,减少审批事项,使各国劳动者在我国生产力发展中

---

① 《妇女权益保障法》第41条明确妇女享有与男子平等的劳动权利和社会保障权利。
② 参见唐芳:《对妇女的就业性别歧视界定与〈妇女权益保障法〉相关立法完善》,载《中华女子学院学报》2021年第6期。

第二章　发展内核论：劳动禀赋优化升级的法律实现

作出特有贡献;也应秉持"选择理念",即以满足本国劳动力市场需求为主,对国外人才进行适当的选择(通过劳动力市场测试即是一种方法,一般以短缺型高端人才为主①),避免国外人才之进入加剧我国劳动者的失业风险。②

4."非升即走"下的准入破障——学术劳动力之赋能

高校教师是高等院校最宝贵的资源,既是专业型劳动者,同时也肩负着培育各行各业劳动者的使命,是"以思想和传授其思想为职业的人"③,属于我国宪法规定的"知识分子"范畴。近年来,我国引入域外的"非升即走"制度,新入职的教师必须在"2+3""3+3""2+3+3"等固定合同期内达到课题、论文、奖项等职称晋升标准,方可续签合同,否则即被解聘。该制度在选聘优秀人才、提高科研产出等方面发挥了重要作用,但从长远的劳动禀赋提升之角度审视,其问题也较为突出:首先,招聘公告中"非升即走"条款是隐性的。根据《高等学校信息公开办法》第7条之规定,高校需主动公开与"非升即走"密切相关的教师聘用办法等基本办学与教育服务信息。但现实中,多数高校仅在内部公文系统中说明,这对应聘者自主择业(选择)十分不利。其次,"非升即走"聘任协议具有一定的社会行政色彩。其是高校根据法律法规授权在自主管理范围内行使社会公权力的协议,本质仍是劳动合同,双方应意思表示一致,但目前带有公法化色彩的合同多采用格式条款,看似强调契约意义的劳资自治④,实则教师缺乏必要的协商权,且合同内容经常因校内发展规划、政策调整等而被修改,影响了对劳动者的信赖利益之保护,不利于知识型劳动者劳动禀赋的持续增进。最后,高校教师的劳动权益未得到充分保障。一旦发生纠纷,仲裁委员会或法院往往对高校的自主管理权保持谦抑,劳动争议调

---

① 参见陈丽君:《如何迎接新一轮全球人才竞争》,载《光明日报》2021年2月21日,第7版。
② 参见王世洲:《我国技术移民法核心制度的建立与完善》,载《中外法学》2016年第6期。
③ 〔法〕雅克·勒戈夫:《中世纪的知识分子》,张弘译,商务印书馆1996年版,第1页。
④ 参见娄宇:《我国高校"非升即走"制度的合法性反思》,载《高等教育研究》2015年第6期。

解仲裁机制难以发挥救济之功用。① 因此,高校教师作为知识型劳动者的代表,亟待劳动法律制度的实质保障。

(二)保障型维度:劳动禀赋优化升级之权益拓充

在新质生产力发展背景下,劳动者权益保障需求不断增长,劳动禀赋的优化升级亟待更加体系化、全面化的权益保障。这既包括法定的、可量化的工资等劳动基准型权益,还包括离线权等发展型权益、集体型权益,以及教育培训、激励等促进型权益。相较于传统的生产力,新质生产力对劳动者的要求更高,相应的,劳动者应获得更为充分的权益保障。

1. 基准型权益之体系化

劳动禀赋优化升级离不开最基础的基准型权益的保障。所谓基准型权益,即国家法定的、明确的、底线性的保障劳动者劳动的基础性权益。在新质生产力发展背景下,基准型权益应有更体系化的规定,即便是传统的权益,也应考量其在新时代背景下的内涵变化或范围扩充。例如,我国《劳动法》对"工资"进行了专章规定,但并未明确规定工资的定义,当出现某项给付是否属于工资的纠纷时,用人单位往往以现行立法列举的工资形式来论证某项给付是否属于工资,而非采用实质的可操作标准,此有待明定。② 又如,现有休假制度很大程度上是为了促进经济的发展(如集中休假促进旅游消费),劳动者休假的类型、不被变相替代的正当化基础、特定情况下劳动义务的免除等问题亟待进行体系化思考。再如,职场性骚扰面向要扩大到男性,明确性骚扰的雇主责任③;劳动安全、职业卫生条件应得到更加场景化、标准化的保障等。

2. 发展型权益之拓展化

劳动权益范围的变化是一个逐渐拓展的过程④,除法定的基准型权益外,发展型权益的范围也应随之扩大。譬如,"不过度劳动"之权益。

---

① 参见徐靖:《高等学校"非升即走"聘用合同法律性质及其制度法治逻辑》,载《中国法学》2020年第5期。
② 参见战东升:《论劳动法上的工资》,载《法学评论》2023年第3期。
③ 参见李勇:《中国反性骚扰立法的缘起与发展》,载《青海师范大学学报(哲学社会科学版)》2020年第4期。
④ 参见王倩:《作为劳动基准的个人信息保护》,载《中外法学》2022年第1期。

劳动光荣之理念固然正确,但在新质生产力发展背景下,合理的劳动更能激发劳动禀赋的提高,过多的劳动时间投入会影响劳动者的休息、创新能力和劳动获得感。因此,应推进对"离线权"的保障,并强化防止过度劳动的制度约束,避免用人单位以各种变相手段使劳动者主动加班。如 2016 年法国率先于《劳动法典》中引入雇员的"离线权",即雇员有断开工作网络链接,从而不接受雇主指示和提供工作的权利。[①] 我国数字经济发展走在世界前列,劳动者的个人信息权益、数据权益也应得到关注。相较于民法的保护路径而言,劳动者因对单位具有一定的从属性,往往有更多个人数据被用人单位掌握,此时个人信息之边界和个人数据权益应得到合法保障。此外,其他对劳动者的创新、财富积累具有积极功用的权益亦应随着社会进步而确立。

3. 集体型权益之协同化

我国目前的劳动立法领域缺乏具有法律层级的体系性集体劳动法,导致集体劳动法律关系的实践效果普遍较弱。实际上,集体劳动法律关系内涵丰富,是团结权、集体谈判权、集体争议权以及民主参与权(合称"劳动四权")和相关机制的产物。[②] 集体劳动法因集体性而产生的对等性和对私人正义的矫正性、民主性、自治与规制的混合性及对二者的缓冲性与勾连性,是集体劳动法区别于个别劳动法所具有的独立价值与功能。集体劳动法律关系之优化是劳动禀赋升级的"团体性"保障,可降低个别劳动者"劳资协商"的难度和成本,促进劳动者权益的"集体性表达",增强劳动者的团体声音。集体协商的主体是企业或企业组织与工会,和劳动合同的主体有本质区别,因此应全面完善集体协商和集体合同制度。

4. 促进型权益之明晰化

促进型权益更加强调对劳动者禀赋的知识或能力赋能,其不同于劳动者内在通过实践操作习得的经验或技巧,而是强调国家或用工单位对劳动者技能、知识的外在培训或教育。相较于传统生产力,新质生产力更加强调科技创新的作用,在新技术、新业态、新模式的背景下,知识的更新

---

① 参见法国《劳动法典》第 L2242-17 条。
② 参见常凯主编:《劳动法》,高等教育出版社 2011 年版,第 98 页。

速度较以往更加迅速,劳动者仅靠个人的经验积累或理解能力将难以有效适应数智化技术的发展。教育是人才培养的主渠道,坚持教育优先发展是加快形成新质生产力的先手棋①,因此劳动者更需要进行系统、定期的培训等,此可称为促进型权益。在既有的立法模式中,《就业促进法》在一定程度上契合了这一定位,但其规定尚显宽泛、原则,甚至偏于零散和笼统②,缺乏因应新质生产力发展的特殊性、针对性规定。

(三)秩序型维度:劳动禀赋优化升级之退出协调

劳动禀赋的优化升级,不仅需要关注"关系和谐时"的赋能型制度,也需要关注"意见不合时"的纠纷解决制度。在新质生产力发展背景下,这主要涉及劳动力自由流动的竞业限制制度、行政部门对用人单位的劳动监察制度,以及强有力的纠纷化解秩序保障。

1. 竞业限制

劳动领域的立法与消费者权益的立法相似,均是具有较大利益倾斜保护的法律群,但对劳动者权益的保护不代表对用人单位利益的削弱或置之不理,而在于实现劳资关系的平衡。随着新质生产力的发展,劳动者(人才)的流动将更加频繁,劳动禀赋或劳动价值的体现更具市场流动性。在此过程中,要维护竞争关系,不能过度增加用工单位的负担,同时也要考虑保护用工单位的合法权益。目前《劳动合同法》第 23 条规定了离职竞业限制违约金制度。但实践中,劳动者违反竞业限制协议但未侵犯商业秘密,用人单位却约定高额违约金的现象多发。此种比例失调的行为限制了劳动者的自由流动,也限制了劳动者在新的劳动单位施展个人才智的可能,既有的劳动经验、技能、知识的运用受到一定约束。司法实践中,案件审理过多依赖法官的自由裁量权,导致判决结果高度分散化,出现同案不同判现象,进而损害了司法秩序的稳定和权威。因此,首先建议在违约金裁量标准上设置明确的实体规则依据,其次是完善法定补偿金、竞业限制协议等配套制度,最后是寻求违约金的风险及成本分担机制,从

---

① 参见牛同训:《新质生产力:职业教育何为》,载《中国职业技术教育》2024 年第 15 期。
② 参见王天玉:《数字时代劳动法典的规范构造与篇章体例》,载《吉林大学社会科学学报》2023 年第 5 期。

而构建离职竞业限制违约金的整体主义治理路径。①

2. 劳动监察

劳动监察是劳动法实施的重要方式,相较于用人单位的自我规范和内部治理,劳动行政部门的执法具有时效性强、强制力大、成本较低等优势。不少学者在劳动法典的编纂体例设计中,提出单独设立"劳动监察编",以期进一步发挥劳动监察在保护劳动者权益、增进劳动禀赋优化升级方面的作用。② 沈建峰教授认为,劳动法典应形成总则编、劳动合同编、劳动基准编、集体合同编、民主管理编、特别规定编、涉外用工编、劳动监察编、争议处理编等体例安排。③ 囿于《劳动法》的规定相对原则,具体执法依据是《劳动保障监察条例》,立法位阶较低,且立法理念相对陈旧,其旨在保障政府对经济转轨的主导作用,而不完全适应我国当前市场经济运行向新质生产力发展的实际状况,内容上也较简略,以原则性规定为主,操作性较弱。④ 实践中存在执法手段相对受限(缺乏必要强制措施)、执法资源相对不足、执法力度不够深入、执法效率相对较低、执法单位错综复杂(除了劳动行政部门,还有卫生、文旅、安监、市监等部门有条块化的"劳动监察权")⑤等问题,有待充分利用技术手段增进执法的线上覆盖,建立常态化维权机制,进一步完善劳动监察机制,构建合理的劳动监察网络。

3. 劳动争议

劳动争议的处理是否科学、合理、高效,直接关系到劳动者的利益保障能否落地。根据劳动争议的性质和特点,各国一般在既有的民事纠纷解决程序之外,建立独特的劳动争议处理机制,我国亦不例外。当劳动者的合法权益受到侵害时,劳动者维权应遵循有关劳动争议的法定程序,即

---

① 参见冯辉:《整体主义视野下离职竞业限制违约金的法律治理》,载《清华法学》2023 年第 2 期。

② 参见谢增毅:《劳动法典编纂的重大意义与体例结构》,载《中国法学》2023 年第 3 期。

③ 参见沈建峰:《劳动的法典:雇佣合同进入〈劳动法典〉的论据与体系》,载《北方法学》2022 年第 6 期。

④ 参见朱睿:《论我国劳动保障监察法律制度的完善》,载《学术探索》2014 年第 6 期。

⑤ 参见黄国琴、姜赢:《我国碎片化劳动监察模式的困境、挑战与发展》,载《中国劳动》2016 年第 18 期。

"一调一裁二审",这总体上适应劳动争议案件的特点,劳动争议调解和仲裁在快速解决纠纷及案件分流中发挥了重要作用。但值得注意的是,劳动争议仲裁的前置有时反而不利于劳动者维权。现行的劳动争议仲裁与劳动诉讼的衔接设置并不完全合理,二者的管辖范围存在重合。例如,仲裁管辖的劳动合同履行地优先原则与诉讼管辖实行的优先受理原则在具体适用上或存在冲突,尚待畅通劳动争议处理的权利救济渠道。在新质生产力发展背景下,劳动争议问题将更为复杂、专业,劳动争议之解决应促进不同机构之间的合作联动,妥善预防和化解劳动争议。

四、劳动禀赋优化升级的制度实现

新质生产力的形成和发展离不开法治的有力保障。劳动禀赋优化升级需要制度的赋能和规范,以发挥法治固根本、稳预期、利长远的保障作用。具言之,可从法律的促进、优化、引导和规制四个维度,聚焦数字化平台用工、劳动者权益保障、创新型人才评价和劳动市场秩序维护,助力于劳动禀赋优化升级的制度实现。

(一) 法律促进:数字化平台用工的法律制度

平台用工治理争论的实质是现行劳动法的知识体系和制度构造能否涵盖平台信息技术推动的劳动变革。① 随着市场经济的发展和科技水平的进步,从事新形态、新业态、新行业的劳动者数量和类型将不断增加,日益变革着既有的劳动模式和劳动特点。目前,共享经济下网约工大多集中于低附加值行业(如家政、餐饮、交通、外卖等)②,但不能因此而产生刻板认知。在数字化平台革新和新质生产力发展背景下,平台用工的范围将不断扩展,去组织体化用工成为新型的业态和劳动方式③,企业和劳动组织日益被解构,远程工作人员、高附加值行业从业者、高级知识分子也可能以平台的交易用工为劳动常态。当然,选择组织体用

---

① 参见王天玉:《平台用工的"劳动三分法"治理模式》,载《中国法学》2023 年第 2 期。
② 参见涂永前:《论我国劳动法治的现代化与劳动法典的编纂》,载《法学论坛》2023 年第 2 期。
③ 参见沈建峰:《去组织体化用工及其当事人确定与责任承担》,载《政治与法律》2022 年第 8 期。

工还是交易用工是市场判断问题,当市场运行的成本低于组织体运行的成本时,经营者会选择交易用工而非组织体用工。换言之,从企业经营的角度看,以往通过组织体对生产过程进行控制和对劳动者进行管理,现在通过平台和信息工具即可对劳动过程进行控制并对劳动资源进行有效配置。① 如何有效、准确地认定劳动关系,是目前数字化平台用工面临的一大难题。

(1)在理论依据上,组织从属性和经济从属性的再认识。劳动关系具有从属性,即强调在劳动过程中,雇员在法律上或事实上服从或依赖雇主,此为劳动关系区别于其他民事关系的特征。② 从属性一般又可分为组织从属性和经济从属性,前者一般凸显雇员对雇主的服从,后者则强调雇员对雇主的经济依赖。组织从属性通常被大陆法系国家所认可和采用。③ 我国既有的劳动关系认定标准以组织从属性为核心标准,法律上的"劳动者"应具备劳动契约、从属关系、职业活动和有偿劳动四个要素。组织从属性之界定相对固化和传统,无法适应数字经济下平台用工的新范式。劳动法的保护对象过窄,较之传统劳动关系具有一定从业自主权、组织从属性较弱的网约工难以获得劳动法的保护,不利于全体劳动者禀赋的优化升级。域外以美国为代表的司法实践更是主张劳动者对雇主的经济依赖程度,质言之,采用的是"经济现实测试标准"。实际上,我国在制度择鉴中不必过度"唯美主义",但应认识到前述标准的实质蕴含。组织从属性与经济从属性并非对立关系,二者是包含关系,组织从属性一定程度上产生于经济从属性,雇员正是因为从雇主处获得保障生活的经济来源,故愿牺牲一定的自主性而服从雇主之管理。因此,我国理应扩充劳动关系从属性的内涵,在认定劳动关系的理论依据中适当加入经济从属性要素,将劳动法保护范围扩展至部分组织从属性较弱但经济从属性较强的网约工群体。

(2)在认定模式上,采用要件匹配模式还是因素权衡模式。经济从属

---

① 参见〔美〕罗纳德·H.科斯:《企业、市场与法律》,盛洪、陈郁译校,格致出版社、上海人民出版社2014年版,第33页。
② 参见黄越钦:《劳动法新论》,中国政法大学出版社2003年版,第96页。
③ 参见田思路:《工业4.0时代的从属劳动论》,载《法学评论》2019年第1期。

性的嵌入不代表劳动关系的认定可过于依赖自由裁量。我国一直采用要件匹配模式,即劳动者适用于用人单位依法制定的劳动规章制度,受用人单位管理,从事用人单位安排的有报酬的劳动,三个要件缺一不可。这遭到部分学者诟病,有学者以美国的裁判思路作为样本,主张因素权衡模式(即没有哪一种要素是起决定性作用的)。① 但值得说明的是,在我国当前的司法裁判水平下,基于全国统一大市场建设之目标,为更好地因应司法保障新质生产力发展之需求,应坚持要件匹配模式。如此简单枚举相关构成要件(当然应对要件作出新的解释和扩充),可为具有成文法制度依赖传统的我国行政机关和司法机关提供简明而具体的裁判指引。②

(3)在技术手段上,是否坚持推定前置的裁判进路。即使在认定模式上采用相对严格的要件匹配模式,也不代表平台用工的裁判技术就无法有效保护网约工。诚然,目前司法裁判中未对网约工等数字化平台用工模式、用工性质进行概括性认定,毕竟网约工所处行业差异较大,存在从业方式有全职或兼职之分、从业目的有生存/增收/社交之别、获得报酬的方式有按件/按时之差异、在一个平台或多个平台从业等不同,难以在制度供给层面以"一刀切"的概括性规则明定,仍应以个案裁判为主要进路,否则过度的统一规制会抹杀技术赋能下新业态用工的灵活性。不过在制度设计时,可采用推定前置的设计,在网约工有初步证据证明其"从事用人单位安排的有偿劳动"时,推定存在劳动关系,并将推翻该推定的举证责任分配给举证处境和举证地位更优的平台企业。如此既能保障平台用工之劳动关系的认定,同时也能向部分网约工提供一定程度的倾斜保护,从而在用工关系中实现劳动正义。

(二)法律优化:劳动者权益保障的法律制度

在新质生产力发展背景下,劳动者权益保障的需求不断扩张,不仅包

---

① 这种思路在美国的司法判决中常见,毕竟在判例法国家,法官和判例的作用十分突出。在商事领域,一笔交易是否构成期货,美国发展出"整体主义法"的判定思路,与本书强调的"劳动关系"认定思路类似。参见张阳:《现货交易期货化的规制调适》,载《法学评论》2023 年第 4 期。

② 参见杨浩楠:《共享经济背景下我国劳动关系认定标准的路径选择》,载《法学评论》2022 年第 2 期。

括基准型权益,还包括发展型权益、集体型权益及促进型权益。劳动者权益的保障制度是劳动法律制度的核心,在我国劳动法治现代化转型和深化的当前阶段,可通过修改既有的劳动法律、颁布单行的劳动法规以及系统编纂劳动法典①等法律优化之形式予以体系化地推进。

1. 基准型权益

劳动基准立法应与时俱进地实现精细化、体系化和多元化。其一,获得工资是劳动者最基础的权益,要进一步明确工资的本质,不应只观其外在名称形式,而应采取实质判断原则,建立合意判断—反向排除(恩惠性给付、福利性给付、业务性给付等与劳动对价无关)—个别判断(劳动对价性+经济给付性)的具有实质操作性的判断标准。如果劳资双方在劳动合同、规章制度、集体合同中有约定,且该约定有利于劳动者,则应当尊重双方当事人的意思自治,从其约定。② 其二,休假关乎劳动者的休息权,但不仅仅局限于此,如探亲假、产假、病假的本质是劳动者在用人单位能够正常生产经营的情况下,于工作时间不工作,至于目的是否为休息并非概念界定之考量因素。为体系化、类型化地深度剖释休假制度,应进一步细分为劳动者不能工作的休假(如病假、产假等)和劳动义务免除的休假(法定节假日等),并进行制度的设计和完善。③ 其三,现实中,随着人口老龄化的突出,应尤为关注退休制度及立法、高龄者就业及立法。关于前者,目前退休制度高度集中于社会保障法范畴,退休的劳动法律问题被边缘化,应逐渐打破劳动法和社会保障法的疆域隔阂,通过《劳动法》的修改(如将"社会保险和福利"改为"退休、社会保险和福利")、劳动基准法的制定或劳动法典的编撰,对退休问题予以明确的规定,特别是可将法定退休年龄依据劳动形态的不同进行弹性设计。④

2. 发展型权益

数字时代的到来便利了劳动者的工作方式,也使劳动者权益类型更

---

① 参见郑尚元:《〈劳动法典〉法典编纂的能与不能》,载《法治研究》2023 年第 3 期。
② 参见战东升:《论劳动法上的工资》,载《法学评论》2023 年第 3 期。
③ 参见沈建峰:《劳动法上休假的法学构造与谱系》,载《法学》2021 年第 10 期。
④ 参见冯彦君、段昕彤:《老龄化背景下退休立法的体系梳理与完善路径》,载《北方法学》2024 年第 3 期。

加丰富,在传统基准型权益之外,应通过法律进一步优化对新型权益的保护,典型如"离线权"的入法问题。在科技赋能下,劳动不再限于特定场所,远程办公日益流行,用人单位的劳务指挥权不断强化,这导致加班隐形化,劳动禀赋的优化升级不能靠劳动时间的累加和休息时间的牺牲来换取,也不能被换取。法国、意大利、德国、澳大利亚对离线权均有不同路径的明确保障。① 我国的破局之路在于,一方面,通过民法的生活安宁权和个人信息保护涵摄离线权所要解决的问题②;另一方面,进一步厘清离线权之概念、属性,将离线权引入《劳动法》,明确何种事项、什么时间、怎样的程度属于用人单位对劳动者的侵扰,实现权益保护的法定化,避免劳动者在休息时间受用人单位侵扰。③ 再者如劳动者的个人信息保护问题。由于劳资双方地位的不平等性和劳动关系中的侵害行为存在于劳动关系的成立、存续和终止之"全程",尤其是随着数字化办公和人工智能的发展,在新型用工形态下,单位往往采用技术手段以人力资源管理之由行侵害劳动者个人信息及隐私之实。为更好地促进劳动禀赋的提升,保障技术革新的同时减少劳动者个人信息被侵害的可能,建议应在相关劳动立法(如劳动基准法)或修法(如《劳动合同法》第8条)中明确劳动者个人信息的处理范围,以"负面清单"的方式明确用人单位不得获取的信息边界,明确侵权损害赔偿责任的过错推定方法;同时,充分保障劳动者的知情权,并完善相关技术措施的监督审查机制。④

3. 集体型权益

集体合同虽与劳动合同同样具有债之劳动契约的私法逻辑,但"合同"仅是外观,其具有集体性、民主性的特征,不仅遵循意思自治,还包含国家对集体合同的管理性规范。在后续的立法中,要坚持劳动合同和集

---

① 参见王健:《必要的消失:论劳动者的离线权》,载《上海交通大学学报(哲学社会科学版)》2023年第6期。

② 参见朱晓峰:《数字时代离线权民法保护的解释路径》,载《环球法律评论》2023年第3期。

③ 参见卢荣婕:《数字时代劳动者离线权入法的必要性探析》,载《西南石油大学学报(社会科学版)》2024年第4期。

④ 参见石文慧、张朝霞:《劳动者个人信息保护的困境与突破》,载《山东工会论坛》2024年第2期。

体合同相分离之结构,不宜将二者集合形成"劳动关系协调编";要进一步完善不同层级集体合同的效力关系,明确集体合同效力拓展的适用范围、程序、条件,在新质生产力发展背景下,尤其应关注并明确行业性、区域性集体合同的主体、集体协商的代表。① 同时,集体型权益的维护要注重与民主协商的关系,作为民主管理中集体自治劳动条件调整机制的规章制度,集体合同规范效力的基础既在于私人的意思自治,也在于国家的效力赋予。劳动禀赋的优化升级要充分发挥劳动者、劳动集体的作用,避免规章制度实质上架空集体协商机制。可在劳动法典的"集体劳动法编"区分集体合同与规章规范的关系,确立集体合同在相关事项和效力上的优先地位。此外,集体型权益之保障也应对新业态平台用工劳动者集体劳动权进行特殊规定。世界范围内集体劳动权利扩张到传统劳动关系范围之外进行立法的趋势已越发明显②,这主要体现于"类劳动者"群体上,但应注意此类群体所涉行业差异较大。从劳动禀赋的全面保障优化的角度看,应将类劳动者纳入集体型权益的保障范围,但应注意的是,类劳动者是否均适用集体劳动法规则,也可能因具体职业的不同而不同。③

4. 促进型权益

促进型权益之提供更多应是国家之义务,我国在1994年公布的《劳动法》之"就业促进"的基础上制定了《就业促进法》,但内容多为倡导性规范,且囿于立法时代背景,缺乏对新业态劳动者、劳动关系、劳动行为的涵摄。随着市场主体多元化、用工形式多样化、就业需求个性化的特点更加明显,《就业促进法》也要与时俱进地调整,同时要强化与《中华人民共和国职业教育法》(以下简称《职业教育法》)的协同和联动。例如,应明确政府及相关部门的职责,除引导性规范外,要强化更具约束力的义务性

---

① 参见肖竹:《行业性、区域性集体合同约束力研究》,载《首都师范大学学报(社会科学版)》2015年第1期。
② 参见班小辉:《超越劳动关系:平台经济下集体劳动权的扩张及路径》,载《法学》2020年第8期。
③ 参见肖竹:《〈劳动法典〉编纂中集体劳动法的体系与革新》,载《法学》2023年第7期。

规范,建立部门间就业信息共享机制;加强就业服务体系建设,提高就业服务能力,进一步促进立体化、多层次的就业服务体系建设,促进满足新质生产力发展需求的人力资源市场建设;优化职业培训,化解就业的结构化困难,并动态调整相关专业设置,增强劳动者及潜在劳动者的禀赋最优化调适;充分发挥人工智能技术和大数据模型的作用,强化劳动者的新型技能之提升;优化对"劳动中介机构"的规范,建立行业准入、业务规范、分类分级评价考核、市场退出等机制,进一步规范劳动力市场的流动秩序。①

(三)法律引导:创新型人才评价的法律制度

人才作为第一资源是新质生产力发展的关键驱动要素。② 二十届三中全会通过的《中共中央关于进一步全面深化改革　推进中国式现代化的决定》中提出,"建立以创新能力、质量、实效、贡献为导向的人才评价体系"。加快发展新质生产力,需要打破常规,更加深入地探索与新质生产力发展需求相适应的人才评价机制。发展新质生产力需要能够推动其形成与发展的各种创新人才,包括直接创造新质生产力的人才和为新质生产力发展提供服务的人才。而通过法律制度的引导,建立科学的人才评价体系,有助于树立正确的用人导向、调动劳动者创新创业的积极性、促进我国人才队伍的高质量成长。

1. 分类评价+多元评价

新质生产力的发展是全面的发展,在制度引导中,对不同劳动者、人才的评价应有类型化差异及多元化指标,不宜采取过于固化、统一的评价标准。应当根据新质生产力的发展规律,关注不同职业、不同岗位和不同层次人才的特点,既要建立共通性的科学评价体系,引导劳动者禀赋提升的方向,同时也应分类健全涵盖品德、知识、能力、业绩、创新、贡献等要素的评价标准,尤其应尽快建立科技、智能、共享经济等新兴领域的人才评价标准。在人才评价过程中,应避免单一化的评价主体,换之以同行评价为主,辅以市场评价和社会评价的多元化评价方式③,必要时可强化国内

---

① 参见王天玉:《数字时代劳动法典的规范构造与篇章体例》,载《吉林大学社会科学学报》2023年第5期。
② 参见姚凯:《优化新质生产力发展的人才培育生态》,载《国家治理》2024年第13期。
③ 参见刘元春:《构建多元评价体系》,载《中国高等教育》2016年第2期。

外的合作协同,适时引入国际同行评价。同时,应进一步丰富评价方式,采用考试、评审、考评结合、考核认定、个人述职、面试答辩、实践操作、业绩展示等不同方式,提高人才评价的针对性和精准性。

2. 人才评价+项目评价

在创新技术发展背景下,人才的素质与能力都在发生日新月异的变化,应避免"坑位式"一劳永逸的人才评价,进一步强化人才"帽子"有进有出的灵活调整机制,以适当激发人才的危机意识和竞争力,不过应科学设计动态更新评价机制(如时间周期、标准调整、人员数量等),避免因变动过于频繁而影响人才持续性、稳定性的创新劳动。此外,如同我国债券发行之信用评价,既有"主体信用"评级,也有"债券项目"评级,二者结合可提升评价的科学性和合理性。要促进人才评价和项目评级的结合和衔接,疏通从评价到使用的环节反馈,推动以效果、效益为参照的评价方式之确立,以此引导研究方向,为新质生产力的发展提供转型期的特定方案,培育更多国家战略人才和急需紧缺人才。

3. 单位自主+管理服务

人才评价首先要注重发挥用人单位的主导作用,减少行政监管的过度介入,合理下放人才评价权限;通过制度的赋能和引导,鼓励用人单位根据本单位的情况和行业发展趋势设置人才评价标准,以此促进人才评价、培养、使用和鼓励的衔接。同时,人才评价是劳动禀赋优化升级的"指挥棒",仅靠用人单位的自主管理无法充分因应国家战略、经济发展之需求,也需要人才管理部门的服务。在新质生产力发展背景下,要进一步明确政府、市场、用人单位在人才评价中的职责和定位,强化政府评价的宏观评估功能,推动市场评价的及时反馈,发挥用人单位评价的自主性,以此形成协同有效的人才评价体系或机制。此外,人才评价工作要建章立制,加强制度的规范性引导,强化过程的透明和全流程追溯,提高评价的精度、质量和公信力。①

---

① 参见栗雪锋:《探索新兴领域人才评价机制(人才评说)》,载《中国组织人事报》2024年8月5日,第3版。

(四)法律规制:劳动市场秩序维护的法律制度

由劳动争议的性质所决定,各国一般在民事纠纷解决程序之外,建立了独特的劳动争议处理机制,我国亦不例外。劳动市场秩序的维护不仅体现于正向的日常规制,也体现于劳动纠纷发生后的化解机制,这有赖于法律的明确规制予以保障。

一方面,完善劳动争议调解仲裁制度。劳动关系是一种基础性社会关系,劳动争议之化解关乎劳动市场的秩序稳定,其中劳动争议调解仲裁制度是核心所在。我国于1987年恢复了劳动争议处理制度,意在"快捷、高效、低成本"地处理劳动争议,形成了以《劳动法》《劳动合同法》等实体法和《劳动争议调解仲裁法》等程序法为主的法律法规体系,在维护劳动者权益、妥善处理劳动纠纷、维护劳动市场健康发展方面发挥了重要作用。但不可否认的是,随着新质生产力的发展、劳动关系形态的多样化和劳资关系的复杂化,劳动争议调解仲裁制度亦面临诸多问题。首先,三方机制尚待落地。虽然劳动人事争议仲裁委员会组成人员实行三方原则,但其办公室设在劳动行政部门,调解仲裁工作有沦为劳动行政部门单方主导之虞,缺失独立性,社会力量未能有效参与,建议将三方机制下沉到仲裁院。① 其次,劳动争议调解仲裁制度的非普适性。《劳动法》第80条第1款规定,用人单位"可以设立劳动争议调解委员会"。由于法律的非强制性规定,企业自主设立劳动争议调解委员会的积极性不高,致使调解作用弱化。随着争议的多样化,新就业形态的劳动争议频发,应通过制度明定,减少选择的空间,当然应结合不同企业的差异采取不同的设置模式,政府也可通过购买劳动争议调解服务等,发挥社会力量的参与感,提供多元调解机制的方案供给方式。② 最后,优化调解、仲裁与诉讼的对接机制。③ 要强化调解是劳动争议化解第一道防线

---

① 参见赵磊、刘畅:《我国劳动争议调解仲裁制度 恢复30年回顾与展望》,载《中国劳动》2018年第2期。

② 参见葛家欣:《地方政府购买劳动争议调解服务:缘起、困境及破局》,载《地方财政研究》2022年第1期。

③ 参见李雄:《我国劳动争议调解制度的理性检讨与改革前瞻》,载《中国法学》2013年第4期。

的作用,由最高人民法院出台司法解释明确调解协议的"统一化"法律效力;同时,明确劳动争议仲裁和诉讼管辖权的归属、不同案件类型的受理划分、仲裁请求与诉讼请求之间衔接的程序要求等①,实现裁审衔接机制长效化、受理范围一致化、审理标准统一化,完善裁审机制的有效衔接,增强纠纷化解的权威性、一致性和有效性。

另一方面,优化行政监察制度。无论劳动法规范多么严谨细致,一旦缺乏劳动监察制度的强制性保障,其也将沦为一纸空文。我国在2004年通过国务院颁布的行政法规《劳动保障监察条例》及相关规范性文件确立了劳动监察制度。但问题仍较为突出:其一,法律位阶较低,以此行政法规来保障位阶更高的《劳动法》《劳动合同法》等法律,不仅存在立法本身的协调性问题,一旦出现效力冲突,也会引发相关争议,建议出台法律位阶的劳动基准法或劳动监察法(终极目标是制定劳动法典),以统一劳动监察的范围、标准和程序。其二,劳动监察手段较为单一,主要包括警告、责令限期改正及罚款,威慑力不足,尤其是前两种手段,对用人单位并未产生实质约束力和惩处力,当然这与既有条例的相关限制有关。在未来法律位阶的规范中,应赋予劳动监察机关更多的执法权限,尤其应准许其采取行政强制措施,以提高劳动监察的效率。其三,劳动监察事项范围过于宽泛,缺乏与劳动仲裁等制度的协同,特别是当前劳动监察员数量较为短缺,劳动执法的能力受到资源限制。因此,应适当限缩劳动监察事项范围,将"力量用到刀刃上",聚焦劳动基准的审查和执法等违反公法义务的违法行为(例如新业态下的就业性别歧视②),将工资报酬、经济补偿等具体的私法性劳动争议交由劳动仲裁处理。③

---

① 参见涂永前:《论我国劳动法治的现代化与劳动法典的编纂》,载《法学论坛》2023年第2期。

② 参见项焱、隋欣鸿:《就业性别歧视劳动监察机制的完善路径》,载《中南民族大学学报(人文社会科学版)》2024年第2期。

③ 参见余朝阳:《行政法视野下的劳动监察制度研究》,载《中国人力资源社会保障》2023年第10期。

第三章

发展动力论：
科学技术革命性突破的法律激励

科学技术革命性突破是新质生产力的动力来源和核心要素。2024年1月31日，习近平总书记在主持二十届中央政治局第十一次集体学习时指出："科技创新能够催生新产业、新模式、新动能，是发展新质生产力的核心要素。"① 从历史发展脉络来看，一次次颠覆性的科技革新，带来社会生产力的大解放和生活水平的大跃升，从根本上改变了人类历史的发展轨迹。② 现代工业技术的内在逻辑必然导致相同的社会后果，生产力的发展应归结为技术和工艺学的发展，生产关系的发展亦应归结为技术组织结构的变化，技术和物质生产决定了全部社会因素，技术的发展会自动地形成新的社会关系。③ 作为新质生产力动力来源的科学技术革命性突破同样会推动生产关系跃升，并创新生产要素的配置方式，实现产业的深度转型升级。科学技术革命性突破作为一个系统性的社会行为，其实现由社会整体的多方面发展促成。法律作为现代社会调整社会关系的核心制度，通过促进和保障激励科学技术革命性突破实现社会高质量发展是法律的应有之义。法律以科学技术革命性突破的科研人才、

---

① 《习近平在中共中央政治局第十一次集体学习时强调 加快发展新质生产力 扎实推进高质量发展》，载《人民日报》2024年2月2日，第1版。
② 参见《深刻认识和加快发展新质生产力》，载求是网，http://www.qstheory.cn/dukan/qs/2024-02/29/c_1130082954.htm，访问日期：2024年7月9日。
③ 参见金炳华主编：《马克思主义哲学大辞典》，上海辞书出版社2003年版，第411页。

发展动力论：科学技术革命性突破的法律激励

科研资金、科研环境三个关键要素为对象，通过创造公平分配机制和创新环境、提高创新期望值和效价、确立宏观目标和具体方向、明确创新范围和界限，具体利用权利与义务、奖励与惩罚、助力与阻力三类六种模式的相互作用和协调，激励科学技术革命性突破的实现。目前还需通过法律制度加强科研人才的利益分配与保障机制、优化科研资金的管理与促进机制、平衡科研环境的引导与规范机制，以进一步激励科学技术革命性突破的实现。

一、科学技术革命性突破的法律激励需求

法律具有诸如指引功能、教育功能、预测功能、评价功能和强制功能等多种功能，其对社会的功能是通过对各种具体社会行为的调控而实现的[①]，不同的社会行为需要不同的法律功能。科学技术革命性突破是一个较为宏观且泛化的概念，不同时代背景下的科学技术革命性突破也有着不同的含义。因此，在探讨作为新质生产力核心要素的科学技术革命性突破的法律激励时，应结合新时代中国特色社会主义背景，厘清当下科学技术革命性突破的基础要义、解构其驱动因素、探究制度需求，以明确科学技术革命性突破是什么、是否需要法律激励、法律能否激励这三个基础问题，为后文打下理论基础。

（一）科学技术革命性突破的基础要义

从字面含义来看，科学技术革命性突破可分为科学革命和技术革命：科学革命是指由自然科学前沿新发现和崭新的科学基本概念与理论的确立所导致的自然科学知识体系的根本变革[②]；技术革命则指技术体系、技术结构的根本变革，即决定某一时期技术体系性质的主导技术和主导技术群的根本变革[③]。单纯从科学技术革命性突破的具体含义看，其本质和一般科技创新无异，并不能了解其更深层次的蕴意。欲认知一个事物的全

---

① 参见付子堂：《法律的行为激励功能论析》，载《法律科学》1999年第6期。
② 参见金炳华主编：《马克思主义哲学大辞典》，上海辞书出版社2003年版，第423页。
③ 参见金炳华主编：《马克思主义哲学大辞典》，上海辞书出版社2003年版，第345—346页。

貌,不能只观察事物本身,而是应当结合其外延特征及相关关系综合了解。此外,科学技术革命性突破并非专属概念,其在近代科学技术理论体系逐渐完善之时就存在。但此处的科学技术革命性突破是在新质生产力发展这一语境下的讨论,因此应当结合具体时代背景和语境需求综合考量。

科学技术革命性突破具有原创性、颠覆性、广泛影响性特征。原创性是科学技术革命性突破的基础特征,是指引入全新的技术原理、方法或工具,打破原有的技术框架和思维模式。原创性具有新颖性和创造性两层含义,这也是专利授权判定的核心要素之一。专利的新颖性强调未被公众知晓,即"在其发明或发现之前未被他人所知或使用,并且在申请专利之前未经发明人或发行人同意或允许被公开使用或销售"①,其目的在于激励公众申请专利,促进技术的流通应用。但在新质生产力发展语境下,科学技术革命性突破的目的是促进社会发展。其新颖性是字面上的原意,即"前所未有的",是指在现有科学技术基础上的全新创造;创造性则是在新颖性的基础上,要求科学技术的新发现应当具有显著进步,能够改进现有工艺技术水平,明显提升具体的生产效率;颠覆性是原创性的进阶,体现的是"革命性"这一要点。一般性的科技创新着眼于解决具体的技术问题,其虽然能够在一定程度上提高生产效率,但并不能摆脱传统的经济增长方式、生产力发展路径,无法产生新质生产力。作为新质生产力动力来源的科技创新必须是颠覆性的,才能够彻底改变某一领域或行业的面貌,使原有的技术体系、生产方式或商业模式变得过时或不再适用,进而实现产业的深度转型升级。需要注意的是,颠覆性作为原创性的进阶,是量变到质变的过程,二者存在内在循环关联。原创性可以通过夯实基础,随着时间和实践不断积累知识,为颠覆性创新铺平道路;颠覆性创新会激发进一步的原创改进,在融入日常使用中激发意外的研究和开发。② 广泛影响性是科学技术革命性突破的具体表象特征,科技突破的影响并不局限于科技领域本身,还会渗透到经济、社会、文化等各个领域,带来全方位的变化。科技革命首先革新

---

① 李宗辉:《专利"三性"标准的历史演进及其启示》,载《电子知识产权》2015年第6期。
② 参见丁元竹:《原创性颠覆性科技创新:新质生产力发展新动能》,载《开放导报》2024年第2期。

了生产流程的工艺技术与手段,进而触发了生产管理体系、组织架构乃至整体经济结构的深刻重构,引领产业结构步入全新发展阶段。与此同时,科技革命驱动生产规模持续扩张,促进分工的细化与协作的深化,这一系列变革最终推动生产关系的根本性调整与优化。科技革命不仅能够提高生产效率、降低生产成本,还能够创造新的商业模式和市场机会,推动产业结构升级和转型。产业是生产力变革的具体表现形式。科学革命、技术革命主要体现了人与自然界关系上的变革,社会革命主要体现了人与人关系上的变革,而产业革命则是二者的交汇点,因为产业革命是技术革命的成果普遍应用于社会生产的各部门,从而引起整个生产体系、组织结构的面貌、进程发生根本改观的革命,它既涉及人与自然间的物质变换,又涉及人与人之间劳动分工和财产关系上的交换。① 科学技术革命性突破催生新质生产力的同时变革了生产领域,生产领域的根本性变革改变着社会生产的面貌,从而对社会结构及人的生活方式、行为方式、思想观念等产生影响,推动社会发生根本性改变。

科学技术革命性突破以绿色和数智化为方向,这是由其内在属性和时代背景决定的。早在党的十八届五中全会第二次全体会议上,习近平总书记就明确指出:"绿色循环低碳发展,是当今时代科技革命和产业变革的方向,是最有前途的发展领域,我国在这方面的潜力相当大,可以形成很多新的经济增长点。"② 以绿色为科学技术革命性突破的方向是由其作为新质生产力的核心要素所决定的。新质生产力本身就是绿色生产力,作为新质生产力的核心要素和动力来源,科学技术革命性突破应当以绿色为方向。习近平总书记在中共中央政治局第十一次集体学习时强调,"高质量发展需要新的生产力理论来指导","绿色发展是高质量发展的底色,新质生产力本身就是绿色生产力"。③ 恩格斯在《反杜林论》中指

---

① 参见周继旨:《从马克思对科技革命的反思中汲取教益》,载《读书》1984 年第 11 期。
② 习近平:《在党的十八届五中全会第二次全体会议上的讲话(节选)》,载中国共产党新闻网,http://cpc.people.com.cn/n1/2016/0101/c64094-28002398.html,访问日期:2024 年 7 月 10 日。
③ 《习近平在中共中央政治局第十一次集体学习时强调 加快发展新质生产力 扎实推进高质量发展》,载《人民日报》2024 年 2 月 2 日,第 1 版。

出,人"是在他们的环境中并且和这个环境一起发展起来的"①。实现人与自然和谐共生的现代化,是对现代化问题与马克思主义科技观的丰富与发展,是新时代高质量发展的必然要求,也是新时代科技创新与新质生产力发展的必由之路,让新质生产力驱动高质量发展真正依靠人、服务人,高度匹配人民群众对美好生活的需要。② 具言之,新质生产力是能够减少不可再生资源消耗的可持续生产力,是环境友好型的生态生产力。绿色生产力以绿色科技为驱动、以可持续资源为劳动对象、以数字智能为主要劳动工具,将改造自然与保护自然有机地结合在一起,实现了生产要素的生态化,因而是可持续发展的新质生产力。③ 因此,作为新质生产力核心要素的科学技术革命性突破应当是以绿色为方向的,科学技术革命性突破成果在提升生产效率的同时还应当推动生产方式和生活方式的绿色化转型。以数智化为科学技术革命性突破的方向是由现阶段科技发展的时代背景所决定的。第一次工业革命,人类社会由于蒸汽机的发明,从铁器时代进入机器时代,开始了工业化;第二次工业革命,电气革命加速了工业化的进程,实现了局部自动化。参照历史经验,每一次科技革命都会深刻改变原有的经济增长方式和生产力发展路径。一些国家抓住科技革命和产业变革的难得机遇,使综合国力迅速增强,甚至一跃成为世界强国。而自 20 世纪 90 年代以来,一场以网络、大数据、人工智能为代表的新信息技术革命(相比之前以电报、电话、电视为代表的传统信息革命)再次在全世界产生了重大影响,深刻改变了全人类的社会形态、面貌和运行机制。④ 当前新信息技术革命正处于突破的临界点,国务院发展研究中心国际技术经济研究所发布的《世界前沿技术发展报告 2023》显示,通用人工智能、脑机接口、量子计算等新兴技术正在深刻改变科技发展的进程,有望产生颠覆

---

① 参见《马克思恩格斯全集》(第 20 卷),人民出版社 1971 年版,第 38—39 页。
② 参见张新宁、蔡薛文:《新质生产力驱动高质量发展的动力机制探析》,载《上海经济研究》2024 年第 6 期。
③ 参见李军鹏:《习近平总书记关于新质生产力重要论述的原创性贡献》,载《特区实践与理论》2024 年第 3 期。
④ 参见何哲:《新信息技术革命:机遇、挑战和应对》,载《人民论坛》2021 年第 C1 期。

性技术。① 经过改革开放40多年的发展,在此次新信息技术革命中,我国具有庞大的用户群体、丰富的应用场景、完备的产业集群以及扎实的技术积累,并处于新一轮科技革命浪潮中的领先地位。新质生产力在这样的时代背景下提出,其本身也是新信息技术革命的产物。数智化作为这一次革命浪潮中的核心命题,也是新质生产力产生的主要领域,因而作为新质生产力核心要素的科学技术革命性突破当然也以此为主要方向。数智化是指数字化和智能化,主要标志是数字经济。数字技术作为数字经济发展的重要推力,不仅能增强劳动者认识自然和改造自然的能力,而且能够促使数字化劳动资料不断涌现,极大地拓展劳动对象的种类与形态,驱动传统生产力向新质生产力跃迁升级。数字经济与实体经济融合加快了传统产业数智化转型步伐,衍生出一系列全新产业形态和商业模式,为打造与新质生产力发展需要相适应的产业新体系提供了新机遇。②

(二)科学技术革命性突破的驱动因素

内因和外因是揭示事物发展变化的根本原因和条件的一对哲学范畴,内因是事物的内部矛盾,外因是某一事物与其他事物的相互联系和相互影响。③ 科学技术革命性突破本质上也是一种社会事物的发展和变化,其驱动也可分为外因驱动和内因驱动。外因驱动是由外界的需求所引领的驱动,通常是由生产力内部矛盾或国际竞争等因素所引发。例如,历史上的多次技术革命都是由生产力内部矛盾引发的,是由当时工业生产和交通运输等领域对更高效、更便捷的技术手段的迫切需求所驱动的。再如,冷战时期苏联和美国之间的军备竞赛,促进了航空航天和新材料等诸多科技领域实现突破;21世纪,全球经济贸易竞争促使芯片制造、人工智能等信息通信技术飞速发展。除了外界需求,知识体系与技术体系内在的矛盾也是

---

① 参见国务院发展研究中心国际技术经济研究所编著:《世界前沿技术发展报告2023》,电子工业出版社2023年版,第18—22页。
② 参见周子煜:《数字经济赋能新质生产力发展:理论机制、内在机理与政策构想》,载《新疆社会科学》2024年第5期。
③ 参见徐光春主编:《马克思主义大辞典》,长江出版传媒、崇文书局2017年版,第455页。

新质生产力发展的

科学技术革命性突破的重要驱动力。随着科学技术的不断发展,原有的知识体系和技术体系会不断积累新的问题和矛盾,这些问题和矛盾达到一定程度后会引发科学技术的重大突破和革命性变革。例如,19世纪末20世纪初以相对论、量子力学等为代表的科学突破,就是由当时物理学领域内部的理论体系与实验观测结果之间的矛盾所引发的。

新质生产力视域下的科学技术革命性突破,主要以外界需求为驱动。作为新质生产力核心要素的科学技术革命性突破本身就带有推动高质量发展的使命,是高质量发展需求下的科技创新。新质生产力的提出带有时代烙印,其是我国经济由消耗型高速增长阶段转向绿色发展型高质量发展阶段关键时间节点下的必然产物,是高质量发展的强劲推动力、支撑力。与传统生产力相比,新质生产力是以科技创新为主导、涵盖全新领域、契合时代变迁高质量发展要求的生产力;是在数智化时代下,以数字技术为承载、以要素创新增值为根基、以战略性新兴产业和未来产业为支撑、以科技创新为驱动,摆脱传统生产力发展路径,立体化、多维化的新生产力。① 因此,新质生产力视域下的科学技术革命性突破是狭义的科技创新,同样带有时代使命,由新时代社会发展需求的外因所驱动,旨在改变传统经济增长方式、生产力发展路径。此外,由科学技术知识体系内部矛盾驱动的科技突破多为前沿基础理论突破,无法直接形成新质生产力,需要经过长时间实践验证才能转化应用。例如,量子力学是20世纪20年代在总结大量实验事实和旧量子论的基础上建立起来的②,目前相关应用仍未大面积普及,依旧处于应用验证阶段。我国量子计算的代表"九章三号"还只是具有潜在应用价值的"单项冠军",预期在未来5～10年内量子计算有望实现真正有应用价值的成果,例如发明一种新材料、破解一种密码。③ 但由科学知识与技术体系内部矛盾所驱动的科技突破具有巨

---

① 参见韩飞、郭广帅:《新质生产力:社会经济高质量发展的动力机制与创新路径》,载《兰州财经大学学报》2024年第2期。
② 参见《数学辞海》编辑委员会编:《数学辞海》(第4卷),山西教育出版社、东南大学出版社、中国科学技术出版社2002年版,第288页。
③ 参见《百万分之一秒VS二百亿年,中国量子计算又破纪录》,载微信公众号"新华社"2023年10月13日。

第三章
发展动力论：科学技术革命性突破的法律激励

大的社会价值,其经过长期的发展,最终能够大幅推动社会发展。类似于量子力学的应用和可控核聚变等前沿科学的突破仍是新质生产力的核心动力来源,这些科技突破经过多年的探索已然到达突破的临界点,正是当下社会发展所需求的新质生产力的动力来源。总而言之,此处所言科学技术革命性突破并不是一个独立事物的发展,而是作为新质生产力的核心要素,是以产生新质生产力为导向、以社会发展需求为驱动的科技突破。

科学技术革命性突破以社会发展需求为驱动,需求是主观存在的,并不能直接实现突破,其作为系统性的社会行为,受社会多个方面的影响。从宏观视角来看,任何行为的驱动无外乎都受文化、经济、制度三大因素的影响,文化环境影响观念认知和主观能动性,经济环境决定客观的物质基础和欲求,制度因素则规范引导具体行为措施。文化环境是指一个国家、地区或民族的价值观念、风俗习惯、伦理道德观念、行为方式等。① 在不同的文化环境下,人们对科技创新的理解和包容存在显著区别,并影响着科技创新主体的内生动力。如清朝时期,因封建思想以及闭关锁国政策导致信息闭塞,出现了"马拉火车"的荒谬现象。文化环境对创新的驱动有两个方面:一是文化环境对创新思维的影响。开放的文化环境通常鼓励自由思考、勇于探索,这能够激发人们的创新精神,为科技创新提供源源不断的动力。二是公众对创新产品的接受度、社会对创新失败的宽容度等会加速或限制科技创新的拓展和应用。经济环境是科技创新的基础因素,是科学技术革命性突破的物质支撑。科技创新需要大量人力和物力的支撑,经济繁荣发展能够吸引更多的投资和人才涌入,这有利于科技创新的发展;而经济萧条就会减少这些资源流入,从而给科技创新带来限制。② 同时,企业是科学技术革命性突破的核心主体,发达经济环境下的市场竞争必然激烈。竞争激烈的经济环境能够促使企业不断寻求技术创新和产品升级,以满足市场需求并保持竞争优势。制度从不同的视角

---

① 参见薛荣久等主编:《当代国际贸易与金融大辞典》,对外经济贸易大学出版社1998年版,第302—303页。
② 参见刘承良、王泽萍:《美国科技创新水平时空格局演变与影响因素》,载《江苏师范大学学报(哲学社会科学版)》2024年第3期。

看有不同的理解,《辞海》对"制度"有三种解释:一是要求成员共同遵守的、按一定程序办事的规程或行动准则,如工作制度,学习制度;二是在一定的历史条件下形成的政治、经济、文化等各方面的体系,如社会主义制度;三是旧指政治上的规模法度,如《汉书·元帝纪》记载,汉家自有制度,本以霸王道杂之。① 而现在所讨论的驱动因素是能够影响科学技术革命性突破的具体社会要素,此处所提的"制度"是指"社会制度规则"。健全和完善的制度规则能够为科学技术革命性突破提供指引和保障。这些制度规则不仅明确了研究的方向和目标,还为创新活动提供了稳定的环境。通过建立清晰的政策框架并明确优先领域,能够有效配置资源,减少不必要的浪费,并激发科研人员的积极性。此外,完善的制度规则可以促进各方的合作与交流,确保知识产权得到保护。同时完善的制度规则可以供给确切的伦理标准以避免潜在的道德问题,并能够预见和应对可能的风险和挑战,确保技术进步不会带来负面影响。

(三)科学技术革命性突破的制度需求

历史经验表明,重大技术创新的应用或重大商业模式的变革都需要相应的制度供给。② 党的十八大以来,习近平总书记围绕科技创新的重大性、根本性、长远性问题作出一系列重要论述,提出"创新是引领发展的第一动力",强调"要着力把科技创新摆在国家发展全局的核心位置","把科技自立自强作为国家发展的战略支撑"。③ 这些论述说明科技创新不仅能够促进经济发展,更关乎国家复兴和世界格局。科学技术不再是简单的经济发展工具,而成为社会结构变迁的重要驱动力,带来创新范式的演进和系统规范的调整,对世界经济结构和社会转型产生深远影响。④ 随着科技创新社会地位的变化,关于科技创新的制度供给也发生了变化。

---

① 参见夏征农主编:《辞海》(1999年版普及本),上海辞书出版社1999年版,第523页。
② 参见卢现祥:《共享经济:交易成本最小化、制度变革与制度供给》,载《社会科学战线》2016年第9期。
③ 中共科学技术部党组:《勇担时代重任 加快建设科技强国》,载《人民日报》2024年7月31日,第9版。
④ 参见陈强、沈天添、贾婷:《我国科技创新制度的供给模式及演进特征》,载《上海交通大学学报(哲学社会科学版)》2023年第8期。

第三章 发展动力论:科学技术革命性突破的法律激励

由于社会主义市场经济体制的建立、政府职能的转变以及社会力量的主动参与,我国科技创新制度变迁逐渐由供给主导型转向需求诱致型。① 同时,我国社会主要矛盾的变化也带来了科技法律制度调整范围的变化,从重点关注"科技自身发展",到"科技促进经济发展",再到"全面创新驱动全面发展"。② 如前所述,作为新质生产力核心要素的科学技术革命性突破本身就是由外界需求驱动的,目标是催生新产业、新模式、新动能,发展新质生产力,以助推高质量发展。在新质生产力语境下,科学技术革命性突破的制度需求不是"自下而上"地根据科技创新需求配备相应的法律制度机制,而是"自上而下"地根据发展需要利用制度工具激励科学技术革命性突破的实现。具体而言,科学技术革命性突破的制度需求就是如何通过法律制度对社会关系进行调整,激励实现具有原创性、颠覆性和广泛影响性的科技创新,催生新产业,推动产业深度转型升级,进而发展新质生产力,助推高质量发展。

目前我国已从方向引领、创新驱动、转化促进和科普及四个方面,建立起相对完备的全过程科技创新法律制度。《科学技术进步法》确立了科学技术在中国式现代化建设中的优先发展战略地位,规定了科技发展的基本方向和政策,构建了推进科技进步的制度体系。《中华人民共和国专利法》(以下简称《专利法》)等知识产权法律明确了科技人员权益和侵权行为惩处规则,为鼓励和保护发明创造、促进科技进步提供了重要法律依据。《促进科技成果转化法》明确了科技成果转化的组织实施、保障措施和技术权益以规范科技成果转化活动,通过促进科技成果转化反馈激励科技创新。《中华人民共和国科学技术普及法》(以下简称《科学技术普及法》)明确了科普工作的基本原则、组织管理、社会责任和保障措施,推动了科普工作的法治化。尽管关于科技创新的法律制度已成体系,但就实现科学技术革命性突破以推动发展方式、生产方式的变革,推动我国社会生产力新的跃升,助推高质量发展而言,还是存在不足。如前所述,科学技术革命性突破

---

① 参见陈强、敦帅:《改革开放 40 年上海科技创新制度环境变迁研究——政策演进、总结评析与未来路向》,载《经济体制改革》2019 年第 5 期。

② 参见李学勇:《完善科技创新法律制度 为建设科技强国提供有力法治保障》,载《中国人大》2021 年第 17 期。

不是简单的科技创新,而是带有时代烙印,以绿色为底色,以数智化为主要方向的颠覆性科技创新。随着5G、人工智能、云计算等数字技术在生产和生活中的应用不断深化,以数据为中心的数字经济正快速推进经济结构优化与社会生产方式变革。① 新质生产力具有以大数据、互联网、云计算、区块链及人工智能等工具体系为代表的生产力系统,是科技持续创新与产业不断升级所衍生的新形式和新质态。② 但目前,关于人工智能和数据要素等数字经济关键领域的立法仍然举步维艰,因此需要加速数字经济关键领域基础制度构建的研究,在现有科技创新制度体系的基础上出台能够引领数智化科学技术的革命性突破的举措。此外,现有科技创新激励制度在人才流动、创新保护和成果转化等方面,仍然有待完善之处。当前科技发展呈现出前所未有的激烈竞争和快速变革,科技人才的流动能够最大限度地释放其创新潜能。习近平总书记在主持中共中央政治局第十一次集体学习时强调,"要按照发展新质生产力要求,畅通教育、科技、人才的良性循环,完善人才培养、引进、使用、合理流动的工作机制"③。但有部分企业随意扩大竞业协议适用主体,将限制措施无差别地适用于所有员工,打击了劳动者就业创业的积极性。④ 实证显示,竞业协议的泛化与异化已对整体劳动流通、创新发展与产业竞争造成了一定的负面影响。⑤ 同时,虽然我国在知识产权保护方面已经取得了一定进展,但相关法律法规仍需进一步完善。例如,在知识产权侵权责任认定⑥、惩罚性赔

---

① 参见黄鑫昊、李迪:《数字经济、科技创新与产业结构优化升级》,载《经济纵横》2024年第5期。
② 参见庞瑞芝:《新质生产力的核心产业形态及培育》,载《人民论坛》2023年第21期。
③ 《习近平在中共中央政治局第十一次集体学习时强调 加快发展新质生产力 扎实推进高质量发展》,载《人民日报》2024年2月2日,第1版。
④ 参见刘芮:《竞业限制协议泛化背景下协议效力审查规则探究》,载《中阿科技论坛(中英文)》2024年第6期。
⑤ Alexander J. S. Colvin, Heidi Shierholz, Noncompete Agreements, Economic Policy Institute, at https://files.epi.org/pdf/179414.pdf (Last visited on August 31, 2024).
⑥ 参见彭学龙、刘鑫:《云计算平台知识产权间接侵权责任认定研究》,载《数字法治》2024年第1期。

发展动力论：科学技术革命性突破的法律激励

偿标准①等方面，仍存在一些模糊和争议之处。在科技成果转化方面，尽管我国的科技成果在近几十年取得了长足进展，实现了"量质齐升"，重大科技成果不断涌现，但一个无法忽视的重要事实是，绝大部分由高校与科研院所创造的科研产出和发明专利实际上都"锁在抽屉里"，科技成果转化率不高的特征非常显著。②

法律制度激励科学技术革命性突破，一方面要关注革命性科技创新；另一方面还要关注科技发展带来的社会风险，平衡发展与风险，实现高质量发展。习近平总书记指出："科技是发展的利器，也可能成为风险的源头。要前瞻研判科技发展带来的规则冲突、社会风险、伦理挑战，完善相关法律法规、伦理审查规则及监管框架。"③面对科技风险，中共中央办公厅、国务院办公厅印发《关于加强科技伦理治理的意见》，提出，"进一步完善科技伦理体系，提升科技伦理治理能力，有效防控科技伦理风险，不断推动科技向善、造福人类，实现高水平科技自立自强"。同时，国家在网络科技领域、个人信息安全领域、数字技术领域、生物技术领域分别颁布了《中华人民共和国网络安全法》（以下简称《网络安全法》）、《中华人民共和国个人信息保护法》（以下简称《个人信息保护法》）、《中华人民共和国数据安全法》（以下简称《数据安全法》）、《中华人民共和国生物安全法》（以下简称《生物安全法》）等法律应对可能存在的信息安全隐患、道德伦理挑战以及生态环境破坏等风险，以此确保科技发展对社会、经济和环境的影响是可控的。然而，科学技术革命性突破所产生的科技创新具有颠覆性。颠覆性科技创新的突破性和伦理规范制定、伦理治理框架变革速度之间有时存在不对称性，治理效益与风险的权衡极为复杂，涉及多方利益冲突，难以达成一致和共识，从而导致决策困境。④ 尤其是现阶段

---

① 参见朱婷婷：《知识产权惩罚性赔偿基数：现实困境、作用界定与完善路径》，载《电子知识产权》2024年第1期。
② 参见刘瑞明等：《唤醒"沉睡"的科技成果：中国科技成果转化的困境与出路》，载《西北大学学报（哲学社会科学版）》2021年第4期。
③ 习近平：《加快建设科技强国 实现高水平科技自立自强》，载《求是》2022年第9期。
④ 参见薛桂波、燕茹：《科技伦理治理战略下颠覆性技术的伦理挑战及其应对》，载《科技管理研究》2024年第10期。

科技创新热点由以往的现实世界演化到虚拟世界,这一改变也使科技风险从传统人身健康、自然环境的物理层面风险转移到隐私安全、社会伦理等信息和文化价值层面的风险①,科技创新所伴随的风险更具隐蔽性。因此,要建立遵循科学创新规律、符合我国国情的风险治理体系,平衡科技的发展和风险,在确保风险可控的同时实现科学技术的革命性突破。

二、科学技术革命性突破的关键要素

法律制度激励科学技术革命性突破的实现是其内在要义,也是科技创新的外在需求。法律制度激励是通过赋予权利(权力)、明确责任、强制约束等法律规范的设置来实现的②,需要有具体的激励对象。科学技术革命性突破只是对一种社会现象的具体概括,利用法律制度激励其实现还需厘清其中关键要素,为法律制度激励提供着力点。2018年5月28日,习近平总书记在中国科学院第十九次院士大会、中国工程院第十四次院士大会上指出,要"在创新主体、创新基础、创新资源、创新环境等方面持续用力,强化国家战略科技力量,提升国家创新体系整体效能"③,这一论述点明了科学技术革命性突破的关键要素。其中,创新主体虽然指的是科技创新的实体机构,包括企业和科研机构等,但是究其根本,科研人才是创新主体的核心。习近平总书记还强调,"创新驱动实质是人才驱动","人才是创新的第一资源"④,即科研人才是科学技术革命性突破的驱动要素。创新基础和创新资源是指现有的科技知识基础和科研设备、材料等物资基础。科技创新的物资基础多元且复杂,不同科技领域所需

---

① 参见赵鹏、谢尧雯:《科技治理的伦理之维及其法治化路径》,载《学术月刊》2022年第8期。

② 参见方纯:《法律的激励机制及其实现条件》,载《广西民族学院学报(哲学社会科学版)》2006年第4期。

③ 习近平:《在中国科学院第十九次院士大会、中国工程院第十四次院士大会上的讲话》,载中国政府网,https://www.gov.cn/xinwen/2018-05/28/content_5294322.htm,访问日期:2024年7月15日。

④ 习近平:《在中国科学院第十九次院士大会、中国工程院第十四次院士大会上的讲话》,载中国政府网,https://www.gov.cn/xinwen/2018-05/28/content_5294322.htm,访问日期:2024年7月15日。

的物资基础也有所区别。物资基础的建设或获取都需要资金的支持,科研资金是创新基础和创新资源的支撑力量,也是科学技术革命性突破的支撑要素。广义上的创新环境包含学术伦理道德、社会文化环境和制度环境等多个方面,但能够直接对科技创新产生实际约束的,只有具有强制效力的制度环境。制度的内容提炼自学术伦理和社会文化,是社会整体的共识,其也能够反向调控和引导学术伦理和社会文化对科技创新的影响。法律制度激励语境下的创新环境优化就是利用制度规则调控和引导整体的创新环境,重点在于科技治理的平衡。

(一)科学技术革命性突破的驱动要素:科研人才

当今世界正经历百年未有之大变局,新一轮科技革命和产业变革突飞猛进,人才的决定性作用进一步凸显。① 党的二十大报告将人才置于与科技、教育同等重要的地位,强调"教育、科技、人才是全面建设社会主义现代化国家的基础性、战略性支撑"②。科学技术革命性突破的核心在于创新思维与创造力的应用,具备创新精神和创新能力的人才队伍是创新活动的动力来源。科研人才往往具备创新思维和解决问题的能力,是在科研领域取得突破性成果的重要人才储备。面对复杂的科技问题,科研人才能够灵活运用所学知识,提出新的理论模型、设计方案和解决方案。这种创新思维不仅推动了科技的发展,也促进了社会的进步。同时,科研人才还拥有深厚的专业知识和技能,能够在特定领域进行深入研究和探索,通过实验、观察、数据分析等方式探索未知领域,形成新的理论或发现,推动科学技术的发展。优秀的科研人才不仅具备深厚的专业知识基础,更重要的是拥有敏锐的洞察力、批判性思维和勇于探索未知的精神,能够通过跨学科的知识融合,提出新颖的研究假设,设计并实施创新性的实验方案,从而推动科学边界的拓展和技术水平的飞跃。

科研人才除了能直接推动科学技术取得革命性突破,还能通过建策献言、人才培养为科学技术革命性突破提供方向指引和源源不断的

---

① 参见张茂聪:《习近平关于人才工作重要论述研究》,载《东岳论丛》2024年第7期。
② 习近平:《高举中国特色社会主义伟大旗帜 为全面建设社会主义现代化国家而团结奋斗——在中国共产党第二十次全国代表大会上的报告》,载求是网,http://www.qstheory.cn/yaowen/2022-10/25/c_1129079926.htm,访问日期:2024年7月15日。

后备力量。科研人才通常需要持续关注国内外科技发展的最新动态和趋势,通过科技活动和学术交流,掌握前沿科技信息和研究成果。这些信息为科技政策的制定提供了重要的参考依据,有助于国家把握科技发展的方向和重点。同时科研人才还能参与法律、政策等科技制度体系的建设,将科研过程中所经历的阻碍转化为制度力量。具体而言,在制度制定环节,科研人才利用自己的专业知识和实践经验,对政策内容进行深入分析和评估,确保政策的科学性和可行性。科研人才通过参与政策制定过程,如起草政策文件、参与政策论证等,直接为科技政策的制定贡献力量。在制度实施环节,科研人才通过收集和分析相关数据和信息,对政策实施情况进行全面评估和总结,提出改进意见和建议,推动科技政策的不断完善和优化。在人才培养方面,习近平总书记在中国科学院第十九次院士大会、中国工程院第十四次院士大会上深刻指出,"培植好人才成长的沃土,让人才根系更加发达"①。科研人才的培养是知识的传递,是创新思维和探索精神的延续,更是对不畏艰难、勇于挑战等优良品质的继承。中共中央办公厅、国务院办公厅印发的《关于进一步加强青年科技人才培养和使用的若干措施》中指出,国家重大科技任务、关键核心技术攻关和应急科技攻关大胆使用青年科技人才,40岁以下青年科技人才担任项目(课题)负责人和骨干的比例原则上不低于50%。鼓励青年科技人才跨学科、跨领域组建团队承担颠覆性技术创新任务。② 这一措施的出台是对习近平总书记关于人才培养论述的落地实施,也指明了人才培养的方向。科学技术革命性突破不是一朝一夕之事,也不是个人英雄主义能够造就的。科研人才的培养要注重知识的授予和精神的传递,也要关注团队的协作。科学技术革命性突破都是由科研团队实现的,先驱科研人员可以在团队攻坚克难时培养人才的科研能

---

① 习近平:《在中国科学院第十九次院士大会、中国工程院第十四次院士大会上的讲话》,载中国政府网,https://www.gov.cn/xinwen/2018-05/28/content_5294322.htm,访问日期:2024年7月15日。

② 参见《中共中央办公厅、国务院办公厅印发〈关于进一步加强青年科技人才培养和使用的若干措施〉》,载中国政府网,https://www.gov.cn/yaowen/liebiao/202308/content_6900452.htm,访问日期:2024年7月20日。

力,要明确团队目标与定位、加强沟通与协作、注重人才培养、建立激励机制与评价体系、加强团队建设与管理以及注重国际化发展等,以培养科学技术革命性突破的后续力量。

科研人才是科学技术革命性突破的驱动要素,是实现突破的核心力量。关于科研人才的激励方式,中共中央办公厅、国务院办公厅印发的《关于完善科技激励机制的意见》中指出,实现合理激励。坚持精神激励与物质激励并举,积极弘扬科学家精神。① 在精神激励方面,首先,要强化国家意识,让科研人才感受到自己的工作对国家发展的重要性,增强"创新科技、服务国家、造福人民"的责任感和使命感。通过思想教育强化科研人才的国家意识,弘扬爱国奋斗精神和新时代科学家精神,增强责任感和使命感。2019 年,中共中央办公厅、国务院办公厅《关于进一步弘扬科学家精神加强作风和学风建设的意见》出台,激励和引导广大科技工作者自觉践行、大力弘扬新时代科学家精神,从而凝聚起科学报国、追求真理、勇攀高峰的强大精神动力。其次,要建立完善的、系统性的荣誉奖励体系,表彰各领域不同层次的优秀科学家,满足其精神追求。通过认可成果、设立奖项,可以有效地激励科研人才的创新热情和积极性。认可成果让科研人才感受到他们的工作所产生的价值和影响,激发其进一步探索的动力;设立奖项不仅提供了外部的荣誉和奖励,还提升了科研人才的职业声誉和影响力。这些措施共同作用,营造了一个鼓励创新和追求卓越的科研环境,有助于推动科学技术的革命性突破。在物质激励方面,主要由基础薪酬、科研经费、股权激励或成果转化、科技奖励和社会福利保障等组成,对于各种物质激励方式,国家相继出台了相关措施。在薪酬配置方面,中央全面深化改革委员会第二次会议审议通过了《关于高等学校、科研院所薪酬制度改革试点的意见》,该意见指出,开展高等学校、科研院所薪酬制度改革试点,坚持薪酬分配要同绩效紧密挂钩,向扎根教学科研一线、承担急难险重任务、作出突出贡献的人员倾斜,向从事基础学科教学和基础前沿研究、承担国家关键核心技术攻关任务、取得重大创新成果

---

① 参见《激发创新潜能 为高水平科技自立自强提供有力支撑——科学技术部党组书记、部长王志刚解读〈关于完善科技激励机制的意见〉》,载《中国科技奖励》2023 年第 2 期。

的人员倾斜,构建充分体现知识、技术等创新要素价值的收益分配机制。① 在科研经费方面,国务院印发的《关于改进加强中央财政科研项目和资金管理的若干意见》和中共中央办公厅、国务院办公厅印发的《关于进一步完善中央财政科研项目资金管理等政策的若干意见》,在项目预算调整、劳务费用管理、间接费用管理、结余经费使用等方面赋予单位一定的自主权,尤其是要求结合一线科研人员实际贡献公开公正安排绩效支出,体现科研人员价值,充分发挥绩效支出的激励作用。关于允许科研项目资金用于绩效支出,相关部门也陆续出台了提高间接费用比例、增加绩效支出、扩大劳务费开支范围等一系列改革政策措施,有效激发了科研人员承担科研项目的积极性。在科技奖励方面,对承担国家关键领域核心技术攻关任务和重大科技任务的科研人员加大薪酬激励,对取得重大科技创新成果、作出突出贡献的科研人员和创新团队加大奖励力度,以此引导科研人员聚焦国家战略需求,开展高质量、原创性的科技创新活动。②

总而言之,无论是精神激励还是物质激励,国家在法律政策方面都已建立较为完备的激励体系。习近平总书记指出,"我国人才发展体制机制还不完善,激发人才创新创造活力的激励机制还不健全,顶尖人才和团队比较缺乏"③。尽管我国已采取行动减轻科研人员负担,但实际效果仍有差距,需要进一步扩大"经费包干制"和负面清单制的实施范围,加强信息技术的应用,减少烦琐的项目报表和财务报账事务。同时,还需要改革和完善科研事业单位的收入分配制度,实施差别化的经费保障机制,逐步实现科研人员的工资与市场接轨。后续还需要进一步丰富激励手段,强化精准激励,坚持物质激励和精神激励并重,兼顾短期和中长期激励。

为实现科学技术革命性突破,前述讨论了关于科研人才需要激励的

---

① 参见熊丙奇:《推进高校科研院所薪酬制度改革正当其时》,载《光明日报》2023年7月24日,第2版。
② 参见石长慧、张文霞:《完善激励机制,激发创新活力》,载《科技日报》2023年2月20日,第8版。
③ 习近平:《在中国科学院第十九次院士大会、中国工程院第十四次院士大会上的讲话》,载中国政府网,https://www.gov.cn/xinwen/2018-05/28/content_5294322.htm,访问日期:2024年7月15日。

具体方面,但无论是精神激励还是物质激励都以人才评价为基础,而人才评价以科研成果的价值为核心。党的十九届五中全会通过的建议指出,要完善科技创新体制机制,健全以创新能力、质量、实效、贡献为导向的科技人才评价体系。中共中央办公厅、国务院办公厅印发的《关于实行以增加知识价值为导向分配政策的若干意见》提出,"加快实施创新驱动发展战略,实行以增加知识价值为导向的分配政策,充分发挥收入分配政策的激励导向作用,激发广大科研人员的积极性、主动性和创造性,鼓励多出成果、快出成果、出好成果,推动科技成果加快向现实生产力转化";实行以增加知识价值为导向的分配政策的基本思路和主要原则,例如,鼓励科研人员通过科技成果转化获得合理收入,明确项目承担单位和完成人之间的收益分配比例,允许通过合同约定知识产权使用权和转化收益,探索赋予科研人员科技成果所有权或长期使用权。科技部等八部门印发的《关于开展科技人才评价改革试点的工作方案》更是明确了科研成果是人才评价的核心指标,基础研究类人才评价"实行以原创成果和高质量论文为标志的代表作评价,建立体现重大原创性贡献、国家战略需求以及学科特点、学术影响力和研究能力等的人才评价指标";应用研究和技术开发类人才评价"以技术突破和产业贡献为导向,重点评价技术标准、技术解决方案、高质量专利、成果转化产业化、产学研深度融合成效等代表性成果,建立体现产学研和团队合作、技术创新与集成能力、成果的市场价值和应用实效、对经济社会发展贡献的评价指标"。因此,通过激励科研人才的创新活力实现科学技术革命性突破,除了需建立符合时代需求的激励体系,更重要的是保障科研人员对其产出成果所享有的署名、使用、转让等权益,以及由成果所产生的荣誉或经济相关利益,这是法律制度激励科研人才创新的主要落脚点。

(二)科学技术革命性突破的支撑要素:科研资金

科研资金是科学技术革命性突破的重要催化剂,它为创新活动提供了必要的物质基础和资源保障。首先,充足的科研资金能够为科学家提供必要的研究设备和材料。科学研究的复杂性要求决定了实验和研发活动需要大量的设备和试剂,尤其现阶段随着科学技术研究的深入,科学技术革命性突破从宏观层面进入微观世界,实验设备几乎决定了科学研究的深度。例如,生命科学领域用于观测蛋白质等生物大分子空间结构的冷冻电镜,用来研究物质的基本构成和宇宙的基本力的高能粒子对撞机,这些有望助力产生颠覆性科技成果的设备动辄上亿元,甚至千亿元。在没有足够资金的情况下,科研人员可能会面临设备老旧、实验材料短缺等问题,这些都将严重限制研究的深度和广度。其次,科研资金对于基础研究的支撑作用至关重要。基础研究是科技创新的基石,它需要长期、稳定的资金支持以保证科研人员能够自由探索未知领域。科研资金的稳定供给确保了基础研究能够持续进行,从而为科技创新提供源源不断的理论基础和技术储备。最后,科研资金在关键技术攻关中发挥着不可替代的作用。关键核心技术的突破往往需要集中资源、协同攻关,这就需要大量的资金投入。科研资金的集中投入有助于组建跨学科团队,整合各方优势,共同解决技术难题。这种资金的集中使用,能够在短时间内实现技术的重大突破,推动科学技术的快速发展。科研资金的分配与使用,往往反映出国家、社会乃至时代对科技发展的战略考量与价值取向。通过设立专项基金、奖励机制等方式,科研资金能够引导科研资源和人才向国家重大战略需求、行业关键共性技术、前沿科学问题聚集。这种导向作用,不仅有助于解决当前经济社会发展面临的紧迫问题,还能够前瞻性地布局未来科技发展的制高点,为科学技术的长远进步奠定坚实基础。近年来全球范围内人工智能、量子信息、生物技术等领域的投资热潮,正是科研资金导向作用的生动体现。此外,科研资金在促进国际科技合作方面也发挥着重要作用。在全球化的今天,国际合作已成为科技创新的重要途径。通过提供资金支持、搭建合作平台等方式,为各国科研人员搭建沟通合作的桥梁,与世界各地的科研机构进行交流与合作,共享科研资源,能够促进知识的传播与技术的交流,推动全球科技共同体的形成与发展。总而言之,科研资金是科学技术革命性突破极为重要的支撑要素,它不仅为科技活动提供了坚实的物质基础,还能通过催化效应、导向作用以及国际合作桥梁等多重功能,加速科技创新的步伐,引领科技发展的方向,激发科研人员的创新活力。

通过科研资金支撑科学技术革命性突破实现,主要有两种方式:一是要加大科研资金投入,拓宽科研资金投入渠道;二是要优化科研资金的管理和导向,在释放创新活力的同时,提高资金利用效率,把好钢用在刀刃上。习近平总书记提出,"要加大政府科技投入力度,引导企业和社会增加研发投入"①。我国关于科研资金的投入主要分为政府投入和社会投入。政府投入科研资金有两种方式:一是直接通过资助投入资金,二是利用税收优惠等优惠政策减免创新主体的研究成本。政府是科研项目的重要资助方,通过科技计划、基金等形式为科研项目提供财政支持。国家财政在科学技术方面的支出持续增长,2024年支出11505亿元,增长5.7%。② 同时,地方政府通过财政资金支持本地区的科技创新和产业发展。中央和地方在国家财政科技支出中的占比结构发生了实质性变化,到2020年地方财政占比超过60%,如今地方财政已经在国家财政科技支出中居主导地位。③ 在税收减免等优惠方面,国家相关政策也提供了大力支持。2022年,国家进一步加大税收政策支持力度,将科技型中小企业研发费用加计扣除比例由75%提高到100%。④ 目前已形成从创业投资、研究与试验开发、成果转化、重点产业发展到全产业链等科技创新活动各环节的全面税收优惠政策。⑤ 从税费减免来看,国家税务总局发布的最新数据显示,2024年,现行支持科技创新和制造业发展的主要政策减税降费及退税达26293亿元,助力我国新质生产力加速培育、制

---

① 习近平:《敏锐把握世界科技创新发展趋势 切实把创新驱动发展战略实施好》,载《人民日报》2013年10月2日,第1版。
② 参见《2024年中国财政政策执行情况报告》,载财政部官网,https://www.mof.gov.cn/zhengwuxinxi/caizhengxinwen/202503/t20250324_3960464.htm,访问日期:2025年6月3日。
③ 参见《中国年研发经费突破3万亿,钱从哪里来?又流向哪里去?》,载微信公众号"知识分子"2023年3月7日。
④ 参见《退税减税降费政策操作指南——科技型中小企业研发费用加计扣除政策》,载科学技术部官网,https://www.most.gov.cn/xxgk/xinxifenlei/fdzdgknr/fgzc/zcjd/202206/t20220607_181018.html,访问日期:2024年7月17日。
⑤ 参见《我国支持科技创新主要税费优惠政策指引》,载科学技术部官网,https://www.most.gov.cn/kjbgz/202403/t20240313_189961.html,访问日期:2024年7月17日。

造业高质量发展。①

习近平总书记强调,"让市场真正成为配置创新资源的力量,让企业真正成为技术创新的主体"②。社会科研资金的投入就是市场自行配置资源。社会投入涵盖企业自筹、金融市场融资、科技成果转化和社会捐助等多种形式。企业自筹资金体现了企业对创新的重视和投入;金融市场融资则是通过风险投资、银行贷款等方式为科技创新提供资金支持;科技成果转化能够将科研成果转化为实际的经济效益,进而再投入科技活动,形成良性循环;社会捐助则为科技活动提供额外的资金来源,有助于推动基础研究和公共科技活动的发展。其中金融市场融资是科研资金的主要来源,也是加大科研资金投入,实现科学技术革命性突破的主要突破口。截至2025年3月末,科技型中小企业贷款余额达3.3万亿元,同比增长24%,连续3年增速超过20%;专精特新企业贷款余额6.3万亿元,增速远超贷款平均增速。③ 总体而言,我国目前在加大科技创新资金投入方面已建立成体系的激励制度,但仍然存在加强和优化的空间。强化科技创新的财政支持,关键要完善投入机制,继续加大财政科技投入力度,完善现行财政补贴制度和政策,进一步明确财政扶持方向。在社会投入方面,需要重点加强金融资源向科技创新倾斜。2023年,习近平总书记在中央金融工作会议上指出,"优化资金供给结构,把更多金融资源用于促进科技创新、先进制造"④。构建契合科技创新的金融服务体系需要推动科创型企业贷款持续保持较高增长速度,不断提升多层次资本市场直接融资功能,进一步发挥保险和融资担保机构的风险分担作用,不断优化金融支持科技创新的配套政策,统筹金融支持科技创新和防范金融风险。

---

① 参见《国家税务总局:2024年减税降费及退税超2.6万亿元》,载国家税务总局官网,https://www.chinatax.gov.cn/chinatax/n810219/n810780/c5238374/content.html,访问日期:2025年6月3日。

② 习近平:《敏锐把握世界科技创新发展趋势 切实把创新驱动发展战略实施好》,载《人民日报》2013年10月2日,第1版。

③ 参见赵永新:《加大对科技型企业的融资支持》,载《人民日报》2025年5月23日,第2版。

④ 《中央金融工作会议在北京举行 习近平李强作重要讲话》,载中国政府网,https://www.gov.cn/yaowen/liebao/202310/content_6912992.htm,访问日期:2024年7月18日。

习近平总书记在中央财经领导小组第七次会议上的讲话中指出,"要保持财政对科技的投入力度,并全面提高科技资金使用效率。投入加大了,但不能浪费了、挥霍了,或者以各种形式进入个人腰包了,那就打水漂了。科研资金要进一步整合,不能分割和碎片化,不要作为部门的一种权威和利益,该集中的就要合理集中起来"①。自改革开放以来,尽管我国经济水平已大幅提升,但社会发展的整体盘面较大,除了科技创新,还有教育、医疗等众多基础民生问题需要兼顾,资源相对有限。因此,就科研资金而言,不能只顾"开源",还应加强和优化管理,避免浪费,最大限度地释放科研资金的价值。党的十八大以来,中共中央办公厅、国务院办公厅《关于进一步完善中央财政科研项目资金管理等政策的若干意见》和《国务院关于优化科研管理提升科研绩效若干措施的通知》等一系列优化科研经费管理的政策文件和改革措施出台,有力地激发了科研人员的创造性和创新活力,促进了科技事业发展。但在科研经费管理方面仍然存在政策落实不到位、项目经费管理刚性偏大、经费拨付机制不完善、间接费用比例偏低、经费报销难等问题。② 因此,需要进一步扩大科研项目经费管理自主权,完善科研项目经费拨付机制、创新财政科研经费投入与支持方式、改进科研绩效管理和监督检查。

(三)科学技术革命性突破的外部要素:科研环境

科研环境是指有关科技治理的法律规范和政策所形成的制度环境,是在政府干预和引导下围绕科技创新形成的主体间相互联系、相互作用的状态。③ 科研环境在科学技术革命性突破中的作用复杂而多维,既有促进引导作用,也有可能产生限制作用。合理的科技治理能够加速技术创新和突破,过度控制和管理科技发展带来的风险,则会限制科学

---

① 《〈习近平关于科技创新论述摘编〉:加快科技体制改革步伐》,载人民网,http://jhsjk.people.cn/article/28158985,访问日期:2024年7月18日。

② 参见《国务院办公厅关于改革完善中央财政科研经费管理的若干意见》,载中国政府网,https://www.gov.cn/zhengce/content/2021-08/13/content_5631102.htm?mc_cid=51726833b1&mc_eid=957fcbcac9,访问日期:2024年7月19日。

③ 参见贺德方、陈宝明、汤富强:《科技治理体系演变趋势与对策研究》,载《科学学研究》2023年第6期。

技术的突破。在推动科学技术取得革命性突破的过程中,如何平衡发展与风险,优化科技治理机制,是科学技术革命性突破至关重要的问题。

(1)科技治理对科学技术革命性突破的促进作用体现在多个方面。有效的科技治理机制能够创造良好的创新环境,为研究和开发提供支持。科技治理不仅仅是对技术研发的管理,还涉及对技术应用的伦理审查和风险评估。例如,基因编辑技术的快速发展引发了广泛的伦理讨论和安全担忧。通过制定严格的伦理审查制度和安全规范,有效的科技治理机制能够确保技术在合理的道德框架和安全环境中进行研究和应用,从而避免技术滥用和潜在的社会问题。这种规范和审查机制不仅保障了技术的健康发展,也促进了科学技术朝形成新质生产力所需的方向突破。此外,许多具有全球性技术风险的科技治理需要进行国际交流。科技治理的国际化能够加强各国之间的合作,促进技术交流和资源共享。例如,全球气候变化的应对需要各国共同合作,通过国际科技治理机制,各国能够共享气候变化技术和研究成果,推动全球范围内的科技突破。同时,科技治理在引导科技突破时,还注重对科技应用的社会价值进行评估和引导。科技突破不仅仅是技术上的进步,更需要与社会需求和实际应用相结合。通过制定以社会需求为导向的科技治理政策,能够引导科技成果向社会最需要的领域倾斜。如制定鼓励绿色技术和可持续发展的政策,引导技术突破在环境保护和资源利用方面的应用,从而形成具有社会价值的新质生产力。这种社会价值的引导,能够使科技突破不仅带来经济效益,还能促进社会的全面进步和可持续发展。

(2)科技治理在科学技术革命性突破中也可能产生一些限制作用。过于严格或不适当的规制可能会对技术创新形成制约,降低创新的积极性。对于前沿技术,尤其是那些尚未成熟的技术领域,过度的政策干预和限制可能会抑制研究人员的创新活力。如前文所述,颠覆性科学技术的突破通常都会给社会伦理带来挑战。针对科技发展给社会伦理带来的风险,法律需要采取综合性的调控方案,一方面,适度介入科技研发、设计等

发展动力论：科学技术革命性突破的法律激励

"上游"过程；另一方面，更具回应性地规范"下游"的涉科技使用行为。① 但科技风险的治理实际上也会限制科技创新。对科技研发、设计的过度介入，会限制具有高风险同时具有高回报的科技突破。例如，人工智能的发展能够推动工业、物流和办公领域的自动化，提高生产力和效率，并生成新的商业模式和市场机会，是新质生产力的重要动力来源。但是目前人工智能的发展依赖大量的数据训练，这一过程面临隐私保护、数据安全等挑战。人工智能训练数据收集的合法性困境，严重阻滞了其发展。② 而对科技使用行为的控制会削弱科技创新的活力。严格的应用限制可能延缓技术的实际应用和商业化，进而使投资者对某些技术领域的投资兴趣降低，导致研发资源集中在风险较低、回报较快的领域，抑制更具突破性的创新。例如，欧盟的医疗器械和体外诊断器械的审批程序被认为比较复杂，特别是在 2017 年实施新医疗器械法规和体外诊断法规后，监管要求大幅增加③，这导致一些创新设备的市场批准过程显著延长。这种情况可能会使一些具有潜力的技术无法迅速进入市场，从而影响更多资源的投入，限制整体的技术进步。科技治理中的不平衡也可能导致资源的浪费和不公平的技术分配。在科技治理过程中，如果资源和支持主要集中于某些特定领域，可能会忽视其他领域的研究需求。这种不平衡的资源配置可能会导致某些重要领域的研究受到影响，从而限制科技的全面进步。科技治理的另一个负面作用是对科技风险的管理不足。尽管可以制定相应的科技治理规范和标准对科技风险进行管理，但面对复杂的技术应用场景和不断变化的科技创新方向，相对固化的治理机制可能难以应对所有潜在的风险。例如，人工智能技术的迅速发展带来了许多新的安全和伦理问题，现有的科技治理体系可能无法及时跟进和调整，导致技术应用中的风险难以控制。在这种情况下，科技治理可能无法充分发挥其引导保障作用，从而影响技术的健康发展和社会的安全。

---

① 参见赵鹏：《科技治理"伦理化"的法律意涵》，载《中外法学》2022 年第 5 期。
② 参见黄绍坤：《人工智能训练数据收集的合法性困境与制度建构》，载《荆楚法学》2024 年第 3 期。
③ 参见王婵：《欧盟医疗器械法规 MDR 正式执行，这些变化需关注》，载中国食品药品网，https://www.cnpharm.com/c/2021-06-21/793889.shtml，访问日期：2024 年 8 月 5 日。

因此,在科学技术革命性突破的过程中,如何平衡科技治理的促进作用和限制作用,成为关键问题。实现科学技术的可持续发展,需要在促进技术创新的同时,科学合理地管理和控制科技风险。为此,科技治理需要不断优化机制,注重政策的灵活性和前瞻性,减少对创新的抑制,同时加强对科技风险的预防和管理。通过建立动态调整的科技治理体系,能够在支持科技创新的同时,确保科技发展的安全和可控,从而实现科学技术革命性突破与社会发展的平衡。

三、科学技术革命性突破的法律激励方式

科学技术革命性突破作为新质生产力的核心要素具有明确方向和时代使命,其实现需要引导、促进和规范等多方位的激励。激励是法律的重要功能之一。① 法律的种种功能,指引、教育也罢,预测、评价、强制也好,归结起来,就是对行为的激励功能。② 关于法律的激励功能已有丰富的理论研究③,其理论基础来源于行为科学的激励理论、管理心理学的过程激励理论和经济学的激励理论等不同学科的激励理论,在其他不同学科激励理论的基础上结合法律现有的激励内容归纳出法律激励功能论,相关法律激励方式也由其他学科激励理论演变而来④。不同学者对法律的激励方式提出了不同看法⑤,不同的激励方式在不同学者的论述语境下皆符合实际需求。而关于科学技术革命性突破的法律激励方式,是考量科学技术革命性突破所需激励的具体方面,匹配现有研究所提法律激励方式具体功能之后的选择。

---

① 参见倪正茂:《加强激励法学研究 完善法治国家建设》,载《上海大学学报(社会科学版)》2014年第2期。
② 参见付子堂:《法律的行为激励功能论析》,载《法律科学》1999年第6期。
③ 参见付子堂:《法律功能论》,中国政法大学出版社1999年版,第63—78页;丰霏:《法律制度的激励功能研究》,吉林大学2010年博士学位论文,第60—77页;倪正茂:《激励法学探析》,上海社会科学院出版社2012年版,第94—108页。
④ 参见丰霏:《法律制度的激励功能研究》,吉林大学2010年博士学位论文,第60—61页。
⑤ 参见付子堂:《法律的行为激励功能论析》,载《法律科学》1999年第6期;丰霏:《法律制度的激励功能研究》,吉林大学2010年博士学位论文,第61—77页。

发展动力论:科学技术革命性突破的法律激励

(一)法律的公平激励:维持科学技术革命性突破活力

公平理论最早由美国行为科学家斯塔西·亚当斯(J. Stacy Adams)提出,在管理学和心理学中是一个重要的概念,又称社会比较理论,它强调公平性对于员工激励的重要性。[1] 该理论认为公平是激励的动力,一个人不仅关心自己的所得所失,而且还关心与别人所得所失的关系,分配合理性常常是激发人在组织中的工作动机的因素和动力。[2] 分配公平感指的是人们对组织中资源或奖酬的分配(尤其是涉及自身利益的分配)是否公正合理的个人判断和感受,是一种强有力的激励因素,对人的工作积极性能够产生很大的影响。[3] 人类社会既存在利益的一致,也存在利益的冲突,这在客观上需要社会从总体上确立一套社会利益分配和责任负担的合理原则,即公平原则,法律则把这套原则具体化、制度化,所以法的公平价值首先表现为维护和促进分配公平。[4] 公平是法律的内在要义,也是法律所追求的最终状态。以公平和正义为目标的法律,本身就发挥着激励作用。在科学技术革命性突破的过程中,法律的公平价值不仅保障了科研人员的合法权益,而且为科技创新市场提供了公平竞争的环境,进而维护了科学技术革命性突破的活力。法律的公平激励作用在这一过程中表现得尤为重要,体现在保护知识产权、促进公平竞争等方面。这些机制不仅为科学技术的突破提供了必要的法律支持,也确保了科研环境的健康与可持续发展。

科研人员是科技创新的驱动力量和基础活力,保障科研人员的创新动力就是维持科学技术革命性突破的基础活力。法律公平地为科研人员提供全面的权益保障,这是激发科技创新活力的根本所在。科技活动是一项高风险、高投入、长周期的探索性工作,科研人员作为这一过程的主体,其权益的保障直接关系到创新动力的持续输出。法律通过明确知识产权归属、确立合理的利益分配机制、保护科研成果不受侵犯等方式,使

---

[1] See J. Stacy Adams, "Toward an Understanding of Inequity", 67 *Journal of Abnormal & Social Psychology* 422-436(1963).

[2] 参见刘昕、李晶:《亚当斯的公平理论对思想政治教育的意义》,载《郑州大学学报(哲学社会科学版)》2010年第6期。

[3] 参见李兴修、于世芬:《公平理论评析》,载《华东经济管理》2002年第6期。

[4] 参见刘青峰:《法律:秩序、公平、效率的选择》,载《中外法学》1993年第6期。

科研人员的权益得到充分的法律保护。首先,法律通过确立知识产权的归属,保障科研人员对科研成果的精神和经济权益。科研人员通过法律规定获得对其创新成果的产权,这不仅肯定了他们的劳动价值,也为他们带来了相应的经济回报。明确的归属权不仅保护了创新者的合法权益,还避免了因归属不清而产生的纠纷,从而为科技创新提供了稳定的法律保障。其次,法律通过确立合理的利益分配机制,激发了科研人员的创新动力。《促进科技成果转化法》规定了科技成果完成人和参加人的权益,允许他们根据与单位的协议进行科技成果转化,并享有协议规定的权益。《专利法》规定了被授予专利权的单位应给予发明人或设计人奖励,并鼓励通过股权、期权、分红等方式,使发明人或设计人合理分享创新收益。法律所确定的合理的利益分配机制体现了对科研人员劳动成果的尊重,同时也鼓励他们将成果转化为社会效益和经济效益。最后,法律保护科研成果不受侵犯。保护科研成果不受侵犯是法律保障科研人员权益的重要内涵,仅有权益分配而没有保障就等于"没有牙齿的老虎"。要确保科研成果的知识产权一旦形成就能受到法律保护,防止未经授权的使用或盗用。知识产权法律有明确的授权规定和侵权惩罚规则,确保创新成果在一定时间内不会被他人未经许可地复制或使用。这种法律保护措施,能够保护科研人员的创作成果,防止不正当竞争和盗版行为,从而激励更多的创新和研究活动。

公平竞争是市场经济的核心原则之一,也是市场创新主体的主要动力来源。法律为科学技术革命性突破提供的公平竞争环境,是促进科技创新持续繁荣的关键所在。在全球化背景下,科技进步日益成为国际竞争的核心要素,而一个公平、开放、透明的竞争环境,能够吸引全球范围内的创新资源汇聚,加速科技成果转化与应用。《反垄断法》《反不正当竞争法》等法律,是维护市场公平竞争环境的主要法律。《反垄断法》的实施防止了大型科技企业通过垄断行为抑制竞争,保障了中小企业和新兴企业能够公平地参与市场竞争。《反不正当竞争法》则规制了不正当竞争手段,如虚假宣传、商业诋毁等行为,确保企业在公平的竞争环境中争取市场份额。这些法律措施不仅保护了所有市场参与者的合法权益,也促

第三章 发展动力论:科学技术革命性突破的法律激励

进了技术的创新,激发了市场的活力。

然而,法律在保障公平和促进创新的过程中也面临一些挑战。科技发展速度的加快使得现有法律体系难以适应新兴技术带来的新问题。人工智能、大数据等新兴领域的法律规制尚不完善;数据垄断、平台扼杀式扩展等不公平竞争行为难以规制,这些行为在一定程度上限制了技术发展的多元化和多样性。因此,持续优化和完善法律体系,以适应科技发展需求,保障科技创新的公平性和活力,是法律面临的重要任务。总体而言,法律的公平激励在科学技术革命性突破过程中发挥了至关重要的作用。法律通过保障科研人员的合法权益、维护公平竞争的市场环境,不仅为科技创新提供了必要的支持,还保障了科技发展的活力。但面对科技进步带来的新挑战,法律需要不断调整和完善,以保持其对科学技术革命性突破的支持和保障作用。只有通过持续优化法律体系,才能真正实现科学技术的公平发展,推动科技创新不断向前发展。

(二)法律的期望激励:激发科学技术革命性突破动力

期望激励理论是美国行为科学家劳勒和波特于1968年提出的一种激励理论。[①] 这一理论强调个体的动机取决于他们对自身努力能否带来预期结果的期望。期望激励理论主要包括以下几个核心概念:第一,期望:指个体对自己的努力会带来一定绩效的信念,如果一个人相信通过努力工作能够取得成功,那么他的工作动机就会增强;第二,工具性:指个体对绩效与奖赏之间关系的信念,即如果一个人相信高绩效会带来相应的奖励,那么他的动机就会增强;第三,效价:指奖励的价值对个体的吸引力,即奖励对个体的吸引力越大,个体的动机就会越强。[②] 期望激励理论认为,个体的动机是这三个因素的综合结果,当个体认为自己的努力能够带来良好的绩效,而良好的绩效又能给他们带来奖励时,他们的动机会更强。在法律制度中,期望激励可以通过设定明确的法律后果来影响个体的行为。如果法律规定某种行为会带来积极的法律后果(如奖励或权利

---

① 参见刘树成主编:《现代经济词典》,凤凰出版社、江苏人民出版社2005年版,第780页。
② 参见王一江、孔繁敏:《现代企业中的人力资源管理》,上海人民出版社1998年版,第262页。

的赋予),那么法律就可能会激励个体去实施这种行为。例如,法律可以为期望的行为增设奖励或规定有利结果,以增强个体实施该行为的动机;或创造有利条件,即法律为期望的行为创造条件,增加行为带来积极结果的可能性,从而提高个体的期望值。① 相反,如果法律规定某种行为会带来消极的法律后果(如惩罚或义务的施加),如从法律上增加实施某行为的难度和成本,则会削弱个体实施这些行为的动机。法律可以通过上述方式设立符合科学技术革命性突破的期望值和正反向效价,激发创新主体的动力。

(1)法律通过设立科技奖励机制,增设有利结果,为科研人员和组织提供物质和精神上的期望激励。科技奖项是对科研人员工作和成就的认可,获得奖项是一种荣誉,能够提升科研人员的社会地位和职业荣誉感。许多科技奖项都配有一定金额的奖金,这为科研人员提供了直接的经济激励,增强了他们进行科研工作的动力。当这些精神和物质上的奖励足够多时,创新主体的效价就会提高,进而能够激发创新主体的动力。我国《科学技术进步法》直接明确应当对科技创新给予奖励,第18条第2款规定:"国家建立和完善科学技术奖励制度,设立国家最高科学技术奖等奖项,对在科学技术进步活动中做出重要贡献的组织和个人给予奖励。具体办法由国务院规定。"在此基础上,我国建立了旨在激励科技工作者创新、奋斗的奖励体系,涵盖国家层面和省级层面的多个奖项。在国家层面,最高层次的荣誉是"国家最高科学技术奖",此外还有国家自然科学奖、国家技术发明奖、国家科学技术进步奖和中华人民共和国国际科学技术合作奖等,这些奖项旨在奖励在科学技术领域做出杰出贡献的个人和团队。2023年度国家科学技术奖共评选出250个项目和12名科技专家,其中国家最高科学技术奖2人,以及其他多个奖项。② 在省级层面,各地方政府也设立了相应的科学技术奖项,如上海市科学技术奖、天津市科

---

① 参见丰霏:《法律制度的激励功能研究》,吉林大学2010年博士学位论文,第64—73页。
② 参见《全国科技大会 国家科学技术奖励大会 两院院士大会在京召开 习近平为国家最高科学技术奖获得者等颁奖并发表重要讲话》,载中国政府网,https://www.gov.cn/yaowen/liebiao/202406/content_6959088.htm,访问日期:2024年8月7日。

学技术奖等,以表彰在地方科学技术进步中做出突出贡献的个人和团队。我国科研人员荣誉奖励体系通过多层次、多渠道的奖励机制,充分调动了广大科技工作者的积极性和创造性,为实现科学技术革命性突破提供了强有力的支撑。

(2)法律通过规定优惠机制,降低科技创新成本,增加创新的期望值,激励科学技术革命性突破。我国法律主要通过税收优惠、资助补贴等方式为科技创新创造有利条件。在政府支持研发活动的税收优惠政策体系中,研发补贴作为重要的政策工具,有助于激励企业从事具有正外部效应的研发活动。[①] 在税收优惠方面,《中华人民共和国企业所得税法》(以下简称《企业所得税法》)第30条及《中华人民共和国企业所得税法实施条例》(以下简称《企业所得税法实施条例》)第95条规定,企业进行研发活动的费用可以按规定加计扣除。对促进科技创新而言,税收优惠政策主要是在降低科技开发成本、调节收益、降低风险等方面发挥积极作用[②],激发创新主体的动力。在政府补贴方面,应对特定领域科研条件艰苦的研究人员和组织提供补贴,进一步减轻他们的经济负担,提高其参与创新的积极性。《科学技术进步法》第65条规定:"科学技术人员在艰苦、边远地区或者恶劣、危险环境中工作,所在单位应当按照国家有关规定给予补贴,提供其岗位或者工作场所应有的职业健康卫生保护和安全保障,为其接受继续教育、业务培训等提供便利条件。"在政府资助方面,《科学技术进步法》第21条第1款规定,"国家设立自然科学基金,资助基础研究,支持人才培养和团队建设";《国家自然科学基金条例》规定了国家自然科学基金的设立及其资助科研项目的相关政策,为短时间内转化价值低的基础研究提供有利条件,激励基础研究的创新积极性。

(3)对于可能阻碍科技创新的行为,法律则通过规定实施某种行为会带来消极的法律后果,以降低损害行为的期望值,进而保障科学技术革命性突破的实现。对于侵犯知识产权的行为,法律规定了严格的处罚措

---

① 参见吴金光、毛军、唐畅:《政府研发补贴是否激励了科技型中小企业创新?》,载《中国软科学》2022年第9期。

② 参见财政部科研所课题组:《完善税收优惠政策 促进科技创新产业升级》,载《财政研究》2000年第7期。

施,以提高违法成本,遏制侵权行为。我国完成了《专利法》第四次修改,着力解决专利维权举证难、成本高、赔偿低等问题,确立惩罚性赔偿制度,大幅提高侵权法定赔偿额上限,以降低侵权行为效价,保障科研成果权益,进而激励创新动力。此外,法律还通过加强科技伦理建设,规范科研行为,确保科技活动的健康有序发展,激励科学技术革命性突破以促进社会发展为方向。科学技术部等部门印发的《科技伦理审查办法(试行)》明确了科技伦理审查的程序和要求,第47条、第48条规定了阻碍审查的惩罚处理情形,并指出"造成财产损失或者其他损害的,依法承担民事责任;构成犯罪的,依法追究刑事责任"。

(三)法律的目标激励:引领科学技术革命性突破方向

目标设置理论已成为当前最具影响力的组织激励理论之一,并在经济、教育和体育等组织管理实践中得到广泛应用。① 在社会现实中,人们不仅受到利益驱动,还会受到社会整体价值观的影响,并且他们通常有自己的理想和目标。因此,在行为激励中,还需要考虑激励对象的理想和目标,而不仅仅是其功利性的需求。洛克等人在研究中发现,外来的刺激如奖励、工作反馈和监督压力都会通过目标影响个体的工作动机,认为"目标是人类行为直接的(尽管不是唯一的)调节者"②。目标设置理论认为,工作目标的设定会直接影响个人的工作表现。目标本身就具有激励作用,能把个人的需要转变为动机,使人的行为向特定方向努力。个人会将自己的行为结果与既定的目标相对照,并及时进行调整和修正,从而实现目标。③ 一个明确的、具有挑战性的目标,配合合适的反馈,能够使个人的工作表现获得更大程度的提升。④ 目标设置理论认为,欲通过目标激发行为动力,首先要明确具体的目标,包括达成目标的衡量标准和完成的时

---

① 参见邵全辉、陈喜乐:《试析目标设置理论在科研组织的应用》,载《自然辩证法研究》2006年第7期。

② See Edwin A. Locke, Gary P. Latham and Ken J. Smith et al., *A Theory of Goal Setting and Task Performance*, Pearson College Div, 1990, p. 24.

③ See Edwin A. Locke, "Motivation by Goal Setting", in Robert T. Golembiewski, *Handbook of Organizational Behavior*, Second Edition, Revised and Expanded, Routledge 2000, pp. 43-54.

④ 参见[美]罗伯特·克赖特纳、安杰洛·基尼奇:《组织行为学(第6版)》,顾琴轩等译,中国人民大学出版社2007年版,第298页。

第三章
发展动力论：科学技术革命性突破的法律激励

间等；其次目标应当具有一定的挑战性，但该目标不能明显超出常规要求，这样的目标才能够激发个人的潜力。法律制度可以通过设定清晰的法律目标和期望结果，鼓励个体或组织采取符合法律规定或政策导向的行动。通过目标激励，法律制度不仅能够引导行为，还能够促进个体或组织对法律目标形成内在认同，从而提高法律的遵守度、增强法律的实施效果。科学技术革命性突破是新质生产力语境下的科技创新，带有时代使命，是时代进步的关键驱动力，其方向是由时代需求所决定的。同时，科学技术革命性突破是指整体科学技术的颠覆性突破，而不是单个的科学技术突破，对于其无法像组织行为科学中的目标激励理论那样，对单个行为直接设定具体的目标。科学技术革命性突破的目标设定，需要先在宏观上确立现阶段国家层面的目标，然后在微观上根据发展需求确立动态目标。

（1）从整体上确立符合时代需求的大方向，这意味着需要根据社会、经济、环境和其他宏观因素的变化，明确科技创新的总体目标和方向。2021年12月24日，十三届全国人大常委会第三十二次会议通过修订后的《科学技术进步法》。此次修订是应对世界百年变局，加快实现高水平科技自立自强的迫切要求；是全面建设社会主义现代化国家，实现中华民族伟大复兴的客观需要。① 修订后的《科学技术进步法》第3条明确了国家层面科技创新的整体方向，这一方向实际也是符合科学技术革命性突破的方向，是法律为科学技术革命性突破所设定的宏观目标。《科学技术进步法》第3条规定："科学技术进步工作应当面向世界科技前沿、面向经济主战场、面向国家重大需求、面向人民生命健康，为促进经济社会发展、维护国家安全和推动人类可持续发展服务。国家鼓励科学技术研究开发，推动应用科学技术改造提升传统产业、发展高新技术产业和社会事业，支撑实现碳达峰碳中和目标，催生新发展动能，实现高质量发展。"作为新质生产力核心要素的科学技术革命性突破，其目标为通过科技创新催生新质生产力，提高生产效率和经济效益，降低生产成本，提升产品和

---

① 参见王萍：《科学技术进步法修订：为科技自立自强提供法治保障》，载《中国人大》2022年第1期。

服务的竞争力,解决资源和环境问题,实现绿色发展,进而推动产业结构的优化升级,从传统产业向高新技术产业转型,实现经济高质量发展。《科学技术进步法》确立的科技创新目标和科学技术革命性突破的目标所预期的成果基本相符。

(2)在确立了大方向之后,需要在这一宏观方向的指导下,深入具体的科学领域来明确创新的具体方向。这一过程涉及对现有科技现状的分析、未来发展趋势的预测,以及实际应用需求的评估。对此,我国在《科学技术进步法》的基础上,根据实际发展需求建立了一系列科研计划专项或基金,旨在根据我国发展需求,在具体科技领域明确科学技术革命性突破的方向。目前,我国已有国家自然科学基金、国家科技重大专项(科技创新2030-重大项目)、国家重点研发计划、技术创新引导专项(基金)以及基地和人才专项等多层次、多领域的科研计划专项或基金。这些具体科研计划专项或基金通过组织专家顾问组,结合当下发展需求确定每年度或每阶段的具体方向和项目。例如,国务院出台的《国家自然科学基金条例》第8条规定:"基金管理机构应当根据国民经济和社会发展规划、科学技术发展规划以及科学技术发展状况,制定基金发展规划和年度基金项目指南。基金发展规划应当明确优先发展的领域,年度基金项目指南应当规定优先支持的项目范围。……基金管理机构制定基金发展规划和年度基金项目指南,应当广泛听取高等学校、科学研究机构、学术团体和有关国家机关、企业的意见,组织有关专家进行科学论证……"此外,每个科研计划专项或基金都配套了一系列管理办法或规章,明确了科研项目实施的具体时间节点、验收标准等。这些具体的科研计划专项或基金的相关规定为科学技术革命性突破的动态目标设定提供了指引,引领科学技术革命性突破的方向。

(四)法律的信息激励:明确科学技术革命性突破范围

信息激励起源于信息经济学,最早由美国经济学家乔治·A. 阿克尔洛夫(George A. Akerlof)提出。[①] 信息经济学中的激励机制研究的是如何

---

① See George A. Akerlof, "The Market for 'Lemons': Quality Uncertainty and the Market Mechanism", 84 *Quarterly Journal of Economics* 488-500(1970).

设计机制或制度,以在信息不对称的情况下诱使参与者采取能够实现社会最优或市场目标的行动。信息不对称指的是市场参与者之间对信息的掌握程度不一致。这种不对称信息可能导致市场失灵,如逆向选择和道德风险问题。例如,在保险市场,保险公司通常无法完全了解投保人的健康状况,而投保人则掌握更多的个人健康信息。激励机制旨在通过设计适当的规则、合同或激励措施,促使各方在信息不对称的情况下作出最优的决策。其中的关键问题是如何设计激励合同,使代理人在未掌握完全信息的情况下仍能作出符合被代理人利益的决策。例如,在不完全了解员工能力的情形下,直接支付高额工资,员工可能无法创造出与薪酬相匹配的价值,因此,需要考虑如何通过绩效奖金激励员工提高工作效率。信息经济学研究认为,缓解道德风险问题的方法在于让代理人对行为后果承担责任,抑或提供有效的监督机制;对于不可验证性问题的解决,则必须依靠公正有效的司法制度。① 法律的信息激励功能体现于建立起行为人的权利、义务、责任与行为人提供的信息或外在可观察到的信息之间的法律上的联系,通过权利、义务与责任的规定,改变行为人的行为策略,避免行为人隐藏信息和行动。②

  科技创新实际上也属于信息不完全对称的情形,即无法完全了解到科学技术突破后可能带来的后果。理想状态下,科技创新当然能够提高生活质量,促进社会发展,这也是科技创新的目标。但无法否认的是,科技创新的同时也会带来社会风险,尤其显著的是生命科学领域所面临的社会伦理风险。例如,20世纪震惊世界的克隆羊"多莉"的出世引起了轩然大波,克隆技术最初的目的是为研究人类疾病、开发治疗方法提供途径,或用于再生器官和组织,以帮助治疗器官衰竭和其他严重疾病。但这一技术同时也带来了一系列伦理和社会问题,克隆自然人个体可能面临身份和权利的混淆问题,还可能引起社会不平等或基因歧视问题。而作为新质生产力核心要素的科学技术革命性突破的底色是绿色,是期望催

---

① 参见陈钊编著:《信息与激励经济学》,上海三联书店、上海人民出版社2005年版,第58页。

② 参见丰霏:《法律制度的激励功能研究》,吉林大学2010年博士学位论文,第78页。

生新质生产力,实现高质量发展,进而满足人民群众对美好生活的向往。因此,需要在信息不对称的情形下建立完善的激励机制,明确科学技术革命性突破的范围。

面对日益复杂的科技风险,《科学技术进步法》第51条规定,"加强科研作风学风建设,建立和完善科研诚信、科技伦理管理制度,遵守科学研究活动管理规范";2022年,中共中央办公厅、国务院办公厅印发的《关于加强科技伦理治理的意见》指出,"制定完善科技伦理规范和标准。制定生命科学、医学、人工智能等重点领域的科技伦理规范、指南等,完善科技伦理相关标准,明确科技伦理要求,引导科技机构和科技人员合规开展科技活动"。随即,2023年,为规范科学研究、技术开发等科技活动的科技伦理审查工作,强化科技伦理风险防控,出台了《科技伦理审查办法(试行)》。该办法明确了应进行科技伦理审查的科技活动范围,包括涉及以人为研究参与者的科技活动、涉及实验动物的科技活动,以及可能在生命健康、生态环境、公共秩序、可持续发展等方面带来伦理风险挑战的科技活动,首次从法规层面总体性地规定了科技创新应当遵循的准则。该办法还建立了需要开展专家复核的科技活动清单制度,对可能产生较大伦理风险的新兴科技活动实施清单管理。同年,为了促进生成式人工智能的健康发展和规范应用,出台了《生成式人工智能服务管理暂行办法》,其中为维护国家安全和社会公共利益、防范个人信息和隐私权受到侵害、保障数据安全、禁止传播非法内容等,对数据处理活动作出了明确规范。这些法律、法规、规章能够有效消除因科技创新的信息不对称可能带来的不确定性,明确科学技术革命性突破的范围,避免科学技术革命性突破在催生新质生产力的同时带来不可控的社会风险。

四、科学技术革命性突破的法律激励模式

法律的功能是法律内在的作功能力,功能外化为作用才会达到法的目的,使法律得以实现。[①] 法律为激励科学技术革命性突破提供了基本方

---

① 参见付子堂:《法律的行为激励功能论析》,载《法律科学》1999年第6期。

发展动力论：科学技术革命性突破的法律激励

向，但需通过设定具体的规范来影响行为方式和行为结果。法律激励功能的实现，需要有明确的模式，为激励提供具体的操作抓手。法律激励模式具有内容与方法两层含义。在法律制度的设计上，选择激励模式也就是要选择相应的激励因素和激励方式，并将它们通过权利模式、义务模式、奖励模式、惩罚模式、助力模式、阻力模式等激励模式而具体表示出来。①需要说明的是，单独从法律视角来看，法律规范任何行为都是通过赋予权利或施加义务来实现的。但是当以科学技术革命性突破为对象来讨论法律的激励功能时，一切措施都是围绕如何实现科学技术革命性突破展开的，即法律可利用这些措施实现科学技术革命性突破。虽然奖励、惩罚、助力、阻力模式最终也需通过法律规定权利和义务的形式实现，但是这几种模式下的权利和义务并不直接赋加在科技创新的直接行为主体科研人员之上，主要是为政府等科技创新关联主体赋加权利或义务，通过对科技创新关联主体的行为激励，实现科学技术革命性突破。而此处所提的权利与义务模式是指通过给创新的直接行为主体赋加权利或义务激励其实现科学技术革命性突破。

（一）权利与义务模式

权利与义务是法律调整行为最为直接的模式，法律通过赋予个体一定的权利来激励他们实施法律所期望的行为，通过规定个体必须履行的义务来间接激励他们的行为满足法律的要求。②法律通过权利的赋予实现科技创新成果的分配正义，实现法律的公平激励，同时赋加相关义务规范科技创新行为，实现信息激励。权利模式的激励作用体现在，赋予行为主体特定的权利，通过提供利益保障来直接激励其行为。权利模式的核心在于权利的获得通常意味着对资源的控制或经济利益的回报，这种回报能够激励权利持有者积极地从事创新、生产或其他社会活动。义务模式通过设定行为主体应履行的义务来间接激励其行为。这种激励机制的核心在于，义务的履行通常与社会利益的实现或个体利益的保护相挂钩，从而促使行为主体自觉遵守法律规定，采取符合社会期望的行动。义

---

① 参见丰霏：《法律治理中的激励模式》，载《法制与社会发展》2012年第2期。
② 参见丰霏：《法律治理中的激励模式》，载《法制与社会发展》2012年第2期。

务模式的设置旨在通过规范行为来间接引导行为主体,实现法律和政策目标。

在权利与义务模式下,通过给科学技术革命性突破的行为主体赋加权利和义务,保障创新主体的合法权益,引导创新行为和方向,实现科学技术革命性突破。在权利赋予方面,主要包括对科研成果享有的权利、获取合理报酬的权利,以及享有科研成果衍生出的相关利益的权利。首先,科研人员对科研成果享有一定的权利,这些权利是科研人员所有权利的"权利源",包括成果的发表权、署名权和使用权。在科研过程中,通常会产生专利、著作权等知识产权,这些成果的所有权应由科研人员或其所在单位依据合同约定进行明确。科研人员有权要求在成果发布时获得署名权,并对成果的商业化和应用拥有一定的控制权。其次,获取合理报酬是科研人员的基本权利。合理报酬不仅包括固定工资,还可能包括研究经费、奖金等。报酬标准应根据科研人员的工作量、研究贡献和市场薪酬水平来设定。合理的经济回报能够激励科研人员保持高水平的研究热情,并促进科技活动的持续进行。最后,科研人员还应当享有科研成果衍生利益的权利。所谓科研成果衍生利益,是指研究成果的专利可能带来的技术许可或商业化机会,发表的论文可能获得的奖励以及在职称评选中的证明价值。科研人员应当能够分享这些衍生利益,同时利益分配机制应在合同中明确,以确保科研人员从其工作成果中获得应有的回报。在义务方面,一是法律直接赋加的义务,包括科研诚信义务和科技伦理义务;二是科研人员与其所在科研单位签署的合同约定的义务,包括成果产出、成果转化、保密义务等。科研诚信义务要求科研人员真实、准确地记录和报告研究数据,禁止伪造、篡改数据或剽窃他人成果。这不仅是科研工作的基本准则,也是科学进步的基石。科技伦理义务则涉及对研究对象的保护,确保研究过程不违反伦理规范,在涉及人类或动物的实验时,必须获得伦理审批,并确保实验的合理性和合法性。成果产出义务指的是科研人员需要按照合同约定的时间和要求完成预期的研究成果,如论文或技术报告。这不仅体现了科研人员的专业能力,也将影响单位的整体科研业绩。成果转化义务涉及将研究成果应用于实际产品或服务,科研人员需要协助单位进行技术推广和市场化,以实现科研成果的社会价值。保密义务则要求科研人员对敏感信息和未公开的研究成果保密,以防信息泄露对科研成果及其商业潜力造成损害。

在通过权利与义务模式进行激励时,需要注意三个关键点,以确保激励机制的有效性和公平性。首先,权利和义务的设置必须考虑公平性和合理性。权利模式的设计应确保所有相关主体在获取和行使权利时具有平等的机会,避免由于权利的不公平分配而阻碍科技创新。典型的示例就是专利权的公开换取垄断的制度设计带来的问题。科技创新都是建立在现有的科学技术基础之上的,过度的技术垄断会阻碍技术的发展。现有专利法制度下,一些公司可能会为了保护其专利组合而进行"专利壁垒"建设,阻碍其他公司进入市场,从而限制整体创新的速度和范围。义务模式的设计则应确保关于各方履行义务的要求是合理的,并且能够实际落实。法律在设置权利和义务时,应综合考虑各方的实际情况和能力,确保具有可操作性和公平性。其次,权利和义务的设置应具有确定性和可预见性。权利模式中的权利应明确界定,以便行为主体清晰地了解其权利范围和行使方式,避免因权利界定模糊而引发法律纠纷。义务模式中的义务也应具体明确,以确保行为主体能够清楚地理解其义务内容,并按照法律要求履行。法律应尽可能减少不确定性和模糊性,提高法律实施的透明度和公正性,不明确的法律规定所带来的纠纷实质上会进一步阻碍科技创新。最后,法律实施和监督机制应保障权利和义务的落实。权利模式和义务模式的激励效果不仅依赖法律文本的设计,更依赖法律的实施和监督。有效的法律实施和监督机制能够确保权利和义务的落实,防止权利被侵害和义务被逃避。法律应建立健全监督和执法机制,确保各方遵守法律规定,并及时对违法行为进行处理,以维护法律的权威和公正。

(二)奖励与惩罚模式

法律制度中除了关于权利和义务的规定,还存在大量关于法律后果的规定,这些肯定性的法律后果和否定性的法律后果往往作为激励方式中的策略要素发挥重要的激励功能,所以我们有必要进一步讨论以奖励模式为代表的肯定性法律后果和以惩罚模式为代表的否定性法律后果各自的应用空间与原则。① 奖励模式和惩罚模式分别从正面和负面两个方向作用于行为主体,提高或降低创新主体的期望值和效价,以激励行为主体进行科学技术的革命性突破。在这一过程中,理论基础包括"成本—收益"经济学理论和行为强化理论,这些理论为奖励与惩罚的设计提供了科学依据和实践指导。

理性人的决策是基于私人成本与私人收益的比较作出的,个人最优决策在边际私人成本等于边际私人收益时点达到。② 从经济学角度来看,奖励可以提高行为主体的预期收益,降低其创新成本,从而鼓励科研人员进行突破性研究。科学技术革命性突破通常需要大量的资源投入,包括资金、时间和智力。法律通过设立兼具物质和精神的科研奖励措施来激励科研人员,通过提高科研人员的预期收益来增强其进行创新的动机。强化理论的创始人美国心理学家斯金纳认为,环境对行为具有强化作用,即无论是人还是动物,为了达到某种目的都会采取一定的行为,当该行为作用于环境且产生有利结果时,则该行为会重复出现;当该行为作用于环境但产生不利结果时,则该行为动力就会减弱或消失。③ 法律设置的奖励作为一种正强化手段,可以提高行为的发生频率。在科学技术领域,尤其是那些需要大量试验和试错的研究领域,奖励机制可以激发研究人员的积极性,鼓励他们持续进行突破性的尝试。法律通过设立科技创新奖、发明专利奖等,表彰那些取得重大科研成果的个人和团队,这不仅认可了他们的贡献,还能增强他们的成就感和自信心,进一步激励他们持续创新。

奖励模式的有效性也取决于其设计的科学性和公平性。设立奖项时,需要确保奖励的标准明确、公正且具备可操作性。如果奖励标准模糊或难以达成,可能会导致激励效果的削弱。上海"钓鱼执法"案件的经验教训表明,激励措施的设计必须与实际需求相匹配,避免引发不必要的副

---

① 参见丰霏:《法律治理中的激励模式》,载《法制与社会发展》2012年第2期。
② 参见张维迎:《信息、信任与法律》,生活·读书·新知三联书店2003年版,第71页。
③ 参见徐国华、张德、赵平编著:《管理学》,清华大学出版社1998年版,第175页。

作用。科学技术领域的奖励制度也应注重公平性,确保奖励能够真正激励到那些有能力和潜力实现革命性突破的研究者,避免对不具有实际效用的"伪创新"进行奖赏。此外,奖励模式应结合物质奖励与精神奖励,形成综合激励机制。科学技术的革命性突破不仅需要资金支持,还需要对研究人员的认可和精神激励。法律应通过设立荣誉称号、颁发证书、组织表彰大会等方式,增强科研人员的荣誉感和归属感,从而增强其创新动力。这种物质和精神奖励的结合,可以形成双重激励,提升科学技术领域的整体创新水平。

  惩罚模式在激励科学技术革命性突破中的作用虽然不如奖励模式直接,但它依然具有重要的间接激励作用。科学技术领域的创新往往伴随着风险和不确定性,不良行为如抄袭、数据造假等会导致"劣币驱逐良币",阻碍科学技术的进步。法律通过设立严厉的惩罚措施,能够有效遏制这些不良行为,从而保护科技活动的公正性和科研成果的原创性。惩罚模式的设计需要基于功利主义原则,即惩罚应当有效避免更大的社会损害。在科学技术领域,惩罚措施不仅要有威慑力,还应具有可行性。另外,惩罚模式在实际应用中也需要结合人性相容原则,避免过度惩罚。在设计惩罚措施时,法律应考虑行为主体的实际情况,确保惩罚的公平性和合理性。惩罚的目的是维护科技活动的诚信和公平,而不是简单地对违法行为者进行惩罚。因此,惩罚措施应当有明确的界限,不应超出行为主体的承受能力,也不应对其造成不可逆的伤害。在科学技术领域,惩罚模式还需要遵循激励与保护相协调原则。虽然惩罚是为了维护科技活动的公正性,但对违法者的惩罚不应忽视给其改正的机会。法律应提供适当的申诉和复审机制,确保科研人员在受到惩罚后能够有机会进行自我纠正和重新参与科研工作。同时,对受害者的保护也同样重要,如对因科研不端行为受害的科研团队和个人进行适当的补偿和支持,以恢复其正常的科技活动。

  法律通过奖励与惩罚模式实现对科学技术革命性突破的激励,需要在理论基础的指导下精心设计和实施奖励与惩罚措施。奖励模式通过提升科研人员的预期收益和增强其成就感,能够有效激励科学技术的创新;

惩罚模式通过遏制不良行为和维护科技活动的公正性,能够为创新提供良好的环境。在实际应用中,奖励与惩罚模式应充分考虑公平性、合理性和保护措施,以确保激励机制的有效性和公正性,从而推动科学技术的革命性突破,促进社会整体的发展和进步。

(三)助力与阻力模式

除上述两种以科学技术革命性突破的内部要素为激励对象的模式外,法律还能以科学技术革命性突破的外部环境为激励对象,通过设置相应的助力或阻力辅助机制,为科技突破创造条件。其中,助力模式是指法律为激励行为主体的行为(包括作为与不作为)发生而设置相应的辅助机制,为行为主体实施行为创造条件,帮助其实施法律所期望的行为;阻力模式是指法律为激励行为主体的行为(包括作为与不作为)避免而设置相应的约束机制,破坏行为主体实施行为的条件,阻止其实施法律不期望发生的行为。①

助力模式通过为科技创新提供支持和激励,创造有利的外部环境,从而激发创新主体的积极性。助力模式主要根据现有法律规定制定相关政策,包括税收优惠或直接的物质支持等。在助力模式中,税收优惠是间接性支持措施之一。研发费用加计扣除是国家鼓励企业加大研发投入的税收优惠政策,对减轻企业税负、提升科技实力发挥了重要作用。② 通过减轻企业和个人的税收负担,税收优惠政策降低了科技研发的成本,提高了创新活动的经济回报。税收优惠措施不仅包括对研发支出的抵免,还包括对研发人员的工资支出进行减税,从而直接增强了科技企业和科研机构资金的流动性。政府的直接物质支持也在助力模式中发挥了重要作用。政府根据已有法律规定,通过设立专项基金或资助计划,为具有创新潜力的科技项目提供资金支持。这些资金支持可以用于技术开发、实验研究和市场推广,减轻了科研机构和科技企业的财务压力。地方政府还可以根据《科学技术进步法》《促进科技成果转化法》制定相关地方性法

---

① 参见丰霏:《法律治理中的激励模式》,载《法制与社会发展》2012年第2期。
② 参见徐海峰等:《投之以桃,报之以李:加计扣除税收优惠与企业科技创新责任》,载《中国科技论坛》2024年第7期。

发展动力论：科学技术革命性突破的法律激励

规，为科技企业提供技术咨询服务、市场开拓支持等，进一步促进技术成果的应用和转化。政府的政策支持不仅降低了研发成本，还提升了技术创新的实际应用效果，提高了生产效率。同时，政府通过提供土地使用优惠、人才引进优惠等政策，为科技企业和科研机构提供必要的基础设施和实验环境，吸引更多的科研人才助力科技创新。土地使用优惠包括降低土地租赁价格、提供免费的实验室和办公空间等。这种优惠措施降低了科技企业和科研机构的运营成本，为科技研发提供了良好的物理环境，从而推动技术的进步和创新。通过制定引才政策，吸引高端科研人才和技术专家从事科技研发工作。人才引进优惠政策包括提供住房补贴、生活津贴、研究经费等，旨在吸引和留住优秀的科研人员。面向境外人才的引才政策可以加强国际交流与合作，提升科技企业的全球竞争力，推动技术的国际化发展。

阻力模式主要通过设立法律约束，增加不期望行为的实施成本和风险，以降低科技活动中可能产生的负面影响。阻力模式的实施手段包括法律禁止与监管、设立处罚措施、风险评估与管理以及技术限制与规范。法律禁止与监管是阻力模式的基础，通过明确禁止某些不期望的科研行为，并建立严格的监管机制，法律能够有效地控制不符合规范的行为。首先，法律禁止与监管是阻力模式的关键手段之一。法律通过明确规定哪些科技行为是不可接受的，设定了行为的边界，确保科技活动不会偏离社会和伦理的规范。例如，法律规定禁止未经授权的生物实验，或者限制某些具有高风险的技术的应用。同时，建立严格的监管机制也是阻力模式的重要措施。监管机制包括对科技项目的审批监管、对实验过程的持续监控以及对技术应用的定期审查。这些措施能够确保所有科技活动都在法律规定的框架内进行，及时发现并纠正不符合规范的行为，防止负面结果的发生。其次，设立处罚措施是阻力模式的另一个关键手段。通过实施行政处罚或追究刑事责任，法律能够有效增加不期望行为的经济成本和法律成本，从而抑制这些行为的发生。行政处罚通常包括高额罚款、停业整顿或责令整改等措施。这些措施能够直接增加不期望行为的实施成本，使相关主体在进行科技活动时更加谨慎。行政处罚不仅具有威慑作用,还能有效防止极端的不规范行为。刑事责任的设立对于那些故意伪造实验数据或隐瞒重要信息的行为,能够提供强有力的法律制裁,维护法律的权威性。再次,风险评估与管理是阻力模式不可或缺的部分。法律通过强制要求对科技项目进行全面的风险评估,确保在项目启动前,科技企业和科研机构能够识别潜在的社会、环境和经济风险。风险评估提供了对可能产生的负面影响的深入分析,这有助于科技企业和科研机构制定有效的风险管理措施。通过要求制订详细的风险管理计划,法律能够确保科技活动在可控的风险框架内进行。这些计划包括风险的识别、控制措施的制定以及应急预案的准备。最后,技术限制与规范是阻力模式的另一重要手段。法律通过对某些技术的应用范围进行限制,例如,规定高风险技术只能在特定条件下使用,从而防止技术滥用。技术规范包括制定详细的技术标准和操作程序,确保技术的研发和应用符合社会伦理和安全要求。通过这些限制和规范,法律能够有效地促进科技进步,防止技术带来的潜在风险。

助力与阻力模式应根据社会和科技发展的实际需求适时进行调整,以确保其效果和适用性。科技的进步和社会需求的变化不断推动新的挑战和机遇的出现,固定不变的政策和法律措施难以有效应对这些变化。助力模式通过提供资金支持、政策优惠来激励科技创新,而这些支持措施必须根据科技领域的实际进展和新兴技术的特定需求进行动态调整。随着新技术的出现,政府可能需要调整其支持策略,提供有针对性的资源配置或优化支持方案,以促进新技术的研发和应用。与此同时,阻力模式通过设立法律约束、实施处罚措施和进行风险管理等降低科技活动产生的负面影响。随着科技的发展,新风险和新挑战不断出现,阻力模式也需要灵活调整法律法规和监管措施。这种调整应基于对新兴技术潜在风险的及时识别和评估,确保法律和监管措施能够有效应对技术发展带来的新问题。

法律激励在科技创新中的实现依赖三类六种激励模式的相互作用和协调,这些模式并不是孤立存在的,而是通过相互联系和互相辅助,共同作用于科技创新的推动和规范管理。权利模式为创新活动提供了保障和激励,义务模式则规范了科技行为。这两者的协调与配合,有助于保障创新动力。奖励模式和惩罚模式作为行为激励的具体手段,通过提供积极激励和施加消极激励来影响创新活动。这两者的结合能够在激发创新活力的同时,有效抑制和纠正不当行为,确保科技创新在合法合规的框架下进行。助力模式和阻力模式作为环境优化和风险控制的手段,共同作用于科技创新的环境构建和风险管理。阻力模式通过法律禁止与监管、设立处罚措施、风险评估与管理、技术限制与规范等手段,降低科技活动中可能出现的负面影响,确保创新过程的安全性和合规性。助力模式和阻力模式的相互配合,不仅优化了科技创新的外部环境,还有效控制了潜在风险,促进科技创新的健康发展。总体而言,这三类六种激励模式在科技创新中的作用是相互交织和补充的。权利模式和义务模式提供了基本的法律框架和行为规范,奖励模式和惩罚模式则通过具体的激励和约束手段直接影响创新行为,助力模式和阻力模式则从环境优化和风险管理的角度保障科技创新的顺利进行。通过这些模式的综合运用,法律激励能够更有效地促进科技进步,同时管理和控制创新过程中的各种风险,实现科技创新的可持续发展,推动科学技术取得革命性突破,催生新质生产力。

五、科学技术革命性突破法律激励的精进

目前我国已经建立了相对完备的科学技术革命性突破的法律激励体系,这一体系在推动科技进步和创新方面发挥了积极作用。然而,随着科技竞争的加剧和科学研究的深入,仍需进一步精进法律视角下科技创新的激励机制,推动科学技术取得革命性突破。科技竞争的加剧产生对科研人才的激烈争夺,在全球化背景下,各国和地区为了争夺顶尖科研人才,不断推出具有吸引力的激励措施,如高额薪酬、研究经费支持、优厚的生活待遇等。科技创新的不断深入使得科技创新的物质需求不断扩大,尤其是在高新技术领域,如人工智能、量子计算、生物技术等领域的研发活动往往需要巨额的资金和长期的资源投入,在此情形下,需要进一步加大科研资金的"开源",并优化管理措施,提升利用效率。同时,科技创

新对社会的影响也在不断变化。科技突破不仅带来了巨大的经济效益,还带来了新的社会、伦理和环境方面的挑战。现有的法律激励机制在应对这些新兴挑战时可能存在滞后或不足,需要通过动态调整优化法律法规,及时回应这些社会影响,确保科技创新在安全保障、伦理规范和环境可持续的框架内进行。总的来说,虽然现有的法律激励体系为科技创新提供了基本的支持,但随着科技的不断发展和社会需求的变化,仍需不断优化和调整。

(一)加强科研人才利益的分配与保障机制

科学技术革命性突破最重要、最核心、最根本的问题是人才问题,激发科研人才的创新主观能动性是实现科学技术革命性突破首先要解决的问题。目前我国在精神激励方面已建立规范且成体系的激励制度,关于物质激励也有相应政策文件的支持,但对科研人才利益的分配与保障还需进一步加强。具体而言,主要是在科研成果权益分配、科研人员薪酬保障、人才自由流动方面,还需规范和加强。

科研成果权益分配包括科研成果归属权益的分配和相关衍生权益的分配。科研成果的权益归属是科研人才一切权益的来源,在现有的科研人才评价体系中,产出成果是核心评价要素,无论是物质收入还是荣誉奖励等,都以成果所产生的价值和效益为参考依据。由成果侵占、成果输送、学术站台等主客观因素交织而成的科研成果署名者权利与义务一致性偏差,从根本上导致我国科研领域成果合作署名的"未做贡献而署名、有贡献而不署名、排序与贡献不符"三类典型乱象。① 然而,目前仅有知识产权相关法律法规规定了科研成果的归属和权益分配的规则,且知识产权相关法律法规仅明确了科研成果归属于发明人或属于职务发明创造的所在单位,并未明确不同完成人在科研成果中的排名方式或权益比例。现有的科技创新几乎都是由团队协同完成的,对于成果所带来的权益,基本按排名进行分配。尽管各大高校的科研管理规定中包含了关于科研成果署名和排名的条款,或在由高校承担的国家级、省级或其他级别科研项

---

① 参见段从宇、李人杰:《规范科研成果合作署名的困境与突破——基于权利义务一致性的探讨》,载《中国高校科技》2019年第9期。

目的管理办法中会有关于研究成果署名的具体规定。但这些规定大多都不具有强制效力和完善的监督机制,无法保障科研团队中的弱势成员。因此,有必要利用法律法规建立统一且成体系的科研成果利益分配机制,保障科研人员的基本权益。首先,明确贡献标准,量化每位科研人员的实际贡献。其次,制定贡献比例认定制度,设立署名排序原则,确保贡献较大者在前。建立追责和纠错机制,处理署名过程中出现的争议和不当行为,包括伪造贡献和挂名等,并设立明确的投诉渠道和纠错程序。科研成果相关衍生权益的分配主要是指在职务成果的转化过程中,创造人和单位之间的权益分配问题。创新团队成员之间的权益分配问题,在署名机制健全后能够得到妥善解决。职务科技成果权属分置制度的实施,旨在提高我国职务科技成果的转化率,然而由于知识产权归属制度不尽科学合理、科技成果处置路径存在局限性、科研人员奖酬机制失调,以及政府规制中存在的制度设计缺陷,该制度实施后并未达到预想中的效果。[1] 现行法规体系缺乏顶层设计统筹,一方面提倡赋能,另一方面仍存在制约赋权的关键障碍;知识产权法、科技法、资产管理法等规定纷杂交错且多头冲突,对成果依法赋权与权能利用造成不利影响;职务成果混合所有制、非资产化管理等权属赋能改革存在合法性困难。[2] 职务科技成果权属改革的法规体系协调对策主要集中在以下关键层面:第一,需要打牢科技成果的法律基础,包括明确科技成果在民法体系中的权利基础、制度结构,以及赋权的对象和主体。此外,还需明确规定权利与义务的范围,以确保科技成果的所有权和使用权清晰明确。第二,应规范改革依据,解决合法性障碍,明确赋权的实施规则,并完善相关的配套环境和制度安排,这有助于推动改革的有效落实。改革还应着重于激励高质量成果的创新和优化对科技类国有资产的管理。制定激励政策以推动创新,并优化对科技资产的管理和配置,有助于提高科技成果转化效率。

---

[1] 参见李昕、卞欣悦:《我国公立大学职务科技成果权属分置制度的困境与完善》,载《湖南师范大学教育科学学报》2020年第2期。

[2] 参见张栋等:《职务科技成果权属改革全方位法规体系协调研究》,载《科技进步与对策》2024年第15期。

科研人员的收入在生活保障、工作稳定性、创新能力、人才吸引与留存等方面具有重要作用。合理的收入分配不仅能够激发科研人员的工作热情，还能提升科研工作的整体质量和效率。过于僵化的绩效工资总量管理不仅限制了科研院所创新的动力、活力与能力，而且使得各级政府出台的相关科技创新政策难以有效落地，成为推动科技创新、实现创新发展的制度性障碍。[①] 目前我国科研人员激励保障机制仍面临科研人员总体收入不高、不平衡，稳定性保障不足，相关激励政策效应有待释放，对高端人才和中青年科研人员激励保障不到位等问题。[②] 因此，需要进一步优化科研人员的薪酬制度，激励科研人员的创新动力。优化科研人员的薪酬制度并激励其创新动力，可以从以下几个方面进行改进：第一，建立分层次的薪酬制度。结合基础工资与绩效工资，设立较高比例的固定工资以保障科研人员的基本生活，同时通过绩效工资激励科研成果产出。基础工资提供稳定的经济支持，绩效工资则依据研究成果和项目完成情况进行调整。对于从事基础科学研究或在艰苦地区工作的科研人员，应设置专项津贴；对于创新成果突出的科研人员，提供一次性奖励。第二，设计差异化的薪酬结构。按科技活动类型区分薪酬，基础研究领域的单位应有较高比例的固定工资保障，应用研究领域的单位则应强化激励性薪酬，允许通过市场化服务实现更高的收入。针对科研人员的个体差异，对高水平科研人员设置更具吸引力的薪酬方案，包括研究经费的比例分配和市场化薪酬调整。第三，优化绩效管理体系。科学的绩效考核应结合科研人员的工作性质，设置灵活的考核指标，包括科研成果质量、项目进展、团队合作等。避免短期化考核，鼓励长期创新。应将个人考核与团队考核相结合，对涉及多个学科的团队合作，应同时考虑个人绩效和团队绩效，确保团队合作和个人贡献得到合理评估。第四，建立动态调整与激励机制。根据市场薪酬水平、物价变动和科研经费状况定期调整工资和津贴，对于绩效优秀

---

① 参见韩凤芹、周孝：《科研院所绩效工资总量管理的改革创新》，载《行政管理改革》2021 年第 7 期。

② 参见潘昕昕、张缨、翟妍：《我国科研人员薪酬激励制度改革进展、问题和对策》，载《科技管理研究》2022 年第 12 期。

的单位和个人,提供动态调薪机制。除了金钱奖励,还可以通过设置科研项目的优先权、研究经费的优先分配等,增加非经济激励因素。第五,完善工资调查与对标机制。通过定期调查科研人员的薪酬水平,与国内外同行对标,确保薪酬具有竞争力。借鉴国际成功的科研人员薪酬模式,结合我国实际,制定合理的薪酬政策。

伴随着全球经济的一体化发展,人才流动成为一种不可遏制的必然趋势,越来越多的企事业单位,借助与雇员签订保密协议或竞业禁止条款达到保护商业秘密的目的。① 竞业禁止协议限制了科技工作者在不同公司和行业间的流动,减少了知识和技术的交流。这种限制可能减缓技术创新和行业进步,因为创新往往依赖跨企业和跨领域的知识分享。竞业禁止协议还可能抑制员工创办新公司的意愿,减少新创企业的数量,影响整体创新生态,同时还可能导致市场集中度的提高,降低市场的竞争程度,而竞争是推动科技创新的关键因素。此外,竞业禁止协议可能导致工资水平降低,因为它限制了员工跳槽的自由,减少了员工对更高薪机会的选择,进而影响员工的创新动力和投入。在人才流动存在新需求、用人单位可能滥用竞业限制范围条款、企业经营范围登记法规变化的背景下,对竞业限制范围的界定应该采用严格的合理性标准。② 平衡竞业禁止协议对人才流动的限制,关键在于制定合理的协议条款和实施有效的管理措施。竞业禁止的期限和范围应与员工的实际工作内容和企业的合理商业利益相匹配,避免过度限制。此外,企业应通过建立完善的知识产权保护体系和商业秘密管理制度,减少对竞业禁止协议的依赖。同时,要强化监督和透明度,确保协议的执行和实施过程公平。建立透明的协议审查和执行机制,确保协议的条款符合公平原则,防止滥用和过度限制。

(二)优化科研资金投入的管理与促进机制

科研资金作为科学技术革命性突破的支撑要素,其投入数额大致和

---

① 参见张素勤:《人才流动扣问竞业禁止的规范性操作》,载《山西财经大学学报》2009年第S1期。

② 参见林欧:《约定竞业限制范围的合理性分析》,载《法律适用》2017年第15期。

科技创新的产出成正比例关系。科研资金的投入分为政府投入和社会投入。如前所述,我国政府对于科研资金的投入随着经济的发展逐年增加,中央和地方的资金投入结构也逐渐优化。在国家深刻认识到科研资金是科技创新驱动力的前提下,政府利用科研资金实现科学技术革命性突破的重点不在于加大投入力度,而在于优化管理机制,提升科研资金的利用效率。但就社会投入而言,目前我国的投入力度较低,来自非营利组织的社会资金对科学研究的投入不足,金融资本与科技活动对接的方式缺乏。① 社会资金投入不足导致科技创新的潜力没有得到充分发挥,限制了作为主要创新主体的企业创新的规模和深度,也削弱了对高风险、高回报研究的支持力度,需要进一步加大社会投入。

科研经费作为科技活动的基础保障,其应用效能直接影响科技创新成效。随着2016年7月中共中央办公厅、国务院办公厅《关于进一步完善中央财政科研项目资金管理等政策的若干意见》的出台和2025年1月财政部、科技部对《国家重点研发计划资金管理办法》的修订,我国科技活动步入了新格局,科研经费管理也步入了新常态。但目前,在结余资金管理、经费绩效评价管理、科研财务助理制度落实等方面有待加强和完善。② 推动科研资金管理的信息化也是优化资金促进与管理机制的重要方面。法律应鼓励并规定科研资金管理的信息化要求,推动资金管理系统的数字化和智能化。建立科研资金管理信息系统,实现资金申请、审批、拨付、使用和报告的数字化管理,提高资金管理的效率和准确性。信息化管理能够减少人工操作的错误,提高资金管理的透明度和监督力度。在推动信息化过程中,法律应重视数据保护和隐私安全。科研资金管理信息系统的设计和实施需符合《个人信息保护法》和《网络安全法》等相关法律,确保资金管理数据的安全。法律应规定科研资金管理信息系统采用加密技术保护敏感信息,并实施访问控制机制,防止数据泄露和未经授权的访问。就科研财务助理制度的落实而言,需要详细定义科研财务

---

① 参见王颖等:《构建制度环境 引导社会资金投向科学研究》,载《中国科学院院刊》2022年第9期。
② 参见郭蕾等:《国家自然科学基金经费管理改革实践与思考》,载《中国科学基金》2022年第5期。

助理的岗位职责，包括预算编制、经费支出和财务决算等，并建立相应的考核机制，以确保工作的规范性和高效性。为此，必须建立健全的监督管理机制，对科研财务助理的工作质量和效率进行有效监督，确保科研经费的合理使用。此外，通过相关法律法规提供必要的保障，包括劳动合同和知识产权保护等，以确保科研财务助理的合法权益得到维护。法律保障不仅能提升科研财务助理的工作安全感和满意度，还能增强岗位的吸引力和稳定性，从而促进其长期稳定地从事科研财务管理工作。这些措施共同作用，有助于提高科研经费管理的整体效率和质量。

在加强社会投入方面，可以支持设立具有独立法人资格的"科技慈善基金会"，募集捐赠资金主要用于基础研究等公益性研发活动，与国家资金形成"互补"。① 设立具有独立法人资格的"科技慈善基金会"，募集捐赠资金主要用于基础研究等公益性研发活动，这一提议符合《中华人民共和国公益事业捐赠法》（以下简称《公益事业捐赠法》）和《中华人民共和国慈善法》（以下简称《慈善法》）的规定。根据这些法律的规定，慈善活动和公益事业包括推动科学的发展，因此设立此类基金是合理且合法的。从法律角度来看，设立"科技慈善基金会"应重点关注依法设立和管理。《慈善法》规定设立基金会需依法登记，取得合法的法人资格，涉及基金会章程的审查、管理人员的资格审查以及组织机构的设置等。此外，法律应规定基金会在运营过程中必须遵守慈善事业的相关规定，确保其运作的合法性和透明性。人事制度与组织机制的建立也需要法律的支持。基金会应制定符合《慈善法》要求的人事管理制度，明确岗位职责和薪酬标准，建立有效的组织结构。这包括设置理事会、监事会等治理机构，确保基金会的决策和监督机制符合法律的要求，同时保持基金会的独立性和公正性。税收优惠政策的支持是基金会长期健康发展的重要保障。根据《慈善法》的规定，对符合条件的公益性基金会，国家应提供一定的税收优惠，如免征所得税、捐赠税收减免等。这些政策可以激励更多的企业和个人进行捐赠，从而扩大基金会的资金来源，提高其资助能力。现有法律和

---

① 参见王颖等：《构建制度环境 引导社会资金投向科学研究》，载《中国科学院院刊》2022年第9期。

政策措施可以为"科技慈善基金会"的设立和运行提供坚实的法律保障,从而有效推动基础研究和公益性科技活动的发展,并与国家资金形成互补,为科学技术的进步做出贡献。

优化科研资金投入的促进机制,尤其是在金融市场的资金投入方面,法律需要建立和完善相关机制,以推动金融资源流向科研领域。可以通过法规、政策设置激励措施,鼓励金融机构参与科研资金的提供。具体而言,可以通过税收优惠、金融补贴或风险分担机制,降低金融机构在科研投资中的风险与成本。风险投资和私募股权在推动科研创新方面扮演着重要角色。法律应当支持和规范这类投资方式,鼓励风险投资基金和私募股权基金投入科研领域,包括设立专门的科技创新风险投资基金,并制定相关法规,以规范投资流程、评估标准和回报机制。通过法律支持风险投资基金在科研项目中的资金投入,鼓励基金经理与创新主体合作,推动科技成果的商业化。此外,法律应促进科技企业融资渠道的多样化,为其提供多种融资方式,包括发行科技债券、进行股权融资、引入战略投资者等。法律应规定科技企业融资的条件和程序,确保融资过程的透明和合规。科研成果的金融化是推动资金投入的重要途径。法律应支持和规范科研成果的知识产权证券化、技术转让等金融化操作。作为创新经济的核心,知识产权的金融服务,是支撑创新型国家建设的重要手段。① 推动修订相关法律法规,允许科研成果作为抵押物进行融资,或者将科研成果转化为可交易的金融产品。这可以为科研机构提供额外的资金支持,促进科研成果的市场化和商业化。加强对金融市场中科研资金投入的监管和风险防控也是优化资金投入机制的关键。法律应规范金融市场中的科研投资行为,例如,风险投资的合规要求、金融产品的透明度要求等。建立健全的金融监管体系,对金融机构在科研投资中的行为进行监督,确保金融机构遵守法律法规,防止资金滥用和不当操作。同时,设立专门的金融监管机构,对科研资金的投入和使用情况进行定期审查,及时发现并解决潜在问题。法律还应鼓励金融创新以服务科研领域的需求。

---

① 参见梁艳:《知识产权直接证券化的逻辑与进路——以驱动科技创新为视角》,载《中国科技论坛》2019年第2期。

例如,推动金融科技公司与科研机构合作,开发适用于科研资金管理的技术工具,如智能合约、区块链技术等。这些技术可以提高资金管理的效率和透明度,减少人为操作的错误和风险。通过法律支持金融科技创新,促进金融市场为科研提供更为精准和高效的资金服务。

(三)平衡科研环境治理的引导与规范机制

科技进步是推动社会发展的核心驱动力,然而在创新的道路上,科技风险治理与科技创新的平衡是一个至关重要但复杂的课题。科技风险治理的本意是引导科技创新向善,带来社会效益、经济增长和生活质量的提高,但其伴随的科技风险也可能对社会、环境和人类健康造成潜在威胁,需要对其加强规范。尤其是随着新兴科技与社会深度融合发展,社会技术系统日益增长的复杂性、动态性和多样性使新兴科技的伦理问题日益凸显,采用以往的线性治理形式并不能有效解决这些问题,而且可能阻碍新兴科技创新和社会效益最大化,因此,我们亟须一种更加敏捷灵活、动态开放的治理形式。① 政府管理部门位于敏捷治理框架的上层,要做好法律的修订、规定的细化、原则的指引和科研开发的引导工作,对不同的行业设立相应的科技伦理(审查)委员会,建立多元协商机制,保证不同层次、不同学科的管理人员能够切实参与到治理当中,在以人民为中心的基础上最大限度地利用颠覆性技术带来的进步与福利。② 科技的敏捷治理需要确保政策和法规能够快速适应技术变革。这要求制定适应性政策和法规,以应对科技发展带来的挑战和机会。随着技术的迅速进步,现有政策、法规往往会显得滞后,导致政策、法规和技术之间的脱节。因此,构建一个灵活的法律、政策框架至关重要,其中动态调整机制可以发挥关键作用。

适应性政策和法规的制定需要具备深刻的前瞻性思维,以应对技术进步带来的潜在挑战和机遇。前瞻性思维要求政策制定者不仅要关注当前的技术现状,还需对技术的发展趋势、潜在的技术突破和可能带来的社

---

① 参见李磊、鲁晓:《新兴科技的伦理治理:概念、框架与实践路径分析》,载《自然辩证法研究》2023年第9期。

② 参见杨杰、吴琳伟、邓三鸿:《颠覆性技术视角下科技伦理的敏捷治理框架探讨》,载《中国科学基金》2023年第3期。

会影响作出预测。这种思维方式能够帮助政策制定者预见技术发展带来的挑战,例如人工智能技术可能引发的隐私泄露和就业结构变化,并在技术发展初期进行应对。同时,前瞻性思维还能够把握技术进步带来的新经济增长点或社会福利,通过有效的政策推动技术的积极应用。为了实现这一目标,需要系统地预测和分析技术趋势,通常包括技术监测、趋势分析和风险评估。技术监测涉及定期跟踪技术领域的最新发展,通过技术报告、行业分析和学术研究获得相关信息。趋势分析需对技术发展态势进行评估,识别可能的技术突破和变革,并通过大数据分析和机器学习来预测技术发展对社会和经济的潜在影响。风险评估则有助于识别技术发展可能带来的风险,如伦理问题和安全隐患,并制定具有针对性的应对措施。此外,前瞻性政策制定需要与技术专家、行业领袖和学术机构进行紧密合作。技术专家提供最新的信息和专业意见,行业领袖了解实际需求和挑战,学术机构则提供前沿的研究成果和理论支持。这种多方合作有助于政策制定者更好地认识技术发展趋势和社会影响,并制定更具实用性的政策和法规。为了应对未来可能出现的挑战,政策制定者可以通过制定法规预案来做好准备。在技术尚未完全成熟时,构建一个灵活的法规框架,确保在技术发展成熟后能够迅速调整和执行。同时,对法规预案进行评估,确保其在技术发展过程中能够有效应对各种潜在问题,并根据实际应用情况进行动态调整。通过研究其他国家和地区在类似领域的政策经验,可以借鉴其成功的做法、规避其失败的教训。例如,欧盟的《通用数据保护条例》在数据隐私保护领域通过前瞻性的政策设计和法规预案,有效应对了数据隐私问题。我国《生成式人工智能服务管理暂行办法》提前考虑了技术的伦理和社会影响,为未来的技术应用提供了指导。

　　适应性法规的实施还需要具备灵活的调整机制。传统的法规可能无法满足迅速变化的科技创新,因此制定具有适应性的法规至关重要。这可以通过迭代更新机制来实现,即定期评估法规的效果,并根据反馈进行调整。多层级调控也是提高法规适应性的一种方法,即结合国家的法规和各行业的自律规范,允许根据具体行业的技术特征进行调整,从而满足不同行业的需求,提高法规的有效性和针对性。在多层级调控的框架下,国家层面通常负责制定宏观政策和法规,为全国范围内的科技发展提供总体指导。不同行业层级的行为规范体系需依据各行业的特点和风险防控需求,制定有针对性的规范。① 这些规范是为了应对行业内特定的挑战,确保技术应用符合相关的伦理标准。每个行业由于其特有的工作环境、操作流程及技术应用场景,可能面临不同的伦理问题和风险,因此需要制定有针对性的规范来指导和约束行业实践。这种行业特定规范有助于在技术实施过程中处理好各类特殊问题,确保在遵循基本伦理原则的基础上,满足各自领域的具体需求。通过这样的方法,可以在不同行业中实现更加精细化和有效的科技治理。

科技创新是一个复杂、多元的系统工程,需要宏观和微观多主体参与实现协同共治。② 科技的发展极大地提升了社会的多元程度,科技伦理治理需要正视这种多元价值观念,推动理性的讨论与论辩,增进相互理解,发现潜在共识,引导形成一种有秩序的多元价值观念。③ 公众和利益相关者的广泛参与在制定适应性政策和法规中不可或缺。这种参与不仅涉及政府部门,还包括科技公司、用户、法律专家以及其他相关方。政策制定者通过组织广泛的公众咨询和意见征集活动,能够更全面地了解社会各界的需求和期望,从而制定出兼顾各方利益的政策。透明和开放的政策制定过程有助于增强政策的公信力和接受度,能够避免政策实施后产生意外的负面效果。此外,建立利益相关者平台或委员会是有效的机制,这些平台汇聚了来自不同领域的专家、企业代表、学术机构代表和公众代表,定期讨论政策的适应性问题。通过这些平台,各方可以共同讨论政策的实施效果,提出改进建议,并解决实施过程中出现的问题。这种持续的沟通与合作,不仅有助于政策的调整和优化,还能促进政策的顺利实施并获得社会的广泛支持。利益相关者平台的存在还可以帮助预见和应

---

① 参见谢尧雯、赵鹏:《科技伦理治理机制及适度法制化发展》,载《科技进步与对策》2021年第16期。
② 参见韩凤芹、陈亚平:《适应高水平自立自强的科技创新双层治理逻辑与实现路径》,载《中国科技论坛》2023年第9期。
③ 参见赵鹏、谢尧雯:《科技治理的伦理之维及其法治化路径》,载《学术月刊》2022年第8期。

对潜在的政策挑战。通过与技术专家、企业代表及其他相关方的互动,政策制定者能够提前认识到新兴技术可能带来的风险,并制订相应的法规预案。这种前瞻性的预案使得法规在技术发展成熟后能够迅速实施,从而在面对未来技术挑战时具备更强的适应性和灵活性。

适应性政策和法规的实施需关注全球科技治理的协调。颠覆性技术通常具有跨国界的影响,科技治理需要国际社会的积极合作,通过国际合作和对话,建立跨国协调机制,制定涵盖数据共享、隐私保护、技术标准和伦理指南等内容的合作协议,为各国制定政策提供参考和支持。① 科技领域的许多问题,如数据隐私、网络安全和人工智能伦理,都是全球性挑战,单一国家或地区的政策难以全面应对这些问题。因此,国际协调可以有效地整合各国资源与智慧,确保全球科技治理的一致性和有效性。参与制定和遵守国际技术标准和法规是实现全球科技治理协调的重要手段。国际技术标准通常由多个国家和地区的专家共同制定,这些标准能够为技术交流和合作提供共同的基础。遵守国际技术标准不仅有助于提高技术的兼容性和互操作性,还能减少由于标准不一致而造成的国际贸易壁垒。国际技术标准为各国提供了一致的规则和指南,有助于降低跨国技术开发和应用的风险。与其他国家的政府、国际组织和行业协会进行合作,也是推动全球科技治理协调的有效途径。通过信息共享和实践交流,各国可以学习和借鉴其他国家在科技治理方面的成功经验,提升自身的政策和法规制定水平。这种跨国合作能够促进全球科技政策的趋同,减少各国或地区之间政策实施中的摩擦,并协商出符合各方利益诉求的解决方案来应对全球性挑战。

---

① 参见薛桂波、燕茹:《科技伦理治理战略下颠覆性技术的伦理挑战及其应对》,载《科技管理研究》2024年第10期。

第四章

发展协调论：
生产要素创新性配置的法律调节

随着科技创新与数字经济的发展，传统的生产要素配置方式逐渐被打破，新的生产要素配置方式逐渐萌芽，并推动我国生产力水平跃升。现阶段，新质生产力已成为支撑中国经济高质量发展的重要动能，亟须与之相契合的新型生产要素配置方式。在此背景下，如何创新生产要素配置方式、促进各类先进优质生产要素向发展新质生产力顺畅流动[①]，成为值得探讨的重要问题。从法治视角回应发展新质生产力背景下的生产要素创新性配置问题，一方面，需处理好各类生产要素之间的关系；另一方面，需处理好生产要素与市场主体之间的关系。具体表现为，疏通生产要素配置过程中的堵点卡点，发挥生产要素协同配置效应，促进生产要素优化组合、渗透融合、高效流动，实现全要素生产率的提升。这一目标的实现需发挥法律在生产要素创新性配置中的协调、保障与促进功能。在协调功能方面，需完善生产要素交易机制，确保市场在生产要素配置中发挥决定性作用，提升生产要素配置效率。在保障功能方面，需发挥政府对生产要素创新性配置的规制作用，对市场竞争与要素价格进行规制。在促

---

① 2024年1月31日，习近平总书记在二十届中共中央政治局第十一次集体学习时强调，要深化经济体制、科技体制等改革，着力打通束缚新质生产力发展的堵点卡点，建立高标准市场体系，创新生产要素配置方式，让各类先进优质生产要素向发展新质生产力顺畅流动。参见《习近平在中共中央政治局第十一次集体学习时强调 加快发展新质生产力 扎实推进高质量发展》，载《人民日报》2024年2月2日，第1版。

进功能方面,需培育促进生产要素创新性配置的社会环境,为生产要素配置的创新提供长远动力。本章将系统分析上述问题并提出解决方案,试图构建与新质生产力相匹配的生产要素配置方式,即以法律视角分析生产要素创新性配置问题。

一、新质生产力发展的关键驱动:生产要素创新性配置

新质生产力,特点是创新,关键在质优,本质是先进生产力。① 发展新质生产力,生产要素创新性配置发挥着关键驱动作用,通过引领产业转型升级与推动发展模式革新为新质生产力发展提供必不可少的物质基础。

(一)生产要素创新性配置何以成为新质生产力发展的关键驱动?

生产力是人们生产物质资料的能力,包括人的因素和物的因素,也包括被利用的自然力,还包括科学技术以及在生产中的分工协作和生产组织等社会结合方式。② 人类的发展史就是生产力不断进步的历史。各个时代的生产力发展处于不同阶段。与生产力发展水平相对应,不同时代的物质生产活动必然会产生新的、不同的特殊生产要素,这些要素不断并入生产力之中,从而不断丰富和拓展生产要素的具体构成,形成不同的生产要素联系秩序和系统构成。③ 这种生产要素与生产力之间的密切关系具体表现为,生产要素是构成生产力的物质形态表达,生产力则是所有生产要素共同发挥作用的生产力量。在人类历史发展的每一个阶段,这种生产要素配置与生产力发展之间的密切关联均得到了体现。

在农业经济阶段,生产要素及其配置主要围绕土地和劳动力展开。作为农业生产的基础,土地在农业经济中占据核心地位,其质量和数量直接决定了农业生产的规模和效率。随着生产技术的发展,劳动工具的应

---

① 参见《习近平在中共中央政治局第十一次集体学习时强调 加快发展新质生产力扎实推进高质量发展》,载《人民日报》2024年2月2日,第1版。
② 参见马昀、卫兴华:《用唯物史观科学把握生产力的历史作用》,载《中国社会科学》2013年第11期。
③ 参见张永刚:《基于新质生产力的生产要素创新和优化配置》,载《学术界》2024年第5期。

第四章 发展协调论：生产要素创新性配置的法律调节

用提升了人类改变自然环境的能力，劳动力要素代替土地要素成为农业生产系统的主要构成要素。① 进入工业经济时代后，工业革命催生出新的生产技术，极大地提升了生产效率。在这一阶段，资本与技术要素在生产力发展中的重要作用逐渐凸显。在当下数字经济时代，互联网、大数据、算法等数字技术催生出新的生产方式，信息技术产业快速发展。数据要素成为推动经济发展的关键生产要素，同时也极大地改变了生产要素配置方式。

着眼于新一轮科技革命和产业变革、大国竞争加剧以及我国经济发展方式转型形成的历史性交汇对生产力发展水平提出的新要求②，习近平总书记创造性地提出"新质生产力"这一概念。新质生产力是创新起主导作用，由技术革命性突破、生产要素创新性配置、产业深度转型升级而催生，以劳动者、劳动资料、劳动对象及其优化组合的跃升为基本内涵，以全要素生产率大幅提升为核心标志，具有高科技、高效能、高质量特征，符合新发展理念的先进生产力质态。③ 这种生产力以新技术、新经济、新业态、新动能为主要内涵④，对生产要素及其配置形式提出了新要求。

生产要素创新性配置是与新质生产力相匹配的生产要素配置方式，原因在于其对于新质生产力发展的驱动作用。从经济运行原理角度看，生产要素向生产力的转化并非单一要素的链条关系，而是各生产要素相互配合的关系网。在生产要素供给有限的情况下，生产要素之间的组合关系成为生产力水平的决定性因素。在此背景下，如何协调生产要素之间的关系，成为发展新质生产力必须解决的关键问题。尤其是，发展新质生产力要求以数据要素为牵引进行要素优化组合⑤，并以全要素生产率

---

① 参见张永刚：《基于新质生产力的生产要素创新和优化配置》，载《学术界》2024年第5期。
② 参见周文、许凌云：《论新质生产力：内涵特征与重要着力点》，载《改革》2023年第10期。
③ 《习近平在中共中央政治局第十一次集体学习时强调 加快发展新质生产力 扎实推进高质量发展》，载《人民日报》2024年2月2日，第1版。
④ 参见冯果：《以高质量法治助推新质生产力发展》，载《民主与法制》2024年第6期。
⑤ 参见胡莹、刘铿：《新质生产力推动经济高质量发展的内在机制研究——基于马克思生产力理论的视角》，载《经济学家》2024年第5期。

大幅提升为核心标志。这一特质决定了发展新质生产力必须推动生产要素创新性配置,通过优化生产要素组合方式、推动技术进步、提升管理效率、完善要素制度等方式全面推动生产要素配置优化,为经济发展提供新动能。

(二)生产要素创新性配置引领产业转型升级

通过引领产业转型升级,生产要素创新性配置发挥着推动新质生产力发展的重要作用,既表现为生产要素创新性配置促进传统产业的颠覆与升级,又表现为通过生产要素创新性配置引领战略性新兴产业与未来产业的发展。

(1)生产要素创新性配置推动新型生产要素与传统生产要素结合,颠覆传统产业并促进产业转型升级。这种新型生产要素与传统生产要素的结合突出表现为数据要素与传统生产要素的融合。凭借乘数效应与倍增效应,数据要素在现代经济发展中发挥着"融合剂"的作用,推动现有业态和数字业态跨界融合,衍生叠加出新环节、新链条、新的活动形态,促进智能制造、数字贸易、智慧物流、智慧农业等新业态的发展。① 除了数据要素,技术要素在促进产业转型升级方面同样发挥着重要作用。现阶段,我国持续推动知识、技术等新型生产要素代替传统生产要素或与传统生产要素相结合,促使企业引入人工智能、大数据、云计算等新技术以提高生产效率,实现传统产业转型的加速。上述生产要素间的互相融合极大地创新了生产要素配置方式,持续推动着传统产业转型升级并催生出新产业形式。

(2)生产要素创新性配置推动优质生产要素流向战略性新兴产业与未来产业。战略性新兴产业与未来产业作为经济发展中的重要行业与关键领域,关乎中国经济的长远发展,集中体现在其所具有的发展性与带动性上。在发展性方面,战略性新兴产业与未来产业自身兼具知识技术密集、物质资源消耗少等特点②,在中国经济转向可持续发展的当下尤为重

---

① 参见习近平经济思想研究中心:《新质生产力的内涵特征和发展重点》,载《人民日报》2024年3月1日,第9版。

② 参见李晓华:《新质生产力的主要特征与形成机制》,载《人民论坛》2023年第21期。

要。在带动性方面,战略性新兴产业与未来产业以重大技术突破和重大发展需求为基础,可以与传统产业融合并推动产业效率与质量的变革,对经济社会全局和长远发展具有重大引领带动作用。① 基于上述特征,长远而言,实现中国经济高质量发展必须重视战略性新兴产业与未来产业的发展。但是,传统的生产要素配置方式已无法满足战略性新兴产业与未来产业的发展需求。原因在于,战略性新兴产业与未来产业的发展对生产要素的质量要求较高,加之其不确定性带来的投资风险,容易引发市场观望。在此背景下,只有创新生产要素配置方式,将市场配置与政府调节相结合,方能促进优质生产要素流向经济发展的关键行业,为新质生产力的发展提供新动能。

(3)生产要素创新性配置可以推动产业链的整体优化,与新质生产力多维度、全方位发展的既定目标相契合。一方面,产业链的整体优化是新质生产力的发展要求。具言之,作为新样态的生产力,新质生产力对传统产业结构提出的转型要求不再局限于单一环节或行业,而是呈现出全方位、多领域、深层次特征,即要求产业链各环节的协同并进,形成更加高效与优质的产业链生态体系。另一方面,产业链整体优化具备现实必然性,这是由产业运行的内在逻辑决定的。在经济发展中,各产业并非独立存在并运行的,而是会受到上下游产业的影响。这一特征决定了必须以整体思维规划发展全局,提升产业链的整体水平,实现产业链整体优化。生产要素创新性配置为产业链整体优化提供了必需的技术支持、人才支持、环境支持,为新质生产力背景下多维度、全方位的经济转型提供了资源配置基础。

(三)生产要素创新性配置推动经济发展模式革新

诚然,发展新质生产力将推动我国经济发展模式的革新。在这个过程中,生产要素创新性配置扮演着不容忽视的重要角色,体现在为高质量发展、绿色发展、可持续发展提供必不可少的物质基础。

在推动中国经济高质量发展方面,生产要素创新性配置发挥着提供物质基础的重要作用。新质生产力所支撑的新型经济增长,是一种与外

---

① 参见李晓华:《新质生产力的主要特征与形成机制》,载《人民论坛》2023年第21期。

延型经济增长相对应的内涵式经济增长和集约型经济增长,在智能化和数字化技术的支持下能够实现各种生产要素的最优配置,推动国家的产业结构和经济增长模式的转型。① 这种转型需依托生产要素创新性配置实现。一方面,生产要素创新性配置是资源配置优化的具体表现,注重数据、资本、技术、劳动力、土地生产要素之间关系的协调,为中国经济高质量发展提供了必要的物质支持;另一方面,生产要素创新性配置注重生产要素市场的机制创新,有助于形成新的经济增长点和竞争优势,为中国经济高质量发展提供源源不断的动力。

在推动中国经济向绿色发展与可持续发展转型方面,生产要素创新性配置发挥着发展方向引导作用。传统生产方式往往伴随大量的资源消耗与环境污染,损害生态环境并浪费自然资源,同时也不具有发展的可持续性。新质生产力本身就是绿色生产力②,需要以生产要素创新性配置为基础。一方面,通过使用新型生产要素代替传统生产要素,生产要素创新性配置实现了资源利用效率的提高与环境污染的减少。另一方面,生产要素创新性配置将推动产业绿色化升级与转型,进一步推动绿色产业发展。例如,通过绿色债券等创新型金融工具,资本市场可以实现资本要素向绿色产业与绿色领域的倾斜流动。

二、生产要素创新性配置的时代表现

不可否认的是,现阶段生产要素及其配置方式已呈现出新的时代特征,表现为要素本身与要素配置的双重创新。但同样不容否认的是,在持续推进新质生产力快速发展的过程中,生产要素配置领域仍存在亟待破除的现实障碍。

(一)生产要素在"新"与"质"层面的突破

受益于科技创新的迅猛发展和社会分工的持续深化,生产要素本身

---

① 参见王曙光:《新质生产力、经济增长模式与动力机制转换》,载《党政研究》2024年第5期。
② 参见《习近平在中共中央政治局第十一次集体学习时强调 加快发展新质生产力 扎实推进高质量发展》,载《人民日报》2024年2月2日,第1版。

第四章
发展协调论：生产要素创新性配置的法律调节

已存在发展与创新。在传统生产要素的基础上，新质生产力的生产要素在"新"与"质"两个层面完成了突破。

在"新"的层面，新型生产要素不断涌现，持续助推新质生产力的发展。在中共中央、国务院《关于构建更加完善的要素市场化配置体制机制的意见》中，我国已经将数据确认为生产要素之一，提出要加快培育数据要素市场。通常而言，数据被认为是信息的数字化载体。数据并非在其诞生之初就作为生产要素存在，而是经历了从数据资源到数据要素的演变过程。随着信息化广度和深度的持续增加，数据要素已深度参与社会生产，成为数字经济发展和数字中国建设的核心引擎和关键动力。[①] 相较于传统生产要素，数据作为新型生产要素具有非竞争性、非排他性、非消耗性、外部性等特征，并催生出数字生产力这一新型生产力形态。通过数据、算法、算力等方式，数据要素已深刻重塑了产业运作模式，极大地提升了社会生产力水平，表现在生产方式与组织形式双重维度上。在生产方式方面，数据要素赋能生产方式向数字化、智能化、精准化跃进[②]，通过互联网、人工智能、大数据等方式推动生产效率大幅提高。在组织形式方面，数字平台对企业的组织形式与商业模式产生了深远影响，改变了原来的企业间关系，并促进企业间合作新形式的形成。

在"质"的层面，传统生产要素向优质化转型，表现为劳动力、土地、技术、资本等生产要素的质量提升。

（1）伴随教育水平的提升，我国知识型劳动者与技能型劳动者数量不断增长。作为生产要素中的主体要素，劳动力要素的培育受到党和国家的高度重视。近年来，我国注重人才培养，不断提升劳动力质量并深化人力资本。具体而言，得益于教育体系和社会保障体系的不断完善，我国在高质量劳动力培养方面取得了良好的效果。一方面，我国已培养出一批拥有专业知识与创新能力的劳动者。这些劳动者具备创新能力与知识快

[①] 参见刘雅君、张雅俊：《数据要素市场培育的制约因素及其突破路径》，载《改革》2023年第9期。

[②] 参见米加宁、吴佳正、董昌其：《数据生产要素驱动新质生产力跃升的机理与规律研究——基于马克思主义政治经济学视角》，载《郑州大学学报（哲学社会科学版）》2024年第4期。

速迭代能力①,在推动科技创新方面有着巨大贡献。另一方面,以人工智能为代表的信息与通信技术发展突飞猛进,我国已制定相应的数字经济与智能制造发展战略,可以借助高技能劳动力推动经济发展。②

(2)随着土地管理制度的持续优化,我国土地利用效率不断提高。长期以来,我国土地管理制度呈现出城乡二元划分的格局,农村土地利用受限,城乡发展不平衡局面突出。但随着土地要素市场化配置改革的深入,我国土地管理制度不断优化③,农村土地利用效率逐步提高。这种土地管理制度的优化被我国以法律的形式固定下来。2019年修正《中华人民共和国土地管理法》(以下简称《土地管理法》),针对农村土地利用问题从以下几个方面作出修改,极大地提升了农村土地利用效率:一是正式破除集体经营性建设用地进入市场的法律障碍,丰富了农村土地利用的市场化形式,为建立健全城乡统一的建设用地市场清除了法律障碍;二是完善了土地征收补偿制度,构建了针对被征地农民的合理、规范、多元保障机制;三是完善宅基地管理制度,增加了户有所居的规定并明确允许宅基地有条件的自愿有偿退出机制;四是强化耕地尤其是永久基本农田保护,并为"多规合一"和建立国土空间规划体系预留空间。④ 上述土地管理制度改革有效提高了农村土地利用效率,提升了土地要素市场化水平。

(3)技术要素加快发展并向生产实践转化,持续推动生产力高质量发展。一方面,随着我国在科学技术领域的政策投入显著增加,以及教育事业的迅速发展,科技与人才已形成良性互动局面,持续催生出大批新型技术,推动着我国从科技大国向科技强国转型;另一方面,优质技术要素被应用于社会生产过程中,向生产力转化进程持续加快。2024年全国技术

---

① 参见张鹏、嵇慧敏:《新质生产力的科学内涵与实践路径研究——基于生产要素视角的分析》,载《长春大学学报》2024年第5期。

② 参见何小钢、梁权熙、王善骝:《信息技术、劳动力结构与企业生产率——破解"信息技术生产率悖论"之谜》,载《管理世界》2019年第9期。

③ 自1986年《土地管理法》颁布以来,我国土地管理法制共经历了1988年、1998年、2004年及2019年四轮大型改革。

④ 参见陈小君:《〈土地管理法〉修法与新一轮土地改革》,载《中国法律评论》2019年第5期。

合同成交总额突破 6.8 万亿元,同比增长约 11.2%。① 在我国经济从高速发展向高质量发展转型的过程中,技术要素的运用弥补了其他生产要素的不足,极大地促进了生产力的发展。

(4)走向高质量发展的资本市场对实体经济的支持作用进一步增强。资本是社会主义市场经济的重要生产要素,如何恰当利用资本要素成为我国必须面临的发展问题。随着改革持续深化,我国资本市场进一步走向高质量发展。具体而言,我国金融资本与产业资本同步发展,国有资本提质增效,民营资本快速增长,境外资本持续涌入。同时,我国资本要素配置方式进一步优化,多层次资本市场制度走向完善,资本要素在服务实体经济方面的作用进一步增强。更为关键的是,随着资本"红绿灯"的持续完善,资本要素在社会生产中的正向功能更加凸显,既表现为长期资本、耐心资本对企业高质量发展的推动作用,又表现为科技金融、普惠金融、绿色金融为经济转型提供了有力支撑。

(二)生产要素配置的三重革新:组合优化、渗透融合、高效流动

生产要素在"新"与"质"层面的变革打破了原有的要素配置平衡,加之快速发展的科学技术对要素配置方式的重塑,现阶段生产要素配置方式发生了深刻变革,表现在组合优化、渗透融合与高效流动三个方面。

1. 生产要素组合优化

经济社会的高速发展并不是建立在单个要素的跨越式发展之上,而是源于要素之间的相互替代组合的合理配置。② 从经济运行原理角度出发,生产要素并非独立运行并起作用,而是通过一定的组合方式共同造就社会生产力。换言之,生产力水平由生产要素质量及其组合方式共同决定,恰当的生产要素组合方式可以最大限度提升生产效率。相反,要素配置的扭曲将导致要素利用效率的低下,从而降低生产效率。近年来,我国持续推进生产要素配置改革,促进生产要素组合方式不断优化。一方

---

① 参见《工信部:2024 年全国技术合同成交总额突破 6.8 万亿元 同比增长约 11.2%》,载微信公众号"上海技术交易所"2025 年 1 月 23 日。

② 参见李程宇、严祥武:《畅通国内大循环的基础要素市场配置策略研究》,中国农业出版社 2022 年版,第 10 页。

面,我国不断推进要素市场化配置改革,扩大市场对于生产要素的配置范围,依托竞争机制、价格机制、供求机制配置生产要素,极大地提升了生产要素利用效率。另一方面,政府在要素配置领域的角色逐步转变,为构建公平、开放、透明、竞争有序的生产要素市场提供了坚实保障,进一步促进了要素配置效率的提升。

2. 生产要素渗透融合

科学技术的纵深发展持续推动着生产要素间的渗透融合,数据要素与其他生产要素的融合就是其中的典型例证。例如,数据要素与资本要素的融合可以形成数据驱动的投资决策,可以优化资本投资流向,驱动资本流向收益率高的领域,实现资源效率最大化。① 再如,数据要素与劳动力要素的结合促使劳动力要素提效升级,极大提高了生产效率。② 通过与传统生产要素相融合,数据要素发挥了提高要素边际报酬与配置效率的重要作用。③ 这种生产要素间的渗透融合将最大限度推动要素协同,促进生产要素在功能与用途上的革新,在生产要素创新性配置中发挥重要作用。

3. 生产要素高效流动

随着各项制度持续优化,我国生产要素的流动性进一步增强。经济发展依赖所有生产要素的自由流动。但是,各类生产要素在流动性方面存在差异。深化生产要素市场改革,需要结合各类要素的流动性特质构建有针对性的解决方案。在所有生产要素中,资本要素与劳动力要素的流动较为便捷,技术要素、数据要素由于涉及企业竞争力或主体信息,流动性稍显逊色,而土地要素的流动性是最弱的。④ 随着针对各项要素流动性的改革进程持续推进,无论是传统生产要素还是新型生产要素都迎来

---

① 参见李海舰、赵丽:《数据成为生产要素:特征、机制与价值形态演进》,载《上海经济研究》2021年第8期。

② 参见吕铁、李冉:《制造企业数字化转型:数据要素赋能传统要素的视角》,载《学习与探索》2022年第9期。

③ 参见王理、廖祖君、贾男:《城镇化发展新视域:数据要素的创新驱动与信息牵动》,载《中国农村经济》2024年第6期。

④ 参见李程宇、严祥武:《畅通国内大循环的基础要素市场配置策略研究》,中国农业出版社2022年版,第16页。

发展协调论：生产要素创新性配置的法律调节

了流动效率的极大提升。一方面，针对各项生产要素流动中的堵点，我国在劳动者户籍制度、土地管理制度、多层次资本市场体制、技术转让规则、数据市场交易制度方面进行改革，增强了各项生产要素的流动性。另一方面，我国持续推动生产要素市场体系建设，协调劳动力、土地、技术、资本、数据要素市场间的关系，有力破除了生产要素组合过程中的障碍，进一步提升了生产要素利用效率。

（三）生产要素创新性配置的现实发展障碍

虽然我国在生产要素创新性配置方面已取得良好的成绩，但不可否认的是，新质生产力的发展对生产要素创新性配置提出了更高的要求。在此基础上审视现行生产要素配置体系，笔者认为仍存在诸多尚待完善之处，集中体现在以下几个方面。

（1）就配置体系而言，各类生产要素市场存在纵向与横向的分割，降低了生产要素配置效率。在纵向维度上，单一生产要素市场的结构分层不足，无法匹配市场对不同质量生产要素的高效配置需求。例如，我国多层次资本市场的建设仍存在缺憾，各交易所、交易板块定位不明与流动不畅的问题仍十分突出。在横向维度上，生产要素市场区域分割严重，一定程度上阻碍了生产要素的自由流通。实践中，出于对短期利益与官员政绩的追求，部分地方政府滥用行政权力阻碍外地生产要素进入本地市场，削弱了生产要素的区域流动性。另外，个别生产要素还因为体制机制的缺陷产生其他市场分割问题。以劳动力要素为例，长期以来，在以户籍制度为典型代表的制度安排和传统的城乡二元经济结构共同作用下，我国形成了劳动力市场城乡分割的经济结构，一方面造成农村劳动力难以完全融入城市，另一方面导致留守儿童、留守老人等社会问题。[1] 与之类似，土地要素市场、资本市场同样存在制度缺陷导致的市场分割，包括城乡分治下土地市场的分割[2]、多头管理下资本市场的分割等，制约了生产要素统一市场的构建。

---

① 参见宋晓梧主编：《未来十年的改革：要素市场化改革研究》，中国财政经济出版社2015年版，第29页。

② 参见宋晓梧主编：《未来十年的改革：要素市场化改革研究》，中国财政经济出版社2015年版，第66页。

（2）就配置结构而言，各类生产要素配置改革进程不一，缺乏整体性、系统性与协同性，碎片化特征明显。例如，相较于资本、土地等要素，劳动力要素市场化改革进程较为缓慢，表现为体制内、体制外的劳动力市场分割及体制内市场冗员现象显性化。① 再如，相较于传统生产要素，数据要素作为新型生产要素的配置机制完善程度仍有待加强，表现在配置规则与配置场所方面。在配置规则方面，数据要素的确权规则、定价规则、交易规则仍存在诸多尚待完善之处②，无法为数据要素的利用提供有力的制度支撑。在配置场所方面，数据交易所的建设虽如火如荼，但其中存在定位模糊、联通不足等问题，无法为数据要素的流通与交易提供设施保障。这种各类生产要素配置制度改革步伐不一的现实情况将阻碍生产要素的高效配置，导致各类生产要素间无法形成制度合力，不利于生产力最大限度的优化。更为严重的是，这种改革进程呈现出缺乏整体性、系统性与协同性特征，与现阶段生产要素整合、协同发展的要求不符，将阻碍新质生产力的发展，成为当下经济改革中亟须解决的痛点与难点。

（3）就配置保障而言，生产要素创新性配置存在规制有限与动力不足的情况。促进生产要素创新性配置，不仅需要完善要素配置体制机制，还需从法治视角出发构建恰当的规制与引导制度。但是，现行法律制度在规制与培育生产要素配置时仍存在一定不足。在生产要素配置的规制方面，生产要素市场反垄断执法与反不正当竞争执法仍需加强。以数据要素为例，数据在流通、共享、增值中方能产生对生产力的推动作用。虽然数据要素持有者对数据要素享有一定的控制权，但是这一权利的滥用将构成垄断或不正当竞争行为。数据访问的过度限制就是一种常见的垄断行为，表现为网络平台以弹窗、协议等形式限制访问者抓取数据，这将构成市场进入壁垒并阻碍竞争与创新。③ 同样，资本、劳动力、技术、土地市

---

① 参见宋晓梧主编：《未来十年的改革：要素市场化改革研究》，中国财政经济出版社2015年版，第26—27页。
② 参见鄢浩宇：《数据要素市场培育的制度需求与法治保障》，载《中国矿业大学学报（社会科学版）》2023年第3期。
③ 参见李晓珊：《数据产品的界定和法律保护》，载《法学论坛》2022年第3期。

场也存在诸多竞争乱象,亟须加强竞争法规制。这种规制不足的监管现状将无法维护配置秩序,导致要素配置过程的混乱与效率的降低。除了规制力度不足,我国对于生产要素创新性配置的引导力度也尚显不足,长远而言无法为经济运行提供必要的发展动力。

(四) 生产要素创新性配置的关键矛盾解读

对上述生产要素配置领域存在的体系缺陷、结构障碍、保障不足的缺憾追本溯源,笔者认为,其中的关键矛盾在于要素配置领域市场、政府、社会之间的关系尚未完全厘清。

我国市场经济脱胎于计划经济,一定程度上是政府主导和推动的市场经济。长期以来,政府与市场的关系问题一直是我国经济发展面临的重要议题,也是改革进程推进中的经久主线。在我国从计划经济转型为市场经济的过程中,相对于商品市场化的迅速推进,要素市场化较为缓慢。[①] 这一进程经历了双轨制改革阶段(1978—1991年)、要素市场化配置改革起步阶段(1992—2001年)、要素市场化配置改革加速阶段(2002—2019年)和要素市场化配置改革系统推进阶段(2020年至今)[②],并始终贯穿着从计划管理、政府控制逐渐转向市场调节、市场配置的变革主线[③]。改革进行至今,生产要素配置领域政府与市场的关系仍未完全厘清。

(1) 要素市场化配置改革进程仍有待推进。从经济运行的底层逻辑看,政府在生产要素配置中的不当干预将阻碍市场机制发挥作用,影响经营者商业决策的作出,这既不利于生产要素配置帕累托最优的达成,还可能导致经济社会发展偏离正确轨道。尽管随着经济体制改革的不断深化,我国竞争性市场环境已逐步确立,但一些行政主体和决策部门的公平竞争意识仍比较淡薄,排除和限制竞争的政策措施时有出现,地方保护、区域封锁和不合理市场准入仍然存在。[④] 这种不恰当的政府政策将抑制

[①] 参见张守文:《要素市场化配置的经济法调整》,载《当代法学》2022年第5期。
[②] 参见李言:《要素市场化配置改革与区域经济发展问题研究》,经济科学出版社2023年版,第1页。
[③] 参见张守文:《要素市场化配置的经济法调整》,载《当代法学》2022年第5期。
[④] 参见刘志成:《要素市场化配置的主要障碍与改革对策》,载《经济纵横》2019年第3期。

全要素生产率的增长。① 在新质生产力发展背景下,我国有必要继续推动要素市场化配置改革,规制政府对生产要素配置的不当干预。

(2)要素市场化配置不等于政府角色的完全退出,而是需要继续完善政府规制体系。历史经验已经表明,政府在促进经济增长与结构变革方面始终发挥着重要作用。② 现阶段,生产要素市场的政府规制仍需加强。一方面,生产要素市场仍存在非法垄断行为与不正当竞争行为,阻碍了生产要素配置中市场机制发挥作用;另一方面,生产要素市场仍存在定价信息不对称、垄断定价、价格歧视等问题,需要政府介入并进行恰当的规制。如何发挥政府对于生产要素配置的保障作用,成为必须探讨的现实议题。

(3)生产要素创新性配置最终需落脚于"创新",但现阶段社会环境对于创新的推动作用稍显欠缺,长期而言将阻碍生产要素配置机制持续优化。具体而言,在市场配置资源的过程中,生产要素配置将会在竞争机制、供求机制、价格机制的作用下发生演变,其创新的核心方向为解决目前市场需求。与之类似,政府规制对于生产要素创新性配置的进行同样具有推动作用,其作用机理主要为通过维护公平、透明、有序的市场环境促进创新的产生。但不可否认的是,仅通过市场调节与政府规制进行生产要素配置尚显不足。具体而言,依托于市场调控与政府规制进行的创新进程速度有限,无法匹配现阶段新质生产力发展对于创新的迫切需求。这种迫切需求在特定行业表现得尤为明显,集中表现为未来产业、战略性新兴产业对于新型、优质生产要素的迫切需求。③ 更为重要的是,虽然我国已经涌现出以数据要素为代表的新型生产要素,但从长远而言,新质生产力的发展必将提出更多新要素、新机制、新制度需求。站在国家发展的前瞻角度,有必要培育激发创新动力的社会环境,为生产要素配置领域更

---

① See Eric Bartelsman, John Haltiwanger and Stefano Scarpetta, "Cross-Country Differences in Productivity: The Role of Allocation and Selection", 103 *American Economic Review* 305-334(2013).

② See Justin Lin et al., "DPR Debate: Growth Identification and Facilitation: The Role of the State in the Dynamics of Structural Change", 29 *Development Policy Review* 259-310(2011).

③ 参见沈梓鑫、江飞涛:《未来产业与战略性新兴产业的创新与新质生产力:理论逻辑和实践路径》,载《暨南学报(哲学社会科学版)》2024年第6期。

多创新的实现提供社会支持。在此背景下,生产要素配置如何走向创新,如何匹配新质生产力的发展需求,成为值得探讨的关键问题。

三、生产要素创新性配置的内在机理与实现路径

(一)过程解构:确权、流通、交易、利用

生产要素配置是一个过程,其核心要义是生产要素供给与需求的匹配结合。现代经济体系中,生产要素配置是指通过特定方式将生产所需的各类要素合理分配到各个经济部门和生产活动中去,以实现资源的最佳利用和经济效益的最大化。这个过程不只是静态的资源分配,更是一个动态的、持续调整的过程,随着经济环境的变化和技术进步,生产要素配置的方式和效率也在不断演进。但是这一过程始终受到生产要素供给与需求的驱动,且可以提炼出生产要素确权、流通、交易、利用作为关键要素。

在生产要素供给侧,生产要素产权是不容忽视的重要问题。原因在于,产权制度关乎生产要素供给的初始状态和流转方式,与生产要素配置机制发展密切相关。一方面,只有在生产要素产权明晰的前提下,生产主体才具有维护与合理利用资源的动机,方能促进生产要素的有效配置。另一方面,生产要素产权界定是生产要素利用的起点,直接影响后续的生产要素流转与利用环节,影响生产要素交易成本、利用方式与保护范式等。具体而言,科斯第一定理指出,在没有交易成本的情况下,资源的最优配置与初始的资源配置无关。[①] 但现实情况是,生产要素配置中的交易成本不可能为零。所以,有必要明确生产要素产权的归属,为后续生产要素的流通与交易奠定基础。

生产要素供给与需求的结合是通过要素流通与交易实现的。生产要素流通与交易的过程虽然是由生产要素供给与需求驱动的,但会反过来影响生产要素的供需。原因在于,随着生产要素的流通与交易,供给侧的资源分布和利用效率会随之调整,进而改变供给结构;而需求侧的需求特征和强度也会因要素获取的便捷性与成本变化而发生动态调整。在这个

---

① See R. H. Coase, "The Problem of Social Cost", 56 *The Journal of Law and Economics* 837–877(2013).

意义上,推动生产要素配置结构优化,必须进一步完善生产要素的流通与交易机制。以数据要素为例,目前我国的数据要素市场呈现倒三角的资源配置结构,头部互联网企业占据着绝大部分的数据资源,加快建设数据要素市场机制有利于数据要素市场化交易与流通,对其健康发展具有积极意义。① 在生产要素供给与需求结合的过程中,信息在生产要素流通与交易中发挥着重要作用,不仅能够引导要素流动方向,还关乎要素交易能否顺利进行。一方面,信息通过反映市场供需状况、价格变动趋势以及行业发展动态,直接影响市场主体的行为,从而影响生产要素的流动路径;另一方面,信息的对称性与透明度直接影响生产要素交易过程,关乎交易成本与交易风险,进而影响生产要素配置效率。还需说明的是,生产要素的流通与交易虽然无法完全区分开来,但二者侧重点有所不同。

在整个链条中,生产要素流通是最为复杂的环节,不仅受生产要素配置机制本身的影响,还受到其他相关制度的影响。例如,劳动力的流动不仅依赖劳动力市场的开放程度,还受到教育水平、社会保障制度、区域经济发展的影响。再如,资本要素的流通不仅受金融市场发达程度的影响,还与投资环境的稳定性密切相关。又如,技术作为一种关键的生产要素,其流通受竞争格局、产权保护水平等多方面影响。不可否认的是,生产要素流通在生产要素配置中发挥着重要作用。在这个过程中,各类生产要素相互匹配、相互赋能,实现空间范围内的生产要素交换,有利于最大限度促进生产要素配置效率的提升,从而为新质生产力的发展提供物质基础。

生产要素交易意味着生产要素供给与需求匹配的达成,是生产要素配置的核心环节。尽管在生产要素市场存在共享和无偿获取生产要素的方式,但不可否认的是,在市场经济中,生产要素交易仍然是实现要素权利转移的主要途径。具体言之,生产要素交易是供给方与需求方之间进行资源交换的确认,是生产要素价值实现的重要环节。通过交易,生产要素从一个经济主体转移到另一个经济主体,实现了从经济效率较低的主

---

① 参见陈兵:《加快建成全国统一大市场 数据要素市场创新发展是关键抓手》,载《第一财经日报》2022年12月8日,第A11版。

体向经济效率较高的主体转移,从而在新的经济主体内发挥其最大的生产潜力。在这个过程中,市场是生产要素交易的关键依托,发挥着选择与激励的双重功能。在选择功能方面,市场机制通过优胜劣汰的方式筛选出最具效率的生产要素与市场主体;在激励功能方面,市场通过奖惩分明的激励机制,鼓励高效的生产要素配置并惩罚低效的生产要素使用者。① 基于市场在生产要素交易中的重要功能,要素配置必须遵循经济规律,尊重市场在配置生产要素中的决定性作用②,让竞争机制、价格机制与供求机制发挥作用。

在生产要素需求侧,生产要素利用是关键的环节,其中的核心问题是如何将生产要素转化为生产力。这一问题可以拆分为两个层次:一是企业希望获取怎样的生产要素?二是企业如何利用生产要素?在第一个层次,企业对于生产要素类型与质量的需求受多方因素影响。一方面,企业对于生产要素的需求受整个市场环境的影响,市场发展方向、行业发展前景、消费者偏好等因素都会影响企业对生产要素的需求。另一方面,在生产要素需求侧,生产要素利用还受到政府引导的影响,具体表现为法律法规、产业政策、税收优惠等因素对企业生产要素需求的影响。在第二个层次,即企业如何利用生产要素方面,核心目标是最大限度发挥其获取的生产要素的潜在价值。在这个过程中,要素管理方式、科学技术水平、要素制度等均会对生产要素利用效率产生影响。例如,现代制造业通过引入自动化和智能化生产技术,大幅提高了资本和劳动力要素的利用效率。再如,精细化管理和高效的供应链系统也极大地提升了生产要素的利用效率。在这一层次上,有必要持续优化与生产要素利用相关的机制、制度,推动生产要素最大限度向生产力转化。

(二)核心目标:发挥生产要素协同配置效应

各类生产要素并非独立存在,而是在相互影响、相互作用的过程中转化为生产力。在这个过程中,任一生产要素的作用都会引起其他生产要

---

① 参见洪银兴:《实现要素市场化配置的改革》,载《经济学家》2020年第2期。
② 参见刘翔峰、刘强:《要素市场化配置改革研究》,载《宏观经济研究》2019年第12期。

素的连锁反应,而其他生产要素的变化也会通过某一生产要素的作用力而贯通下去,彼此功能相济,产生协同效应。① 发展新质生产力的生产要素创新性配置,就是要通过各类生产要素间的协同效应促进绿色生产力、先进生产力、高质量生产力发展。对各类生产要素间的协同效应进行划分,可区分为互补性协同与替代性协同两个方面。

在互补性协同方面,生产要素创新性配置需借助生产要素功能互补,最大限度推动生产力提升。在社会生产过程中,不同的生产要素具有不同的功能,单独使用很难实现生产效率最大化目标。生产要素创新性配置需将生产要素功能与社会生产需要相匹配,发挥生产要素间的功能互补性,最大限度实现生产效率的提高。这种生产要素间的互补功能在技术要素、数据要素的使用中体现得尤为明显。具言之,技术要素、数据要素几乎无法单独使用,但与恰当的生产要素相结合却能在生产中发挥赋能、叠加与倍增作用。因此,如何更好地增进技术要素、数据要素与其他要素的互补性协同,成为亟待解决的发展议题。

在替代性协同方面,生产要素创新性配置需借助生产要素间竞争效应,使用成本更低、效率更高的生产要素代替传统生产要素。在社会生产实践中,同一生产目的可以通过多种生产要素或生产要素组合的方式实现。各组合方式在成本与效益方面存在差别,因而存在生产要素组合方式的优劣之分。例如,以计算机技术为代表的技术要素与劳动力要素间具有替代效应,使用技术要素代替劳动力要素,可以弥补工人在执行非常规问题解决和复杂通信任务中的不足。② 促进新质生产力发展,需高度重视各类生产要素间的替代性协同效应,推动生产要素的使用向绿色、优质、高效的要素倾斜,以尽可能降低生产成本并提高经济效益。

值得注意的是,在发挥生产要素协同配置效应时,有必要重点考虑数据要素与其他生产要素间的协同配置效应。从历史发展进程看,各种经

---

① 参见施镇平:《资源配置与市场机制》,立信会计出版社 2000 年版,第 70 页。
② See David H. Autor, Richard J. Murnane and Frank Levy, "The Skill Content of Recent Technological Change: An Empirical Exploration", 118 *The Quarterly Journal of Economics* 1279-1333(2003).

济形态的社会有各自不同的主导性生产要素,并在生产要素相互作用下形成生产力。[①] 在当下数字经济时代,数据要素无疑是推动经济发展的关键生产要素。实践中,数据要素发挥着主导发展方向并引导其他生产要素聚合形成新质生产力的关键作用。一方面,数据要素具有乘积效应,与其他生产要素结合可产生倍增效应,决定了数据要素在生产要素配置中的特殊地位。另一方面,数据要素的应用有助于实现生产要素配置的动态性、系统性优化,能够帮助我国从全局视角进行生产要素配置,进而推动新质生产力的发展。

发挥生产要素间协同效应,方能实现发展新质生产力所追求的全要素生产率(Total Factor Productivity, TFP)提高,并达到各种要素集合所产生的生产率大于单个要素投入的生产率之和的效果。[②] 具体而言,全要素生产率是指经济增长中扣除劳动力、资本等要素投入数量等因素对经济增长率的贡献后的余值,本质上是要素质量以及组合方式变革形成的产出贡献水平。[③] 实践中,全要素生产率是衡量单位总投入量的生产率指标,反映各国和地区在一定时期内经济发展的能力,是技术进步对经济发展作用的综合体现。[④] 在国家竞争中,全要素生产率是造成国家之间劳动产出差异的重要因素。[⑤] 重视生产要素间的协同效应,意味着从互补性协同与替代性协同两个方面促进生产要素组合的优化,有利于在生产要素总量一定的情况下最大限度提升生产力水平,达成生产力配置的最优方案。

(三) 基础环境:构建生产要素全国统一大市场

近年来,我国高度重视生产要素统一大市场的构建,连续出台了一系列旨在推动生产要素统一大市场建设的政策文件。党的二十大报告提

---

① 参见刘翔峰、刘强:《要素市场化配置改革研究》,载《宏观经济研究》2019年第12期。
② 参见洪银兴:《实现要素市场化配置的改革》,载《经济学家》2020年第2期。
③ 参见高帆:《新质生产力以全要素生产率大幅提升为核心标志》,载微信公众号"光明理论"2024年3月26日。
④ 参见陈彦斌等:《新质生产力笔谈》,载《财经问题研究》2024年第7期。
⑤ See Robert E. Hall, Charles I. Jones, "Why Do Some Countries Produce So Much More Output Per Worker than Others?", 114 *The Quarterly Journal of Economics* 83-116(1999).

出,要"构建全国统一大市场,深化要素市场化改革,建设高标准市场体系"。2020年3月,中共中央、国务院发布《关于构建更加完善的要素市场化配置体制机制的意见》,提出"破除阻碍要素自由流动的体制机制障碍","促进要素自主有序流动,提高要素配置效率"。2021年10月,《国务院关于开展营商环境创新试点工作的意见》明确,要"进一步破除区域分割和地方保护等不合理限制","加快破除妨碍生产要素市场化配置和商品服务流通的体制机制障碍"。2021年12月,中央全面深化改革委员会第二十三次会议指出,"我国市场体系仍然存在制度规则不够统一、要素资源流动不畅、地方保护和市场分割等突出问题",并强调"要加快清理废除妨碍统一市场和公平竞争的各种规定和做法"。① 2022年3月,中共中央、国务院发布《关于加快建设全国统一大市场的意见》,明确提出要"加快建立全国统一的市场制度规则,打破地方保护和市场分割,打通制约经济循环的关键堵点,促进商品要素资源在更大范围内畅通流动",最终"破除妨碍各种生产要素市场化配置和商品服务流通的体制机制障碍",并打造"统一的要素和资源市场"。

长期以来,地方政府的竞争造成生产要素全国市场一定程度上的区域分割,表现在阻碍生产要素流动与破坏生产要素竞争两个方面。一方面,部分地方政府突破国家统一政策的规定,按行政边界制定本地利益最大化的"逐底竞争"政策,导致生产要素市场的割据。② 另一方面,地方行政性垄断行为与不正当竞争行为打破了市场主体获取生产要素的平等性,导致部分市场主体无法正常获取生产要素。上述导致市场分割的政府行为在实践中大量存在,阻碍生产要素流动与破坏生产要素竞争的行为在实践中极具隐秘性。例如,部分地方政府通过"选择性审批"阻碍外地市场主体或生产要素进入本地市场;又如,部分地方政府在招商引资时通过发布"规范性文件"或者签署"合作合同"等

---

① 《习近平主持召开中央全面深化改革委员会第二十三次会议强调 加快建设全国统一大市场提高政府监管效能 深入推进世界一流大学和一流学科建设》,载《人民日报》2021年12月18日,第1版。

② 参见刘志彪、孔令池:《从分割走向整合:推进国内统一大市场建设的阻力与对策》,载《中国工业经济》2021年第8期。

方式维护本地生态产业链。①

这种地区分割、竞争无序的市场状态不利于生产要素创新性配置的实现。一方面,地方保护主义下生产要素的市场分割阻碍了生产要素在地区之间的自由流动,阻碍了市场竞争机制发挥作用。这种不恰当的制度与政策将导致生产要素错配,进而导致全要素生产率的降低。② 另一方面,市场壁垒的存在导致市场主体面临生产要素获取障碍,增加了生产要素的交易成本,阻碍了生产要素向生产力的转化。更为严重的是,地区分割、竞争无序的市场状态将阻碍竞争机制与激励机制发挥作用,不利于生产要素配置实现创新,将阻碍经济社会的发展进程。

新质生产力所需的生产要素创新性配置在全国范围内是协调统一、深度整合、高效优质的。这种生产要素配置目标的实现依赖统一协调、公平竞争的市场环境。生产要素全国统一大市场的建立,恰好匹配了上述发展目标,为生产要素创新性配置提供了必不可少的基础环境。首先,新质生产力要求的生产要素配置优化是全国范围内的优化,而非某一区域生产要素配置的优化。全国统一大市场中的要素市场化配置改革,是超越行业和地域限制而实现全要素流通③,为生产要素创新性配置提供了基础。其次,由于要素配置效果与市场范围存在密切相关性④,全国统一大市场将优化生产要素的市场分工,提高生产要素的生产率。最后,全国统一大市场可以促进生产要素高效流动、高效利用,提升要素配置效率并加速生产要素向生产力的转化。

(四)法治实现:法律在生产要素创新性配置中的协调、保障与促进功能

作为上层建筑,法律对生产要素创新性配置发挥着重要的协调、保障

---

① 参见郭昌盛:《地方政府税收优惠政策清理中的纳税人信赖利益保护》,载《人权研究》2019年第2期。

② See Chang-Tai Hsieh, Peter J. Klenow, "Misallocation and Manufacturing TFP in China and India", 124 *The Quarterly Journal of Economics* 1403-1448(2009).

③ 参见王译、王煜东:《全国统一大市场视域下要素市场政府监管改革的路径探索》,载《河北法学》2023年第3期。

④ 参见刘志彪:《全国统一大市场构建的底层逻辑与推进路径》,载《东南学术》2024年第2期。

与促进功能。如何使法律促进生产要素创新性配置,是亟待解决的重要理论问题。

(1)法律可以在生产要素创新性配置中发挥协调功能,促进生产要素交易的达成。生产要素配置的核心是生产要素权利的转让与承接,生产要素交易在其中发挥着至关重要的作用。毫无疑问的是,市场在生产要素配置中发挥着决定性作用,通过供求机制、价格机制、竞争机制完成对生产要素的配置。但是,市场经济的本质是法治经济,市场决定生产要素配置需要法律保驾护航。具体而言,法律在推动生产要素交易时主要发挥的作用为协调,促进生产要素供给方与生产要素需求方交易的达成。对此,需围绕生产要素市场交易,抓住其中的主体、客体、方式、价格、体系五类关键要素,探讨生产要素交易机制的建构问题。

(2)法律可以发挥对生产要素创新性配置的保障功能,规制生产要素市场主体的行为。维护秩序是法律最基本的价值诉求,也是法律所欲构建的目标。① 在生产要素配置领域,要发挥政府对市场秩序的维护功能,必须转变政府在生产要素配置中扮演的角色,政府从"管制型"向"调制型"转变②,规制模式从"政府主导型"向"市场回应型"转变③。换言之,政府对于生产要素市场的干预,并非代替市场机制发挥作用,而是市场机制失灵时的有益补充,发挥对生产要素市场机制运行的保障作用。在具体实施过程中,政府对市场的规制应抓住竞争与价格两个基本面向,保障生产要素市场中竞争机制与价格机制的正常运行。

(3)发挥法律对生产要素创新性配置的促进功能,推动有利于生产要素创新性配置的培育环境的形成。生产要素配置的创新并非凭空产生,而是以社会发展需求为引导、在多方主体推动下缓慢实现的。加快实现生产要素创新性配置,需要法律发挥促进功能。一是方向促进,即生产要素创新性配置需要法律来引导创新方向。现阶段,如何构建与新质生

---

① 参见周佑勇:《逻辑与进路:新发展理念如何引领法治中国建设》,载《法制与社会发展》2018年第3期。

② 参见张守文:《体制改革与经济法的关联性考察》,载《北京大学学报(哲学社会科学版)》2018年第5期。

③ 参见孙晋:《公平竞争原则与政府规制变革》,载《中国法学》2021年第3期。

产力相匹配的生产要素配置方式,强化数据要素、技术要素在社会生产中的使用,推动形成创新驱动的经济增长模式,是当前社会发展的重要议题。二是动力促进,即需培育促进创新的社会环境,激发生产要素配置领域的创新活力,加速生产要素配置创新的实现。三是发展促进,即培育保障创新顺畅进行的社会环境,为生产要素配置的创新提供容错机制。生产要素配置创新的实现并非一蹴而就,而是会经历一个反复探索的过程。法律需为这一探索过程提供坚实的制度保障,鼓励社会各界勇于尝试、敢于创新,从而营造出一个充满活力、鼓励探索、宽容失败的社会氛围(见图4-1)。

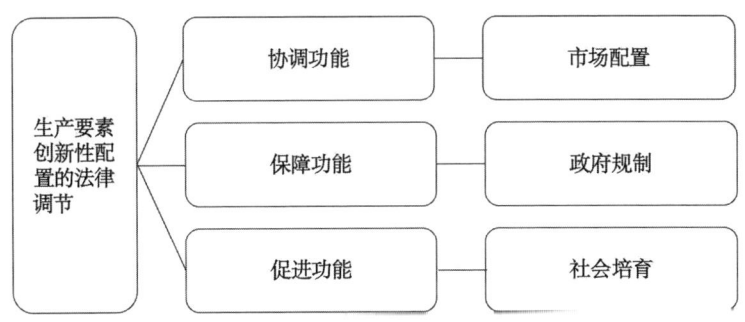

图 4-1 生产要素创新性配置的法治实现说明

四、生产要素创新性配置的交易机制完善

长期以来,市场化改革是我国经济领域的改革主线。在"商品—要素"的二元结构中,商品市场的发育较为充分。与之相比,生产要素市场的发育则较为滞后,表现为市场界定生产要素配置范围有限、生产要素流动存在体制机制障碍、新型生产要素市场规则建设滞后等。[①] 针对上述缺憾,我国发布了诸多旨在推动生产要素市场化配置的政策、文件,以提高生产要素配置效率。2020年3月,针对要素市场化配置改革,中共中央、国务院发布了《关于构建更加完善的要素市场化配置体制机制的意

---

① 参见《构建更加完善的要素市场化配置体制机制——专访国家发展改革委有关负责人》,载微信公众号"国家发展改革委"2020年4月10日。

见》,指明各类要素市场化配置的改革方向。党的二十大报告亦明确提出,要"深化要素市场化改革,建设高标准市场体系"。2024年7月通过的《中共中央关于进一步全面深化改革 推进中国式现代化的决定》提出,要"完善要素市场制度和规则,推动生产要素畅通流动、各类资源高效配置、市场潜力充分释放"。

不可否认的是,要素市场化配置的推进依托于生产要素交易机制的完善。现阶段,生产要素主要包括劳动力、资本、土地、技术、数据五种类型。虽然各类生产要素配置存在特殊性,但抓住交易主体、交易客体、交易价格、交易方式、交易市场几个关键要素,我们得以抽离出生产要素交易的核心机制。

(一)市场主体:多元主体的市场定位与权利保障

市场主体是生产要素交易达成的关键推动因素。通常而言,市场主体可以按照直接交易主体和中介主体进行分类。如何对市场主体进行界分并保障其核心权利,是生产要素市场构建必须首先考虑的问题。

生产要素市场的直接交易主体以商主体为主,其市场准入权、自由交易权、财产权利的保障不仅关乎生产要素交易能否达成,还影响整个生产要素配置机制的演进方向。具体而言,在生产、分配、交换、消费四个社会再生产环节,生产要素市场与生产环节密切相关,生产要素市场交易者多为生产主体,核心特征是商主体。激发生产要素市场交易活力,需充分保障生产要素市场交易主体的核心权利。首先,需保障生产要素市场主体的市场准入权。进入市场是进行交易的前提,只有保障生产要素交易者自由进入市场的权利,才能促进生产要素市场交易的繁荣。诚然,囿于交易的复杂性、专业性与高风险性,部分生产要素交易场所存在较为严格的市场准入制度。例如,目前我国大多数数据要素交易所实际上发挥了对数据商的市场准入管理的作用,数据商入场交易需经平台审核,这一做法是否属于妨碍市场进入的变相许可条件仍值得探讨。① 其次,需保障生产要素市场主体的自由交易权。原因

---

① 参见陈兵、郭光坤:《国家级数据交易平台建设的法治方向及架构——以〈数据二十条〉为中心的解读》,载《法治现代化研究》2023年第6期。

在于,营业自由是商主体最重要的权利[①],只有保障市场主体自由锚定经营方向与经营模式,以及自由选择交易对手与交易方式,方能充分激发市场活力,促进资源的高效配置和创新发展。最后,需保障生产要素市场主体的财产权利,为生产要素市场主体提供稳定预期,增强生产要素市场参与者的竞争活力,以促进良好的生产要素市场生态的形成。

不容忽视的是,生产要素市场同样存在公众交易者。最典型的例证是,现阶段我国资本市场投资者结构中存在大量个人投资者,与之相关的个人交易者保护问题同样不容忽视。一方面,有必要在进行制度设计时考虑不同市场主体的特殊性,考虑交易者专业素养、风险承受能力等因素,进行差异化制度设计,构建合格交易者适当性标准与合格交易者制度。另一方面,有必要摒弃父爱主义下对交易者行为的过度约束和保护,尊重市场交易的"买者自负"原则。原因在于,对于个人交易者的过度约束和保护将适得其反,会扭曲市场信号并有损公平与效率。例如,长期以来政府对于债券"刚性兑付"的兜底保护就是典型代表,不仅未达到既定的保护投资者的目标,还强化了投资者的投机心理,长此以往将导致投资者风险意识淡薄。[②]

除了直接交易主体,生产要素市场还存在大量中介主体。中介机构是买方与卖方之间的市场主体,是生产要素市场交易达成的"桥梁"与"媒介"。通常而言,生产要素市场中的中介机构帮助市场聚集具有互补性需求的交易者,其功能的达成可以通过报告交易机会、转移交易风险、推动交易磋商等方式实现。在生产要素市场中,信息中介与信用中介是不容忽视的功能角色,信息中介的功能主要是匹配供需双方信息,促进生产要素交易的达成,信用中介的功能则聚焦解决生产要素交易过程中的风险转移与管理需求。

中介机构在生产要素市场广泛存在,并在各类生产要素市场中呈现

---

① 参见蒋大兴:《〈商法通则〉/〈商法典〉总则的可能体系——为什么我们认为"七编制"是合适的》,载《学术论坛》2019年第1期。

② 参见冯果:《债券市场的主体培育:目标、进路与法制变革》,载《政法论丛》2018年第3期。

出不同的发展程度。这一特征与各类生产要素的特殊性和市场化程度密切相关。其中,资本市场的中介机构最为完善,已形成类型多样、定位多元的中介机构体系,包含证券公司、会计师事务所、律师事务所、信用评级机构、资产评估机构等。除了资本市场,中介机构在数据要素市场中同样扮演着重要角色,其类型包含数据交易平台、数据信托、个人信息管理系统、数据合作社、数据共享空间等。① 目前,数据要素市场中的中介机构已成为数据要素市场治理重点关注的内容。例如,欧盟发布的《数据治理法案》就将对数据中介服务提供商的治理作为重要组成部分。推动我国各类生产要素市场化配置改革,需要结合各类生产要素的交易特点,培育与之适应的各类中介机构,发挥其降低交易成本、增进交易安全、提升交易效率等市场功能,促进生产要素配置的顺利完成。

  另一个不容忽视的问题是,生产要素市场主体的探讨无法回避其他相关主体问题。一方面,部分生产要素并非独立存在,而是具有无法割舍的人身依附性,劳动力要素就是其中的典型代表。具言之,劳动力要素是依附于劳动者存在的,无法独立在生产要素市场上进行交易。这意味着劳动力要素的交易和利用需要考虑保障与管理两个方面的问题。在劳动者权益保障方面,需关注劳动者工作环境、社会保障等;在劳动者管理方面,需考虑劳动力流动对于区域发展与社会治安的影响。另一方面,资本、土地、技术、数据等要素虽然不具有直接的人身依附性,但可能在间接层面对相关主体产生影响。例如,在数据要素的流通、利用过程中,不能过于追求数据要素流通的价值,而忽视对个人信息权利的保护,在法律上应当实现二者的有效平衡。② 对此,有必要区分"数据"与"信息"。③ 当数据要素被作为生产要素进行交易时,有必要考虑其脱敏问题,确保数据要素交易不涉及个人信息,以达到对个人隐私的保护。除了数据要素,还需考虑技术要素交易对相关主体的影响。技术要素虽然可以脱离技术人员转让,但考虑到技术成果与科研人员研究热情的高度关联性,有必要赋

---

  ① 参见陈媛媛、赵晴:《全球治理观下的数据流通与共享机制:数据中介服务》,载《情报资料工作》2023 年第 3 期。
  ② 参见王利明:《数据共享与个人信息保护》,载《现代法学》2019 年第 1 期。
  ③ 参见袁康:《金融数据治理的分层与耦合》,载《法学杂志》2024 年第 3 期。

予科研人员科技成果所有权或长期使用权,最大限度促进技术要素创新活力。

(二)交易客体:生产要素的确权、样态与分类分级探讨

交易客体是以各种形式存在的生产要素,其核心在于可流通性。以要素流通为主线,对于交易客体的探讨可以分为与谁交易、能否交易、如何交易三层问题,对应确权——样态——分类的治理逻辑。

(1)交易客体确权问题,即交易客体权利归哪些主体所有。从逻辑上讲,交易客体确权问题无法单独讨论,因为其实质是交易主体与客体间的关系问题。通常认为,产权作为排他性权利,可以明确要素产权主体行使权利的财产范围及管理权限。所以,产权明晰是要素配置的前提,市场配置的要素是有一定产权归属的要素。① 这种明晰的确权关系可以依托于登记、认证等方式建立,被确认的权利包含使用权、收益权、转让权、处置权等。从生产要素配置原理上看,产权明晰对于生产要素的流通确有必要。一方面,产权明晰将保护生产要素市场主体的积极性、主动性与创造性,激励市场主体参与生产要素配置;另一方面,产权明晰将提升生产要素配置效率,降低生产要素交易成本,有利于生产要素配置机制高效顺利运行。

但是,传统生产要素确权路径在应用于数据要素时面临一定的适用困境。具体而言,相较于传统的土地、资本、劳动力等生产要素,数据要素的确权更为复杂。目前,围绕数据确权仍存在诸多争议,具体表现在以下几个方面:第一,数据的可交易性受制于信息的内容,且其价值实现依赖数据安全和自我控制保护,难以被视为独立财产。② 第二,数据既包括个人、企业等行为主体产生的生产、交易、消费等数据,也包括智能设备等自动产生的各类次生数据③,导致权利主体认定困难。第三,数据确权不仅与信息自由相悖,将阻碍数据流通④,也无法通过提升数据保护水平增进

---

① 参见洪银兴:《实现要素市场化配置的改革》,载《经济学家》2020年第2期。
② 参见梅夏英:《数据的法律属性及其民法定位》,载《中国社会科学》2016年第9期。
③ 参见韩文龙:《新质生产力的政治经济学阐释》,载《马克思主义研究》2024年第3期。
④ 参见王镭:《"拷问"数据财产权——以信息与数据的层面划分为视角》,载《华中科技大学学报(社会科学版)》2019年第4期。

集体利益①。基于数据确权面临的诸多障碍,有学者提出放弃数据确权或寻求替代性解决方案。例如,有学者认为,搁置相应企业数据产权争议,设立企业数据的利用与分享准则。② 再如,有学者提出超越数据界权的观点,试图构建数据处理的规制体系与公共数据开放利用的双重构造。③ 又如,有学者认为,我国法律对个人数据与企业数据保护的水平已经比责任规则要高,数据确权因此没有实际意义。④ 同时,支持数据确权的观点也不在少数。有学者针对数据确权难题一一进行反驳,认为其均是伪命题。⑤ 更有学者提出,数据确权是数据立法需要解决的关键问题,数据确权有利于保护劳动,可激励数据生产,促进数据流通,强化数据保护。⑥ 上述争论在中共中央、国务院《关于构建数据基础制度更好发挥数据要素作用的意见》颁布之后仍未停止。但不可否认的是,该意见提出,"推动数据产权结构性分置和有序流通","推进数据分类分级确权授权使用和市场化流通交易",解决了数据要素市场发展中的诸多问题,其颁布也意味着我国对于数据要素已转向淡化所有权、强调使用权、聚焦数据使用权流通的发展方向。结合数据要素发展现状,有必要从是否有益于增进数据权利保护、促进数据要素流通、推动数据要素利用等角度考虑数据确权问题。

(2)交易客体的样态问题。一方面,现阶段生产要素市场交易客体呈现多样化。以土地要素为例,其整体权能包含所有权与使用权。所有权归国家或集体所有,不能在生产要素市场进行交易,使用权则可以在生产要素市场进行交易,包含占有、使用、收益等权能。另外,在交易需求演变与交易技术创新的推动下,生产要素交易呈现一定的份额化趋势,这在金融领域表现得尤为明显。这种份额拆分的方式因应了交易便捷性的需

---

① See Yann Padova, "Data Ownership Versus Data Sharing: And What About Privacy?", 26 *Lex Electronica* 37-72 (2021).
② 参见姚佳:《企业数据的利用准则》,载《清华法学》2019年第3期。
③ 参见陈越峰:《超越数据界权:数据处理的双重公法构造》,载《华东政法大学学报》2022年第1期。
④ 参见周汉华:《数据确权的误区》,载《法学研究》2023年第2期。
⑤ 参见杜牧真:《数据难以确权的误区澄清》,载《中国法律评论》2024年第4期。
⑥ 参见王利明:《数据何以确权》,载《法学研究》2023年第4期。

求,并促使生产要素交易加速实现。① 另一方面,作为交易客体的生产要素应当具备合规性,即不损害国家公共利益与其他社会主体的利益。这一问题在新型生产要素的交易中更为突出。作为信息的载体,数据要素的交易与国家、社会、个人利益密切相关。未经加工的原始数据不仅包含个人隐私,还可能涉及国家秘密,故而不适宜在生产要素市场进行交易。数据唯有经过严格的脱敏处理,转化为合规形态,方能作为合法的交易客体参与生产要素交易。

（3）交易客体的分类问题,即如何通过分类分级促进特定生产要素交易的标准化,进而促进交易效率的提升。诚然,不是所有生产要素交易都可以进行标准化分类分级,但不可否认的是,交易客体分类分级在特定生产要素市场十分重要。一方面,生产要素分类分级可以帮助要素市场匹配供需双方,并有助于准确识别和评估要素价值,提高定价效率②;另一方面,生产要素分类分级的前提是对生产要素的审核,对于市场主体而言,可以降低交易风险,提升交易安全性。对此,政府、行业协会、企业等市场主体应协同共治,推动特定生产要素市场内部按照使用价值、重要性等标准进行分类分级的实现。

（三）交易价格:生产要素定价的效率性与灵活性增进

生产要素交易的核心是生产要素与货币间的交换,二者之间的互换比例即为生产要素价格。在这个过程中,存在两个核心问题:一是价格形成的效率性,即如何形成生产要素价格;二是生产要素价格的准确性,即如何促进生产要素价格更好地反映市场供需情况。

价格形成的效率性与其形成方式密切相关。交易市场存在单边市场与多边市场之分,生产要素交易存在"一对一""一对多""多对一""多对多"的展开方式。③ 生产要素价格形成也存在协商定价、单向竞价、集中

---

① 参见冯果、张阳:《商事交易场所的类型化检视及多层次架构——从场内衍生品交易规制边界突破》,载《法学》2018年第8期。
② 参见史丹、何辉、薛钦源:《数据分类分级制度与数据要素市场化:作用机制、现实困境和推进策略》,载《福建论坛(人文社会科学版)》2024年第4期。
③ 参见孙宇、张绰、罗玮琳:《地方政府主导型数据交易场所建设如何"破局"?》,载《四川行政学院学报》2024年第5期。

竞价、第三方定价等方式。协商定价即交易双方自行磋商并根据意思自治达成交易,是较为常见的定价方式。随着市场主体对交易效率的需求,生产要素市场出现了单向竞价,即买卖中的一方进行竞价。与上述价格形成方式相比,集中竞价兼具促进价格准确与竞争充分的特性,是更为高效的价格形成方式,但其适用也存在不容忽视的局限性,表现为这种定价方式依赖完善的信息披露制度、交易制度。而且,这种集中交易方式也可能加剧风险的产生。① 第三方定价是更为特殊的定价方式,即通过独立于买卖双方的第三方机构或者平台提出交易价格。在生产要素市场发展不充分、定价规则与交易设施不完善的情况下,这种更为灵活的定价方式能够弥补市场机制的不足,有效促进交易的公平、公正并提升透明度,从而推动生产要素市场健康发展。

诚然,上述定价方式各有优缺点,适用于不同的市场发展阶段与交易情况。促进生产要素准确定价,需整合各项价格形成方式,促进市场机制在价格形成中发挥作用。例如,我国数据要素市场发展尚处于起步阶段,定价机制尚不完善。② 对此,有必要结合我国数据要素市场初步发展现状,整合协商定价、单向竞价、集中竞价、第三方定价等价格形成方式,一方面促进数据交易所建设,推动数据要素集中竞价的实现;另一方面针对企业生产需求,保留个性化、差异化数据服务灵活定价方式。

在新质生产力发展背景下,要素市场化配置改革对于定价效率有了更高的要求,需更加重视集中化、标准化竞价机制的构建。相较于其他定价方式,集合竞价与实时撮合的价格形成方式更具定价效率,畅通了市场主体的行为转化为价格信息的渠道,提高了生产要素价格的准确性。这一定价目标的实现需要借助生产要素交易平台。具体而言,交易平台可以迅速汇聚买卖双方的报价信息,依据既定的竞价规则进行撮合交易,从而快速、准确地形成市场价格。这种定价方式可以有效减少信息不对称的情形,促进生产要素价格的充分竞争,提升生产要素价格的信息含

---

① 参见张阳:《现货交易期货化的规制调适》,载《法学评论》2023 年第 4 期。
② 参见郭如愿:《破除数据要素的交易困境:法律透视与机制重塑》,载《中国流通经济》2023 年第 11 期。

量,提高生产要素定价效率。但必须注意的是,必须匹配以相应的风险管理制度,对集中竞价的使用进行必要的限制,合理控制生产要素交易风险,增强市场稳定性。

不容忽视的是,集中化、标准化的价格形成方式无法满足所有生产要素的交易需要。原因在于,交易价格形成的核心是供需匹配。在面对更为复杂的个性化需求时,集中化、标准化的价格形成方式将无法适从。对此,有必要保留差异化的价格形成方式。例如,由于专业技能、工作经验、个人能力等因素的差异,劳动力要素价格难以通过标准化方式进行确定。但是,无法借助集中化、标准化的价格形成方式提高生产要素定价效率不意味着定价优化的停滞不前。一方面,政府、行业组织应当完善定价指引,对生产要素的定价给予帮助;另一方面,应注重生产要素市场中介主体的培育,发挥中介主体促进交易达成、提升定价效率的作用。

(四) 交易方式:场内交易与场外交易的协调发展

场内交易与场外交易的界分最初在证券交易领域出现。通常而言,场内交易指在证券交易所集中进行的交易,场外交易则指在证券交易所以外进行的交易。随着生产要素交易的发展,场内交易的概念扩展。从广义角度看,场内交易与场外交易的界分早已超越了资本要素交易领域,在其他生产要素交易中同样存在。在数据交易所进行的数据交易,在中国技术交易所、上海技术交易所进行的技术要素交易,借助农村产权流转交易中心进行的土地要素交易等均可视为场内交易。

场内交易与场外交易都是生产要素交易的重要形式,互相不可替代。场内交易以集中交易的形式存在,交易更具标准性与透明性。对于生产要素交易者而言,场内交易兼具较高的交易效率与交易安全,是更为便捷的交易形式。场外交易通常无固定交易场所,以点对点的形式展开。对于生产要素交易者而言,场外交易可以满足其特殊需求,是更为灵活的交易方式。可以说,场外交易与场内交易各具特殊性,同样具备一定的不可替代性。

在时间维度上,场外交易是生产要素交易的原始形态,场内交易则是生产要素交易走向专业化、标准化、集中化的体现。这种场外交易向场内交易的历史演进对于生产要素配置具有重要意义。由于信息传递、风险缓释及产品转让等方面的局限性,场外交易对交易者的要求较高①,限制了生产要素配置市场的范围拓展。场内交易的兴起极大地提升了交易的便捷性,促进了生产要素市场交易主体与客体类型的拓宽,增进了生产要素交易的效率。但不可否认的是,生产要素交易具有一定的特殊性,场内交易无法穷尽所有情形,无法完全替代场外交易。在新质生产力发展背景下,有必要构建场内交易与场外交易相结合的交易体系,二者在生产要素创新性配置中的定位如下:场内交易可以发挥提高交易效率、降低整体交易成本的重要作用。作为场内交易的补充,场外交易的灵活性则为创新型要素交易提供了保障,促进市场活力与创新能力的提升。

在推动生产要素交易场内场外相结合的交易体系构建时,需结合各项生产要素的特殊性质,以确保交易体系的适当性。例如,资本要素具有高流动性、复杂性、多样性等特征,同时又对交易安全有着较高的要求。对此,在场内交易部分,应关注交易平台、交易设施、交易规则的完善,增进交易的透明性、标准性、高效性。在场外交易部分,应采取包容审慎的态度对待市场创新,积极培育多元化市场中介主体,满足市场主体非标准化、差异化、个性化的投资需求。同时,由于场外交易信息不透明,且缺乏集中交易的安全保障,潜在的交易风险更高,对此需注重场外市场潜在的交易风险,通过合理的法律框架和风险管理机制保障资本流通的安全性和可持续性。再如,在数据要素交易场内场外相结合的交易体系的构建中,应结合数据要素的特殊性与发展阶段特征,完善相应交易规则。相较于其他生产要素,数据要素在交易过程中面临特殊的阿罗信息悖论问题②,其交易机制的设计更具特殊性。目前,我国对数据要素的利用尚处于探索阶段,其交易呈现出场外交易活

---

① 参见冯果、张阳:《商事交易场所的类型化检视及多层次架构——从场内衍生品交易规制边界突破》,载《法学》2018年第8期。

② 参见丁晓东:《数据交易如何破局——数据要素市场中的阿罗信息悖论与法律应对》,载《东方法学》2022年第2期。

跃、场内交易多点突破的状态。① 在此背景下，一方面，需构建以数据交易所为核心的场内交易体系，通过完善标准化数据交易流程与规则提高交易效率，并通过合规审查与权属登记保障交易安全②；另一方面，有必要发挥数据经纪商的撮合交易功能，并关注这一过程中的数据隐私保护问题③，在增进数据交易的灵活性与多样性的同时平衡个人信息保护问题。

构建场内交易与场外交易相结合的交易体系，需要政府与企业共同发挥作用。不可否认的是，场内交易的交易所具有一定的公共物品属性，由政府介入规制更具合理性。另外，生产要素场内交易走向政府规制也符合历史发展趋势。例如，证券市场的发展就经历了场外实践探索——场内自主管理——场内统一规制三个阶段。④ 要推进生产要素创新性配置，则生产要素交易场所的设立应当有全局考量，并且在监管规则、交易标准等关键领域形成必要的统一。在场外交易市场构建中，企业等市场主体应发挥积极性与能动性，推动交易方式创新；政府应尊重多样化交易安排，同时完善监管规则实现对风险的有效控制。

（五）交易市场：多层次生产要素市场体系优化

从历史维度看，市场的形式经历了从路边摆摊、庙会、集市到固定市场、有组织市场、虚拟化交易市场的发展历程。⑤ 生产要素市场同样经历了不断优化的长期发展过程，未来发展方向应当是多层次生产要素市场体系的建构。

（1）"多层次"生产要素市场体系的建构。所谓"多层次"是指能够满

---

① 参见中国信息通信研究院：《数据要素白皮书（2023年）》，载 https://www.sscc.com/pub/zqtAdaptive/about/industry_dynamic/202311/P020231101379047551559.pdf，访问日期：2024年8月18日。
② 参见包晓丽、杜万里：《数据可信交易体系的制度构建——基于场内交易视角》，载《电子政务》2023年第6期。
③ See Ashley Kuempel, "The Invisible Middleman: A Critique and Call for Reform of the Data Broker Industry", 36 *Northwestern Journal of International Law & Business* 207-234(2016).
④ 参见杨显滨：《论场内数据交易的法律制度建构》，载《政治与法律》2024年第5期。
⑤ 参见郑彧：《多层次资本市场的经济解释与结构表现》，载《多层次资本市场研究》2020年第2期。

足不同主体需求、适应不同交易成本的市场结构,各市场间呈现相互竞争、相互合作的关系。① 具体而言,受交易习惯、交易需求、政策推动等因素影响,各类生产要素市场内部均形成不同层次的市场。市场竞争因交易者选择而产生。在规避生产要素市场朝着同质化、同类化发展的前提下,这种竞争有利于促进各类生产要素市场努力完善交易规则与交易设施,推动生产要素市场的整体发展。同时,各层次生产要素市场是根据不同的交易需求而设,其市场功能、市场定位各不相同,存在市场间的相互合作功能。这种市场结构有助于提高整个生产要素市场的交易效率,最大限度保障优质生产要素向新质生产力顺畅流动。

(2) 多层次"生产要素市场"体系的建构。归根结底,生产要素市场是生产要素流动的载体,在生产要素配置中发挥着决定性作用。长期以来,我国面临政府过度干预生产要素配置的困境,阻碍了生产要素配置效率的提高。在经济从高速增长转向高质量发展的当下,要素配置转变的关键是从行政化配置转向市场化配置。② 在此背景下,持续深化要素市场化改革已成为改革的重点和难点。一方面,需扩大要素市场化配置范围,持续推动土地、劳动力、资本、技术、数据等要素的市场化配置改革③,适度减少政府在生产要素配置中的计划管理,相对弱化政府对生产要素配置的控制。另一方面,需持续完善生产要素配置体制机制,推动交易规则、交易设施、交易制度持续优化,为市场主体提供更加便捷、高效的交易渠道,最大限度促进生产要素的顺畅流动。

(3) 多层次生产要素市场"体系"的建构。一方面,各类生产要素市场内部的层次划分并非随意进行的,而是遵循特定的逻辑顺序。市场需求、顶层调控等因素都将影响生产要素市场层次的划分。在各类生产要素市场中,资本市场层次的划分最为典型。具言之,以服务实体经济发展为目标,我国构建了多层次资本市场,包含主板、科创板、创业版、北交所、

---

① 参见郑彧:《多层次资本市场的经济解释与结构表现》,载《多层次资本市场研究》2020年第2期。

② 参见卢现祥:《论产权制度、要素市场与高质量发展》,载《经济纵横》2020年第1期。

③ 参见国家发展和改革委员会市场与价格研究所:《持续深化要素市场化改革研究》,中国市场出版社2024年版,第4页。

新三板、区域性股权交易市场等,既满足了各类市场主体的融资需要,也体现了对创新型中小企业的倾斜保护,实现了资本要素正向功能的发挥。同样,我国还需推动其他生产要素市场体系的建构,实现生产要素市场资源配置效率的提高。另一方面,需推动各层次生产要素市场互联互通,保障生产要素在各层次市场间的流动。不同层次的生产要素市场并非孤立存在,而是通过市场机制紧密联系、协调运作的。以资本市场为例,企业在不同发展阶段的融资需求并非一成不变的,因而往往需要在不同层次的板块之间进行流动。转板机制正是为了匹配上述需求而存在的,契合了生产要素精准配置的发展目标。与之类似,互联互通在数据要素市场交易体系中同样发挥着重要作用。若缺失这一渠道,难免会使数据要素市场交易体系形成多层次的"数据孤岛",不利于数据要素的市场化配置。同样,其他生产要素配置也存在市场间的流动需求,需要给予足够的重视。对此,有必要关注各市场间的协同制度、流动制度等,推动生产要素在各层次市场协调运行。

五、生产要素创新性配置的规制面向探讨

在生产要素创新性配置进程中,仅构建完善的交易机制尚不足够。在此基础上,还有必要构建保障生产要素市场配置平稳运行的规制体系,通过约束市场主体的行为,推动形成公开、透明、有序的生产要素配置环境。

(一)生产要素创新性配置中政府规制的双重面向

从广义上讲,只要是国家为了弥补个体意思自治的不足、推动公共目标的达成而对经济生活进行的介入活动,都可归入国家干预经济的范畴,而不论干预方式是强制性的、指导性的还是促进性的,是直接的还是间接的。① 在生产要素配置的政府规制内容中,竞争面向与价格面向是最为重要的双重面向。

之所以将竞争面向与价格面向作为生产要素配置领域政府规制的

---

① 参见卢代富:《经济法中的国家干预解读》,载《现代法学》2019年第4期。

双重面向,首先是基于竞争机制与价格机制在生产要素创新性配置中的关键作用。竞争机制是生产要素配置不断优化并持续创新的动力源泉。在生产要素供给端,竞争机制激励要素供给者提高要素质量并降低要素价格,推动生产要素供给提质增效。在生产要素需求端,竞争机制促使要素需求者在使用要素时筛选优质生产要素,并尽可能在生产过程中追求生产要素利用的最大化,推动生产要素向生产力的转化。同样,价格机制也在生产要素市场中发挥着重要作用。价格是市场经济中最重要的信号之一,能够反映生产要素的稀缺程度和市场需求的变化,因而围绕价格波动形成的价格机制可以调整供需关系,乃至影响生产要素市场的演进方向。

将竞争面向与价格面向作为生产要素配置领域政府规制的双重面向,更是从现阶段我国生产要素市场现状出发的必然选择。具体而言,目前我国生产要素市场仍存在阻碍市场竞争与不当定价的行为,抑制了生产要素创新性配置的进行。在市场竞争方面,我国仍然存在阻碍生产要素流动与企业竞争的因素,制约了生产要素的优化配置和企业的创新发展。在市场定价方面,生产要素市场的信息不对称、价格扭曲、价格剧烈波动均导致价格信号无法反映市场供需变化,不利于生产要素配置效率的进一步提升。

将竞争面向与价格面向作为生产要素配置领域政府规制的双重面向,是从过程与结果并重的角度进行的考量。就竞争机制与价格机制对生产要素配置的影响而言,竞争机制的影响更为间接,即通过市场竞争影响价格波动、市场进入、要素获取等因素,间接作用于生产要素配置结果;而价格机制的影响更为直接,生产要素价格的涨落直接影响生产要素供需,关乎生产要素配置结果。虽然竞争机制与价格机制紧密相连,即诸多不正当竞争行为都是通过影响市场价格实现的,通过规范市场竞争行为,已经在一定程度上实现了对生产要素价格的规制。但是,竞争面向与价格面向的重叠是局限在一定范围内的,在价格垄断之外,还存在其他阻碍生产要素创新性配置的行为,例如信息不对称情况下的价格失调等。故而,有必要将竞争面向与价格面向区分开来,分别探讨其中的政府角色与定位。

(二)竞争面向:生产要素市场公平竞争的四维强化

相较于商品市场,生产要素市场间的公平竞争更为值得关注。一方面,生产要素市场相较于商品市场的市场化配置程度更低,存在大量亟待规制的垄断行为与不正当竞争行为。另一方面,要素市场与生产环节密切相关,其公平竞争是商品市场繁荣的重要驱动力。在生产要素创新性配置的竞争面向,以下几个维度的规制尤为重要。

1. 场域维度:促进生产要素与市场主体的自由流动

通常而言,市场进入的难易程度是衡量市场运作状况的重要指标[1],这在生产要素市场同样适用。生产要素与市场主体的自由流动之所以可以促进生产要素创新性配置,原因在于以下两个方面:一方面,生产要素与市场主体的自由流动是提高生产要素配置效率的关键依托。换言之,一个规则统一、流动开放的生产要素市场可以在更广泛的范围内整合优化生产要素配置,降低生产要素配置成本,促进各类优质生产要素向效率更高的地区流动,最大限度实现生产要素整体向生产力的转化。另一方面,生产要素与市场主体的自由流动是机制创新的重要前提和必备条件。具体表现为,当企业能够自由进入或退出市场并且不受过高壁垒的限制时,市场将呈现出更为灵活的状态。只要预见到市场价格可能超过平均成本,企业便会有强烈的动机选择进入市场以寻求利润。这种自由进出机制所产生的潜在进入威胁将激发企业的竞争动力,促进创新的实现。

现阶段,我国仍存在阻碍生产要素与市场主体自由流动的不合理因素,构建生产要素全国统一大市场仍面临诸多阻碍。对此,需要从以下几个方面进行场域维度的竞争法规制。

以生产要素与市场主体的自由流动为主线,场域维度的竞争法规制需从准入与退出两个方面出发。实践中,部分地方政府设置或变相设置不必要、不合理的准入或退出条件,限制经营者进入或离开本行政区域。在准入

---

[1] See Ricardo Hausmann, Dani Rodrik, "Economic Development as Self-Discovery", 72 *Journal of Development Economics* 603-633(2003).

维度,新主体的进入不仅意味着交易主体的增加,还将激发原有市场主体的活力,促进市场竞争的实现。相反,阻碍生产要素与市场主体进入本地市场将造成市场活力的减损与资源配置效率的降低。在退出维度,对生产要素与市场主体自由流动的阻碍同样具有危害性,不仅限制了市场主体的流动,还阻碍了市场优胜劣汰功能的发挥。破除生产要素与市场主体地区流动障碍,有必要从以下两个方面加强对行政性垄断的规制。

一方面,需完善公平竞争审查制度。完善公平竞争审查制度的目的是减少法律和政策对市场竞争不合理的限制,实现方式是对涉及市场主体经济活动的行政规章、规范性文件和其他政策措施,进行公平竞争审查,从源头上纠察政府对市场主体的不公平待遇行为。① 现阶段,公平竞争审查制度以规制行政性垄断为抓手,在促进要素自由流动等方面提出了明确要求,为一体化生产要素市场的建立夯筑法制基石。② 但是,实践中,实施情况仍不理想,表现为审查动力不足、审查专业性欠缺、惩戒力度不够。③ 对此,有必要进一步细化公平竞争审查规则,明确公平竞争审查程序,量化公平竞争审查标准,并通过激励制度推进公平竞争审查工作的开展。

另一方面,需加强针对行政性垄断的反垄断执法。《反垄断法》第61条第1款规定:行政机关和法律、法规授权的具有管理公共事务职能的组织滥用行政权力,实施排除、限制竞争行为的,由上级机关责令改正;对直接负责的主管人员和其他直接责任人员依法给予处分。反垄断执法机构可以向有关上级机关提出依法处理的建议。行政机关和法律、法规授权的具有管理公共事务职能的组织应当将有关改正情况书面报告上级机关和反垄断执法机构。该款仅赋予反垄断执法机构向处理机构提出建议的权力,而并未赋予其实际执法权。虽然新增的书面报告规则强化了行政性垄断的反垄断执法力度,但仍存在规制力度不足的缺憾。这种规制方

---

① 参见孙晋:《公平竞争原则与政府规制变革》,载《中国法学》2021年第3期。
② 参见刘欣苗、丁志国:《公平竞争、要素自由流动与企业专业化分工》,载《经济理论与经济管理》2024年第6期。
③ 参见郭金良:《公平竞争审查的制度逻辑与实施进路——以2022年修订的〈反垄断法〉第5条的分析展开》,载《法商研究》2024年第1期。

式有损行政性垄断执法的公正性与专业性,无法产生对行政主体行为的有效约束。强化针对行政性垄断的执法约束,有必要保障反垄断执法的独立性,完善反垄断执法机构的执法权限,充分发挥约谈制度的约束作用,提升针对行政性垄断的执法水平。同时,有必要完善针对行政性垄断的法律责任体系,构建由声誉罚、行为罚和财产罚组成的规制体系①,形成对政府权力的有效约束。

2. 运行维度:保障生产要素市场主体的平等地位

在市场运行维度,只有确保市场主体基于平等的市场地位展开竞争,方能保障竞争机制有效发挥作用。

国有企业在一些关乎国家安全与社会发展的关键领域和重要行业发挥着支撑保障作用,其退出竞争性领域将经历一个漫长的过程。② 对此,有必要在对国有企业分类的基础上探讨生产要素市场公平竞争问题。市场竞争层面,对于公益类国有企业原则上应豁免适用竞争中立。③ 对于商业类国有企业,应继续沿着市场化方向深化改革,推动其公平参与市场竞争。尤其是对于竞争性商业类国有企业,有必要推动其最大限度地满足竞争政策的要求。④

保障国有企业与民营企业平等参与市场竞争,还需关注以下两点:一方面,有必要秉持国有企业与民营企业市场地位平等原则。对此,政府应加大对自身行为的审查力度。例如,应当对政府的投资政策和政府制定发布的事关国有企业的政策措施进行公平竞争审查,尤其是针对政府对国有企业追加的投资以及补贴。⑤ 另一方面,推动国有企业治理结构完善与治理能力的提升。健全国有企业市场化运营机制,增强国有企业创

---

① 参见许身健:《行政性垄断的概念构造及立法完善——基于〈反垄断法(修正草案)〉的分析》,载《行政法学研究》2022年第3期。
② 参见孙晋:《市场决定论下竞争性国有企业改革路径辨识与抉择》,载《经济法论丛》2020年第2期。
③ 参见孙晋:《公平竞争原则与政府规制变革》,载《中国法学》2021年第3期。
④ 参见段宏磊:《竞争政策适用于国有企业的限度与法制重构》,载《西南民族大学学报(人文社会科学版)》2021年第2期。
⑤ 参见孙晋:《竞争性国有企业改革路径法律研究——基于竞争中立原则的视角》,人民出版社2020年版,第128页。

新能力与核心竞争力,促进国有企业更好地参与市场竞争。

3. 发展维度:关注数字要素市场的竞争法规制

在所有生产要素中,数据要素市场的竞争法规制问题尤为值得关注。作为新质生产力的核心驱动要素,数据要素在当前经济发展中扮演着举足轻重的角色,其利用与规制问题不容忽视。更为重要的是,由于数据产业链还涉及数据的采集、传输、存储、使用、清理及流通、交易、共享等各环节,数据要素市场的竞争呈现出新的特性,引发了数据要素市场新的竞争问题。① 首先,数字经济巨头会本能地排除竞争,消灭潜在竞争对手,带来更为严峻的妨碍竞争行为。② 其次,数据要素的发展打破了传统的市场竞争衡量标准,经营者之间竞争的核心从围绕价格展开变更为围绕用户展开,从价格竞争变革为一种"用户竞争"③,并催生出不正当竞争行为和垄断行为的新样态,造成数据要素市场的竞争法适用困境。最后,数据要素市场使部分垄断行为与不正当竞争行为判断标准失效,例如相关市场的界定④、经营者市场力量的衡量⑤。数据要素的价值在流通与使用中方能实现,故而不正当竞争行为与垄断行为对于数据要素的价值实现影响更大。

完善数据要素市场的竞争法规制,首先需实现规制理念的转变,传统的命令控制型监管认为监管是一个由政府和企业构成的二元过程。⑥ 但是,随着数字经济的迅猛发展,这种二元监管理念已无法实现科学有效的竞争法规制。保障数据要素市场公平竞争,有必要构建由政府、市场、社

---

① 参见陈兵、赵秉元:《数据要素市场高质量发展的竞争法治推进》,载《上海财经大学学报》2021年第2期。

② 参见王晓晔:《数字经济反垄断监管的几点思考》,载《法律科学》2021年第4期。

③ 参见石超:《数字经济时代的竞争变革与竞争法治因应》,载《南开学报(哲学社会科学版)》2024年第4期。

④ See OECD, Rethinking Antitrust Tools for Multi-Sided Platforms, at https://www.oecd-ilibrary.org/finance-and-investment/rethinking-antitrust-tools-for-multi-sided-platforms_a013f740-en (Last visited on August 31, 2024).

⑤ See Nicolai van Gorp, Olga Batura, Challenges for Competition Policy in a Digitalised Economy, at https://www.europarl.europa.eu/RegData/etudes/STUD/2015/542235/IPOL_STU(2015)542235_EN.pdf (Last visited on August 31, 2024).

⑥ 参见朱娟:《我国区块链金融的法律规制——基于智慧监管的视角》,载《法学》2018年第11期。

会共同参与的多元规制体系。在政府维度,作为最重要的规制主体,政府需通过行政执法发挥对市场主体的约束功能。在市场维度,数字化监管的市场主体包括行业协会、第三方机构、各类型企业、平台(数字)企业等,甚至还有数据提供者即自然人。这些主体既是被监管对象,同时也可能因提供数据协助等而成为监管的帮助者。① 在社会维度,应提高公众对数据治理的参与程度,同时发挥社会舆论对违法行为的制约作用。

在认定数据要素市场中的垄断行为与不正当竞争行为时,需根据数据要素呈现出的新特点重构违法行为的认定标准。当下数字经济已形成生态产业链,数据要素在采集、传输、使用、存储、流通、交易、共享等各环节呈现出不同的状态。使用传统的垄断行为与不正当竞争行为认定标准已无法适应数据要素的新特点。对此,有必要构建匹配数据要素发展现状的新型认定标准。例如,在界定数据要素相关市场时,应集中于对替代性数据要素及其商品和服务范围的确定,通过对数据生命周期各环节替代性因素的综合分析,确定各环节的替代性商品和服务,界定相关市场的范围。② 又如,在规制数据市场不正当竞争行为时,可根据现行数据要素的发展与利用现状,总结出数据抓取、数据封锁、数据自我优待和大数据杀熟等具有典型性和基础性的行为③,构建针对新业态与新行为的不正当竞争行为规制方式。

在监管工具层面,有必要采取科技监管手段,使用智慧监管工具辅助反垄断执法和反不正当竞争执法。在数字经济时代,垄断行为和不正当竞争行为日益复杂且隐秘,传统监管手段难以全面、及时地应对。要实现对数据要素领域的垄断行为与不正当竞争行为的科学精准监控,智慧监管工具的引入显得尤为重要。智慧监管工具能够实时捕捉、分析市场主体的行为数据,通过大数据、算法和人工智能技术,精确识别潜在的垄断行为与不正当竞争行为。例如,在反垄断监管中,智慧监管工具的引入可

---

① 参见张晨颖:《反垄断智慧监管的理据与图景》,载《探索与争鸣》2024 年第 5 期。
② 参见陈兵:《因应数据要素市场化配置全周期治理的挑战》,载《法学》2023 年第 10 期。
③ 参见杨东、李子硕:《论反不正当竞争法的重构:以数据要素规制体系为核心》,载《法律适用》2022 年第 11 期。

用于预测市场风险、评估市场竞争状况、及时发现违法行为、固定违法行为证据。① 这可以使监督部门及时应对市场变化,预防和打击违法违规行为,保障公平竞争的市场环境。

4. 执行维度:强化反垄断执法和反不正当竞争执法

为生产要素创新性配置保驾护航,有必要继续加强生产要素市场反垄断执法与反不正当竞争执法。

在反垄断执法层面,应当构建具备统一性、协调性的执法体系。生产要素市场应当是全国统一市场,维护市场竞争的反垄断执法也应当是全国统一的。虽然反垄断执法属于"关系全国统一市场规则和管理"的基本事务,应当属于中央事权,但现实情况是,反垄断执法权往往被授予省级市场监督管理部门,从而形成中央和地方的双层执法结构。② 这种双层执法结构引发了诸多问题:一方面,地方执法和审查监督面对地方保护主义作为有限,相当程度上消解了执法权威和统一性③;另一方面,跨地区执法协调不足,导致执法混乱、执法空白、执法重叠的出现。对此,有必要明确中央与地方在反垄断执法中的角色定位,突出中央层面制定并维护统一市场制度的职责,提升地方层面执法的专业性,并构建中央和地方统一执法标准的协调合作机制。④

在反不正当竞争执法层面,需考虑生产要素市场的多头执法问题,并加强反不正当竞争执法协调。一方面,反不正当竞争多头执法的顽疾在生产要素市场仍然存在,容易导致执法竞合或执法真空。对此,有必要保障《反不正当竞争法》统一适用于各个领域,即使允许特殊行业存在例外,也要保证反不正当竞争执法部门的兜底管辖权。⑤ 另

---

① 参见张晨颖:《反垄断智慧监管的理据与图景》,载《探索与争鸣》2024年第5期。
② 参见胡丽文:《统一大市场视域下反垄断事务的共同事权属性及其实施结构》,载《法学家》2024年第4期。
③ 参见孙晋:《统一大市场背景下反垄断执法体制的挑战与变革》,载《政治与法律》2024年第7期。
④ 参见胡丽文:《统一大市场视域下反垄断事务的共同事权属性及其实施结构》,载《法学家》2024年第4期。
⑤ 参见王先林:《我国反不正当竞争执法体制机制的进一步完善》,载王先林主编:《竞争法律与政策评论》(第9卷),法律出版社2023年版,第3—7页。

一方面,有必要进一步完善反不正当竞争工作协调机制。与反垄断执法类似,反不正当竞争执法的统筹协调工作仍需加强。对此,需加强部门间信息共享,推动中央与地方之间、部门之间的反不正当竞争执法协调。

强化反垄断执法与反不正当竞争执法,还需持续优化反垄断执法与反不正当竞争执法之间的关系,并培养具备专业素养的执法队伍。反垄断与反不正当竞争都是强化竞争政策基础地位和促进经济高质量发展的重要路径,二者的执法工作具有紧密联系。2023年,国务院调整设立国务院反垄断反不正当竞争委员会,表明我国高度重视反垄断执法与反不正当竞争执法间的密切联系,进一步加强反垄断执法与反不正当竞争执法工作间的紧密协调。除了执法机构的设置,执法人员的配备也是影响执法效果的重要因素。若人员配备不足,容易导致执法人员办案时间过长,无暇对复杂案件进行深入周密的调查研究和经济法律分析,甚至疲于应付紧急工作,对前瞻性和战略性问题研究不足。[1] 对此,有必要增加执法编制,提高执法人员的执法能力,推动形成高素质、专业化、相对稳定的反不正当竞争执法队伍,强化反垄断执法的力度。[2]

(三)价格面向:厘清政府在生产要素定价中的角色定位

生产要素创新性配置建立在市场化配置的基础上。在价格形成中,要素市场化配置可以分别从市场端与政府端理解。在市场端,生产要素的价格形成应当是市场充分竞争的结果;在政府端,生产要素价格的形成意味着政府对市场竞争决定价格形成的尊重与维护。在上文交易机制部分,已对市场端层面的市场竞争决定价格形成作出了陈述,下文将从政府规制角度探讨生产要素定价问题。

(1)现阶段需逐步缩小"政府定价"的范围,推动市场调控范围的逐步扩大。改革开放以来,我国持续推进生产要素价格市场化改革,价格干预由紧到松,因循逐步促使价格机制发挥作用、实现市场决定作用的逻辑

---

[1] 参见叶军:《试论我国反垄断定位和对策建议》,载《竞争政策研究》2019年第6期。
[2] 参见王先林:《我国反不正当竞争执法体制机制的进一步完善》,载王先林主编:《竞争法律与政策评论》(第9卷),法律出版社2023年版,第3—7页。

主线。① 目前,我国已实现竞争性领域和环节价格的基本放开,市场决定价格的机制基本建立,政府定价仅限定在重要公用事业、公益性服务、部分自然资源垄断领域。但不可否认的是,政府在价格形成中角色的转变仍在进行中。2024年7月,党的二十届三中全会通过《中共中央关于进一步全面深化改革 推进中国式现代化的决定》,提出要"完善主要由市场供求关系决定要素价格机制,防止政府对价格形成的不当干预"。这一目标的达成需要推动政府在价格形成中扮演的角色由"制定具体价格水平向制定定价机制转变",一方面给予市场主体充分的自由,审慎对待生产要素配置中的市场创新;另一方面推动市场定价效率的提高。

(2)有必要发挥政府在价格形成中的引导与促进作用,推动优质生产要素向新质生产力流动。促进中国经济高质量发展需要把握生产要素配置机制的演进方向。现阶段,政府可以运用财政补贴、税收减免、专项债券等多种政策工具,引导优质生产要素如高质量劳动者、先进技术等高效有序地向新质生产力流动。对关键领域和薄弱环节给予必要的支持与激励,可以加速传统产业的改造升级,促进新兴产业的蓬勃发展,激发生产要素创新性配置的社会动力。

(3)实现政府为生产要素价格机制保驾护航,有必要构建生产要素价格公示与动态监测预警体系。长期以来,价格公示与动态监测预警都是政府宏观调控和价格监管工作的重要内容。一方面,生产要素价格公示是政府公共信息服务的重要组成部分,有助于解决生产要素市场信息不对称问题,提升生产要素价格信息的含量。具体而言,通过及时将价格水平向市场公开,价格公示制度可以促进生产要素市场信息流通,引导经营者合理确定价格,为市场机制发挥作用提供良好的信息环境。另一方面,构建生产要素价格公示与动态监测预警体系是价格机制平稳运行的重要保障。对生产要素价格波动情况进行监测,不仅有助于从整体上控制生产要素市场风险,还可以帮助监管机关识别包含价格垄断在内的不当价格行为,促进生产要素恰当定价。现阶段,有必要继续完善生产要素

---

① 参见刘凯:《价格行为规制的法理逻辑——基于整体价格法秩序的视角》,载《法学研究》2023年第4期。

价格公示与动态监测预警体系,将先进技术运用于价格信息的采集、处理、传输,提升价格公示与动态监测预警的准确性与及时性。

六、生产要素创新性配置的培育环境建构

生产要素创新性配置的落脚点最终在于"创新"。生产要素配置创新的实现不仅需要完善的交易机制与规制体系,更需要促进创新形成的社会环境。对此,有必要从以下几个方面营造激发创新活力的社会环境,加速优质生产要素向新质生产力流动。

(一)本土主义视角下生产要素创新性配置的主体培育

生产要素配置"创新"的实现很大程度上依托于市场主体的能动性。必须说明的是,在交易机制的论述中,笔者以市场主体类型为线索,梳理了各类市场主体的角色定位与核心权利,这是基于推动生产要素市场配置机制顺畅运行作出的必要分析,有助于推动生产要素配置创新的演进进程。但不可否认的是,加速生产要素创新性配置的实现过程,还需充分激发各类市场主体的创新活力。对此,需要结合我国生产要素市场发展现状,从以下两个方面培育创新主体。

(1)推动生产要素创新性配置,需大力弘扬企业家精神,培育敢于创新、敢于试错的市场主体。之所以将弘扬企业家精神摆在重要位置,原因在于企业家在生产要素创新过程中发挥着重要作用。根据熊彼特提出的创新理论,企业家最本质的功能是经济体的搅动器,可以防止经济活动落入成规而死气沉沉。[①] 在生产要素配置中,企业家对于创新的推动作用体现在以下两个方面:一方面,作为生产要素市场的核心主体,企业家不仅影响生产要素的组合方式,也影响生产要素向生产力的转化,其组织的生产活动是生产要素创新性配置的实践依托。另一方面,企业家是技术创新的关键推动者,而技术创新将改变生产要素配置方式,影响生产要素配置结果,关乎生产要素创新性配置能否实现。要发挥企业家在推动生产要素创新过程中的上述关键作用,有必要弘扬企业家精神。在当下发展

---

① 参见黄正平、黄健:《企业家精神的时代内涵和实践要求》,载《人民论坛》2024年第11期。

阶段,企业家精神已发展出丰富的时代内涵。但是,创新精神是企业家精神不可否认的内核,与生产要素创新性配置的内在要求不谋而合。大力弘扬企业家精神并提供让企业家敢于创新的容错机制,不仅可以推动新型生产要素的形成,还能加快新型生产要素向生产力的转化,最大限度地为新质生产力的发展提供物质基础。

(2)推动生产要素创新性配置,需培育具有社会责任感的市场主体。在新质生产力发展背景下,生产要素创新性配置的实现需依托具有社会责任感的企业主体。首先,新质生产力是科技创新驱动的生产力,要求市场主体加强对技术要素与数据要素的应用。其次,新质生产力本身就是绿色生产力,要求企业在生产中考虑社会发展需要,优先采用绿色、环保的生产要素替代高污染、高能耗的生产要素。最后,新质生产力是区域间协调发展的生产力,需要企业承担社会责任,推动落后地区经济发展。现阶段,我国区域间发展不平衡体现在多个方面,包括东部沿海地区与中西部内陆地区的生产率、技术效率和生产率增长速度的差异等。① 追求国家发展全局层面的生产要素创新性配置,有必要培育具有社会责任感的市场主体,带动偏远地区、落后地区、农村地区发展,推动全社会共同富裕的实现。

(二)功能主义视角下生产要素创新性配置的要素培育

在主体培育层面,阐述了培育生产要素市场主体的重要性,主要是从生产要素需求层面对生产要素创新性配置的探讨。下文将从生产要素供给角度出发探讨生产要素创新性配置问题,通过生产要素增量推动生产要素存量调整,推动生产要素市场结构性调整与全要素生产率的提高。

(1)需继续推动生产要素供给向优质化方向发展。不容置疑的是,新质生产力的发展需要以优质生产要素作为物质基础。在此背景下,推动各类生产要素优质化发展至关重要。在劳动力要素方面,有必要培育具备专业知识与特殊技能的高质量人才,匹配新兴产业和现代服务业对于高素质

---

① See Jin-Li Hu, Her-Jiun Sheu and Shih-Fang Lo, "Under the Shadow of Asian Brown Clouds: Unbalanced Regional Productivities in China and Environmental Concerns", 12 *The International Journal of Sustainable Development & World Ecology* 429-442(2005).

劳动者的需求。在资本要素方面,应培育长期资本、耐心资本,引导资本要素流向具有高成长性和战略意义的产业,发挥资本要素对于经济发展的正向功能。在土地要素方面,应继续完善土地流转机制,推动土地规划和用途管理的科学化,提升土地利用效率。在技术要素方面,应继续加大对科技创新的投入,鼓励企业与科研机构、高校之间的合作,促进产学研结合,提高科技成果转化效率。在数据要素方面,应持续推进数据要素高质量供给与合规高效流通,发挥数据要素对于生产力发展的促进作用。

(2)应鼓励发展更多形式的生产要素,在土地、劳动力、资本、技术、数据之外培育新型生产要素。创新对生产力发展具有至关重要的作用,可以增进企业竞争力,促进知识增量,增加产业活力。[①] 历史经验表明,生产力的每一次跃升都是由创新推动的,而生产要素本身的创新对生产力跃升更是具有直接的推动作用。这种新型生产要素发展的重要性受到高度重视。中共中央、国务院《关于构建更加完善的要素市场化配置体制机制的意见》提出"培育发展新型要素形态"。培育新型生产要素不仅有利于推动新经济形态和新兴产业的发展,更是对未来经济竞争力的前瞻性布局。对此,有必要营造有利于生产要素创新的社会环境,一方面,应当为生产要素创新提供更为有力的社会支撑,完善生产要素创新的推动与保障政策,营造创新友好型社会环境;另一方面,应当以包容的态度对待新型生产要素的运用,促进科技成果的转化与运用,为新型生产要素预留必要的制度空间。

(三)整体主义视角下生产要素创新性配置的理念培育

推动生产要素创新性配置的实现,在理念塑造中需坚持整体主义,从生产要素市场改革进程、产业发展、区域协调三重维度出发,为生产要素创新性配置提供培育环境。

(1)需完善生产要素改革的顶层设计,系统推进土地、劳动力、资本、技术、数据等各类生产要素配置改革齐头并进。具体而言,推动生产要素配置最大限度优化,必须考虑各种生产要素之间的紧密联系。

---

① See Alex Coad, Agusti Segarra and Mercedes Teruel, "Innovation and Firm Growth: Does Firm Age Play a Role?", 45 *Research Policy* 387-400(2016).

反映在生产要素配置改革中,就是要求各类生产要素配置改革不可厚此薄彼。对此,需站在整体主义角度,系统性推进土地、劳动力、资本、技术、数据要素市场化配置改革齐头并进。① 站在顶层设计的角度,需要抽离出各类生产要素市场运行的制度共性与特性,推动生产要素市场改革同步进行。具体包含生产要素市场机制的建立、政府规制的展开、各类要素市场融合的推进。在推动各类生产要素市场改革同步进行的基础上,还需将生产要素市场作为一个整体,考虑其与商品市场间的承接关系。这种承接关系表现为,生产要素市场是商品市场的基础,商品市场是生产要素市场的延伸。一方面,商品市场会产生大量的消费者信息和需求信息,这些信息会反馈到资源和要素市场中去,对生产要素市场产生影响;另一方面,生产要素市场产生的各种生产信息同样也会对消费需求产生影响,影响商品市场的发展。② 推动生产要素市场的整体发展,就不能忽视生产要素市场与商品市场间的联系,既要在推进生产要素市场改革的同时考虑商品市场的发展需求,又需借助商品市场更好地实现生产要素向生产力的转化。

(2)推动生产要素创新性配置,需要以经济高质量发展为目标,不断打破产业间壁垒,持续推动产业间的深度融合。创新的底层逻辑就是生产要素的重新组合,就是要把一种生产要素和生产条件的新组合引进生产体系中。③ 这决定了产业融合在生产要素转化为生产力的过程中扮演着重要角色。具体而言,产业融合将打破原有的生产要素配置关系,为生产要素的流动方向与组合关系提供更多选择,推动生产要素配置的创新。例如,在传统配置模式下,资源产业的繁荣吸纳了大量生产要素,阻碍了其他产业的发展。④ 只有引入先进科学技术改造传统产

---

① 参见李言:《要素市场化配置改革与区域经济发展问题研究》,经济科学出版社2023年版,第6页。

② 参见冉净斐、闫碧玮:《现代流通体系赋能全国统一大市场建设的逻辑机理、现实难题与优化路径》,载《宁夏社会科学》2024年第2期。

③ 参见〔美〕约瑟夫·阿洛伊斯·熊彼特:《经济发展理论——对利润、资本、信贷、利息和经济周期的探究》,叶华译,中国社会科学出版社2009年版,第83—95页。

④ 参见李程宇、严祥武:《畅通国内大循环的基础要素市场配置策略研究》,中国农业出版社2022年版,第11页。

业,方能改变原有生产要素配置关系,为生产力发展注入新动力。发展新质生产力,需要打破生产要素与产业之间原有的组合关系,推动产业间深度融合,借助战略性新兴产业、未来产业更好地实现生产要素向生产力的转化。

(3)有效推动生产要素创新性配置,必须畅通国内国际双循环。在国内大循环方面,有必要进一步完善生产要素领域的公共服务体系,为生产要素跨区域流动提供坚实的物质和政策支持;同时,破除地方保护主义设立的生产要素流动的区域壁垒,打通制约生产要素自由流动的现实堵点。在国际大循环方面,需进一步促进生产要素的跨国界自由流动与优化配置。这要求深化国际合作,推动贸易和投资自由化、便利化,加强与国际市场的互联互通,从"引进来"与"走出去"两个方面推动国内生产要素市场与国际市场的连接,实现国内国际双循环相互促进的新发展格局。不容忽视的是,优化生产要素的空间布局,需要通过政策引导实现区域产业的协调发展。① 在这个过程中,配置生产要素的策略需充分考虑各地区的比较优势和特色资源,形成合理的区域分工新思路。② 这种差异化竞争格局有利于避免同质化竞争和资源浪费,增强我国经济发展的内生动力。

(四)激励主义视角下生产要素创新性配置的分配制度培育

生产关系反作用于生产力,不断变革与创新生产关系是解放与发展生产力的主要途径。③ 在生产要素配置中,要素的组合过程促使人与人之间经济关系的形成,这些关系的具体化即为经济制度,从而又反过来影响市场主体的行为,由此生产力—生产关系的作用就具有动态演变特征。④ 在这些经济关系中,分配关系对于生产要素配置的影响最为显著。

---

① 参见周绍东、张恒:《以区域产业协调的"五大创新机制"推动新质生产力发展》,载《社会科学辑刊》2024年第4期。
② 参见王朝科、吴家莉、刘泮:《习近平总书记关于促进区域协调发展的若干重要论断》,载《上海经济研究》2023年第2期。
③ 参见刘志彪:《以新型生产关系推动新质生产力发展》,载《理论探索》2024年第3期。
④ 参见高帆:《"新质生产力"的提出逻辑、多维内涵及时代意义》,载《政治经济学评论》2023年第6期。

原因在于,社会再生产的规律包括生产、分配、交换、消费四个环节,分配作为连接生产与交换、消费的中间环节,对于前后环节有重要影响。① 要最大限度地增进生产要素配置的创新活力,需要发挥分配制度的促进功能,为创新的实现提供必要的制度激励。

目前,我国已经形成由初次分配、再分配、第三次分配组成的分配体系。未来,我国需继续坚持"居民收入增长和经济增长基本同步,劳动报酬提高与劳动生产率提高基本同步"②,构建体现效率、促进公平的收入分配体系。在新质生产力发展背景下,进一步促进生产要素创新性配置,还需从以下两个方面着手完善分配制度:

(1)需发挥市场在生产要素市场分配领域的功能。这既是市场经济的基本原则,也是提高经济效率和激励生产要素合理配置的有效手段。具体而言,在生产要素市场中,市场可以依托于供求关系、竞争关系形成要素价格,动态反映生产要素的实际贡献价值。这种按贡献价值决定报酬的分配机制有助于激励各类生产要素的持有者充分发挥各类生产要素的潜力。在新质生产力发展背景下,新型生产要素的配置仍需坚持按贡献价值决定报酬原则,引导生产要素向最需要的领域和环节流动,实现资源的优化配置。

(2)需在分配中充分体现各类生产要素的价值,充分激发先进优质生产要素的活力。在新质生产力发展阶段,参与分配的要素发生了深刻变化,数据等要素的创新价值更加凸显,且在社会生产中呈现出持续融合的趋势。③ 生产要素的复杂化、多样化打破了原有的生产要素利益分配平衡。例如,在现代经济体系中,科技创新和管理能力成为企业竞争力的重要来源,这使得科研人员、技术专家和高级管理人员愈加重要。又如,数据要素作为新型生产要素极大地促进了生产力的提升,日益成为新质生产力发展的核

---

① 参见李程宇、严祥武:《畅通国内大循环的基础要素市场配置策略研究》,中国农业出版社 2022 年版,第 260 页。

② 党的二十大报告指出,"居民收入增长和经济增长基本同步,劳动报酬提高与劳动生产率提高基本同步"是未来 5 年我国主要目标任务之一。

③ 参见王平:《新质生产力条件下的新型生产关系:塑造与调适》,载《当代经济研究》2024 年第 7 期。

心要素。再如,在共同富裕背景下,分配制度需尊重劳动者的主体地位,方能最大限度地促进生产力的发展。促进新质生产力发展,需要在分配环节体现各类生产要素的关键地位。在劳动力要素参与分配方面,需坚持劳动是价值的唯一源泉的判断①,按照劳动种类、劳动强度等因素分配劳动报酬,突出知识型、技能型人才在分配中的重要地位,提升劳动报酬在初次分配中的比重。在技术要素参与分配方面,应鼓励科研人员通过科技成果转化获得合理收入,建立健全对科研人员实施股权、期权和分红激励的机制。② 在数据要素参与分配方面,需继续完善数据产权归属认定、市场交易、权益分配、利益保护制度,让相关主体能够从数据的使用中获得收益。

---

① 参见唐琦、张辉:《先进优质生产要素赋能新质生产力的实践路径研究》,载《浙江工商大学学报》2024 年第 4 期。
② 参见中央党校(国家行政学院)习近平新时代中国特色社会主义思想研究中心:《健全和完善生产要素参与分配机制》,载《经济日报》2020 年 3 月 5 日,第 11 版。

第五章

发展转型论：
传统产业绿色化转型的法律促进

  传统产业绿色化转型与新质生产力之间存在紧密而辩证的关系。新质生产力本身就是绿色生产力，强调可持续发展与环境保护的深度融合。传统产业的绿色化转型不仅是适应新时代要求、发展新质生产力的关键所在，更是必由之路，它促使传统经济模式向更加环保、高效的方向迈进。然而，这一转型过程面临多重现实障碍，包括时间上的共时性与历时性冲突、空间上的普遍性与特殊性矛盾、价值层面的合理性与合法性纠葛，以及规范维度中政策与法律结构异化等问题。为解决这些障碍，改革应聚焦于做强绿色制造业，实现生产过程清洁化；发展绿色服务业，促进资源利用集约化；壮大绿色能源产业，推动能源消费低碳化；构建绿色低碳产业及其供应链，确保产品供给绿色化。在法律与制度层面，需注重体系衔接，强化绿色低碳发展的制度协调与供给；实现路径协同，确保法律与政策在传统产业绿色化转型中的良性互动；构建上下贯通机制，结合行政主导与市场自律；同时，优化要素保障，激发多元主体的积极性，运用灵活工具推动绿色发展的深入实施。这一系列措施共同构成了传统产业绿色化转型的法治逻辑与制度实现路径。

第五章 发展转型论：传统产业绿色化转型的法律促进

一、传统产业绿色化转型与新质生产力的辩证关系

(一) 新质生产力就是绿色生产力

1. 新质生产力的底层逻辑和本质规定

传统生产力在一定程度上存在相应破坏力，既推动了人类社会的进步与发展，也造成了资源、能源的较大浪费，破坏了生态环境。随着科学技术的进步以及人类对环境保护认识的加深，一种适应人类社会可持续发展的新生产力发展模式逐步形成。新质生产力跳出原有生产力发展模式，以创新起主导作用，摆脱传统经济增长方式、生产力发展路径，具有高科技、高效能、高质量特征，是符合新发展理念的先进生产力质态。新质生产力由技术革命性突破、生产要素创新性配置、产业深度转型升级而催生，以劳动者、劳动资料、劳动对象及其优化组合的跃升为基本内涵，以全要素生产率大幅提升为核心标志，特点是创新，关键在质优，本质是先进生产力。① 这一定义比较系统地对新质生产力进行了科学描述，为把握新质生产力的底层逻辑和内在规定性提供了明确的方向指引。

新质生产力的关键在"质优"，本质是"先进生产力"。新质生产力以劳动者、劳动资料、劳动对象及其优化组合的跃升为基本内涵，以全要素生产率大幅提升为核心标志。② 由此，对新质生产力内涵的认识和界定可以从生产力构成要素的"新质"出发。生产力的要素包括劳动者、劳动资料、劳动对象，生产力是由不同生产力要素组成的生产能力和水平状态的总称。新质生产力实际是由"新""质""生产力"构成的逻辑统一体。劳动者、劳动资料、劳动对象以及三者组合所形成的生产力，每一项要素都发生着"新"与"旧"和"量"与"质"之间的转变。最终由新质劳动者、新质劳动资料、新质劳动对象组合起来形成新质生产力。新质生产力的"新"表现在其因传统生产力无法满足人类日益增长的物质和精神文化需

---

① 参见《习近平在中共中央政治局第十一次集体学习时强调 加快发展新质生产力 扎实推进高质量发展》，载《人民日报》2024年2月2日，第1版。
② 习近平：《发展新质生产力是推动高质量发展的内在要求和重要着力点》，载《求是》2024年第11期。

求而形成,通过对生产力的创新驱动,实现对知识、技术、产品的关键突破和重新集聚。新质生产力的"质"则表现在"质优",由优质的劳动者、劳动资料和劳动对象组成,在高素质劳动者、高技术含量劳动资料和可复制、可再生、可循环使用的劳动对象之间不断形成动态优化方案。①

新质生产力的内在规定性体现在"新质生产力"与"传统生产力"的辩证关系上。虽然新质生产力构成要素和生产力结构在底层逻辑上与传统生产力存在较大区别,但新质生产力的出现并不意味着与传统生产力的完全割裂,传统生产力也并未因此而被抛弃,二者仍然存在紧密的联结点。习近平总书记指出:"发展新质生产力不是忽视、放弃传统产业,要防止一哄而上、泡沫化,也不要搞一种模式。各地要坚持从实际出发,先立后破、因地制宜、分类指导,根据本地的资源禀赋、产业基础、科研条件等,有选择地推动新产业、新模式、新动能发展,用新技术改造提升传统产业,积极促进产业高端化、智能化、绿色化。"②由此,新质生产力既要突出构建以先进制造业为骨干的现代化产业体系这个重点,以科技创新为引领,又要加强科技创新和产业创新深度融合,巩固传统产业领先地位,统筹推进传统产业升级、新兴产业壮大、未来产业培育。③

2. 绿色生产力的发展转型与作用机制

绿色生产力同样是由劳动者、劳动资料、劳动对象以及三者有机组合形成的生产力,其核心在于凸显各个生产力构成要素和生产力结构的生态化、可持续,由此实现经济社会与环境保护之间的协调发展。绿色生产力的形成有其历史渊源,其新的劳动力组合形态实际是对旧的传统生产力形态的替代。绿色生产力的发展也因其作用机制的创新,通过对各生产力构成要素和生产力结构的绿色化、数智化变革,实现经济结构的转型升级。

从发展进程看,人类社会经历的以农耕为主的黄色文明、以工业化为

---

① 参见冯果:《以高质量法治助推新质生产力发展》,载《民主与法制》2024年第6期。
② 《习近平在参加江苏代表团审议时强调:因地制宜发展新质生产力》,载中国政府网,https://www.gov.cn/yaowen/liebiao/202403/content_6936752.htm,访问日期:2024年9月1日。
③ 参见莫纪宏:《论新质生产力基础上的"新质民主"与"新质法治"的辩证统一》,载《政治与法律》2024年第6期。

第五章 发展转型论：传统产业绿色化转型的法律促进

主的褐色文明和信息化时代的绿色文明三个阶段，实际是黄色生产力、褐色生产力和绿色生产力的外在表现形式，反映的是劳动者、劳动资料、劳动对象以及三者组合形成的生产力与生态环境之间的关系。在农耕时代，人类使用简单的生产工具进行劳动生产，生产力低下，生产规模有限，几乎没有对自然资源和生态环境造成威胁，故而在漫长的黄色文明阶段，人类受制于生产力的有限，被动与自然形成和谐共生关系。进入工业化时代，生产力的显著提升意味着人类可借助大机器生产扩大生产规模、提高生产效率，同时也严重消耗了自然资源、破坏了生态环境，通过劳动者、劳动资料和劳动对象的工业化升级，人类生产力水平已远超生态环境的承载能力，人与自然和谐共生的状态被打破。在信息化时代，有赖于科学技术的跨越式发展，人类对经济、社会和环境之间的发展关系达成了新的认识，并逐步摆脱自牛顿机械力学时代以来对自然资源的无限度开发、对生态环境的单一利用，形成对生产、发展和环境保护的整体性、多样性认识。人类不断尝试在科技创新、生产力提升过程中，尊重生态平衡，主动实现人与自然的和谐共生。

从作用机制看，绿色化作用于劳动者、劳动资料和劳动对象，最终实现生产力的绿色化、生态化。劳动者是具备专业技术和生产知识的主体。在绿色文明阶段，劳动者一方面具备绿色创新的基础生产能力，能够适应绿色生产力的发展进程，另一方面形成劳动生产和环境保护之间的可持续发展观念，在实际生产中关注自然资源的高效利用、减少温室气体排放、促成生态环境的平衡。劳动资料的绿色化关键在于利用生产工具提高生产效率、增强生产品质、降低资源消耗、减少污染排放。以数字化、智能化为代表的生产资料革新，成为生产资料创新的典型。数智手段是运用人工智能、大数据、区块链等工具，将数据链、产业及其供应链等全部打通，实现生产资料的合理配置、生产信息的优化整合、生产效益的有效提升。在此过程中，劳动资料的绿色化更加注重运用数智化模式控制资源消耗和环境污染，实现绿色环保目标。传统劳动对象以土地、矿产等各类自然资源为主，绿色生产力在此基础上以用能权、排放权、数字信息等为对象，具有明显的可持续发展特征。劳动对象的绿色化意味着一方面对新质生产力发展的

传统资源进行适度、循环利用,另一方面对新兴资源进行深度开发,由此降低生产过程对自然资源、生态环境的影响。

绿色生产力除发展进程新、作用机制新以外,在建设生态文明过程中,同样体现出追求高质量可持续发展的质优特征。绿色生产力实际是对各生产力构成要素和生产力结构的生态化重塑,在保证经济社会健康发展的同时,提升了环境保护水平,实现了全社会的可持续发展。绿色生产力的生命力和竞争优势在于其对经济效益和生态效益的重大贡献,并且未对其他经济社会发展和环境保护等任一目标的达成构成威胁,绿色生产力是一种人与自然和谐共生的生产状态。[①] 故而,绿色生产力是一种优质生产力的代表。

在国内语境下,绿色低碳发展实际是绿色生产力、可持续发展的话语转化。当前我国正处于经济结构调整、经济社会转型的关键时期,在确保经济社会稳定发展的同时,要将传统生产力构成要素和生产力结构转向环保、低碳、高效的绿色发展模式。"双碳"目标、可持续发展等时代诉求倒逼我国生产力结构的生态化,同样绿色生产力的形成也进一步提升了我国生态环境保护的水平,最终建立维系国家、社会、个人的现实需求与未来增长的共同价值纽带。[②]

3. 新质生产力与绿色生产力的辩证统一

(1)绿色生产力是新质生产力的未来发展趋势。绿色生产力是推动经济高质量发展的重要支柱,因为其包含绿色可持续发展策略。在经济社会高速发展的今天,人类所面临的环境污染、生态破坏问题日益严峻,加之气候变化等全球性问题突出,政府、社会、企业和个人都逐步意识到传统发展模式必须向绿色、低碳、可持续方向转型。绿色生产力依赖科技创新的驱动,通过清洁生产、循环经济等方式,大幅减少了环境污染的产生和自然资源的消耗,推动经济向绿色、智能、高效方向发展。绿色生产力作为新质生产力未来发展趋势的具体表现包含三方面内容:一是生

---

① 参见盖凯程、韩文龙:《新质生产力》,中国社会科学出版社2024年版,第100—104页。

② 参见韩文龙、董鑫玮、唐湘:《新质生产力与绿色发展的辩证关系与实践路径》,载《电子科技大学学报(社科版)》2024年第3期。

产理念的绿色化。生产力的生态化、绿色化作为基础理念将全面提升劳动者素养,推动劳动资料的科技创新,实现劳动对象的可持续发展,创新、绿色、共享和协调等将成为绿色生产力的理念指引。二是生产过程的绿色化。绿色属性将全面体现在劳动者使用劳动资料作用于劳动对象的整体过程中,在人与自然和谐共生的环境下,劳动者运用绿色创新技术进行绿色生产,对自然资源和其他生产资源进行可复制、可再生使用,确保劳动对象零污染、碳中和。① 三是生产结果的绿色化。绿色生产力将加速生态化产品链、供应链的形成,在生产方式的变革进程中催生绿色制造业、绿色服务业、绿色能源业等新产业形态;绿色生产力推动人类生活方式全方位的绿色化变革,使绿色消费日益成为重要趋势。

(2)新质生产力的底色是绿色。从发展源头看,新质生产力符合绿色、低碳、可持续发展理念。生产力构成要素包括劳动者、劳动资料和劳动对象,在黄色文明、褐色文明和绿色文明阶段,这些要素始终与生态环境保持着紧密的联系。这种联系虽然存在主动或者被动的冲突抑或协调,但反映的是人类在运用自身能力征服自然、改造自然的过程中,受到自然的反向改造与影响。在这种双向互动中,人与自然之间的物质变换变得逐步有序,人类逐步认识到与自然保持和谐共生是其生存和发展的最优状态。故而在绿色文明阶段,新质生产力实际上是通过对生产力构成要素的生态化重塑,将传统生产力逐步转型为可持续发展的绿色生产力。新质生产力的绿色底色集中体现了生产力各构成要素及其组合形态的绿色发展特征,通过将绿色化、数字化、智能化的技术运用于生产力构成要素的创新性配置过程中,实现经济社会发展与环境保护之间的协调统一。可以说,新质生产力是生产力发展到一定程度的产物。当下,生产力的绿色发展要求反映出与传统生产力及其所代表经济发展方式的巨大差别。从上述角度看,新质生产力所拥有的新和质的属性,已经决定了其生产力构成要素及组合形态的绿色属性,新质生产力本身就是绿色生产力。②

---

① 参见房志敏:《新质生产力与绿色经济:内在契合与实践结合》,载《中国矿业大学学报(社会科学版)》2024年第3期。
② 参见刘典:《新质生产力:中国经济发展新动能》,中国财政经济出版社2024年版,第189—192页。

(3)绿色生产力与新质生产力的内在属性高度契合。新质生产力与绿色生产力,作为近年来涌现的优质生产力形态,均根植于创新的土壤,并以绿色技术革新为驱动力,引领高质量发展的潮流。新质生产力,以科技创新为核心引擎,聚焦于新兴产业发展,以产业升级为明确导向,秉持人与自然和谐共生的理念规划发展蓝图,持续强化经济发展的物质基础。而绿色生产力,则明确将效率、和谐与持续性作为发展目标,成为现代化产业布局与产业结构调整的驱动力。通过融合新质生产力的构成要素,绿色生产力不仅能够促进经济发展质量的提升与速度的加快,更引领经济向更加绿色化、低碳化的集约型发展模式转型,为实现可持续发展目标奠定坚实基础。新质生产力与绿色生产力在可持续发展中有着一致的目标与方向,它们的融合发展孕育出一种前所未有的高效且环保的生产模式,为经济社会的可持续发展注入强劲动力。这一结合不仅加速了经济的绿色化转型,还推动了数字化与智能化的深度融合,实现了在高质量发展道路上的辩证统一。发展新质生产力,关键在于以"新"为引领,驱动生产力质的飞跃,特别是向绿色化方向迈进。① 新质生产力在"新技术""新能源"及"新产业"等领域蕴含着深厚的绿色基因,它追求的不仅是生产力"质"的提升,更是高质量、绿色化、可持续性的全面发展,这与绿色发展的核心理念不谋而合。② 在此过程中,新质生产力扮演着驱动者的角色,为绿色生产力提供了源源不断的创新动力;而绿色生产力则如同灯塔,为新质生产力指明了前进的方向,确保其在发展过程中始终遵循绿色低碳原则。二者在中国式现代化征程中紧密耦合。

(二)传统产业绿色化转型是发展新质生产力的重要要求

1. 传统产业绿色化转型的必要性及其四维构成

现代化产业体系的建设深植于传统产业的根基之上。长期以来,传统产业作为国民经济的基石,不仅广泛涉及民众衣食住行的基本需求,更是人民安居乐业不可或缺的保障。传统产业所供给的农产品、

---

① 参见高帆:《"新质生产力"的提出逻辑、多维内涵及时代意义》,载《政治经济学评论》2023年第6期。
② 参见李政、廖晓东:《发展"新质生产力"的理论、历史和现实"三重"逻辑》,载《政治经济学评论》2023年第6期。

第五章 发展转型论：传统产业绿色化转型的法律促进

能源、矿产等初级产品，构成了经济体系中最基本且至关重要的组成部分，其稳定供给是我国经济持续健康发展的前提。尤其是石化化工、钢铁、建材、机械、汽车、轻工、纺织等传统制造业领域，增加值在制造业中占比近八成，不仅是国民经济增长的重要支撑，也深刻影响着人民生活质量的提升。当前，尽管新兴产业蓬勃发展，但我国传统产业依然保持着强劲的国际竞争力，在构建现代化产业体系的整体布局中，其地位非但未被削弱，反而更加凸显出其是不可或缺的角色。① 因此，传统产业构成了未来发展的重要依托，其转型升级与创新发展将引领我国产业迈向更高质量的发展阶段。

当然，在当前要素成本攀升与资源环境约束加剧的宏观环境下，传统产业的比较优势正逐渐淡化。步入新时代，我国经济正在向高质量发展阶段转型，昔日牺牲环境换取经济增长的粗放模式已难以满足当前社会对可持续发展的迫切需求。因此，传统产业的未来发展必须融入生态考量，平衡好社会进步与环境保护的双重目标。传统产业向绿色化转型，已成为激活产业内在潜力、重塑竞争优势的关键路径。这一过程强调通过技术创新与要素创新等深层次变革，为传统产业注入新活力。绿色化转型的核心在于摒弃以往单纯追求数量扩张、忽视生态平衡的旧有生产方式，转而聚焦提升产品质量、优化资源配置效率、减少环境污染，力求在保障经济社会效益的同时，实现人与自然和谐共生的美好愿景。传统产业绿色化转型要求对产品结构、能源使用结构、原材料选择及生产工艺进行全面优化与革新，确保在充分考虑区域产业特色、资源条件及环境承载能力的基础上，推动产业向集群化、差异化、绿色低碳方向转型，形成独具特色的新发展格局。② 这一转型不仅是对传统生产方式的根本性变革，更是对人民群众日益增长的美好生态环境需求的积极回应。

在传统产业绿色化转型进程中，需要明确三大核心方向：绿色发展聚焦生态环境质量的改善与保护，低碳发展致力于节能降耗与减少碳排

---

① 参见刘守英、黄彪：《从传统生产力到新质生产力》，载《中国人民大学学报》2024年第4期。
② 参见王飞、韩晓媛、陈瑞华：《新质生产力赋能现代化产业体系：内在逻辑与实现路径》，载《当代经济管理》2024年第6期。

放,而循环发展则强调资源的有效保护与高效利用。转型的核心包括绿色制造业、绿色服务业、绿色能源产业、绿色低碳产业及其供应链,它们紧密交织,共同构建起一个旨在平衡经济发展与环境保护的四维框架。一是绿色制造业。作为这一框架的基石,绿色制造业承载着将传统制造业转型升级为环保、低碳、高效生产模式的重任。面对传统制造业带来的环境污染与资源浪费问题,绿色制造业通过技术革新与产业升级,力求在生产全过程中实现资源的最优配置与对环境的最小影响,从而引领制造业向绿色可持续方向迈进。① 二是绿色服务业。作为国民经济的重要支柱,服务业的绿色化发展不仅能够响应消费者日益增长的绿色、低碳服务需求,更有助于推动产业结构优化,为经济社会的可持续发展注入新的活力。通过倡导绿色服务理念,提升服务品质与效率,绿色服务业正积极贡献于我国绿色发展之中。三是绿色能源产业。作为能源结构优化与供给清洁化的核心驱动力,绿色能源产业的发展不仅旨在调整能源结构,减少温室气体排放,更是保护生态环境、促进可持续发展的重要举措。绿色能源产业广泛涵盖太阳能、风能、水能等可再生能源领域,并融合智能电网、储能等前沿技术,通过持续的技术创新与政策激励,正逐步替代传统能源体系,引领我国能源供给向更加清洁、高效的方向转型。② 四是绿色低碳产业及其供应链。作为推动我国绿色发展的坚实支柱,绿色低碳产业及其供应链不仅有助于提升我国在全球产业链中的竞争力,还通过倡导绿色生产、消费与物流模式,构建起绿色供应链体系,实现了产业链整体的绿色化升级。此举不仅能够有效降低企业运营成本,提升产品环保标准与质量,更助力我国在全球产业链分工中占据更加有利的位置。此外,绿色低碳产业及其供应链的发展还蕴含着巨大的绿色就业潜力,为实现绿色发展目标提供了重要的人力资源保障。通过创造更多与绿色经济相关的就业机会,不仅能够促进社会稳定与经济发展,还能够激发全民参与绿色化转型,共同推动建设人与自然和谐共生的美好未来。

---

① 参见孙英杰、林春:《绿色金融如何赋能制造业绿色竞争力提升》,载《深圳大学学报(人文社会科学版)》2023年第3期。

② 参见许勤华、张艳伟:《绿色能源的技术突破和未来能源产业前瞻》,载《人民论坛》2023年第16期。

2. 传统产业绿色化转型符合新质生产力发展要求

传统产业作为拥有深厚产业母基特质的领域,其绿色化转型不仅是孕育新质生产力的基石,还极大地促进了新医药、新能源、新材料、新制造等高度关联且具有广阔发展前景的新兴产业的涌现。这一转型过程之所以成效显著,得益于传统产业所具备的丰富的应用场景、强大的制造能力、成熟的产业组织体系以及坚实的技术根基,这些要素共同构成绿色化转型的坚实支撑。与此同时,随着新质生产力的持续注入,传统产业的绿色化转型不断激发战略性新兴产业的活力,进一步拓宽了发展的疆域与空间。自党的十八大以来,我国坚持科技创新与产业创新双轮驱动的战略,加速推进传统产业的绿色化转型步伐。在这一过程中,绿色科技成果转化的产业载体日益壮大,绿色科技合作平台也日益丰富多元,不仅显著提升了传统产业绿色化转型的"科技含金量",还极大地增强了新质生产力的效能,为经济高质量发展奠定了更加坚实的产业基础。① 传统产业绿色化转型符合新质生产力发展要求主要体现在以下四个方面:

(1)高质量发展须摒弃过去依赖传统要素驱动的模式,转而拥抱创新驱动的发展战略,以此引领经济增长路径的根本性变革,朝向绿色、可持续的未来迈进。在经济发展初期,虽然劳动资料的大规模投入、劳动对象的过度开采以及劳动者低效率生产模式曾助力经济快速增长,但这种粗放型发展方式所伴随的低质量经济增长,其内在弊端与局限性已日益凸显。随着公众环保意识的觉醒,人们对生态环境遭受破坏和资源非持续利用的现状感到深切忧虑,对拥有优质生活环境和健康生态系统的渴望愈发强烈。在这一背景下,传统粗放型的生产方式与生活方式亟须根本性调整,经济发展模式必须转向高质量、绿色集约的新阶段。② 这一转变不仅是生产力发展到高级阶段后,对生产关系进行适应性调整的内在要求,也是推动生产力水平向更高层次跃升的必由

---

① 参见孙小婷、李敏:《绿色技术创新、新质生产力与低碳经济高质量发展》,载《统计与决策》2024年第14期。
② 参见周文、李吉良:《新质生产力引领人类文明新形态:生成逻辑与文明超越》,载《中国人民大学学报》2024年第4期。

之路。① 因此,经济结构的优化升级应以创新驱动为核心,促进绿色、低碳、循环经济的全面发展。

(2)技术领域的革命性突破正在为传统产业绿色化转型注入新质化技术驱动力。当前,全球范围内的新一轮科技革命与产业变革正快速推进,科学研究范式正经历深刻转型,学科间的交叉融合日益紧密,科学技术与经济社会发展的融合进程显著加快,共同推动新质生产力的快速形成。数字化革命作为这股浪潮中的重要力量,极大地提升了传统产业的自动化与智能化水平,不仅显著提高了生产效率,还深刻改变了传统产业的商业模式,催生出众多新兴业态与模式。新质生产力,其核心在于劳动者技能的提升、劳动资料的创新、劳动对象的拓展以及三者优化组合方式的飞跃,它突破了传统经济增长模式和生产力发展路径的局限,实现了全要素生产率的显著提高。② 这一转变,为传统产业的质量升级、效率提高和动力转换提供了强大的技术革新动力,有力推动了传统产业向绿色化、可持续化方向的转型。

(3)创新性地配置生产要素为传统产业绿色化转型注入了新质化的生产效能。在这一过程中,数据作为新兴的核心生产要素,其独特的放大、叠加与倍增效应日益凸显,成为推动传统产业绿色化转型的关键驱动力。培育基于数据要素的新产品与服务,不仅能促进知识的广泛传播与价值的多倍增长,还能有效引导数据要素融入社会化大生产体系,让传统产业充分享受数据红利带来的发展加速。进一步地,推动数据要素与劳动力、资本、技术、土地等传统生产要素深度融合与协同发展,以数据流为核心,引领技术流、资金流、人才流与物资流的高效流动与优化配置,有助于打破传统资源要素的瓶颈制约,显著提高传统产业的全要素生产率。在这一过程中,我国市场的规模效应与集聚效应将得到充分发挥,通过消除影响生产要素市场化配置的体制机制障碍,降

---

① 参见岳奎、曲秀玲:《新质生产力的绿色发展维度》,载《当代经济研究》2024年第8期。
② 参见齐承水:《如何理解"新质生产力本身就是绿色生产力"》,载《经济学家》2024年第7期。

低制度性交易成本,促进各类生产要素的自由流动与高效配置,进而引发经济体系的一系列深刻变革。最终,这一系列变革将极大地激发全社会的创新活力与创造力,为传统产业绿色化转型提供更加科学、高效的新质要素配置方案,持续提高全要素生产率,推动经济实现更高质量、更可持续的发展。①

(4)产业的深度转型升级为传统产业绿色化转型铺设了更加宽广的新质化服务领域道路。这一过程不仅是传统生产力向新质生产力的演进,更是传统产业在绿色化转型中逐步融入并创造新质生产力的生动实践。随着转型的深入,传统产业与新兴产业的界限变得愈发模糊,二者之间的融合互补趋势显著增强,为产业赋予了前所未有的多元化特征与丰富内涵。在当前社会背景下,人民群众对美好生活的向往愈发强烈,对物质产品、文化产品及生态产品等各方面的需求也持续升级,提出了更为精细化、个性化的高标准要求。因此,加速发展新质生产力,并以此为动力推动产业的绿色化转型升级,成为构建优质、高效、多样化、新质化供给体系的关键。这一体系不仅能够孕育出更多新颖、优质的产品与服务,还能够满足人民群众日益增长的美好生活需求,促进经济社会的全面进步与可持续发展。

(三)发展新质生产力是传统产业绿色化转型的必由之路

1. 新质生产力成为推动传统产业绿色化转型的重要依据

为了符合高质量发展的要求,必须走新质生产力的发展道路,这一路径有效摆脱了传统的增长模式。而要实现传统产业的绿色化转型,关键在于积极培育和发展新质生产力。新质生产力成为推动传统产业绿色化转型的重要依据主要包含以下三方面内容:

(1)新质生产力作为一种以创新驱动为核心,融合低碳环保与高效资源利用特征的新型生产力形态,其发展不仅体现了对马克思主义发展观的深刻继承,更是对当前经济与社会发展迫切需求的积极回应。在这一过程中,人类通过发挥主观能动性,在利用与改造自然的过程中不断创

---

① 参见刘洋、李浩源:《新质生产力赋能高质量发展的逻辑理路、关键着力点与实践路径》,载《经济问题》2024 年第 8 期。

造出新的物质财富。人类的生存与进步紧密依赖自然界赋予的丰富物质资源,同时受限于自然界的客观规律。经济社会的发展是一个复杂而协调的整体进程,各要素间相互依存、相互促进。生产力的进步依赖生产资料的不断革新与优化,从而逐步迈向更高级的阶段。① 这一过程旨在实现人与自然、人与社会的和谐共生,满足经济社会发展中不断提升的多元化需求,最终达到人类与自然的高度统一与和谐共存。

(2)新质生产力紧密契合了传统产业绿色化转型的核心理念。这一转型过程内在要求将科技创新与资源节约并举,使高效高质的生产模式与低碳环保理念相融合,同时强调传统产业绿色化转型与新兴产业重点发展的协同推进。新质生产力的发展轨迹是对这一内在要求的深刻体现与实践,着重于科技创新与现代科技成果的广泛应用,旨在提高生产效率与质量,倡导资源的高效利用与合理配置,避免无谓浪费。在整个生产及消费链条中,新质生产力不仅追求经济效益的最大化,更致力于减少生态破坏,降低资源消耗,通过这一平衡策略,力求在经济发展与生态保护之间构建起和谐共生的关系,为可持续发展奠定坚实基础。②

(3)发展新质生产力是我国高质量发展蓝图中的关键一环,其独特的发展特性预示着它是引领传统产业迈向绿色化转型的必由之路。这一进程不仅是对传统经济模式的深刻变革,更是对经济发展与环境保护双赢目标的积极探索与实践。绿色新质生产力摒弃了资源过度消耗与环境破坏的旧有路径,转而拥抱知识密集、技术引领和环境友好的新型增长模式,精准对接了高质量发展对资源高效利用、环境持续优化及产业结构优化升级的核心诉求。在此过程中,配套构建的新型生产关系、绿色治理体系及市场机制,为市场主体设立了绿色发展的行为准则,激励其在追求经济效益的同时,积极践行绿色发展理念,从而在宏观层面构建起推动经济高质量发展的长效机制。科技创新的强劲驱动、产业结构的持续优化以及绿色制度的坚实保障,共同构成了支撑新

---

① 参见李正图、朱秋:《正确认识和科学掌握新质生产力理论》,载《浙江学刊》2024年第4期。

② 参见任保平:《生产力现代化转型形成新质生产力的逻辑》,载《经济研究》2024年第3期。

质生产力发展的三大支柱,使新质生产力成为高质量发展中最具标志性的特征与最持久的动力源泉。① 发展新质生产力不仅是响应高质量发展号召的必然选择,更是推动传统产业绿色化转型不可或缺的关键路径。

2. 新质生产力为传统产业绿色化转型提供强大动力

(1)新质生产力以"新技术"赋能传统产业绿色化转型。在当前信息时代的背景下,新质生产力正通过前沿"新技术"的深度融合,为传统产业的绿色化转型注入强大动力。数字技术作为核心驱动力,不仅引领着生产力的发展潮流,也成为推动社会经济进步的关键引擎。与此同时,一系列绿色低碳技术的兴起,包括可再生能源技术、能源效率提升技术、清洁生产技术以及碳捕捉与储存技术等,正逐步降低对自然环境的负面影响,有效促进了生产力效益的飞跃与产业结构的转型升级。这些技术的协同作用,共同绘制了一幅绿色、高效、可持续的发展蓝图。

(2)新质生产力以"新能源"赋能传统产业绿色化转型。新质生产力将"新能源"作为核心驱动力,赋能并加速传统产业的绿色化转型进程。能源乃是人类生存与进步的基石,传统能源如煤炭、石油等至关重要,但其不可再生性及使用过程中伴随的大量二氧化碳、硫化物等有害气体的排放,已对环境形成了严峻挑战。相比之下,包括太阳能、风能、水能等在内的清洁、低碳且可再生的能源形式,正日益成为绿色发展的先锋力量。新能源不仅有效缓解了人类对有限传统能源的依赖,还显著减少了碳排放和污染物释放,从而大幅降低对生态环境的负面影响,为实现绿色、可持续的发展目标铺设了坚实道路。②

(3)新质生产力以"新产业"赋能传统产业绿色化转型。新质生产力的蓬勃兴起,通过孕育并壮大"新产业"群体,为传统产业的绿色化转型注入了强劲动力。这一系列新产业涵盖了战略性新兴产业、数字经济产业以及未来产业等多个前沿领域,它们共同展现出技术密集度高、创新能力

---

① 参见殷筱、房志敏:《新质生产力赋能绿色经济何以可能》,载《南京工业大学学报(社会科学版)》2024年第3期。

② 参见高世楫:《绿色生产力与绿色低碳发展的创新路径》,载《探索与争鸣》2024年第3期。

活跃及未来发展潜力巨大的鲜明特征。① 这些新产业不仅致力于绿色、低碳、可持续的发展模式,还深刻影响着产业结构的优化升级,促进经济社会的全面繁荣。新产业的崛起,引领整个产业体系向更加绿色化、高效化的方向迈进,为传统产业的绿色化转型铺设了坚实的道路,推动了整个经济体系的绿色化转型与可持续发展。

二、传统产业绿色化转型的现实障碍和法治需求

相较于新兴产业的蓬勃发展,传统产业的绿色化转型是一个由错综复杂、相互交织的原因网络共同驱动的过程,其转型动因的多样性直接映射出转型路径的高度复杂性。这一过程要求整个社会体系在产业结构、生产模式以及能源利用结构上进行深远且广泛的变革。鉴于传统产业固有的结构性转变特质,传统产业绿色化转型的推进必须全面考虑时间演进的节奏、空间布局的合理性、价值导向的明确性以及规范体系的完善性,任何维度的缺失都可能影响转型的成效与可持续性。②

(一)时间维度:转型的共时性与历时性龃龉

法治保障的实践活动始终依循时间脉络而展开,并在时间维度中发展、变革和持续演进。共时性概念聚焦同一时间段内各要素间的并存状态与相互关系,而历时性则揭示了随着时间的推移,各要素之间发生的演变与联系。在探讨传统产业绿色化转型时,共时性与历时性分别构成了静态与动态、横向与纵向两种分析视角,为全面审视转型过程提供了多维度的理解框架。传统产业绿色化转型的推进,需在社会共时性的框架下构建结构主义改进模式,该模式着重于当前经济社会发展与环境保护之间的平衡,确保各类利益的公平分配。同时,转型过程亦需融入历时性视角的考量,认识到其并非一个可以迅速达成的即时目标,而是一项长期且持续的渐进性工作,需深远布局,以历史的眼光追溯和审视传统产业绿色

---

① 参见任保平、李禹墨:《经济高质量发展中生产力质量的决定因素及其提高路径》,载《经济纵横》2018年第7期。

② 参见任保平、李梦欣:《新时代中国特色社会主义绿色生产力研究》,载《上海经济研究》2018年第3期。

第五章
发展转型论：传统产业绿色化转型的法律促进

化转型的孕育、传承与变迁轨迹。① 因此，在转型过程中必须深刻理解过去、现在与未来之间的连续性和因果关系，在时间轴上实现共时性分析与历时性判断的无缝对接与融合统一。

1. 传统产业绿色化转型的回顾性和追溯性

在人类历史的漫长进程中，农业曾长期占据经济发展的核心位置。然而，随着工业的蓬勃兴起，其逐渐超越了农业，跃升为主导力量，不仅驱动了整体经济的快速增长，还促进了社会生产力的飞跃。产业结构的自然演进规律表现为由重工业占据主导地位阶段逐步过渡到由轻工业与服务业占据主导地位的阶段。与此同时，科技的日新月异催生了众多新兴产业，这些产业不仅为经济增长注入了新活力，还促进了经济结构的多元化发展。当前，众多发达国家已迈入后工业化时代，这是一个以服务业为主导，深度融合由信息技术创新、普及与应用所塑造的信息经济的全新阶段。在后工业化时代，技术进步的浪潮持续翻涌，其中数字技术更是站在科技的最前沿。在这一背景下，数字经济正引领着传统产业转型升级的新潮流，成为推动经济社会发展的关键力量。② 随着数字技术的不断演进与应用，产业界正经历着前所未有的变革与升级。

从某种深远意义上讲，后工业化进程实为一场新的工业革命浪潮，其多维度特性赋予了它多重命名。从能源技术革新的视角审视，紧随蒸汽动力与燃油内燃机动力技术革命之后，后工业化进程已进入可再生能源动力技术时代。若聚焦生产工艺对产业的深刻变革，继机械化、电气化、自动化之后，后工业化进程迎来了基于信息物理融合的全新生产模式，实现了前所未有的生产智能化。进一步从制造业生产工艺流程的演进来看，后工业化进程在广度和深度上超越交通运输革命、电力革命及计算机革命，成为一场涵盖广泛、具有综合性特征的生产方式革新。实质上，无论是哪一维度的命名，这些所谓新工业革命均根植于新能源、新材料、新信息技术及数字技术

---

① 参见湛泳、李胜楠：《新质生产力推进产业链现代化：逻辑、机制与路径》，载《改革》2024年第5期。

② 参见任保平、巩羽浩：《数字新质生产力推动传统产业新质化的机制与路径》，载《兰州大学学报（社会科学版）》2024年第3期。

的突破性进展,它们不仅重塑了传统业态与商业模式,更将新旧元素深度融合,共同构筑起一个更加先进、高效的现代产业体系。①

自工业革命以来,全球经济经历了前所未有的快速增长,极大地满足了人类的物质需求,其中实体经济,尤其是工业部门的蓬勃发展,成为经济增长的核心驱动力。然而,这一进程也伴随着资源枯竭与环境恶化的严峻挑战,环境恶化日益成为制约经济社会高质量发展的关键因素,其影响深远,若不加遏制,将对自然生态与经济社会系统造成灾难性破坏。鉴于此,全球范围内已普遍认识到转变传统粗放型经济增长模式的紧迫性,产业绿色化转型成为不可逆转的趋势。这一转型的核心在于"绿色化",它不仅仅是一个口号,更是要求经济体系实现从非可持续向可持续、从"黑色"或"褐色"经济向绿色经济、从低质量发展模式向高质量发展模式的根本性转变。在全球资源环境压力持续加剧的背景下,联合国适时提出了2030年可持续发展目标,旨在引导发展中国家走上一条与发达国家"先污染、后治理"截然不同的可持续发展道路,强调在经济发展的同时,必须注重环境保护与生态平衡,确保经济增长的可持续性。② 因此,产业绿色化转型不仅是应对当前环境危机的必然选择,也是实现全球经济长远健康发展的必由之路。

当前,我国正经历深刻的产业转型升级,这一过程深刻影响着国内传统产业的绿色化转变路径。改革开放以来,我国积极融入全球经济体系,工业体系日臻完善,工业总量快速增长,成为世界工业大国和货物贸易大国。然而,这一成就背后也隐藏着一个不容忽视的现实:新技术与高科技产业在整体经济结构中的占比依然偏低,经济增长的主要驱动力依然高度依赖传统工业部门,且长期以来沿用的粗放型发展模式尚未得到根本性扭转。尽管经济总量实现了令人瞩目的增长,但这种增长存在对资源的过度开发与消耗,导致生态承载力被推向极限承压边缘,资源消耗的红利日益减少,生态环境面临严峻挑战。在全球绿色经济成为驱动经

---

① 参见曹钟雄:《新质生产力视角下建设现代化产业体系路径研究》,载《行政管理改革》2024年第6期。

② 参见赵芸芸、童冰鑫:《夯实传统产业转型升级根基》,载《中国金融》2023年第16期。

济增长的新动力和国际竞争新焦点的背景下,我国的新型工业化道路正面临前所未有的考验,亟须转型以适应这一国际趋势。这不仅是缓解当前资源环境压力、保障经济持续健康发展的必要举措,更是我国在全球经济新格局中保持竞争力、实现高质量发展的关键所在。[①]

2. 传统产业绿色化转型的前瞻性和预见性

传统产业在向绿色化转型的进程中,既需深刻考量其历史发展的积淀与脉络,又应紧密结合当前时代的发展背景及对未来趋势的预测,从而前瞻性地规划转型实践路径与法治保障体系。此举正是契合了绿色发展的核心理念,即将当代人与后代人的福祉视为不可分割的整体,旨在通过转型实践,实现从仅限于当代人利益关怀的维度,向追求代际公平、保障下一代利益的可持续发展维度不断拓展。

(1)推进新型工业化、发展新质生产力对传统产业绿色化转型提出新要求。党中央针对发展新质生产力和推进新型工业化的战略蓝图,为传统产业的绿色化转型设定了更为严苛与前瞻的标准。这一新型工业化路径,本质上追求的是绿色低碳的发展模式,它要求将绿色低碳理念深深植根于所有行业与领域之中。工业的绿色化转型已超越了单纯的环境治理范畴,转而成为一项关于产业链重构、产业体系优化的重大战略议题。[②] 为实现这一转变,必须显著提升绿色低碳产业在整体产业结构中的占比,加速推广先进且适用的绿色低碳技术与装备,并大幅提高绿色能源与再生资源的利用率。这一系列举措将深刻促进生产方式与产业结构的根本性变革,确保绿色元素成为驱动我国新型工业化和新质生产力发展的鲜明底色。

(2)"双碳"重大制度实施将给传统产业绿色化转型带来新变革。随着碳达峰碳中和"1+N"政策体系的全面构建与深入实施,特别是能耗双控向碳排放双控关键性转变的推进,控"碳"策略正逐步成为引领经济社会全方位、深层次、系统性变革的核心驱动力。在工业领域,这

---

① 参见辛灵、高鹏飞:《新发展格局下产业链现代化的路径》,载《宏观经济管理》2023年第7期。
② 参见杜宇玮:《高质量发展视域下的产业体系重构:一个逻辑框架》,载《现代经济探讨》2019年第12期。

一转变尤为显著,控"碳"替代控"能"不仅确保了产业发展的合理能源需求得到满足,为经济高质量发展奠定了坚实的能源基础,更为绿色能源及其相关产业开辟了广阔的发展空间,加速了能源结构的优化调整与新兴产业的蓬勃兴起,进而促进了产业结构的整体优化升级,为经济社会向全面绿色低碳转型注入了强劲动力。① 绿色能源将成为政府吸引产业投资的关键筹码,推动高耗能行业(尤其是电气化水平较高的领域)及新能源行业迎来布局的重大调整与变革。在此背景下,企业不得不将"碳"作为全生命周期管理(涵盖研发、设计、采购、生产、销售、回收再利用及废弃物处置等各个环节)中的重要考量因素,绿色低碳供应链管理将成为企业提升价值链竞争力的新路径。② 同时,碳排放压力将沿着供应链条传递,激励链上企业共同提升绿色发展水平,形成协同减排、共促转型的良好生态。

(3)全球绿色低碳规则面临重塑,绿色低碳产业的竞合博弈更加激烈。近年来,越来越多的国家和地区明确宣布碳中和目标,主要经济体更是竞相强化绿色产业的战略部署,使得绿色产业与低碳经济成为国际竞争的新高地。美国及欧盟等发达经济体深刻认识到规则与标准在引领全球碳中和进程中的关键作用,意图通过构建碳边境调节机制、推行碳足迹管理等措施,巩固并扩大其在产业领域的竞争优势,这些举措正逐步成为影响国际贸易流向与产业链布局的重要因素。③ 除制度影响和标准制定以外,欧美国家更是直接定位能源、工业、建筑、交通、消费等关键领域的绿色技术需求,通过增加绿色资金支持,加快绿色技术创新步伐。这实际构成了产业、技术、资金、制度等紧密结合的综合性发展策略,以此重塑世界产业发展格局。④ 与此同时,面对外部环境的变化与产业自身发展的迫

---

① 参见孙超、武普照、丁文文:《政府环境治理对区域创新的影响研究》,载《南开经济研究》2022年第12期。
② 参见杜宇玮:《高质量发展视域下的产业体系重构:一个逻辑框架》,载《现代经济探讨》2019年第12期。
③ 参见陈波:《绿色金融标准的法治转型》,载《东方法学》2024年第2期。
④ 参见李晓依等:《绿色贸易发展:国际格局、中国趋势和未来方向》,载《国际贸易》2023年第4期。

切需求,我国相关产业"走出去"的步伐将进一步加快,企业对于主动构建或融入全球绿色低碳供应链体系的意愿也愈发强烈。这不仅是应对国际挑战、提升国际竞争力的必然选择,也是推动我国传统产业转型升级、实现绿色可持续发展的重要途径。

3. 传统产业绿色化转型的渐进性和阶段性

传统产业在绿色化转型进程中,其路径应展现出鲜明的阶段性特征,跨越不同的时间维度。当前所追求的可持续发展目标,并非一蹴而就的即时性成就,而是融合了多个关键时间节点的长远愿景。这一转型过程本身便蕴含了目标与实现手段的双重阶段性,意味着它将遵循一系列阶段性目标,逐步向总体目标推进,形成一种循序渐进的递进模式。因此,传统产业的绿色化转型并非遵循简单的线性轨迹,而是要求具备显著的渐进性和阶段性特点,必须根据实际情况的变动,灵活调整策略与步骤,以确保转型的顺利进行与最终成功。①

传统产业绿色化转型需紧密遵循经济发展规律。无论经济体制的根基与时代背景的变迁如何,这一过程均涵盖产业结构的逐步升级:从初级向中高级迈进,产品从原料形态逐步深化至中间品与最终产品,技术则由原始状态不断跃升至中间乃至高级技术阶段。在技术进步、社会需求演变及国际分工格局变动的共同驱动下,任何产业均无可避免地面临转型升级或淘汰重组的命运。例如,供给侧结构性改革深入实施,促使部分传统工业项目经历了转移与淘汰的过程,有效缓解了传统工业领域的产能过剩问题。② 从理论来看,这一过程既可能是市场自然出清或经济危机背景下的产能淘汰,也可能是政策引导与结构调整的结果。而国家采取的是以市场需求为基础、政策引导实施的路径。鉴于传统产业绿色化转型的科学性与合理性,应制定系统化的转型规划,科学合理地传导绿色低碳转型的责任与压力,针对各行业特点制定差异化的绿色低碳发展标准与实施路径。实施过程中,需坚持分类指导、因业施策的原则,并建立高效

---

① 参见黄芳:《我国资源型城市产业绿色转型研究》,载《生态经济》2024年第8期。
② 参见陈伟光、裴丹:《大国产业政策转型下的全球产业治理》,载《天津社会科学》2024年第3期。

的监测与反馈机制,以便及时评估传统产业的绿色化转型成本与绩效,据此动态调整与优化转型规划与指标,确保转型过程既符合经济规律,又能有效推动绿色低碳发展目标的实现。①

传统产业绿色化转型需坚持分层次有序推进。高质量发展的核心驱动力在于产业体系的持续升级与现代化进程,其中,传统产业绿色化转型的稳健与可持续性至关重要。遵循生产力与生产关系相互作用的基本原理,即生产力的发展推动生产关系的变革,以及经济基础对上层建筑的决定性影响,首要任务是强化先进生产力的构建。这要求将重点技术、关键技术与战略技术的研发深度融入传统产业的转型升级之中,以此催生并壮大新动能,利用新动能引领传统产业迈向绿色发展的新阶段,塑造绿色化转型的核心竞争力。同时,应避免陷入片面追求生产关系优化的误区,以免增加转型成本并无意中产生新的转型障碍。应围绕传统产业绿色化转型的实际需求,灵活调整政策支持体系,加大关键要素的投入力度,强化激励保障机制,并优化服务监管模式,确保这些生产关系层面的调整与转型目标高度契合。更为关键的是,要通过深化改革与创新,勇于破除束缚传统产业绿色化转型的体制机制障碍,为转型之路扫清障碍,让传统产业在绿色、低碳、高效的轨道上加速前行,为经济高质量发展奠定坚实的基础。

(二)空间维度:转型的普遍性与特殊性冲突

在空间维度,传统产业绿色化转型会触及多领域多行业主体的利益,决定了在制定相应政策时不能忽略复杂的利益平衡问题。由于不同地区的不同行业、产业、企业禀赋差异,传统产业绿色化转型政策会给不同主体带来不一样的风险和收益,针对重点领域和重点产业的绿色化转型过程必然会涉及转型企业、主管部门、相关部门、社会公众等多元主体的利益。由此,决策者最终如何针对不同情形选择适当的规制工具,克服规制工具诱发的分配正义风险,离不开对多元利益的审慎平衡。

---

① 参见宋阔:《新质生产力赋能企业绿色动态能力培育的路径机理》,载《社会科学家》2024年第4期。

第五章 发展转型论：传统产业绿色化转型的法律促进

1. 传统产业绿色化转型所依附的空间兼具整体性与差异性

鉴于我国幅员辽阔，地理环境与资源禀赋的多样性导致各地经济发展水平的差异显著，这一现实背景深刻影响了我国传统产业结构的历史演进轨迹，使其展现出鲜明的渐进性与跨越时代的长期性特点。时至今日，我国已经构建了一个兼具多样性与区域特色的传统产业结构体系。东部沿海地区，作为经济发展的前沿阵地，正稳步推进传统产业的深刻变革，聚焦结构优化升级与模式创新转型，力求在全球化竞争中占据更有利的位置。[1] 与此同时，中西部地区凭借其后发优势与资源潜力，广泛吸纳国内外直接投资，并有效承接来自东部地区的传统产业转移项目，给当地带来了先进的管理经验和技术支持，更极大地促进了相关传统产业的蓬勃发展，特别是传统制造业与能源化工产业，这两大支柱产业的快速增长成为中西部地区经济腾飞的重要引擎。不同区域间的产业发展形成了相互依存、相互促进的良性互动关系，它们各自的发展特点与成就相互交织，共同塑造了我国当前既具广度又具深度的产业结构体系。这一体系不仅体现了我国经济发展的阶段性与地域性特征，也为未来实现更加均衡、协调、可持续的发展奠定了坚实的基础。

与此同时，地域的划分往往依据自然地理界限或人为设定的行政区划，然而，环境保护的核心特征——整体性，深刻影响着传统产业绿色化转型的空间布局与策略，尤其强调转型跨越界限的延展性。从宏观视角出发，推动传统产业绿色化转型要求各区域间建立广泛共识，携手并进，通过协同规划与行动，确保转型路径的一致性与高效性。[2] 在微观操作层面，则需精细设定，针对各区域内不同行业特性、产业类型及企业规模，量身定制绿色化转型策略，确保转型措施的精准对接与有效实施，避免"一刀切"的僵化做法。在明确传统产业绿色化转型的责任与义务时，应秉持历史与现实的双重考量。时间上，需追溯不同产业发展历程中累积的环境成本，作为制定转型政策的重要依据。空间上，则需紧密结合

---

[1] 参见吴成锋、赵路、王龙鑫：《考虑政府补贴及双边资金约束的绿色供应链融资策略研究》，载《金融理论与实践》2024年第3期。

[2] 参见陈璐怡等：《绿色产业政策与重污染行业可持续性转型——基于长三角地区"区域—企业"的多层次分析》，载《生态经济》2024年第5期。

各地的独特地理特征、资源分布及环境承载能力,灵活调整转型策略。例如,将重污染、高能耗行业作为转型的重点领域,率先启动绿色化改造;同时,对于环境影响相对较小、资源消耗较低的行业,应给予其充分的转型空间与时间,通过经济激励、财政补贴、设立转型宽限期或过渡期等多种方式,减轻其转型负担,保障其平稳过渡,最终实现整体经济结构的绿色升级与分配正义。

传统产业绿色化转型是一项复杂而系统的工程,需遵循因时制宜、因地制宜的原则,既要考虑代际之间的公平与可持续发展,也要兼顾区域间的平衡与协调,确保转型过程既高效又公正,为构建绿色低碳循环发展经济体系奠定坚实基础。

2. 传统产业绿色化转型相关主体内生动力与外部保障有限

在治理空间中,政府、市场和社会相关主体是推动传统产业绿色化转型的主体。然而,由于不同主体的利益诉求和发展立场不同,主体内部和主体之间存在诸多不协调之处。

(1)行政机关推进传统产业绿色化转型的动力与机制不足。政府在追求"稳增长"以维持经济稳定与就业保障的同时,也面临"保生态"的严峻挑战,这使其陷入两难抉择之中。具体而言,推动传统产业向绿色化转型,政府不仅需承担沉重的转型成本,还需应对由此可能导致的财政收入缩减问题,以及绿色产业在吸纳再就业人员方面展现出的有限能力。鉴于"稳增长"往往等同于"稳就业",特别是在经济新常态的背景下,部分地方政府更倾向于优先确保经济增长,这在一定程度上削弱了其推动产业结构绿色化转型的内在动力。因此,当前迫切需要探索出一条提高绿色经济效率的有效路径,以期在"稳增长"与"保生态"之间找到平衡,实现经济与环境的和谐共生。另外,地方政府协同机制同样不足。区域协同治理机制使跨界传统产业绿色化转型成为可能,但若没有科学的机制设计,容易偏离跨界传统产业绿色化转型的既定目标,引发地方政府间的环保搭便车行为。受制于行政区划影响,加之工业、经信、环保、国土、交通等部门均涉及产业绿色化管理,一定程度上会出现政出多门、力量分散、部门利益冲突等管理问题,以致传统产业绿色化转型缺乏统筹和科学合理规划,区域协同治理碎片化。① 从治理维度看,这种治理碎片化表现为治理理念、区域功能、信息沟通、绩效评估不协调;从方式效果维度看,则表现为"浅治—根治""暂治—长治"不协同,传统产业绿色化转型内生动力不足。

(2)传统产业转型中企业社会责任缺失。在传统产业向新领域转型的过程中,企业社会责任的履行出现了显著的缺失现象。在当前的产业结构背景下,尽管实施了严格的监管措施,部分传统产业仍面临污染物排放规模扩大、资源消耗不降反升的问题。这一现象的核心原因在于,市场主体在追求高产量的过程中,对削减生产性污染排放量、节能降耗的考量相对不足。这一不足既反映了部分市场主体社会责任感的缺失,也揭示了社会责任制度设计上存在的缺陷,尤其是制度刚性约束不到位,使部分市场主体在社会责任意识上显得淡薄,对生产过程中的污染控制、能耗利用等未能达到应有的严格程度。进一步而言,市场主体作为"经济人"追求利润最大化的自利行为,与社会责任缺失相互交织,共同导致市场主体难以自发地规范其生产行为,更难以主动承担起绿色化转型所需的成本,从而阻碍了其向绿色发展轨道的迈进。② 此外,市场主体还面临技术创新滞后的挑战,且缺乏有效的激励机制来推动这一进程。绿色技术创新作为绿色经济转型的核心驱动力,与诱致性制度变迁紧密相连。然而,部分市场主体在绿色化转型中显得迷茫,既未能精准把握市场需求以突破传统产业模式,也未能聚焦关键核心技术的研发,同时,还面临获取充足资金支持的难题,导致绿色经济转型缺乏必要的创新支撑。

(3)传统产业绿色化转型的社会治理基础难以巩固。公众参与作为生态治理体系的重要基石和促进绿色经济发展的社会动力源泉,其在推动传统产业绿色化转型的进程中,却未能充分发挥应有的作用。社会组织和广大公众往往被边缘化于传统产业绿色化转型的决策核心与实际行动之外,缺乏足够的平台和渠道来深度参与这一过程。特别是在涉及石

---

① 参见陈黎明等:《财政分权、地方政府行为与经济绿色转型》,载《财经理论与实践》2024年第2期。
② 参见郭金花、郭檬楠:《绿色低碳转型对企业脱虚向实的影响研究》,载《管理学报》2024年第4期。

化企业清洁生产项目改造及其他重大绿色产业项目的规划与执行时,公众的参与程度普遍偏低。这些项目通常涵盖复杂的可行性研究、精细的项目设计以及长远的环境影响评估,但在此过程中,公众的声音和关切往往未能得到充分反映。由此导致的直接后果是,项目转型政策的制定可能未紧密贴合社会公众的实际利益需求,形成了一种结构性的偏差,这种偏差不仅限制了政策的有效性和可持续性,也极大地削弱了公众对于产业绿色化转型的认同感和参与热情。剖析其根源,社会公众在参与传统产业绿色化转型的过程中面临一系列制度性障碍。具体而言,现行规定往往显得较为笼统和抽象,多以"征询意见"等一般性表述为主,缺乏具体而明确的操作指南。这些规定既未详尽说明公众应从何种渠道获知相关信息,也未界定参与决策的具体方式与恰当路径,导致公众参与的细节模糊不清,难以有效落地。由于参与机制的具体事项规定不明晰,公众在实际操作中往往难以获得实质性的参与机会,参与程度因此受到限制。这种现状直接导致社会公众在参与传统产业绿色化转型决策时的组织化程度偏低,很多参与行为流于形式,缺乏实质性的影响力。进一步而言,公众参与此类产业转型过程往往需要投入较长的时间与较大的精力,而回报却具有不确定性,这极大地削弱了公众的参与动力。在内在驱动力不足的情况下,公众的知情权、参与权、表达权、监督权难以得到充分保障,其合理诉求和关切也容易被忽视或边缘化。

(三)价值维度:转型的合理性与合法性矛盾

1. 多元价值诉求促成市场调节、科学技术与行政干预的合理共生

在法治生态中,市场调节、科学技术与行政干预三者构成了既相互独立又紧密交织的价值场域,共同作用于社会经济层面。① 确保市场调节、科学技术与行政干预之间达到衡平状态,不仅具有深刻的必要性,而且其正当性亦不容忽视。这三者作为推动社会进步与治理优化的三大支柱,各自在功能领域展现出不可替代的独特价值。

行政干预,作为这一复杂体系中由国家公权力驱动的核心力量,其关

---

① 参见郭克莎、田潇潇:《绿色技术与产业发展方式绿色转型》,载《天津社会科学》2024年第2期。

第五章 发展转型论：传统产业绿色化转型的法律促进

键在于通过行政手段对经济社会活动进行必要的调控与介入，以确保公共利益的实现与社会秩序的维护。这一过程关联着法律的民主性原则与行政行为的合法性边界，是法治社会不可或缺的平衡点。在传统产业绿色化转型过程中，行政干预的介入尤为必要。行政干预不仅能够通过政策引导、法规制定等手段为转型提供方向指引，还能通过监管执法等手段确保转型过程的顺利进行。① 与此同时，市场调节与科学技术则代表创新与效率的双重驱动力。市场机制通过价格信号、供求关系等经济杠杆，灵活调节资源配置，激发市场活力。在追求传统产业绿色化转型的过程中，必须首先尊重市场经济规律，同时借助科学技术的力量，以科学原理为指导，优化生产流程，提升资源利用效率，减少环境负担。而科学技术，作为现代社会进步的强大引擎，其原理与成果被广泛应用于经济生产。在传统产业绿色化转型过程中，科技创新能够提供先进的生产工具、环保技术及解决方案，从而弥补传统生产方式的不足，实现经济效益与环境效益的双赢。科技创新不仅能够弥补行政机关在特定领域（如环保技术、绿色能源等）专业知识上的不足，还能以专业为依据，提升行政规制的精准度与合理性，解决传统治理手段可能面临的科学性不足与合理性挑战。传统产业绿色化转型，作为市场经济、科技进步与法律规制三者交汇的前沿阵地，正处于这一多元价值体系的核心地带。传统产业绿色化转型既要顺应市场规律，激发市场主体的创新活力；又要依托科技进步，推动产业结构的优化升级；同时，还需在行政干预的框架下，确保转型过程的合理性与可持续性。在这一复杂过程中，实现市场、科技与行政三方面的价值衡平与整合，成为一个贯穿始终、亟待破解的核心议题。

2. 价值间冲突导致市场调节、科学技术与行政干预的合法性疑问

市场调节、科学技术与行政干预各有优势，亦存在自身不足。行政干预需遵循法治原则，确保权力行使的合法性与合理性，避免权力滥用或干预过度导致的市场扭曲。市场调节并非万能，其自发性与盲目性也可能导致资源错配、环境污染等问题。科学技术的应用也需审慎，需确保其符

---

① 参见周玉龙、刘玉海、宋悦：《纵向监管、地方选择性供地与产业结构绿色转型》，载《经济理论与经济管理》2024年第2期。

合法律法规的要求,避免技术滥用或误用带来的负面影响。为缓解化石能源使用所产生的负外部性,行政机关推行了包括碳税和碳交易在内的政策措施。这些措施在全球范围内得到应用,如欧盟正力推碳边境调节机制,旨在调整国际贸易中的碳足迹差异。然而,从公平视角审视,上述政策要求发展中国家在自身发展阶段尚浅的背景下限制化石能源的使用,相对于历史上因化石能源利用而受益但同时遗留环境负担的发达国家,这是对发展中国家及全球低收入群体的不公。考虑到发展中国家当前的发展阶段与碳定价水平远低于发达国家,采用上述措施来平替各国化石能源成本的做法,可能会进一步压缩发展中国家的发展空间,损害其发展权益。同时,在市场调节机制尚不健全、科技识别存在不确定性的现实背景下,部分企业出于自利动机,利用制度漏洞进行套利骗取补贴,上述行为显然也偏离了行政干预的初衷。因此,盲目依赖市场与技术的冰冷教条主义,抑或过度迷信权力、忽视市场规律的盲目权力主义,均可能引发传统产业绿色化转型过程中的发展失序与价值失衡。在传统产业绿色化转型的复杂图景中,市场调节、科学技术与行政干预虽看似沿各自轨道独立前行,实则紧密相连、相互影响,共同编织成一张动态平衡的网络。面对多元价值的交织与挑战,传统产业绿色化转型的最终路径并非简单的是非选择,而是力求在市场调节的灵活性、科学技术的严谨性与行政干预的规范性之间找到最佳平衡点。① 这要求在实践中既要正视并妥善处理三者间的博弈与冲突,确保行政机关在行使权力时拥有清晰的界限与依据;又要警惕权力滥用风险,确保市场调节和科学技术本身的公允性和独立性,避免二者成为权力异化的渠道。②

(四)规范维度:转型的政策与法律结构异化

1. 转型政策先行诱致法治功能失衡

在现代社会的功能分化进程中,政策与法律作为两大子系统应运而生,它们在结构与功能上各具特色,却又在相互独立的基础上展现出

---

① 参见任晓刚、刘菲:《绿色技术创新发展的趋势、特征、挑战与路径选择分析》,载《科技管理研究》2024年第3期。

② 参见陈涛、李慧:《绿色转型:关系调适、基本样态及其发轫机制》,载《江苏社会科学》2024年第1期。

第五章 发展转型论：传统产业绿色化转型的法律促进

一种紧密影响和结构耦合关系。具体而言，政策系统通过民主机制的运作，为法律体系源源不断地提供关键信息（包括政策议题及试错经验），这一过程能够有效助力法律克服潜在的自我封闭状态，确保其与外部环境的动态联系及适应性。换言之，法律在演进过程中，通过一种"理性审视"的方式面向外界，认知上的开放性促使其与政策系统建立起沟通桥梁，从而实现信息的有效识别与整合。尽管政策以迅速响应、强制协调多元价值与利益见长，但在多数情况下其行动范围仍受到法律框架的严格约束。这是因为法律构成了行政权力合法性的基石，其为政策活动划定了必要的边界并确定了指导原则。换言之，法律不仅规范了行政权力的行使，还间接拓宽了政策能够探索与实施的领域，增强了行政活动的灵活性与可能性。

可持续发展相关法律体系的形成，并非沿袭传统法律部门随社会自然演进的常规路径，而是独树一帜地展现了在环境治理与生态保护领域，与行政权力、政策导向紧密相连的法治发展新模式。在这一进程中，政策制定与立法活动之间形成了一种既相互独立又紧密交织的复杂关系，共同推动着可持续发展的法治化进程。① 可持续发展政策与法律，作为推动传统产业绿色化转型的核心规范工具，各自发挥着不可替代的作用。面对传统产业快速发展过程中产生的环境污染与生态破坏等负外部性问题，政策往往能够比法律更快地作出反应，展现出更为积极主动的应对性，引导传统产业迅速调整发展方向。我国当前的产业绿色化转型机制，显著地体现了政策牵引的鲜明特征。在绿色项目分类指导目录等关键领域，目前尚缺乏明确的法律依据。在这些领域，国家行政部门的政策文件成为推动绿色化转型的重要依据和行动指南。即便是在清洁生产、循环经济、节能减排等已经具备一定法律基础的领域，具体政策的制定与实施仍然是确保法律得以有效贯彻、转型目标得以实现的关键。各类转型政策不仅目标明确、针对性强，而且时效性显著，为传统产业的绿色化转型提供了清晰的方向指引和强有力的政策支持。绿色发展与产业

---

① 参见洪银兴、高培勇等：《新质生产力：发展新动能》，江苏人民出版社2024年版，第122—125页。

转型的战略地位,正是通过一系列国家层面的政策文件得以确立并付诸实践的。同时,为了实现这一转型目标,许多具体的规制工具也采取了政策形式,灵活高效地服务于产业转型。

鉴于我国绿色发展进程中"政策先行"的制度背景,传统产业绿色化转型政策不仅为具体实施提供指导,还对法律尚未触及的空白地带进行引导规范。然而,仅凭政策手段难以确保传统产业绿色化转型的有效实现。传统产业绿色化转型作为推动高质量发展的国家战略与宏观政策,其顶层设计往往蕴含一定的宏观性与模糊性,这是由其性质所决定的。为了将政府的政策导向与战略意图转化为具有明确约束力的法律规则,需要通过法定程序将政策内容逐步融入国家法律体系之中,从而为传统产业绿色化转型提供合法性依据。①

2. 转型规则碎片化导致法制结构异化

法律体系应由其诸多元素通过相互关联机制,构建成一个稳定、均衡的组织架构,各组成元素应避免过度碎片化,以确保整体的一致性和协同性。反观当前传统产业绿色化转型的法律制度框架,明显展现出碎片化与分散化的弊端,既缺失引领整体进程的统一方向标,又存在不同法律间结构失衡的问题,这不利于转型的顺利推进与整体效果的实现。

(1)在当前的传统产业绿色化转型的法律体系中,缺失综合性的应对法律,缺乏一个能够整合并统领各单行立法与行政规章的基础性法律框架,该框架本应明确转型的基本制度、核心范畴以及主要职能部门的权责划分等关键要素。这一空白导致转型的顶层设计过度依赖政策指导,而未能充分将宪法中倡导的"五大文明协调发展"理念,特别是生态文明建设目标,具体化为可操作的法律规范。此外,现有的专项法律虽聚焦特定产业或领域,却因视野受限或规范空白,难以全面覆盖转型的复杂需求。同时,各领域法律之间缺乏有效的衔接与协调机制,进一步削弱了法律制度的整体效能与传导作用。

(2)绿色发展相关单行法在引导和促进传统产业绿色化转型方面存

---

① 参见肖恒:《新时代政策法律化的有效性困境与破解理路》,载《东南学术》2024年第2期。

发展转型论：传统产业绿色化转型的法律促进

在显著不足。在制定这些单行法时，对于传统产业如何在清洁生产、循环经济、能源集约利用等核心领域实现绿色化转型的具体要求与路径，未能提供足够详尽和系统的规范。涉及这些重要领域的规定仅停留在原则性的框架上，缺乏具体化的实施策略、评估标准和监督机制，从而使法律条文在实际操作中显得空洞而难以落实。这种规范结构的不完善，不仅使得传统产业在绿色化转型过程中缺乏明确的方向指引和制度保障，也导致单行法中的产业转型规定难以形成稳定且可信赖的规范预期。企业在面对绿色化转型的挑战时，可能因法律条文的模糊性和不确定性而感到困惑和无所适从，进而影响转型的积极性和实际效果。①

（3）绿色发展法律体系内部呈现出明显的结构性失衡。目前，清洁生产、循环经济及能源集约利用领域的法制化水平较高；碳排放权交易体系的立法完善程度次之，但面临效力层级不足的问题；绿色项目及绿色企业管理领域的法制建设相对滞后，整体法制化程度最低。具体而言：一是在清洁生产、循环经济与能源集约利用领域，立法焦点多集中于可持续发展战略的实施、资源利用效率的提高、污染预防与节能减排等方面，但在工业、电力、建筑、交通等关键行业的绿色化转型方面，立法较为薄弱，未能充分满足这些行业绿色发展的迫切需求。二是在碳排放权交易体系方面，由于缺乏高位阶法律支撑，碳排放权交易法律制度与现行《中华人民共和国证券法》（以下简称《证券法》）、《中华人民共和国期货和衍生品法》等对碳排放权配额的产品定性、监管权限划分等规定存在差异，给碳交易及其监管的合法性和顺畅性带来挑战。三是绿色项目及绿色企业管理领域更为依赖政策导向。目前绿色项目及绿色企业的认定与管理多依据如《绿色债券支持项目目录（2021年版）》和《绿色低碳转型产业指导目录（2024年版）》等部门工作文件，而《中华人民共和国清洁生产促进法》《中华人民共和国循环经济促进法》《中华人民共和国能源法》及《碳排放权交易管理暂行条例》等法律法规尚未将绿色项目及绿色企业的认定与管理纳入其中。

---

① 参见张献萍：《我国绿色产业发展问题及对策研究——评〈我国绿色产业的发展与实证〉》，载《生态经济》2023年第12期。

我国在传统产业绿色化转型方面已奠定了一定的法制基础,通过一系列政策和法律,逐步将转型路径纳入规范化轨道。然而,因缺乏以绿色化转型为核心立法目标的明确导向,导致现有法律体系存在多重不足,包括综合性立法的缺失无法为转型提供全面、统一的法律框架;专项法律内容与绿色化转型的实际需求之间存在显著偏差;既有传统产业绿色化转型法律体系的内部结构失衡,难以为传统产业绿色化转型提供坚实、有力的法律保障。

三、传统产业绿色化转型的改革重点与法律场域

传统产业绿色化转型的方向由绿色发展、低碳发展和循环发展构成,绿色发展侧重解决传统生产中的生态环境保护及其质量问题,低碳发展侧重解决传统产业生产中的节能减碳问题,循环发展侧重解决传统产业生产中的资源保护与高效利用问题。① 传统产业绿色化转型的范围包含绿色制造业、绿色服务业、绿色能源产业、绿色低碳产业及其供应链四个方面。绿色发展、低碳发展和循环发展共同指引着制造业、服务业、能源产业、低碳产业及其供应链绿色化转型,并由此形成传统产业绿色化转型的改革重点与法律场域。

(一)做强绿色制造业:生产过程清洁化

在我国积极践行绿色发展战略的宏观背景下,绿色制造业被赋予了举足轻重的地位,是推动传统产业向绿色化转型的基石。传统制造业在生产流程中普遍存在低效率、高消耗、高排放问题,对经济高质量发展与生态环境保护造成不利影响。制造业企业应以此为契机,融入可持续发展理念,通过技术革新与产业结构的优化升级,力求在生产全链条中实现资源的最大化节约与环境的最低化影响,从而引领制造业走向更加可持续的发展道路。

1. 制造业发展的低效率、高消耗、高排放特征

制造业作为传统产业的支柱与国民经济的核心驱动力,在发展进程

---

① 参见孙博文:《加快发展方式绿色转型:内在逻辑、任务要求与政策取向》,载《改革》2023年第10期。

中,虽极大地推动了经济繁荣,却也伴随着不容忽视的低效率运营、高能源消耗以及显著的污染排放问题。这些问题不仅对环境造成了巨大影响,也制约了制造业自身的可持续发展能力,主要体现在以下三个方面:一是制造业的效率低下。2012年至2019年,我国制造业增加值率始终在20%左右徘徊,与美国、德国长期处于30%以上的高水平相比差距明显。① 联合国工业相关组织的权威数据揭示,我国制造业人均附加值仅相当于爱尔兰的十分之一,这一数据在全球排名中处于约第五十位,甚至落在了部分发展中国家的后列。② 二是高消耗问题不容忽视。制造业作为驱动我国经济持续增长的关键力量,同时也是能源消耗与碳排放的主要贡献者。《2024年全球碳收支》报告指出,2024年全球二氧化碳排放量将达到416亿吨。这些碳排放大部分来自煤炭、石油和天然气等能源燃烧。三是高排放现象凸显了制造业与环境问题的紧密联系。我国作为全球二氧化碳排放的重要国家之一,排放量约占全球总量的三分之一,而制造业中的钢铁产业更是其中的碳排放大户,占据了显著比例。此外,工业领域的二氧化硫和氮氧化物排放量也巨大,分别占全国总量的约九成和七成,同时,制造业产生的烟尘、粉尘等污染物排放量也超过了全国总量的85%③,这些数据清晰地反映了制造业在排放控制方面所面临的巨大挑战。

2. 制造业绿色化转型的体制机制痛点

近年来,我国制造业在制造能力上已取得了长足进步,展现出较高的技术水准。伴随着供给侧结构性改革的不断深化,制造业的能效水平持续获得提升,节能降耗措施取得了显著成效。然而,尽管如此,受制于行业的固有特性,制造业在推进绿色化转型的过程中仍面临若干体制机制发展困境。

---

① 参见常理:《报告显示,中国制造强国发展指数达到110.84——制造业高质量发展任重道远》,载《经济日报》2020年12月26日,第4版。

② 参见燕玉:《中国制造业为何"大而不强",如何突围》,载人民论坛网,https://www.rmlt.com.cn/2017/0501/471869.shtml,访问日期:2024年9月1日。

③ 参见刘佳聪:《制造行业:以新质生产力破除制造业绿色化转型痛点的关键路径》,载东方财富网,https://data.eastmoney.com/report/zw_industry.jshtml? infocode=AP202404011629194846,访问日期:2024年9月1日。

(1)制造业绿色化转型体系建设不完善。当前阶段,我国制造业绿色化转型体系在构建过程中存在以下不足之处:一是绿色标准体系尚不健全且缺乏清晰度。随着制造业绿色化转型的深入,新兴变化与趋势不断涌现,亟须配套的标准和体制机制同步更新与升级。然而,国内现有的绿色标准体系主要由政府主导构建,政府主动运用宏观调控手段推广先进、节能、低耗、环保技术,淘汰落后技术、设备、工艺,除产业政策外,还制定了许多技术推广目录、技术指南。在行业清洁生产评价指标体系的构建中,市场中介机构参与不足,市场主体参与清洁生产评价更多是扮演利用政府指标进行评级的角色。这与国际主流标准的制定和实施流程存在脱节,且此类方法和内容在国内不同地区间也缺乏统一性,极大地制约了绿色化转型的精准推进,亟须构建一套科学、统一的绿色标准体系作为绿色化转型的坚实支撑。二是行业监管的严密性仍有待加强。由于制造业的庞大规模、多样性和广泛分布,使监管难度显著增加,企业违规操作、非法排污等现象屡禁不止。同时,企业在绿色化转型初期往往难以迅速获得市场优势,加之"违法成本低、守法成本高"的困境,进一步削弱了企业绿色化转型的积极性。三是绿色消费场景的发展尚显不足,限制了绿色经济的全面繁荣。在绿色建材、节能环保装备、绿色家电等领域,绿色消费的选择相对有限,全民的绿色消费意识尚待提升,这不利于形成推动制造业清洁生产的强大市场动力。

(2)制造业绿色化转型的内外动力不足。制造业绿色化转型的深化,亟须企业具备强烈的转型意愿与实质性的行动,然而,仅凭当前的内生驱动力与外生激励,难以确保绿色化转型顺利融入高质量发展的轨道。从内生驱动力层面分析,制造业正面临利润率偏低的挑战,加之绿色化转型伴随的高昂成本,成为企业转型的一大障碍。我国经济步入新常态后,制造业产能过剩、市场需求不足的问题日益凸显,企业运营普遍承压,而绿色制造技术的研发投资特性——高投入、长周期、慢回报,进一步削弱了企业推进清洁生产的经济动力。从外生激励视角看,制造业推进绿色化转型的外部环境支持尚显不足。尽管央行等机构已推出碳减排支持工具等政策措施以鼓励绿色低碳发展,但由于政策门槛、操作复杂等因素,众多中小型及传统制造业企业难以有效接入绿色金融体系,无法充分享受绿色投融资带来的益处,从而限制了外部激励对绿色化转型的促进作用。

(3)制造业绿色化转型的创新水平不高。制造业绿色化转型受阻的另一核心问题在于创新水平的滞后,这也是导致低效率、高消耗、高排放的原因。一方面,我国传统制造业整体的创新能力与发达国家相比仍然存在差距,特别是在高精尖技术领域存在明显短板与不足,加之部分传统制造业深受基础薄弱、核心技术匮乏及人才流失等问题的困扰,部分关键技术不得不依赖进口。另一方面,制造业领域低层次的同质化竞争愈演愈烈,重复性建设问题层出不穷,一些企业盲目扩张并采取价格战策略,非但未能促进市场升级,反而与追求高质量发展、实现产品高端化和品质化的目标背道而驰。

制造业清洁生产面临如何平衡经济效益、社会效益与环境效益,以及如何实现经济发展、环境保护与资源节约三者共赢的挑战。在此背景下,新质生产力为破解上述难题提供了创新性的思维路径与解决方案。

3. 新质生产力推动制造业绿色化转型的基础方向

新质生产力为制造业绿色化转型开辟了新的解决途径与机遇窗口。2024年2月,工业和信息化部等部门共同发布了《关于加快推动制造业绿色化发展的指导意见》,该意见为制造业绿色化转型明确了方向,即技术创新驱动科技革新、业态深度融合促进效能升级以及顶层战略规划引领质量飞跃,共同推动制造业向更加绿色、可持续的方向发展。

(1)新质生产力对制造业绿色化转型的体系化引领。新质生产力的核心在于质优,通过精准协调制造业绿色化转型的各个环节,促进劳动者、劳动资料与劳动对象之间的高效、优化整合,进而实现质的飞跃。这一过程不仅引领了质量层面的深刻变革,还为制造业的绿色化转型提供了坚实的制度支撑,有力推动了整个行业向更高质量的发展轨迹迈进。具体而言包括两方面:一是外部协同。绿色化转型作为国际共识的议题,亟须深化国内改革与扩大对外开放的双轮驱动。顶层设计聚焦政策制定,旨在强化与全球伙伴在绿色低碳循环发展领域的合作,涵盖政策对话、技术共享、项目协作及人才培育等,以此促进创新技术、高效产品及优质服务的国际竞争力,助力我国制造业深度融入并优化全球供应链布局。① 二是内部重塑。鉴于当前国际循环动力减弱的新常态,激活并强化国内大循环成为关键,这需要依托我国庞大的市场潜力,优化产业结构布局,促进区域间协调发展,同时,通过完善法律法规体系、建立高标准的质量监管与激励机制、营造公平竞争的市场环境,有效整合各类资源形成发展合力。在此基础上,强大的国内循环体系将吸引全球资源要素汇聚,与国际循环形成良性互动,共同构建以智能、高效、低碳、安全为特征的绿色低碳循环经济体系,全面提升制造业的核心竞争力与可持续发展能力。

(2) 新质生产力推动制造业绿色化转型的业态融合。新质生产力的显著标志为新产业、新业态与新模式的不断涌现,这些新兴元素在跨界融合中相互渗透与整合,极大地拓宽了劳动对象的范畴,进而为效能变革铺路架桥,为制造业绿色化转型开辟了崭新领域与赛道。新质生产力对制造业绿色化转型的业态融合实际上包含两方面的内容:一是内部业态融合。将绿色理念融入产品全生命周期的每一个环节,从设计之初直至最终交付及后续服务,构建绿色供应链与产业链闭环,深化数字化与绿色化的融合实践,以全要素生产率的提高为核心,增强产品的附加值与国际竞争力。二是外部业态融合。制造业企业需超越传统制造范畴,聚焦提高生产效率与资源循环利用水平,突破资源与环境瓶颈的双重束缚。② 通过绿色制造业与现代服务业的深度融合,以及绿色消费需求与绿色产品供给的精准对接,企业能够向外拓展产业价值链与生态网络,推动战略性新兴产业与未来产业的发展,为经济增长注入全新动力,最终实现制造业全面而深刻的绿色化转型。

(3) 新质生产力推动制造业绿色化转型的技术深化。新质生产力发展的根本动力在于对新技术的深度挖掘与持续创新。这一过程不仅推动了劳动者队伍整体素质的显著提高,还极大地丰富了劳动资料的技术内

---

① 参见任映红:《新质生产力提出的理论贡献与实践意义》,载《湖南社会科学》2024年第4期。
② 参见刘志彪、凌永辉、孙瑞东:《关于发展新质生产力的理论辨析与实践探索》,载《浙江学刊》2024年第4期。

涵,催生了众多高技术、高附加值的生产要素。这些变革要素在科技领域的深度融合与相互作用下,激发了广泛而深刻的技术革新,为制造业绿色化转型扫清了基础性技术障碍、破除了体制束缚。面对这一历史性的发展机遇,制造业企业需主动采取"自我革新"的战略姿态,积极拥抱智能化与数字化转型的浪潮。这意味着企业必须勇于打破对传统生产模式及利润增长路径的惯性依赖,敢于探索未知,敢于挑战自我。在转型过程中,企业应高度重视科技成果的转化效率与实际应用价值,通过构建高效的产学研合作机制,确保科研实验成果能够迅速响应市场需求,实现从技术到产品的无缝衔接。[①] 在新质生产力背景下,制造业能够创造出更多具有高技术含量、高环保标准的新型生产工具与产品,不仅可以提升企业自身的市场竞争力与可持续发展能力,更为整个制造业行业的绿色化转型树立了典范,引领整个行业朝着更加先进、高效、绿色的未来稳步前行。

(二)发展绿色服务业:资源利用集约化

服务业发展对资源的广泛依赖性与高消耗特性日益凸显,这一现状不可避免地给生态环境带来了显著的负面影响。[②] 与制造业相类似,服务业同样建立在大量资源投入的基础之上,无论是日常运营还是业务拓展,均给环境和生态带来了较大压力。具体到服务业的细分领域,如餐饮住宿、交通运输、医疗服务以及集中式旅游等,这些行业在提供服务过程中,伴随着生产和消费环节的双重污染挑战。直接污染可能源自废弃物的不当处理、能源的过度消耗以及排放物的直接释放,间接污染则可能通过供应链条、消费者行为等间接途径对环境造成深远影响。因此,服务业的绿色化转型已成为一个紧迫且重要的议题。这一转型不仅要求服务业企业在提供服务的结果上达到绿色发展的标准,即在最终产品和服务上体现出环保、可持续的特性;更需从源头抓起,贯穿于服务的整个生命周期——从事前的规划准备阶段,到事中的实施运营过程,直至事后的效果评估与反馈,每一个环节都应力求减少对环境的非绿色影响,实现真正意

---

① 参见宋阔:《新质生产力赋能企业绿色动态能力培育的路径机理》,载《社会科学家》2024年第4期。

② 参见李许卡:《绿色经济发展的理论逻辑、现实困境与路径选择》,载《行政管理改革》2023年第8期。

义上的绿色化、低碳化运营。

1. 服务业绿色化转型中的发展困境

尽管我国在推动绿色服务业发展及促进服务业绿色化转型的道路上已经迈出了实质性步伐,但从全局视角审视,这一进程仍面临诸多亟待解决的问题与挑战。

(1)生产性服务业占比偏低。当前,我国服务业结构中一个显著的问题是生产性服务业占比相对偏低,这一领域作为推动产业升级和经济高质量发展的关键驱动力,发展水平仍显不足。① 具体而言,绿色服务、信息技术服务、物流快递服务以及人力资源外包服务等核心生产性服务业在整体服务业中的占比相对较低,其发展水平与发达国家或行业先进标准相比,尚存在较大差距。这些生产性服务业不仅是现代产业体系的重要组成部分,更是促进产业结构优化升级、提高资源配置效率、增强企业核心竞争力的关键环节。然而,由于多种因素的制约,如创新能力不足、技术应用滞后、市场机制不健全等,导致这些行业在市场上的竞争力相对较弱,难以充分发挥其在促进经济增长、提升产业链价值方面的潜力。

(2)新业态服务供给不足。金融机构对于服务业特别是绿色服务业的资金投放显得相对保守,这一现象明显束缚了行业的发展。服务业企业普遍采取轻资产运营模式,其核心竞争力包括专利、商标、技术诀窍、创新商业模式、品牌影响力、高端技术人才等。在传统金融体系中,由于这类资产难以直接量化,使企业在寻求融资时面临困难。知识产权质押当前仍处于试点阶段,其普及程度和操作效率尚待提高;与此同时,与服务业紧密相关的价值评估体系也尚未健全,这进一步加剧了服务业企业在融资过程中的不确定性和风险,使得金融机构的信贷审核更加审慎。

(3)绿色服务制度亟待建立。现有绿色服务规范制度、绿色服务激励制度、绿色服务考核制度、绿色服务认证制度等均存在很多未完善之处,导致市场主体发展缺乏绿色服务规范的引导、行政主管部门干预欠缺明确的制度依据、社会公众监督失去有效的法治规则保障,服务业的绿色

---

① 参见夏杰长、王文凯:《新质生产力赋能服务业高质量发展的着力点与政策建议》,载《价格理论与实践》2024年第1期。

化转型无法获得有力的制度支撑。构建绿色服务制度体系重要而紧迫,这一体系能够多维度、深层次推动服务行业的绿色化转型与可持续发展,包括绿色服务规范制度(明确绿色服务的标准与准则,涵盖服务过程中资源利用的环保要求、废弃物处理的环保标准,以及对消费者环保意识提升的引导责任等)、绿色服务激励制度(提供财政补贴、税收减免、绿色金融支持等经济激励措施,以及设立绿色服务示范项目、绿色服务创新奖等荣誉性激励)、绿色服务考核制度(对服务企业的绿色实践进行定期评估与监测,将环保绩效纳入企业综合评价体系)、绿色服务认证制度(引入第三方专业机构,对符合绿色服务标准的企业及服务产品进行权威认证,向社会公示认证结果)。①

2. 服务业绿色化转型的本质意涵

(1)服务业绿色化转型是推动产业高质量发展的内在要求。当前,我国产业致力于转变传统发展方式、优化经济结构并转换增长动力。绿色化转型旨在构建一个资源利用效率高、排放量低、环境友好且生态安全的高质量产业发展新格局。服务业的绿色化转型举足轻重,它是实现上述战略目标不可或缺的关键环节。通过积极促进服务业的绿色化发展,不仅能够引领服务方式向低碳化、高效化方向升级,还能推动节能环保技术的迭代与创新,进而逐步优化服务业的能源消费结构,实现向清洁化能源转型。此外,这一过程还将深刻影响并促进消费模式的绿色低碳变革。

(2)服务业绿色化转型是构建中国式现代化的重要内容。中国式现代化的核心特征在于追求人与自然和谐共生。在此框架下,服务业的发展必须紧密围绕资源节约、环境友好及绿色低碳的核心原则展开,以确保经济增长与生态保护的双赢。② 面对当前服务业领域总体资源消耗偏高、绿色发展理念普及尚不充分的现状,需推动服务业增长模式的深刻变革,促进其向绿色、低碳、可持续的方向转型,具体包括优化服务业结构、

---

① 参见贺丹、唐娅华:《中国绿色服务政策演进、协同及文本内容分析》,载《中国环境管理》2021年第3期。
② 参见孙兰生:《践行新发展理念服务绿色发展战略》,载《中国金融》2021年第2期。

提升绿色技术应用水平、强化节能减排措施等。这一转型不仅是对环境压力的积极回应,更是构建中国式现代化生态安全屏障、夯实生态环境基础的必要之举。

(3)服务业绿色化转型符合融入全球可持续发展的外部需求。鉴于全球环境面临严峻挑战且持续恶化,国际规则体系正经历深刻调整,各国积极响应,纷纷制定并实施促进绿色发展的制度与政策措施,以此为杠杆,削弱环境绩效不达标产品的国际市场竞争力。在此背景下,服务业绿色化转型显得尤为重要,该转型旨在为全球消费者提供绿色、低碳的服务体验,不仅精准对接了公众日益增长的绿色消费需求,还成为推动产业结构向更加优化、高级形态迈进的关键驱动力。服务业的绿色化转型应当成为我国参与全球绿色治理、提升绿色服务国际竞争力的重要战略,以此提高我国在全球可持续发展进程中的绿色服务质量与效率。

3. 服务业绿色化转型的基本理路

(1)加速重点行业的绿色化转型进程。一是优化运输结构并促进绿色运输。优化现有的运输结构,深度推进多式联运模式的发展,同时积极鼓励采用以新能源及清洁能源作为动力的运输工具,以减少碳排放和环境污染。二是推动绿色物流体系建设,致力于发展绿色物流。具体措施涵盖促进快递包装的减量化、标准化、循环再利用及无害化处理,以减少物流环节对环境产生的负面影响。三是服务流程数字化与智能化。鼓励并推动服务流程的信息化、实时化改造,支持线上会展、网络办公、远程诊断与维护等新兴业态的发展,以此提高服务效率并减少资源消耗。四是规范共享经济在出行与住宿等领域的发展。在出行与住宿等领域,倡导并规范共享经济的有序发展,通过共享资源降低个人与企业的成本,同时促进资源的有效利用。五是加快信息服务业的绿色化转型。在信息服务业领域,引导数据中心向集约化、规模化、绿色化方向发展,并建立健全绿色运营与维护体系,以减少能耗、提升能效,实现行业的可持续发展。①

---

① 参见郭佳钦、叶堂林、王雪莹:《数字服务业对绿色经济效率的影响研究》,载《统计与决策》2024年第15期。

（2）扩大节能环保服务的供给范畴。以合同能源管理、环境综合治理托管以及创新的虚拟电厂等为基础，推进环保信用评价体系构建、碳资产管理、碳排放核算核查及配套检验监测等前沿绿色低碳服务的发展。① 同时，鼓励金融机构充分利用环保信用评价结果及环境信息的依法披露，积极探索并实践气候投融资活动，为绿色低碳项目提供金融支持，规范并强化绿色金融产品与服务，包括绿色贷款、绿色股权融资、绿色债券发行以及绿色保险等，进一步加大对绿色低碳发展领域的金融支持力度。为了促进资源的有效回收与循环利用，还应建立健全线上线下相结合的逆向物流服务平台与网络体系，优化产品回收流程，推动形成资源节约型和环境友好型的经济发展模式。

（3）构建健全的服务业绿色化转型制度体系。通过完善财税、金融、投资等领域的支持政策与标准框架，为服务业的绿色化转型提供激励与导向，确保这些政策与标准能够深度融入并贯穿于绿色化转型的各个关键环节。具体而言，规范并拓展绿色金融产品与服务范围，增强金融对服务业绿色低碳发展的支持力度。同时，加强绿色服务标准领域的国际合作，主动引领并积极参与国际标准的制定过程，推动建立合格评定合作与互认机制，深化在节能环保服务领域的国际合作，共同促进全球服务业的绿色化转型与可持续发展。②

（三）壮大绿色能源产业：能源消费低碳化

我国面临着庞大的能源消费需求，但传统能源产业在发展过程中却显示出严重的环境污染与碳排放问题。为应对这一挑战，能源领域应以实现能源技术的革命性突破作为驱动能源产业转型升级的核心动力。这一过程旨在显著提高能源的开发、利用及转换效率，从而推动能源体系向绿色低碳方向转型。此转型不仅代表了技术层面的飞跃，也象征着能源利用步入了一个质量更优、效率更高、发展更加可持续的新阶段。

---

① 参见刘瑞喜、韩剑、张庆勇：《环境规则治理与全球绿色价值链》，载《经济科学》2024年第3期。

② 参见祝红梅、臧诗瑶：《推动中小企业绿色发展的经验与思考》，载《金融发展研究》2022年第6期。

1. 能源产业绿色化转型的主要掣肘

(1)能源供需结构局部失衡。我国能源体系呈现出显著的供需逆向分布的特点:煤炭、水力发电及油气资源主要集中在西部地区,风能、太阳能等新能源高度聚集"三北"地区;能源消费需求密集分布于东部沿海地区及部分内陆省份。① 这一布局导致能源供需矛盾日益凸显,尤其是在能源生产加速向资源富集区集中的背景下,供需不匹配问题更加突出。与此同时,全球范围内输入性通胀压力与能源危机风险的双重攀升,加剧了煤炭与石油等传统能源价格的波动性,价格变动范围显著扩大。② 这一外部环境变化直接推高了能源生产成本,进而对能源产业的经济效益构成压力,导致能源产业发展水平有所下降。

(2)能源产业绿色化转型存在技术短板。审视我国能源科技的发展现状,某些核心设备和关键零部件仍高度依赖进口,技术主导权多掌握在美国、日本、德国等少数发达国家手中,导致能源产业链的多个细分领域面临"技术瓶颈"问题。③ 为实现碳达峰与碳中和的目标,我国能源领域亟须强化关键环节中的薄弱环节,包括但不限于提高电力基础设施的网络安全防护能力、推进智能电网的广泛应用、加速先进核电技术的自主研发、打造智慧矿山体系、深化煤炭的清洁高效利用等方面。

(3)能源产业绿色化转型面临体制机制障碍。我国经济发展目前仍处于一个对能源需求持续增长且碳排放量相应上升的关键阶段,迫切需要加速推进产业结构的深度低碳化转型。这一转型的核心在于构建一个全新的能源体系,该体系不仅以清洁低碳为基石,还强调能源的安全可控性、灵活适应性以及高效利用性,旨在从根本上优化能源结构,减少对传统化石能源的依赖,增加可再生能源的比例。然而,在构建这一新型能源体系的过程中,我国能源产业绿色化转型面临体制机制障碍,包括能源市场的准入与退

---

① 参见刘司乐等:《"双碳"目标下中国能源绿色消费转型的时空格局及影响因素》,载《资源开发与市场》2023年第4期。
② 参见祝梓翔、车明、李雨佳:《输入型通胀的宏观效应:价格分化和货币政策分析》,载《管理世界》2024年第2期。
③ 参见徐孝民:《统筹能源发展与安全:逻辑、挑战、策略》,载《中国安全科学学报》2023年第5期。

出机制、价格形成机制以及相关政策法规的完善与配套等。①

2. 新质生产力对能源产业绿色化转型的推动

新质生产力正展现出对能源领域高质量发展的强大推动与坚实支撑,这不仅促进了能源产业的绿色化转型进程,还深度助力能源安全新战略取得新成就。

从能源供给视角出发,新能源作为新质生产力的典范,其迅猛发展为构建多元、清洁的能源供应体系奠定了坚实基础,加速了能源供给向清洁化、绿色化方向的转型。能源供给端的绿色化转型在保障国家能源安全方面扮演着双重角色②:一方面,能源输送与储存领域的技术革新,特别是智能电网与新型储能系统的快速发展,显著增强了能源系统的适应性和韧性,使其能够灵活应对能源需求的波动,有效提高了能源安全保障的能力与效率,确保能源供应的稳定可靠。另一方面,能源高端装备制造业的自主创新能力不断突破,强化了能源产业链的自主可控性和安全性,促进能源产业体系的整体韧性与可靠性的提升,为实现能源产业的健康、可持续发展提供了有力支撑。

从能源消费维度审视,新质生产力引领传统能源产业向绿色发展模式转型。③ 这一转型过程依托产业技术的深度创新与产业结构的优化调整,旨在提高终端能源利用效率,进而实现能源消费总量的有效控制与能耗强度的显著降低。与此同时,分布式能源、多能互补等前沿绿色能源技术,以及云计算、大数据、物联网、人工智能等新一代信息技术的融合应用,在终端能源管理中发挥着日益重要的作用。这些技术不仅促进了能源消费的清洁化、低碳化转型,还推动了能源利用的智能化升级,为能源消费方式的根本性变革提供了强大动力。

从能源体制视角出发,新质生产力的发展催生出一系列新型生产要

---

① 参见杨春桃:《"双碳"目标下中国低碳能源法律制度创新研究》,载《广西社会科学》2023年第2期。
② 参见龙勇、宋敏:《全球能源安全大变局下保障我国能源安全的思路与方略》,载《改革》2023年第10期。
③ 参见刘淑茹、李明媛、宋炜:《双碳约束、能源消费结构与全要素能源效率》,载《统计与决策》2024年第2期。

素,如新能源、储能、碳管理、能源大数据等,以及与之相匹配的新兴市场主体。这些新要素与新主体,构成推动能源体制机制加速创新与变革的强大驱动力。为了应对这一变革趋势,构建高标准的新型能源市场体系成为关键。通过引入市场化机制,创新生产要素的配置方式,能够形成更加灵活、主要由市场力量主导的能源价格机制,从而实现资源的高效优化配置,促进能源系统的低碳、高效运行。① 此外,绿色金融作为新质生产力发展的重要引擎,将发挥其在资金引导、风险评估等方面的独特优势,牵引和支持能源产业绿色低碳转型。通过完善财税金融体制,为能源发展提供更加有力的政策与资金支持,不仅能够激发能源产业发展的内在活力,还将为能源领域的高质量发展奠定坚实基础。

3. 能源产业绿色化转型的发展导向

(1)能源市场建设是核心。构建并优化现代能源市场体系,以确保市场力量在资源配置中的核心地位,包括加速推进电力市场的全面改革,通过优化电力交易机制,实现电力资源的市场化高效配置。同时,建立健全可再生能源市场体系,引入诸如绿色证书交易和碳交易等市场机制,以激励和促进清洁能源的快速发展。此外,还应积极培育分布式能源、微电网等新兴模式,不断完善能源服务市场,从而提升能源系统的整体效能与可靠性。在整个过程中,应坚持市场导向,强化法治保障,以更高水平的改革开放为动力,持续激发民营经济及其他各类创新主体的活力与创造力,确保市场在资源配置中的决定性作用得以充分发挥。②

(2)能源价格改革是关键。构建新型生产关系的关键一环在于完善能源价格形成机制,该机制需具备科学性与合理性,能够全面体现市场供需动态、资源稀缺程度以及外部环境成本。例如,实施分层电价政策与差异化的能源税费制度③,旨在通过经济激励手段促进节能减排与清洁能源

---

① 参见邵帅、崔兴华:《能源供给侧与消费侧碳排放的责任核算与驱动因素——基于"收入者责任"视角的考察》,载《上海交通大学学报(哲学社会科学版)》2024年第1期。
② 参见张忠民、张琪:《预防与控制:能源市场准入制度因应"双碳"目标的法律机理》,载《重庆大学学报(社会科学版)》2024年第4期。
③ 参见黄和平、李莹:《环境税费改革对能源利用效率的影响与作用机制研究》,载《中国环境科学》2023年第7期。

的广泛应用,有效遏制高污染、高能耗的消费行为。此举不仅能显著提高能源利用效率,还能引导资金流向绿色、低碳产业,从而加速推动能源结构的转型与优化升级。

(3)公平竞争是基础。能源产业发展基石在于打破能源市场垄断格局,增强市场准入透明度与公平性,为新兴能源企业开辟更为广阔的成长空间。[1] 政府应扮演积极引导的角色,通过制定科学合理的政策框架与提供必要的扶持措施,激励新能源企业加大技术创新与研发投入力度,助力其拓展国内外市场,提升其在全球能源领域的综合竞争力;同时,强化国际交流与合作,推动新能源技术的国际标准化进程,为新兴能源企业顺畅进入国际市场铺设道路。

(4)制度建设是保障。及时评估补贴政策、税收优惠及配额制度等措施的实施难度及对市场产生的广泛影响。面对多元化的市场经营主体与既有产业政策、法律法规之间可能存在的冲突,采取前瞻性策略与灵活方法加以应对,并确保政策能够紧跟技术环境的快速变迁。建立健全相关法律法规体系,清晰界定新能源开发、利用与保护等关键环节的权利与责任边界,为新能源领域的革新与发展提供坚实的法律后盾。[2] 同时,应制定针对性政策,以完善新能源市场的运作机制,包括构建碳交易体系、推广绿色证书制度、深化电力市场化改革等,从而加强对新能源项目的法律支持,保障知识产权,进一步激发企业的创新潜能与市场活力。

(四)发展绿色低碳产业及其供应链:产品供给绿色化

1. 产业及其供应链绿色低碳化转型的主要障碍

在新质生产力背景下,我国产业及其供应链绿色低碳化转型面临的主要问题包括绿色循环生产方式未完全形成、绿色供应链覆盖范围有限、绿色产业及其供应链制度建设不健全三个方面。

(1)绿色循环生产方式未完全形成。在推动产业及其供应链绿色低碳化转型的过程中,绿色循环生产方式的运用明显不足。在技术层面,我国低碳技术战略储备薄弱,关键技术对外依赖度高,技术自给能力有

---

[1] 参见张帏:《新兴能源领域创业和产业形成机制探析》,载《技术经济》2014年第9期。
[2] 参见张忠民:《能源法的法权构造及其体系展开》,载《政法论丛》2024年第2期。

限,整体技术水平相对滞后,特别是在温室气体捕集封存、储能、氢能等前沿领域存在显著短板。① 在应用层面,绿色低碳技术的工业化实施尚未普及,特别是对于传统企业和中小企业而言,转型初期所需的高额投入、融资难度及短期收益的不确定性,构成了沉重的负担。这些企业往往难以独立承担研发或引进减排技术、更新节能脱碳设备的资金压力,导致转型步伐迟缓。此外,尽管我国已实施生产者责任延伸制度,并致力于构建完善的再生资源回收体系,但当前仍缺乏有效的激励机制来激发企业主动参与绿色循环生产的积极性。这在一定程度上限制了资源循环利用效率的提高,使得整个产业及其供应链的绿色化转型进程受阻。

(2)绿色供应链覆盖范围有限。我国于2014年出台《企业绿色采购指南(试行)》、2020年发布《绿色制造 制造企业绿色供应链管理评价规范》等规范性文件、标准,旨在构建有利于绿色供应链发展的制度框架。然而,从全局视角审视,绿色供应链的覆盖范围尚显有限,主要局限于部分大中型及龙头企业,尚未实现产业及其供应链的全面绿色化转型。一方面,我国绿色供应链建设的实践探索相对较晚,导致市场中的众多参与者,尤其是中小企业,对绿色供应链管理的认知尚浅,构建相关管理体系面临诸多挑战与障碍。另一方面,绿色供应链的构建往往伴随着上游企业成本的增加,进而可能推高终端绿色产品的市场价格。② 在缺乏完善且有效的激励机制,特别是在缺乏鼓励绿色生产与绿色消费的政策环境背景下,企业未能形成足够的动力去主动推动绿色供应链的建设,影响了整体绿色化转型的进度与效果。

(3)绿色产业及其供应链制度建设不健全。推动产业及其供应链的绿色低碳化转型,亟须构建一套兼具约束性与保障性的制度体系。在法律制度层面,尽管我国已出台一系列覆盖环境、能源、资源等领域的绿色低碳相关法律法规,但这些法律法规在制定时受限于各自的立法初衷与时代背景,未能将绿色产业及其供应链全面、系统地融入"双碳"目标,缺

---

① 参见王丹丹、杨勃:《碳排放权交易制度对控排企业绿色技术创新的驱动机制研究——基于市场逻辑视角》,载《软科学》2024年第12期。

② 参见姚锋敏等:《环境责任视角下供应链的绿色设计与绿色营销决策》,载《管理评论》2024年第6期。

乏前瞻性的统筹规划与协调。① 在政策执行维度,相关政策虽既强调对能耗强度降低的刚性约束管理,又增强了能源消费总量管理的灵活性,但部分地区在实际操作中仍将能耗总量控制作为达成强度目标的主要手段,未能及时响应政策调整,存在精准度不足的问题。这导致政策执行力度不稳定,不利于形成持续稳定的绿色低碳转型动力,在一定程度上延缓了产业整体向绿色低碳方向迈进的步伐。

2. 新质生产力对产业及其供应链绿色低碳化转型的助推

在全球产业链深度重构的当下,推动产业及其供应链绿色低碳化转型已成为实现可持续发展目标的关键驱动力。通过大力发展绿色低碳产业,并构建与之相匹配的绿色供应链体系,能够有效应对全球挑战,把握绿色经济新机遇,为我国产业链的转型升级注入强劲动力,确保在未来的国际竞争中占据有利地位。

与大多数新兴生产力的成长逻辑相契合,新质生产力对产业及其供应链绿色低碳化转型的影响主要是通过提供更为卓越的"产品+服务"综合解决方案,显著增强企业的价值创造能力。建立健全这一新质生产力的培育体系,不仅能有效促进企业成为引领变革的核心力量,更能确保企业在新质生产力建设中占据主导地位。"新质"的概念不仅超越了传统供应链对安全性、可靠性和韧性的追求,还成功架设起微观企业实体与宏观经济体系之间的桥梁,消除了两者间的隔阂。② 产业及其供应链绿色低碳化转型中"新"的特质,尤为显著地体现在开放性和创新潜力上,这是市场日益重视企业内在竞争力挖掘及产业升级过程中产业特性的直接结果。而"质"的飞跃,则集中展现在供应链技术革新的实现、生产要素的创新性整合以及产业间深度融合与转型升级的实践中。这种"质"的提升,给产业带来了高端化、智能化、绿色化的深刻变革,促进了新型动能、业态与商业模式的发展。

---

① 参见毛涛:《我国绿色供应链管理试点及其完善——基于碳达峰与碳中和视角的分析》,载《环境保护》2022年第Z1期。
② 参见张杰、周艳菊、王宗润:《新质生产力保障产业链供应链安全:理论框架与路径研究》,载《当代经济管理》2024年第10期。

新质生产力的核心理念包含全面推广绿色生产、消费与物流等环保观念，以此为基础构建绿色化的产业及其供应链体系，推动产业及其供应链向更加可持续的方向转型。这一过程旨在通过降低成本、提高产品质量来增强企业的市场竞争力，进而巩固并提升我国在全球产业及其供应链体系中的战略地位；同时，绿色低碳产业及其供应链的发展还将催生大量绿色就业机会，为实现绿色发展目标注入强劲动力，促进经济与环境的和谐共生。

3. 产业及其供应链绿色低碳化转型的发展方向

（1）开展全产业及其供应链的绿色低碳化升级。在国家"双碳"目标的背景下，应把握产业及其供应链发展的内在规律与绿色低碳化转型的迫切需求，采取一系列综合而系统的策略，全方位、多层次推动产业及其供应链的绿色低碳化转型，包括聚焦产业产品与服务的绿色升级，通过技术创新与设计优化，减少产品全生命周期的碳足迹；强化能源与资源使用的绿色化转型，从源头上控制碳排放；探索和应用先进的低碳技术、节能减排技术及碳捕集、利用与封存技术，提高生产过程的能效与环保水平；倡导企业建立绿色供应链管理体系，将环保要求融入供应商选择、采购、生产、物流、销售等各个环节，确保整个供应链的绿色化运行。①

（2）综合支持绿色低碳技术的产业及其供应链应用。在财政支持方面，优化创新资源的配置体系，包括研发投入的引导、研发活动的加速、创新成果的转化以及创新激励机制的完善。利用政府采购的杠杆效应，发挥政府作为绿色经济风向标的作用，优先采购环境友好型产品或服务，以此引领市场需求向低碳化转变。在金融领域，探索将碳排放权转化为信贷融资中的增信工具，创新金融支持绿色发展的模式。鼓励银行业金融机构将企业的碳排放控制管理水平纳入授信评估体系，并作为信贷决策的重要参考因素。同时，深入研究并试点碳排放权抵押融资机制，拓宽企业融资渠道，降低绿色低碳化转型的融资成本，为绿色低碳项目提供更多

---

① 参见公彦德、陈梦泽：《考虑企业社会责任和公平偏好的绿色供应链决策》，载《控制与决策》2021年第7期。

的金融支持与保障。①

（3）以法制与标准支撑产业及其供应链绿色低碳化转型。应加强相关法律法规建设,明确界定绿色供应链管理的法律边界与要求。在此基础上,编制绿色低碳产业指导目录,为产业及其供应链的绿色低碳化转型提供清晰的方向指引与实施路径。② 与此同时,配套建立和完善一系列技术标准体系,这些体系将涵盖碳排放量、碳减排量等核心核算标准,为产业及其供应链的绿色低碳化转型提供科学、量化的评估依据。此外,鼓励并支持各地区行业协会及企业,依据自身特色与实际情况,依法自主制定并执行更为严格、更具针对性的地方标准、行业标准及企业标准。构建一个多层次、全方位的标准体系,既确保标准的普遍适用性,又兼顾到不同主体的特殊需求,从而推动绿色低碳发展的精细化管理与深入实施。

四、传统产业绿色化转型的法治逻辑和制度实现

（一）体系衔接:绿色低碳发展的制度协调与制度供给

1. 绿色低碳发展制度的内外部链接

绿色低碳发展制度的构建,本质上是一个全面而系统的工程,旨在通过特定的调控机制,有效推动绿色化转型与低碳发展,实现既定的调控目标。这一制度体系不仅承袭了制度范畴的普遍特征——多元性、相关性与整体性,更在此基础上展现出独特的适应性与功能性。第一,就其多元性而言,绿色低碳发展制度涵盖多元化的组成要素,这些要素依据不同的划分标准可进一步细化。例如,从制度运作的流程看,可划分为制度的制定、执行与保障等多个环节;而从制度内容的构成看,则包括规则、原则、理念等多个层面,它们共同构成制度的丰富内涵。第二,制度内部各要素间存在着紧密的相关性,这种相关性是制度整体效能得以发挥的关键。一方面,理念、原则与规则之间需相互支撑、互为补充;另一方面,制度的制定、执行与保障环节也需紧密衔接,形成完整的制度链条,以确保制度

---

① 参见王文:《绿色投融资与企业长期主义》,载《中国金融》2022 年第 7 期。
② 参见董战峰等:《国家绿色供应链环境管理体系建设路径研究》,载《环境保护》2017 年第 13 期。

目标的实现。第三,绿色低碳发展制度不仅作为整体扮演着调节产业发展的关键角色,平衡经济、社会与环境保护之间的关系,其内部亦细分为多个具体领域,每个领域均具备独特的功能定位,共同构成一个有机整体,服务于更广泛的绿色发展目标。① 第四,绿色低碳发展制度的生成与发展是一个与外部环境(包括自然环境与社会环境)持续互动的过程。外部环境不仅直接作用于制度的功能实现,还通过反馈机制推动制度的不断优化与变革,以适应不断变化的发展需求。第五,绿色低碳发展制度的生命力不仅体现在其静态的文本设计上,更体现于其动态的功能发挥中。制度应随着实践的发展而不断调整与完善,以确保其能够持续有效地促进绿色低碳化转型。

绿色低碳发展制度的系统设计蕴含了深刻的内在逻辑。第一,该制度体系独具功能特色,其核心在于构建一个精细的利益平衡框架,旨在驱动国家按时达成绿色低碳发展的目标。第二,这一制度并非孤立存在,而是与外部环境——包括自然环境与社会环境——形成了紧密且动态的互动关系。实际上,正是鉴于传统产业发展模式对生态环境的深刻影响,绿色低碳发展制度应运而生。② 而制度的实施,又不可避免地触发了环境与社会层面的"涟漪效应",体现为利益格局的深刻调整与重构。进一步地,绿色低碳发展制度由一系列紧密相连的构成要素组合而成,这些要素相互依存,共同构成一个高效运转的有机系统。除遵循传统生产力要素结构的划分标准外,该制度体系还创造性地划分为绿色制造业、绿色服务业、绿色能源产业以及绿色低碳产业及其供应链四大核心领域。这些领域不仅各自承载着特定的绿色发展目标,更在功能层面展现出显著的协同增效或互补替代,共同编织成一张推动产业绿色化转型与低碳发展的立体网络。

2. 绿色低碳发展制度的全域目标统筹

绿色低碳发展制度的构建与演进,能否紧密契合并引领新质生产力

---

① 参见曾凡银:《试析绿色发展基本框架》,载《环境保护》2017年第12期。
② 参见邬晓霞、张双悦:《"绿色发展"理念的形成及未来走势》,载《经济问题》2017年第2期。

的全面布局,首要任务在于确立清晰且富有前瞻性的目标体系。这些目标不仅是制度设计的灯塔,也是衡量制度效能的标尺。根据法律制度在塑造和调节社会关系中的核心作用,绿色低碳发展制度需特别聚焦生态环境作为核心资源的特性,致力于通过精心构思并构建"人—自然资源—人"这一闭环式的循环利用框架,打破传统生产模式中资源单向流动、高消耗低产出的局限,促进自然资源与现代生产力之间的深度互动与高效融合。这种融合不仅体现在资源利用方式的转变上,更在于推动形成一种全新的基于循环经济与绿色技术的生产方式。

绿色低碳发展制度的目标体系涵盖促进技术创新、产业升级、环境保护、社会观念转变等多个维度。① 绿色低碳发展制度的核心追求在于实践"清洁化、减量化、再利用和资源化"的核心理念,以此作为实现经济社会全面可持续发展的根本路径。在这一愿景下,传统产业向绿色低碳化转型的宏观战略规划,不仅旨在维护国家生态安全这一基石,更力求通过技术创新与管理升级,推动生产力在质量与效率上的双重飞跃,实现经济效益与生态效益的双赢。在微观层面,绿色低碳发展制度鼓励和支持绿色技术的研发与应用,推动传统产业向低碳、环保、高效方向转型升级;同时,通过政策引导与市场机制的双重作用,激发社会各界参与绿色低碳发展的积极性与创造力,形成全社会共同推动生态文明建设的良好氛围。这些目标强调以严格的环境保护底线作为发展前提,通过实施更为严格的环保标准和监管措施,促使企业在生产过程中减少污染排放,不断提高环境质量。同时,依托市场机制的灵活性与激励机制,绿色低碳发展制度鼓励企业采用更加高效节能的生产方式,提高资源循环利用水平,以较小的资源环境代价换取更大的经济社会效益,从而在微观层面构建起绿色低碳发展的良性循环体系。

3. 绿色低碳发展制度的宏微观思路引领

(1)在构建绿色低碳发展制度体系时,应以可持续发展为核心衡量标准,该标准具体可分解为三个维度来指导制度的设计与实施:第

---

① 参见史丹、史可寒:《中国绿色低碳发展的目标研判、特征事实与影响因素分析》,载《世界社会科学》2023年第4期。

一,追求高质量发展,即绿色低碳发展制度应聚焦推动经济发展模式的转型升级,通过促进经济活动的清洁化、资源高效利用及低碳化改造,特别是能耗管理和利用效率提高,设计有效的制度框架与激励机制;第二,强调公平发展,这要求绿色低碳发展的相关法律法规必须纳入城乡一体化视角,精心设计生产、流通、消费全链条的协同机制,特别是要加强对农村地区绿色低碳化转型的法律支持与保障,确保发展成果惠及城乡各地;第三,注重协调发展,绿色低碳发展制度应当通过具体且细致的制度安排,促进产业结构与能源结构的双重绿色化转型,旨在构建一个以清洁、循环为特征的经济发展新体系,实现经济、社会与环境的和谐共生。①

(2)绿色低碳发展制度的统筹应当依托环境法的持续推动与深化。绿色低碳发展作为一种通过优化能源结构和升级生产消费模式来实现低碳目标的发展理念,其制度框架所涵盖的内容,深刻揭示了其所构建的社会关系本质上属于环境法律关系的范畴。因此,绿色低碳发展制度的构建,根植于对"清洁生产(前端)—绿色流通(中端)—绿色消费(后端)"这一完整运行链条的深刻理解之上,同时充分考量了经济主体的多元化需求。这一独特的制度设计,不仅体现了对经济活动中主体与客体之间复杂交互作用的精准把握,还致力于实现资源能源高效利用与经济可持续发展之间的和谐统一。通过对制度进行整体性布局与类型化细分,绿色低碳发展制度为资源环境的有效管理和经济社会的绿色化转型提供了坚实的法律支撑。

(3)绿色低碳发展制度的统筹应遵循系统化的设计理念。该理念融合了绿色、低碳与循环三大要素,旨在协同推进以响应"双碳"目标为核心的发展策略。② 绿色低碳发展制度的系统化理念必须深度融入生产、分配、交换、消费这一经济循环的全过程。因此,绿色低碳发展制度的建立需构建与经济循环体系相匹配的全方位系统机制。在观念层面,系

---

① 参见袁明、张忠民:《绿色低碳发展的法治需求与法典化表达》,载《华中科技大学学报(社会科学版)》2023年第3期。
② 参见秦天宝:《人与自然和谐共生的现代化与环境法的转型》,载《比较法研究》2024年第3期。

统性思维应成为绿色低碳发展制度设计的核心导向。就内部而言,系统性思维要求聚焦经济体系向绿色低碳的全面转型,实现对经济主体、行为及客体等关键要素的统筹规划与协调管理;就外部而言,系统性思维强调经济、社会与生态环境三者间的和谐共生,为经济的可持续发展划定明确的生态红线与边界。在制度调整的范围上,绿色低碳发展制度需具有多元包容的特性。针对规范逻辑,不同于单一环境要素的传统立法路径,绿色低碳发展制度应围绕"生产(起始)—流通(过程)—消费(终端)"的经济运行链条进行构建,通过制度规则将绿色化、低碳化、循环化的要求融入产业结构优化、能源结构调整、物流体系改革及消费模式引导等多个领域,确保绿色生产生活方式的价值追求与制度实践的高度契合。同时,在规范视角上,绿色低碳发展制度应超越地域限制,具备全球视野,紧密关注气候变化等全球性议题,通过制度层面的统筹规划与价值宣示,彰显我国应对气候变化挑战、推动可持续发展的坚定立场与决心。

(二)路径协同:产业绿色化转型的法律与政策良性耦合

1. 产业绿色化转型中法律与政策结构并存

我国传统产业绿色化转型过程构建了法律与政策并驾齐驱的基础框架。在立法维度上,我国已形成自上而下、由综合性到专门性的法律体系,包括《中华人民共和国清洁生产促进法》《中华人民共和国循环经济促进法》《上海市发展方式绿色转型促进条例》等法律、地方性法规;在政策层面上,我国构建起跨层级、跨领域,覆盖从中央到地方、从部门到行业各层面的政策网络,如2024年7月中共中央、国务院发布的《关于加快经济社会发展全面绿色转型的意见》及同年2月国家发展改革委、工业和信息化部、自然资源部等部门联合发布的《绿色低碳转型产业指导目录(2024年版)》等。这些法律、地方性法规与政策主要集中在能源开发与高效利用、环境污染防治、生态保护与恢复以及产业绿色发展的促进等方面,尤其聚焦节约能源与可再生能源利用。① 然而,尽管其他领域立法对

---

① 参见肖国兴:《能源市场革命与能源规制革命的法律维度》,载《政法论丛》2024年第2期。

绿色化转型有所涉及,但多表现为原则性或指导性的条款,实际转化为具体法律要求的力度不足,导致在执行过程中存在目标设定与实施手段间的不协调。

我国实际发展需求亟须深化对传统产业绿色化转型中法律与政策实施机制的协调与明确,旨在平衡正义与效率的价值追求,更有效地达成政策既定目标。在法制体系构建层面,法律与政策相辅相成,政策负责引领方向、提出问题,法律则是普遍适用的制度框架,以具体政策弥补法律调整的空白区域,可促进法律与政策之间的无缝衔接与内在一致性。这种法律与政策之间的动态互动与协同,构成推动传统产业绿色化转型的法制基础。审视目前国内已出台的相关法律与政策,其内容覆盖能源开发与管理、能效提升、清洁生产实践、产业结构优化等多个关键领域。在调整策略上,这些法律与政策灵活运用"命令—控制"型直接规制措施,同时也引入基于市场机制的激励性手段,两者相辅相成,在不同发展阶段和具体领域发挥各自的独特效能,共同驱动我国传统产业向绿色、可持续方向转型。

当前,法律与政策紧密结合的法制框架在加速传统产业绿色化转型进程中扮演着至关重要的角色,其不仅是我国构建可持续发展法制体系的核心模式,更彰显了二者紧密合作的必要性与长期性。就必要性而言,传统产业绿色化转型是一项复杂而多元的任务,转型的灵活性与综合性要求在产业间、地区间及城乡间根据具体发展量身定制转型策略。此过程不仅涵盖污染防治等环保议题,还深度融合经济发展等多维度考量,因此,仅凭法律的权利义务框架难以全面应对。政策以其灵活性和针对性,能够有效补充法律在设定具体目标、阶段性制度安排上的不足,确保转型措施能够适时、适地调整,为法律实施提供明确导向和有力支撑。① 从长期性视角看,传统产业绿色化转型的法治化进程是一个动态演进的过程,其中政策与法律的界限并非固定不变。尽管部分政策条款最终会转化为法律,以巩固转型成果,但仍有大量政策将保持其独立形

---

① 参见张国兴、冯祐琛、聂龑:《能源电力系统绿色转型:政策演进逻辑与实践进路》,载《兰州大学学报(社会科学版)》2024年第3期。

态,并不断涌现新政策以适应新情况。同时,并非所有政策都适宜转化为法律,例如涉及转型宏观指导、行业实施计划、裁量标准及激励措施细则等内容的政策,更需保持其灵活性,以便根据实际情况灵活调整。

2. 产业绿色化转型中法律与政策的协同

传统产业绿色化转型进程应当紧密契合社会经济发展的当前阶段和实际需求。鉴于转型的长期性和复杂性,传统产业绿色化转型过程中不可避免地会面临动态变化的发展态势及多样化的社会问题,这就要求法律与政策体系必须灵活调整,确立既符合社会经济发展水平又贴近现实需求的政策导向,从而有效指导转型实践。① 因此,在促进传统产业绿色化转型中的法律与政策协同作用时,应立足于当前产业绿色化转型法律框架的基础,对相关政策采取审慎而灵活的调整策略。这意味着,既不可简单地将所有现行产业绿色化政策直接上升为法律条文,也不应完全依赖政策而忽视法律在转型过程中的规范与保障作用。相反,应坚持政策与法律之间"适度转化"的原则,确保两者相辅相成,共同推动传统产业绿色化转型的顺利进行。

从功能特性分析,政策与法律共享规范性这一核心特质,但二者存在显著差异:政策展现出更高的灵活性,并且其实施并不以国家强制力为后盾。鉴于此,依据私法领域的"权利法定"原则与行政法中的"法律保留"原则之精髓,涉及权利授予、限制性规范、法律适用以及责任追究等关键领域,应专属法律调整范畴,以确保法律的权威性与稳定性。从实践需求出发,政策向法律转化的过程应当建立在充分的实践经验积累之上,且需选择恰当的立法时机,以确保法律条款的成熟与完善。同时,政策亦具备其独特的调整机能,能够触及并达成那些仅凭法律手段难以企及的目标,从而在社会治理中发挥不可或缺的作用。因此,在推动政策与法律相互转化的过程中,应平衡两者的优势,确保既能保持法律的刚性约束,又能发挥政策的灵活应对能力。

在传统产业绿色化转型的整体法制框架中,应以制度设计的初衷及其所需的规范结构特性为依据,精准定位法制协同的焦点与策略。针对

---

① 参见赵芸芸、童冰鑫:《夯实传统产业转型升级根基》,载《中国金融》2023年第16期。

那些能够通过现行法律修订解决的问题,应采取条款转化策略,在既有法律框架内实现法律与政策的有效对接。对于诸如绿色电力交易制度和碳税制度等旨在通过市场机制直接驱动传统产业绿色化转型的政策,应积极推动立法进程,特别是要聚焦强化权利界定、权利限制及纠纷解决机制等方面的制度建设,以确保法律基础的坚实与完备。此外,传统产业绿色化转型的法制演进与法律政策化趋势紧密相连,要求环境立法提供足够的制度弹性,以适应社会经济发展的动态变化。为此,在立法技术层面,应着重构建授权性规范体系,清晰界定个体、企业及政府之间权利与权力界限,从而在国家政策统一引领下,构建起一个以"综合性法律为核心、相关法律规范为支撑、具体政策为实施手段"的相互协调、灵活应对的法制架构。这样的法制架构不仅能够促进法律与政策之间的无缝衔接,也能为传统产业绿色化转型提供坚实的法律保障与灵活的制度支持。①

3. 产业绿色化转型中法律与政策协同的具体对策

传统产业绿色化转型路径中,法律与政策的协同作用至关重要,这主要体现在以下几个方面:一是法律与政策需协同实施,确保转型措施在法治框架内与政策导向一致;二是推动政策内容向法律条款的精准转化,将成熟的政策实践固化为法律规范;三是促进政策向法律的整体性转化,构建全面支撑绿色化转型的法律体系。此外,还包括法律条款的政策化过程,即灵活运用法律手段促进政策目标的实现。② 在此协同过程中,首要任务是依据国家当前的社会经济发展状况和长远规划,明确制度设计的目标,并坚持政策向法律转化的适度性原则,以避免过度干预或滞后于实际需求。通过系统性的方法,逐步完善与推进传统产业绿色化转型相关的法律制度,以法律和政策双轮驱动,共同助力经济社会的可持续发展。

(1)传统产业绿色化转型的法律与政策协同具体表现为:绿色化转型政策从宏观层面提供战略指导和方向引领,法律则确立转型所需的基本

---

① 参见曹明德:《社会系统论视角下实现碳达峰碳中和目标的法律对策》,载《中国法学》2023年第5期。

② 参见秦天宝:《整体系统观下实现碳达峰碳中和目标的法治保障》,载《法律科学》2022年第2期。

制度框架。同时,为了确保政策的有效落地,各部门、各区域及各行业需制定专门的配套政策。通过法律与政策在核心理念与制度设计上的相互衔接与继承,国家的宏观绿色化转型目标与行动计划得以逐级细化,并融入不同层级的法律与政策文件中,最终通过具体实施的制度措施得以实现。这一过程体现了法律与政策在促进传统产业绿色化转型中的紧密合作与共同推进。

(2)将政策的目标与规范融入法律条款之中,这些政策性条款虽不直接调整与传统产业绿色化转型相关的具体社会关系,却在完善该领域法制框架过程中扮演着重要角色。具体而言,政策性条款在两方面展现出关键价值:它们承载着政策的价值导向与目标宣言功能,为后续的立法活动奠定了价值基石,不仅为国家推动传统产业绿色化转型指明了方向,也为相关规划与战略的制定提供了坚实依据。这些条款构成政策向法律全面转化的桥梁,为政策内容的法律化开辟了路径。其中,实质性转化尤为关键,即通过将政策中的特定规范以"行为模式—法律后果"的逻辑结构提升为法律规范,明确界定权利义务关系,从而确保转型制度的有效落实。

(3)在政策向法律整体转化的过程中,鉴于调整社会关系的现实紧迫性,政策作为立法的先行探索者,已成为与法律相辅相成的规范性联合体。对于传统产业绿色化转型法律制度的构建与完善而言,这一过程往往伴随着持续的试验与经验累积。鉴于初期实践经验相对匮乏且立法成本高昂,采用政策形式先行确立转型制度的核心理念、目标、基本原则及关键策略等框架性内容,并通过地方试点进行制度创新与实践探索,成为为立法奠定坚实实践基础的有效途径。随着实践经验的不断积累与逐渐丰富,在立法条件成熟之际,即可将那些经过验证的传统产业绿色化转型政策条款正式上升为法律,以进一步强化其权威性与执行力。

(4)在传统产业绿色化转型的复杂场景中,法律的政策化倾向尤为显著。鉴于转型过程中利益纠葛的错综复杂性、与全球环境的紧密互动性以及科学决策与未来展望的不确定性,将政策导向融入立法过程显得尤为重要。这种政策导向的立法方式,能够更好地适应传统产业绿色化转型的特殊需求,确保法律框架既能体现前瞻性战略思考,又能灵活应对转型过程中出现的各种挑战与变数。

(三)上下贯通:绿色化转型中行政主导与市场调节的衔接

1. 兼容绿色化转型的行政干预与市场调节手段

传统产业绿色化转型的系统性发展依赖多元化与高效能的治理策略,这要求构建一个既具刚性约束又具柔性引导的综合执行体系。在此过程中,市场机制作为推动资源优化配置、减轻环境负担及激励可持续发展的重要力量,理想状态是实现帕累托最优,但这需以完全竞争、资源自由流通、产权明确、外部性最小化及公共品问题妥善解决等严苛条件为前提。然而,在现实经济环境中,这些条件往往难以全面满足,导致市场失灵现象频发。鉴于市场机制的局限性,政府调控在矫正资源配置扭曲、逼近帕累托最优方面扮演了关键角色。① 政府执行机制可依其是否具有强制性划分为管制性和促进性两大类。在推动传统产业绿色化转型的进程中,应逐步建立健全与可持续发展目标相契合的管制性行政机制,包括规划制定、标准设立、绩效评估及许可审批等,以确保转型方向的正确性和合规性。同时,促进性行政机制同样不可或缺,主要体现为两方面:一是行政指导机制,该机制借助政府机关的宣传教育等手段,积极营造倡导绿色低碳的社会风尚,对传统产业绿色化转型起到正面引导和示范作用;二是经济激励机制,其核心在于构建与绿色化转型相适应的金融和市场体系,通过经济手段激励企业主动采取绿色生产方式,加速转型进程。这两种机制相辅相成,共同助力传统产业实现绿色、可持续的发展目标。②

当前,传统产业绿色化转型主要依赖间接性的行政规制措施与市场激励手段。然而,这一模式在实践中展现出一定的局限性。具体而言,一方面,行政规制措施虽然在宏观层面构建了环境保护的标准与框架,但

---

① 参见胡浩然、宋颜群:《市场激励型环境规制与企业风险承担——以碳排放权交易试点政策为例》,载《当代经济科学》2024年第4期。
② 参见林鹏昇、李硕:《行政手段与市场机制:中国气候政策碳减排效果的比较》,载《世界经济》2024年第6期。

第五章 发展转型论：传统产业绿色化转型的法律促进

往往难以从深层次激发企业提升节能减排的积极性。许多企业仅满足于达到法定环保标准的最低要求，而非积极寻求更高层次的绿色生产路径，这在一定程度上限制了绿色化转型的深度与广度。① 另一方面，市场激励手段作为推动企业绿色化转型的重要支柱，尽管涵盖财政补贴、税收优惠等多样化手段，旨在通过经济杠杆引导企业行为，但其间接性与非强制性特征也带来了挑战。这些措施有时未能充分反映市场运行的内在规律，难以精准对接企业的实际需求与期望，从而导致正向激励效果的不足。② 如财政支持因资源分配不均或效率问题而未能充分发挥作用；税收优惠则因政策门槛设定、实施复杂性及市场反应滞后性等因素，未能有效激发企业的绿色化转型动力。

2. 行政干预与市场调节手段在产业绿色化转型中的融合

自党的十八大以来，绿色发展理念已成为推动经济持续健康发展的核心基调。在这一进程中，政府不仅致力于提升经济发展的质量，还积极调整其施政方式，以更好地契合绿色发展的要求。同时，市场在资源配置中也逐步发挥决定性作用，市场力量不断强化，大量企业主动拥抱绿色化转型。传统产业绿色化转型过程中通过优化政府行为、发挥市场作用、激发企业创新等多种方式，逐步构建了一个有利于绿色化转型的生态环境。

在当前的环境背景下，若生产技术与产业发展显现出显著的非绿色倾向，政府干预与市场调节将协同作用，从不同维度介入，旨在扭转生产力进步的方向，引领生产力步入绿色发展的轨道。政府治理的核心理念聚焦深化改革、推动机制创新以及实施精准化的政策设计，以此作为关键抓手，为传统产业绿色化转型铺设坚实的制度基石，确保转型过程有章可循、有据可依。在这一过程中，政府致力于优化政策环境，提供必要的制度保障，以促进绿色化转型的顺利进行。与此同时，市场调节机制则侧重于激发企业的内在转型动力与创新活力，通过市场机制的自发调节，引导各类生产要素向绿色、低碳、环保领域合理流动与优化配置。这一过程不

---

① 参见林民书：《中国特色社会主义市场经济中理性人问题研究》，载《东南学术》2024 年第 1 期。

② 参见关信平：《我国社会政策公平性的理论思考与提升路径》，载《学习与探索》2024 年第 6 期。

仅增强了企业的市场竞争力,也提升了整个产业绿色化发展的内在动能。政府干预与市场调节在推动生产力向绿色方向转变的过程中各司其职、相辅相成,构成了推动传统产业绿色化转型的合力。

在推动传统产业绿色化转型的进程中,政府与市场手段的深度融合需聚焦四大核心要点:首先,清晰界定政府干预与市场调节之间的界限,确保政府干预的精准性与有效性。政府干预旨在弥补市场机制的不足,促进市场功能的充分发挥,而非越俎代庖,替代市场的自我调节。这一要点的确立,是保障绿色化转型路径顺畅、资源高效配置的前提。其次,需重视并妥善处理各级政府间的复杂互动关系,特别是中央与地方政府之间以及地方政府相互之间的协同合作。打破行政壁垒,促进政策与资源的跨区域流动与整合,是实现绿色化转型目标的关键一环。通过加强沟通与协作,形成上下联动、左右协同的工作格局,有助于克服转型过程中的种种障碍。再次,深化要素市场化配置改革,推动机制体制与制度的创新,是激发绿色化转型活力的关键所在。通过完善市场机制,促进资本、技术、人才等生产要素向绿色产业和环保项目倾斜,提高资源配置效率,为传统产业的绿色升级提供强有力的支撑。最后,重视基础科学研究及共性知识平台的构建。加强基础科学研究,提升自主创新能力,是支撑绿色化转型长远发展的基石。同时,构建开放共享的共性知识平台,促进知识、技术、信息的交流与传播,有助于降低转型成本,加速绿色技术的普及与应用。

3. 政府干预与市场调节手段融合的具体实现路径

推动传统产业绿色化转型,关键在于明确界定并平衡政府机制与市场机制的边界。在这一过程中,应充分释放有效市场在资源配置中的决定性作用,确保资源高效、合理地流向绿色化转型领域。同时,要优化有为政府在宏观经济治理中的角色,强化其管理与服务能力,促进绿色化转型政策的精准实施与高效执行。实现有为政府与有效市场的深度融合与协同作用,是加速传统产业绿色化转型进程、平衡客观规律与主观能动性,以及解决短期利益与长期发展目标之间矛盾的关键机制。通过将市场机制的自发调节与政府政策的积极引导相结合,能够有效推动传统产业向更加环保、可持续的方向转型。

在推进传统产业绿色化转型的过程中,强化有为政府与有效市场的有机结合需聚焦两大核心着力点:一方面,强化顶层设计并充分发挥制度优势。这要求明确各方责任,加快制定并出台针对性的绿色化转型政策框架,同时完善目标评价体系,强化过程监管与绩效问责机制。政策实施需紧密贴合市场发展的阶段性特征,精准把握绿色化转型政策的出台与执行时机。对于关键性的跨越发展阶段,政府应加强政策引导力度。特别是在能源与电力市场的改革中,坚守能源安全底线,构建科学合理的监管体系与风险防范机制,以应对市场化进程中可能出现的风险挑战。① 另一方面,全面激活市场机制的资源配置能力。这意味着要放手让市场在资源配置中发挥决定性作用,激发各类市场主体的创新活力与转型动力。通过实施税收优惠、所得税减免等财政激励措施,对积极投身于绿色化转型的企业给予合理补偿与正面激励。同时,运用绿色金融工具,专项支持绿色低碳发展,引导商业银行遵循市场规律,加大对传统产业绿色化转型项目的融资支持,从而向市场释放清晰信号,吸引社会资本更多流向绿色低碳产业,共同推动产业结构的绿色升级与可持续发展。②

在推动传统产业绿色化转型的进程中,企业是核心主体。深入理解并有效解决企业面临的转型问题,是确保绿色化转型成功的根本所在。当前,我国企业在进行绿色化转型时,面临的挑战既源自企业内部,也受外部环境的多重影响。企业内部需应对长期绿色发展目标与短期经营增长目标之间的潜在冲突;而外部环境的变化,如政策调整、市场需求变动等,则进一步加剧了这种内部矛盾的复杂性。市场机制在此扮演了双重角色:既是促使企业不断创新、适应绿色化转型要求的外部压力,也是激发企业内在动力、探索新发展模式的重要源泉。政府则需积极介入,通过政策引导与激励,增强企业对绿色化转型的信心与决心,同时深化相关领

---

① 参见田其云:《绿色能源革命背景下可再生能源发展的制度路径》,载《中州学刊》2019年第7期。
② 参见刘静:《绿色金融、环境规制与策略性绿色创新》,载《大连理工大学学报(社会科学版)》2024年第4期。

域市场化改革,为企业创造更加公平、透明、有利于绿色化转型的市场环境。①

(四)要素保障:优化绿色发展的多元主体与灵活工具

1. 倡导威权治理基础上的合作与互动

传统产业向绿色化转型是一项复杂的系统性工程,它跨越了能源、生态环境、经济、政治、社会及文化等多个维度,并深刻关联政府、企业、媒体、非政府环保组织、智库学者及广大公众等多元化参与主体。随着绿色发展战略空间的不断拓展和社会自治力量的显著增强,公共理性在推动这一转型过程中的作用日益关键。社会治理机制对于提高传统产业绿色化转型过程中的资源配置效率具有重要价值,它鼓励并促进企业、个人、社会组织等社会各界力量的深度融入,共同编织成一张紧密协作、多元共治的绿色化转型网络,为实现传统产业的绿色可持续发展奠定了坚实的基础。②

尽管企业是推动我国经济增长的核心力量,并显著体现出"经济人"的特性,但它们往往也是产业非绿色化趋势的根源所在。因此,企业亟须主动担当起促进传统产业绿色化转型的社会责任,确保将环境污染与生态破坏等外部成本内化于自身运营之中。然而,当前企业在这一转型过程中的参与度较低,问题重重:一方面,多数企业仍固守以经济效益为先的传统思维,未能充分展现其作为"生态经济人"的应有姿态;另一方面,企业在市场规律下参与绿色化转型的深度和广度尚存不足,导致转型完成率偏低。同时,企业内部人员对绿色化转型的认知模糊,驱动低碳技术创新的动力不足。此外,社会公众对于传统产业绿色化转型的参与程度有限,无论是参与形式还是内容均缺乏亮点。普通民众对转型的关注度不高,对环境污染、生态破坏及资源消耗等问题的严峻性认识不足,加之缺乏有效的参与途径,使得自下而上的公众意见与自上而下的政策导向之间难以形成有效的治理合力。再者,在绿色化转型进程中,非政府环

---

① 参见陈波:《我国碳市场法律治理研究》,法律出版社2023年版,第103—160页。
② 参见余敏江、王磊:《环境政治学:一个亟待拓展的研究领域》,载《人文杂志》2022年第1期。

保组织的身影也近乎缺失,它们不仅未能在环境教育与宣传上发挥应有作用,也未能向转型过程提供必要的技术和项目支持。在转型问题上,企业、社会公众、非政府环保组织的整体性"退缩"打破了转型过程中法权结构的动态平衡,从而影响了整体转型的成效与可持续性。

在传统产业绿色化转型进程中,政府、企业、社会组织及公众等多元化主体需紧密协作,通过资源互换、信息共享及协同行动,采取基于广泛合作与深入互动的一致性策略。这一过程促使不同行动者之间建立起绿色发展的共识与共同的产业转型愿景,其核心在于融合可持续发展的公共利益、市场逻辑与价值认同,形成基于合作与信任的新兴权威力量,持续驱动各主体间的合作深化。在我国特有的治理语境下,这种多元共治模式不仅根植于威权治理的深厚土壤,更是一个多主体共同参与、动态调整以实现公共事务有效治理的过程。其作为一种策略性布局,旨在弥补行政主导治理模式的不足,为传统产业绿色化转型提供有力补充。基于信任、合作与紧密互动构建的治理体系,可显著提高集体行动的效率与监督的有效性,使得转型过程中面临的挑战与难题得以更加顺畅地解决。①

2. 多元主体参与的综合运行机制与实现措施

(1)为确保传统产业绿色化转型的高效推进,应依据科学分工原则,精确界定并清晰划分多元治理主体的权责边界,以此提升转型过程的可问责性。行政机关需肩负起制定节能降碳、环境保护、资源循环利用及能源绿色低碳转型等领域法规政策的职责,同时规划并推动全国范围内的传统产业绿色化转型,特别是跨行政区域的重大转型项目,以及全国性的生态保护与修复、基础设施绿色升级与绿色服务体系建设。地方政府需紧跟中央步伐,贯彻执行相关政策法规,并承担起区域内产业转型、基础设施建设及环境改善的直接责任。② 此外,应建立健全多元主体转型责任追究机制,敦促行政机关深入实施并细化传统产业绿色化转型的"权力

---

① 参见蔡真、万兆:《公众参与与政府响应视角下的环境治理机制及效果》,载《经济学动态》2024年第5期。

② 参见游家兴等:《政府环境关注与企业环境治理——基于政府工作报告文本分析的视角》,载《管理评论》2024年第5期。

清单"与"责任清单",清晰界定统管与分管部门间的权责界限,设立严格的问责制度,从而在促进经济发展的同时,确保环境保护目标的有效达成,实现两者的和谐共生。企业需主动承担转型主体责任,致力于实现达标排放、节能减排、绿色生产与生态示范等目标。同时,社会组织与公众亦不可或缺,其应积极参与环境治理,发挥在绿色转型宣传、环保监督、绿色消费倡导及环境诉求表达等方面的协同与监督作用。

(2)建立以激励相容为核心的多元投入机制,确保多元共治模式拥有持续动力源。一是通过增量与存量双重调整绿色转型财政投入,整合现有转型专项资金,构建中央与地方多级联动的共同投入体系,并优化财政转移支付机制,以强化对传统产业绿色化转型的财政支持。① 二是针对不同转型领域的特点,灵活采用财政预算拨款、基金设立、补贴激励、奖励机制、贷款贴息、信用担保等多种财政工具,旨在最大化地提升财政资源在产业转型中的使用效益。同时,需大力推动绿色金融的发展,发挥其作为环境治理与产业升级关键驱动力的作用。这包括利用金融手段引导资金流向节能环保与绿色产业,限制对资源密集型和环境破坏型项目的资金支持,构建以市场需求为导向的绿色技术创新体系。通过绿色金融的杠杆效应,吸引并撬动更多社会资本投入绿色投资领域,激励企业和个人采取资源节约与环境友好的发展模式与生活方式,最终实现经济社会发展与环境保护的深度融合与共赢。

(3)提升社会组织和公众协同参与的有序有效程度,针对当前参与度与有序化程度尚待提高的现状,应紧密遵循党和国家生态文明建设的总体战略部署,深入践行创新、协调、绿色、开放、共享的新发展理念。在此基础上,以有序有效为基本原则,积极引导社会组织和公众参与传统产业绿色化转型的进程,共同塑造绿色生产、生活方式及消费模式,构建全社会广泛参与、协同治理、成果共享的绿色治理新生态。一是要切实尊重并保障社会组织和公众在传统产业绿色化转型进程中的参与权利,充分认识并肯定其作为治理主体的积极作用;二是建立健全公众参与绿色化转

---

① 参见王遥、张广逍:《转型金融:内涵、框架与未来展望》,载《当代经济科学》2024年第3期。

型的配套制度,如环境信息公开透明机制、多方参与的沟通协商渠道以及公众评议反馈体系,为社会组织和公众的有效参与提供坚实的制度保障;三是加大对社会组织的扶持力度,促进其健康成长与规范管理,为社会组织的有序发展创造良好环境;四是积极引导社会组织和公众以理性、有序的方式参与转型工作,通过科学引导与合理规划,力求在社会力量的广泛参与中寻求最大共识,推动传统产业绿色化转型向纵深发展。①

---

① 参见莫龙炯、葛立宇、吴梓林:《数字经济如何赋能城市绿色发展——政府与公众多元治理的视角》,载《西南民族大学学报(人文社会科学版)》2024年第1期。

第六章

发展跃升论：
产业数智化发展的法律保障

产业数智化发展即以数据要素为核心生产要素,通过数据、算法、平台构成三元一体的数字生态底座,推动农业、工业、服务业等传统产业以及大数据、区块链、云计算、人工智能等新兴产业向网络化、数字化、智能化发展的一种技术经济发展范式。数智化发展是推动新质生产力发展跃升的关键动力。数智化发展通过生产要素的跃升驱动新质发展生态,以发展范式的跃升促进经济发展模式的升级转型,以数智化改造实现传统生产力的飞跃,最终推动新质生产力的发展跃升。在数智化发展过程中,面临一系列的风险挑战和安全隐患,如数据活动的开展和数字智能技术的应用带来生产行为模式的数智化冲击,数字平台的涌现和活跃带来生产组织形式无序式发展的隐忧,传统的严格管理、单一部门主导管理、命令强制型管理的治理监管方式面临系统性失灵,因此,需要调整和完善相关法律制度,以有效因应数智化发展的现实需求,实现以法律保障新质生产力的发展。一方面,需要从行为论上对数据安全、技术正义和技术责任进行法律规制;另一方面,需要从组织论上对组织规范、组织竞争、组织安全进行法律治理。在此基础上,还应当对数字经济活动的监管体系进行法律优化,调整监管理念,完善监管体制,创新监管模式,从而规范数智化发展,促进和保障新质生产力的发展。

发展跃升论：产业数智化发展的法律保障

一、数智化发展促进新质生产力发展跃升的理论逻辑

数智化以数据要素为核心，以网络化、数字化、智能化发展为特征，既体现了新质生产力的"新"，也表现出新质生产力的"质"①，能够促进新质生产力的发展跃升。数智化发展促进新质生产力发展跃升体现在三个方面：由传统劳动力、资本要素资源发挥作用转向数据和技术等新型生产要素资源发挥作用，体现要素跃升；由传统高能耗、高投入的经济发展范式转向质量型投入和创新性发展的技术经济范式②，体现范式跃升；由传统的劳动资源禀赋转向数智化改造提升后的劳动能效升级，体现生产力跃升。

(一) 要素跃升：以新型生产要素驱动新质发展生态

数智化发展以数据要素这一新型生产要素为核心，构建了数据、算法和平台三位一体的数字生态底座，衍生出大数据、区块链、云计算、人工智能等诸多新兴的发展业态，形成了新质的发展生态。

1. 数智化发展中的新型生产要素：数据要素

数智化发展以数据要素这一新型生产要素为核心，区别于传统发展方式对土地、劳动、资本、技术等传统生产要素的依赖，是新质生产力发展的要素跃升。2019年10月通过的《中共中央关于坚持和完善中国特色社会主义制度 推进国家治理体系和治理能力现代化若干重大问题的决定》，将数据确立为一种新型生产要素。数智化发展以数据要素这一新型生产要素为核心的特质，既体现了其与传统农业经济、工业经济发展模式的本质区别，也构成了新质生产力发展跃升的要素基础。

数据具有天然的非竞争性、非排他性、正外部性、非消耗性、零边际成本性和规模效应性特质，是数智化发展区别于传统发展模式的要素基础，体现了新质生产力的质优特征。首先，数据具有非竞争性。数据可以被多个使用者同时访问和利用，且不会因任何一方的使用而减损其价

---

① 参见张辉、唐琦：《新质生产力形成的条件、方向及着力点》，载《学习与探索》2024年第1期。
② 参见冯果：《以高质量法治助推新质生产力发展》，载《民主与法制》2024年第6期。

值,这与传统的土地、劳动和资本要素存在显著区别。① 基于非竞争性特质,数据要素可以促进生产协同效应,实现新质生产力发展中提高全要素生产率的愿景。其次,数据具有非排他性和正外部性。数据要素资源中最为普遍的是公共数据,某一特定主体对公共数据的使用并不阻碍他人的使用,不仅可以给直接使用者带来利益,还可以为整个社会或相关行业创造额外价值,进而产生正外部性。② 这与传统生产要素使用收益内部化的特点存在较大的不同,数据的使用可以进一步增进社会福祉和促进共同富裕。再次,数据具有非消耗性和零边际成本性。一方面,数据在使用过程中不会减少或消失,可以被无限次地复制和分发,这与传统的消耗性资源形成鲜明对比;另一方面,对数据的复制和分发几乎不会增加任何成本,使得以数据要素为核心的数智化发展能够更好地实现新质生产力发展中的低能耗、可持续和高效能。最后,数据具有规模效应性。数据的生成与积累呈指数级增长,使得数据的丰富性和可用性大幅提升。海量数据通过互相关联,能够被挖掘分析出更具价值的知识和信息,进而发挥规模效应并实现规模报酬递增③,这符合新质生产力发展从量变到质变的特质。

从农业时代的"土地为母,劳动为父",到工业时代的"技术为核,资金为本",再到数字时代的"数据为王",不同时代的发展不仅体现了经济发展模式的变化,也体现了生产要素的跃升。数智化发展体现了数据要素这一新型生产要素的作用和特质,印证了数据要素是新质生产力发展跃升的要素基础。

2. 数智化发展构建的新质发展生态:数智生态

数智化发展以数据、算法和平台三大基本要素为基础,构建了数智生态这一新质发展生态,是新质生产力发展的新模式。

---

① 参见田杰棠、刘露瑶:《交易模式、权利界定与数据要素市场培育》,载《改革》2020年第7期。

② 参见李勇坚:《数据要素的经济学含义及相关政策建议》,载《江西社会科学》2022年第3期。

③ 参见李弦:《数据要素赋能新质生产力的理论逻辑与实践进路——基于马克思劳动过程理论的分析》,载《上海经济研究》2024年第5期。

第六章 发展跃升论：产业数智化发展的法律保障

数据是数智生态的资源和基础，构成数智生态的"血肉"。一方面，数据承载了大量的人身关系和人身权利，现实社会中自然人、法人、非法人组织等社会主体的相关信息、隐私、秘密，以及上述主体与其他主体之间的亲缘关系、地缘关系、业缘关系等社会关系，均作为信息内容被记载于数据之中。另一方面，数据承载了大量的财产关系和财产权利：首先，"数据财产化"意味着作为要素的数据本身具有使用价值和交换价值双重属性，随着资源化、资产化和资本化进而具备财产权益，承载财产权利；其次，"财产数据化"意味着随着社会关系和社会活动向数字化升维，现实社会中的物权、债权等财产关系均作为信息内容被记载于数据之中，现实社会中的资金账户和密码等也作为信息内容被记载于数据之中。数据所承载的大量人身关系和财产关系决定了其是数智生态的基础要素，构成数智生态的"血肉"。

算法是数智生态的规则和逻辑，构成数智生态的"神经"。在数字经济时代，"代码即法律"①。算法能够与数字技术结合，实现对数据的收集、输入、分析与输出，是挖掘数据价值、发挥数据效用的关键工具。在数字经济时代，万物步入皆可数字化的状态，数据资源成为信息与社会利益的载体，海量数据的计算和分析需求远远超出人类本身的能力，因此大量数据资源的分析和处理被交由算法进行，同时也意味着大量社会利益的分配权力逐渐让位于算法。②算法决定数字活动的导向和结果，日益成为调配数字资源、构建数字秩序和伦理规则的工具。在这个意义上，算法正逐渐脱离工具化的角色而成为权力支配的规则，从数字科技之"法"转化为数字社会之"法"。算法的布置和运用构成数智生态运行的底层逻辑和架构，算法在数智生态中具有核心作用和地位，构成数智生态的"神经"。

平台是数智生态的组织和载体，构成数智生态的"躯体"。平台的基本特征为连接，其基于自身搭建的组织和载体有效连接供给侧与需求

---

① 参见〔美〕劳伦斯·莱斯格：《代码2.0：网络空间中的法律（第2版）》，李旭、沈伟伟译，清华大学出版社2018年版，第5页。
② 参见张凌寒：《算法权力的兴起、异化及法律规制》，载《法商研究》2019年第4期。

侧,从而实现多边市场效应和网络效应,发挥数字经济时代其所具有的独特价值。① 首先,平台为数据和算法提供实际应用的场景,为数字活动提供基础条件。平台通过数据、技术、资本、劳动等投入,形成数字活动所需的基础条件和组织架构。一方面,平台能够提供数据存储、数据管理等功能,为数据资源的处理利用创造条件;另一方面,平台能够运用云计算、边缘计算等技术提供充足算力支持,为算法规则的运行提供有力支撑,从而实现了数据和算法在平台中的交互作用。其次,平台能够发挥双边效应和聚集效应,促进数智生态的发展。在双边效应和聚集效应的作用下,大量的数据资源、算法技术能够实现流通和交互,各类数字资源能够实现整合和配置,从而推动整个数智生态的高效运转和持续发展。平台是数字经济时代组织生产力的新型主体②,其作为数字经济时代协调和配置资源的基本经济组织,是价值创造和价值汇聚的核心,其推动产业组织关系从线性竞争向生态共赢转变③,构成数智生态的"躯体"。

  数据、算法、平台三元一体共同构成数字时代经济社会发展的助推器和治理阈,是数字经济社会运转的三大要素。④ 三要素具有高度黏合性,在运行机理上相互融合,随着数字革命的不断深化,数据、算法、平台愈发呈现一体化、协同化的发展图景,三者衍生出数智生态中的各种新兴技术和业态(如图6-1),体现了新型生产要素驱动下的新质发展生态。

---

① 参见阳镇:《平台型企业社会责任:边界、治理与评价》,载《经济学家》2018年第5期。
② 参见刘权:《网络平台的公共性及其实现——以电商平台的法律规制为视角》,载《法学研究》2020年第2期。
③ 参见李永红、黄瑞:《我国数字产业化与产业数字化模式的研究》,载《科技管理研究》2019年第16期。
④ 参见洪学军:《关于加强数字法治建设的若干思考——以算法、数据、平台治理法治化为视角》,载《法律适用》2022年第5期。

第六章
发展跃升论：产业数智化发展的法律保障

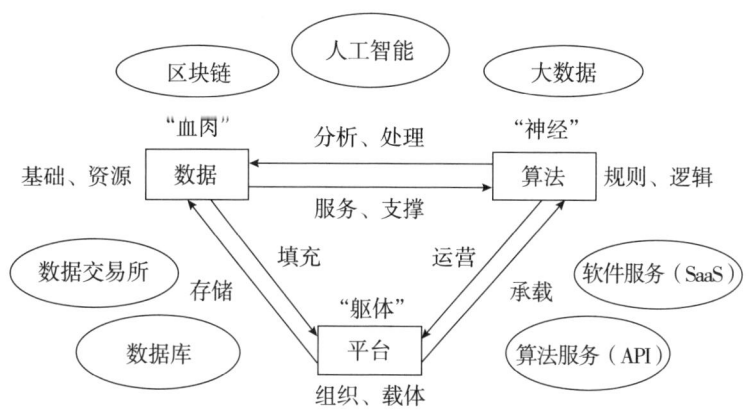

图 6-1 数据、算法、平台三元一体构建的数智生态

(二)范式跃升:以数字化和智能化促进经济范式转型

数智化发展改变了传统经济发展中资源驱动型的发展方式,走向创新驱动型技术经济范式,以技术的进步驱动经济的发展,推动数字产业化和产业数字化,实现经济发展模式的跃升。

1. 由传统经济范式走向技术经济范式

数智化发展是新一轮的技术经济范式转换,体现了新质生产力的跃升式发展。一个新的技术进入经济系统后,会产生新的安排和新的组织模式,技术与经济的互动将促进新经济的涌现①,这一通过技术进步来影响经济系统进而促进产业发展的过程,被定义为"技术经济范式"②。技术经济范式通过"关键生产要素"的变迁实现转换。从技术经济范式的发展演变看,不同关键生产要素依次引发了蒸汽革命、电气革命和电子革命。数字经济时代,以数据要素为关键生产要素的数智化发展形成的新的技术经济范式正推动形成数字革命。从传统经济发展模式到数智化发

---

① 参见〔美〕布莱恩·阿瑟:《技术的本质:技术是什么,它是如何进化的》,曹东溟、王健译,浙江人民出版社 2014 年版,第 215 页。
② 参见〔英〕克里斯·弗里曼、〔葡〕弗朗西斯科·卢桑:《光阴似箭:从工业革命到信息革命》,沈宏亮主译,中国人民大学出版社 2007 年版,第 151 页。

273

展模式,本质上就是新一轮的技术经济范式转换①,体现了新质生产力的跃升式发展。数智化发展的技术经济范式体现在以下几个方面:

(1)数智化发展由传统生产要素的消耗型投入,转向对关键生产要素的集约型投入。传统经济发展很大程度上依赖劳动、资本等生产要素的消耗型投入,在加快工业化和现代化进程的驱动下,常采用资源堆积的赶超发展模式,大量密集性地投入消耗性和非再生性资源,使生产力发展呈现"量的扩张"特点。由于劳动、资本等生产要素的投入呈现边际效应递减的经济规律,依靠密集性的资源投入难以长久地保持经济的高速增长和高质量发展。相较之下,数据要素本身具有非消耗性、零边际成本性和规模效应性,以知识产权、技术秘密等为代表的技术要素同样具备非消耗、可复用、非竞争性的特点,使得生产资源的投入能够实现更低的边际成本和更高的边际效应。② 数智化发展实现数据、技术等生产要素的集约型投入,具备更高效、更持续和更经济的优势。

(2)数智化发展由产业的部门化发展,转向产业的跨界融合。数智化发展具有颠覆性技术创新、网络平台化、强渗透性等特征,通过"替代性"和"协同性"促进产业的跨界融合发展,加快要素流通和资源优化配置,实现各产业部门的共同发展。数智化发展利用数据驱动全产业链、全供应链的互联互通,进而推动跨产业、跨区域的产业协同,促进产业资源整合和产业结构升级,不仅形成了大数据、区块链、云计算、物联网、人工智能等新兴产业部门,还通过新兴产业部门对其他产业的赋能,催生了智能制造、工业互联网、智慧农业、智慧物流、智慧城市、智能媒体等传统产业的新发展模式。数字技术的创新运用推动了生产方式变革,使社会生产从传统的分化式向网络化、扁平化转变③,传统经济的垂直化、部门化结构正在被打破,具有横向分层特征的新经济结构逐渐形成,产业跨界融合和协同发展的趋势不断增

---

① 参见杨青峰、李晓华:《数字经济的技术经济范式结构、制约因素及发展策略》,载《湖北大学学报(哲学社会科学版)》2021年第1期。

② 参见焦勇、齐梅霞:《数字经济赋能新质生产力发展》,载《经济与管理评论》2024年第3期。

③ 参见宋虹桥、张夏恒:《数字化赋能新质生产力的内在逻辑与实现路径》,载《湖湘论坛》2024年第3期。

强,新的产业发展结构体现了数智化发展所具有的新质生产力特征。

(3)数智化发展由技术创新的线性量变,转向技术创新的质变。传统发展模式中的创新体现为持续性技术创新,是在原有技术基础上的连续性演进;数智化发展中的创新体现为颠覆性技术创新,也称为破坏性技术创新①,其并非经过原有技术线性发展形成,而是在社会化创新中,经过复杂的实践而涌现,是一种突然的质变②。数智化发展的技术创新核心体现为数字技术。数字技术是典型的通用目的技术(General Purpose Technologies, GPTs),其不仅能够组成一个独立的新型产业集群,还能够对各个领域的相关产业和技术进行整合和赋能,使其他产业的产品形态、业务流程、产业业态、商业模式、生产方式、组织方式、治理机制、劳资关系等产生颠覆性变革③,由此对整个经济形成渗透效应和乘数效应,重塑经济和社会形态,重构各产业的运营模式和赢利方式④。数智化发展所具有的技术创新涌现质变,是创新驱动型技术经济范式的核心特征和区别于传统经济范式的关键所在,体现了新质生产力发展的跃升。

2. 推动数字产业化和产业数字化

数智化发展包括产业数字化和数字产业化两部分⑤,其所构建的独有的网络化、数字化、智能化的经济范式使数字产业和实体产业相互融合,重构产用关系,促进经济产出的正向递增效应⑥,彻底与传统经济范式区分开来,是经济发展范式的转型和新质生产力发展的跃升。

数字产业化,是指通过数字技术创新推动数据要素的产业化和市场化,催生以数据要素为核心的新兴数字业态,形成数字产业链和数字产业

---

① 参见〔美〕克莱顿·克里斯坦森:《创新者的窘境》,胡建桥译,中信出版社2021年版,第42页。
② 参见〔美〕约翰·霍兰:《涌现:从混沌到有序》,陈禹等译,上海科学技术出版社2006年版,第231页。
③ 参见李晓华:《"新经济"与产业的颠覆性变革》,载《财经问题研究》2018年第3期。
④ 参见赵西三:《数字经济驱动中国制造转型升级研究》,载《中州学刊》2017年第12期。
⑤ 参见何伟等:《信息经济的发展路径与模式》,载《世界电信》2016年第3期。
⑥ 参见李晓华:《数字经济新特征与数字经济新动能的形成机制》,载《改革》2019年第11期。

集群,构建新质生产力发展中的新产业、新模式。数字产业化的目标是发挥数据要素价值效用,促进数据要素产业化和市场化,推动形成数据交易、数据服务、数据产品和数据应用等新兴数字业态,构建大数据、区块链、云计算、人工智能等数字产业集群,为经济产业的变革提供动力。数字产业化的基础是数据的资源化、资产化和资本化。① 资源化是激发数据价值的基础,资产化是实现数据价值的核心,资本化是拓展数据价值的途径。② 数据资源化是指对零散的、粗疏的数据原料进行收集加工,形成可利用的、有质量的数据要素③;数据资产化是指将数据作为一项具备经济价值的要素并发挥其价值的过程;数据资本化是指将数据要素与资本融通相结合,用于出资、融资、租赁、抵押等金融交易活动的过程。数据资源化、资产化和资本化的过程为数字产业化提供了基础,促进了数据要素价值的激发,既满足了数字产业自身的发展需求,也强化了数字产业对传统产业赋能的作用,最终实现新质生产力发展的跃升。

产业数字化,是指利用数字技术优化传统产业的运营模式、业务内容、产业结构,提高传统产业的效率和现代化水平,推动实现传统产业的转型升级,构建新质生产力发展中的新动能、新路径。产业数字化的核心是数实融合,通过数字技术在传统产业经济部门中的应用,使传统产业形成新技术、新产品、新业态和新模式,促进传统产业的网络化、数字化、智能化转型。产业数字化为传统产业提供了新的发展动力,推动传统农业、制造业、服务业与数字技术融合并朝着智慧农业、智能制造、智慧服务方向发展④,形成新的发展动力。产业数字化为传统产业提供了新的发展方式,推动传统产业的研发设计、生产制造、营销管理向网络化、数字化、智能化转型,从而实现传统产业发展方式的转变。产业数字化使传统产业

---

① 参见翟云、潘云龙:《数字化转型视角下的新质生产力发展——基于"动力—要素—结构"框架的理论阐释》,载《电子政务》2024年第4期。
② 参见何伟:《激发数据要素价值的机制、问题和对策》,载《信息通信技术与政策》2020年第6期。
③ 参见孙静、王建冬:《多级市场体系下形成数据要素资源化、资产化、资本化政策闭环的总体设想》,载《电子政务》2024年第2期。
④ 参见杜庆昊:《数字产业化和产业数字化的生成逻辑及主要路径》,载《经济体制改革》2021年第5期。

形成更高的发展层级,传统产业通过技术支撑、数据支持和算法赋能,优化资源配置,促进供需对接,释放潜在消费,最终实现整体效率的提高,形成更高的发展层级,推动新质生产力发展的跃升。

数字产业化表现为创新增值的发展模式,产业数字化表现为融合驱动的发展模式。[①] 数字产业化是产业数字化的基础,产业数字化是数字产业化的促进,二者彼此融合、互为促进,共同推动新质生产力发展的跃升。

(三)生产力跃升:以数智化改造实现生产力的飞跃

数智化发展通过对劳动者、劳动对象和劳动资料生产力三要素的数智化改造,提高劳动禀赋的能效,通过对生产、分配、流通、消费等再生产流程的促进,提高生产活动的效率,从而实现全要素生产率的提高和生产力的全面飞跃,推动新质生产力发展的跃升。

1. 对生产力三要素的数智化改造

马克思将劳动过程描述为"有目的的活动或劳动本身、劳动对象和劳动资料的结合"[②],由此,劳动者、劳动资料和劳动对象成为生产力的三大基本要素。数智化发展能够实现对生产力三要素的数智化改造,形成素质更高的劳动者、技术更先进的劳动资料和范围更广的劳动对象,从而全面优化和大幅提升生产力,实现新质生产力发展的跃升。

(1)数智化发展培育新质劳动者。劳动者是生产力的能动要素,是认识和改造自然的主要力量,唯有劳动者与其他生产要素结合才能转化为实际生产力。[③] 数智化发展对劳动者的优化改造体现在以下两个方面:其一,数智化发展提高了劳动者的劳动效率。在数据、算法、人工智能等数字技术的赋能下,劳动者的劳动素质与技能得到提升[④],这使劳动者在单

---

① 参见李永红、黄瑞:《我国数字产业化与产业数字化模式的研究》,载《科技管理研究》2019年第16期。
② 《马克思恩格斯文集》(第5卷),人民出版社2009年版,第208页。
③ 参见蒋永穆:《数据作为生产要素参与分配的现实路径》,载《国家治理》2020年第31期。
④ 参见张夏恒、刘彩霞:《数据要素推进新质生产力实现的内在机制与路径研究》,载《产业经济评论》2024年第3期。

位时间内能够扩大生产规模并创造更多的生产价值。与传统劳动者相比,数智化驱动下的劳动者能够适应更具创造性和复杂性的生产劳动①,从而提升劳动生产层级,提高劳动生产效率。其二,数智化发展优化了劳动者结构。一方面,数字技术的运用使得劳动者的供需匹配更为高效,并催生了"零工经济"这一劳动者生产方式,优化了劳动者的资源配置,使得闲置和潜在的劳动者被充分利用;另一方面,数字技术的赋能使得传统劳动者向知识型、技能型、创新型劳动者转变,并催生了数据分析师、算法工程师等新型劳动者职业形态②,使得劳动者形态更为多元,劳动者结构更为合理。

(2)数智化发展催生了新质劳动资料。劳动资料是用于支撑劳动生产活动的物质条件和物质资料,是衡量生产力发展水平的外在尺度,更先进的劳动资料意味着更发达的生产力水平。数智化发展对劳动资料的改造表现在以下两个方面:其一,数智化发展形成了更高效的劳动资料组织形式。一方面,网络、数据、算法的运用使得传统科层制、集权式的生产组织朝扁平化、网络化方向发展③,这种全新的组织模式鼓励信息自由流动和决策权下放,有利于适应数字经济时代快速变化的外部环境,提高生产组织的敏捷性和创新能力,进而提高生产力。另一方面,数字技术的融合应用孕育了数字平台这一新型组织形式。数字平台通过生态系统而非供应链的方式将劳动者、劳动资料和劳动对象联结在一起④,将产业上下游和产品供需端的相关主体进行聚合,发挥供需匹配、价值互补、创新协同的作用,从而引发巨大的范围效应⑤,推动生产力的提升。其二,数智化发

---

① 参见翟云、潘云龙:《数字化转型视角下的新质生产力发展——基于"动力—要素—结构"框架的理论阐释》,载《电子政务》2024年第4期。

② 参见李弦:《数据要素赋能新质生产力的理论逻辑与实践进路——基于马克思劳动过程理论的分析》,载《上海经济研究》2024年第5期。

③ 参见宋虹桥、张夏恒:《数字化赋能新质生产力的内在逻辑与实现路径》,载《湖湘论坛》2024年第3期。

④ 参见冯果、刘汉广:《互联网平台治理的生态学阐释与法治化进路》,载《福建论坛(人文社会科学版)》2022年第4期。

⑤ See Annabelle Gawer, "Bridging Differing Perspectives on Technological Platforms: Toward and Integrative Framework", 43 *Research Policy* 1239-1249(2014).

展提供了更先进的劳动生产工具。传统劳动生产受制于专用技术,大多采用串行生产和线性分工的方式,生产效率受到限制。① 随着数字技术对劳动资料的改造,产生了以人工智能为代表的通用目的技术,劳动生产开始走向并行生产和网络化分工②,极大地提高了劳动生产效率。

(3)数智化发展孕育新质劳动对象。劳动对象是社会生产活动的物质基础和现实条件,不同生产力水平适配不同的劳动对象,劳动对象的种类、数量、质量以及附加值的高低,会直接影响生产能力的强弱。③ 数智化发展对劳动对象的改造表现在以下三个方面:第一,数智化发展丰富了劳动对象的内涵。数据要素的嵌入丰富了劳动对象的概念,劳动对象不再局限于传统的物理形态的自然物和人造物,而是扩展到数字化和信息化领域④,转变为融合了虚拟数字符号的复合体,这不仅扩大了劳动者作用对象的范围,也使得数据要素成为新的资源禀赋。第二,数智化发展拓展了劳动对象的边界。数据要素作为新型生产要素和劳动对象,能够突破时间和空间的限制,不仅能够实现全天候的劳动生产,还能够实现跨地域的劳动生产,借助数字空间的虚拟性和联通性,创造出更加多元的劳动对象生产应用场景。第二,数智化发展提高了劳动对象的价值。数智化发展中,信息、数据、知识等数字化劳动对象不仅可以直接创造生产价值,还可以通过与其他传统劳动对象和生产要素的结合,进一步放大价值创造的效应,提高原有劳动对象的附加值⑤,从而推动生产方式的变革,促进新质生产力的进一步发展。

2. 对再生产流程的数智化促进

社会再生产过程由生产、分配、流通、消费四个基本环节构成,四个环

---

① 参见李弦:《数据要素赋能新质生产力的理论逻辑与实践进路——基于马克思劳动过程理论的分析》,载《上海经济研究》2024 年第 5 期。
② 参见徐政、张姣玉:《新质生产力促进制造业转型升级:价值旨向、逻辑机理与重要举措》,载《湖南师范大学社会科学学报》2024 年第 2 期。
③ 参见钟发育:《科学技术与生产力三要素》,载《湖湘论坛》1994 年第 4 期。
④ 参见胡庆忠、赵梓衡:《数据要素赋能新质生产力的机理分析与路径探索》,载《中共云南省委党校学报》2024 年第 3 期。
⑤ 参见冯永琦、林凤锋:《数据要素赋能新质生产力:理论逻辑与实践路径》,载《经济学家》2024 年第 5 期。

节既彼此联系又互相区别、相互影响、相互作用,共同构成社会再生产的整体。数智化发展通过对社会再生产各个环节的改造,推动再生产活动的优化和再生产模式的升级,从而提高整个劳动生产效率,实现新质生产力发展的跃升。

(1)数智化发展促进生产环节的降本增效。生产是创造价值的起点,决定着分配、流通和消费的对象及方式。生产的性质决定了整个社会再生产过程的性质,是社会再生产的基础。数智化发展对生产环节的促进体现在以下两个方面:其一,数智化发展降低了生产投入的成本。大数据的分析和运用能够提高生产环节的智能化和精细化①,通过数据分析模拟和预测市场,增强生产活动的计划性,减少不必要的劳动、资本等要素资源的消耗,实现资源的集约化投入和使用,大大降低生产成本。其二,数智化发展促进了生产活动的能效性。数字技术的融合运用使生产组织和生产方式均发生了深刻变革:一方面,生产组织的网络化和平台化通过双边效应和聚集效应形成组织内不同主体间优势互补、供需匹配的生态系统②,提高了生产活动的敏捷性、规模性和创新力;另一方面,以人工智能为代表的数字技术构建的通用目的技术使得生产活动突破专用技术的限制,由传统的串行生产和线性分工走向并行生产和网络化分工③,极大地提高了生产活动的能效性。

(2)数智化发展促进分配环节的公平合理。分配是指生产成果在社会集团和成员间按一定原则进行分享,包括生产资料的分配和消费资料的分配。分配不仅关系到再生产过程中流通和消费环节的开展,也将反作用于生产环节,影响生产活动的积极性。数智化发展对分配环节的促进体现在以下两个方面:其一,数智化发展促进了生产资料的社会化。数据要素作为一种新型生产要素,具有天然的非竞争性和

---

① 参见张夏恒、刘彩霞:《数据要素推进新质生产力实现的内在机制与路径研究》,载《产业经济评论》2024年第3期。

② 参见杜庆昊:《数字产业化和产业数字化的生成逻辑及主要路径》,载《经济体制改革》2021年第5期。

③ 参见徐政、张姣玉:《新质生产力促进制造业转型升级:价值旨向、逻辑机理与重要举措》,载《湖南师范大学社会科学学报》2024年第2期。

非排他性,这使得同一数据资源可以同时供多个社会生产主体使用,彼此之间不会相互抵触,也不会减损数据资源本身的价值,为数据生产分配活动的社会化提供了良好基础①,助力人人均可拥有数据生产资料,构建人人共建、人人共享的普惠型数字社会。其二,数智化发展促进了价值共享。通过促进数据资源的开放共享,确保数据资源的公平分配,可以缓解传统社会分配环节中信息不对称和信息壁垒问题②,消除不同地区、不同群体间的数字红利差距,使社会共同体成员共享数字发展带来的价值效应。

(3)数智化发展促进流通环节的畅通高效。流通是指相互交换劳动产品。流通是连接生产和消费的桥梁,通过市场机制调节供需关系,实现商品的交换价值和使用价值。数智化发展对流通环节的促进主要表现在以下三个方面:其一,数智化发展降低了资源的流通成本,提高了资源流通的效率。数据分析和算法智能的应用能够整合流通环节供需各方的有效信息,使商品流、物流以信息流的方式呈现③,打破流通环节的信息不对称、信息鸿沟和信息壁垒,压缩冗余繁杂的中间环节并减少中间商主体,从而降低资源的流通成本,提高资源的流通效率。其二,数智化发展扩展了资源流通的渠道,丰富了资源流通的方式。数字平台、网络交易、电子支付的兴起,使得商品的交易和流通能够通过线上方式跨越时间和空间开展④,劳动力、资本、技术等生产要素也能拥有更加多元的流通方式,从而促进资源流通的高效便捷。其三,数智化发展促进了资源的优化配置。在数字技术推动下,资源要素能够以网络化、数字化和智能化的方式打破信息不对称的壁垒,顺应市场供需要求,在市场机制的作用下实现资源从低效率领域向高效率领域的流通,进而提高资源配

---

① 参见崔云:《数字技术促进新质生产力发展探析》,载《世界社会主义研究》2023年第12期。

② 参见张林忆、黄志高:《数据要素促进收入分配共同富裕的逻辑内蕴、实践困境与推进路径》,载《重庆社会科学》2023年第11期。

③ 参见欧阳日辉:《数据要素促进数字经济和实体经济深度融合的理论逻辑与分析框架》,载《经济纵横》2024年第2期。

④ 参见荆文君、刘倩、孙宝文:《数字技术赋能经济高质量发展:一种改进的"技术—经济"分析范式》,载《电子政务》2023年第10期。

置的效率。在数字技术推动下,共享经济和零工经济的兴起使得闲置和潜在的资源能够更为有效地向需求方配置①,促进了资源配置的灵活和高效。

（4）数智化发展促进消费环节的质量提升。消费是社会再生产过程的目的和最终环节,是衡量社会经济发展水平和社会成员生活质量的重要指标。消费不仅可以满足社会成员的物质和文化需求,也将反作用于生产,为生产提供动力和方向。数智化发展对消费的促进主要表现在以下三个方面:其一,数智化发展创新消费场景。数字技术的融合运用产生了网络购物、直播购物、O2O 购物、共享消费等各种新兴的消费场景,使消费者可以实现线上线下结合消费、互动消费和共享消费②等多元消费方式,丰富了消费渠道和消费选择。其二,数智化发展提升消费者的消费体验。一方面,数据分析和算法智能的应用使得企业能够更加理解消费者的偏好③,提供个性化的产品定制和智能化的服务推荐,满足消费者的差异化需求,提升消费者的消费体验;另一方面,虚拟现实(VR)、增强现实(AR)等数字技术的运用能够为消费者提供沉浸式的消费环境,提升消费者的消费体验。其三,数智化发展扩大了消费体量。数智化发展所带来的消费选择的丰富和消费体验的提升,能够激发更为广泛、更大体量的消费需求,从而反作用于生产环节,不仅对生产活动起到拉动作用,还将指引和调整生产方向,推动再生产流程的良性循环和正向反馈,提高生产质量和生产效率,实现新质生产力发展的跃升。

二、数智化发展的体制桎梏与法治需求

数智化发展过程中,数据安全风险、技术安全风险带来生产行为模式

---

① 参见杜传忠、王亚丽:《数智技术驱动数实融合的演进历程、国际经验与实践路径》,载《河北大学学报(哲学社会科学版)》2023 年第 6 期。
② 参见贺明华、梁晓蓓:《共享平台制度机制能促进消费者持续共享意愿吗?——共享平台制度信任的影响机理》,载《财经论丛》2018 年第 8 期。
③ 参见胡庆忠、赵梓衡:《数据要素赋能新质生产力的机理分析与路径探索》,载《中共云南省委党校学报》2024 年第 3 期。

的数智化冲击,数字平台治理问题、竞争问题和安全问题带来生产组织形式的无序式发展,传统的严格管理、单一部门主导管理、命令强制型管理的治理监管方式面临系统性失灵,传统的社会治理模式面临严重的体制桎梏。法律作为上层建筑,理应推动相关制度的革新,形成适应新质生产力发展的生产关系,有效因应数智化发展的现实需求,实现对新质生产力发展的法律保障。

(一)风险挑战:生产行为模式的数智化冲击

数智化发展在提高生产效率、促进生产力发展的同时,也带来了数据安全风险、技术安全风险等风险挑战,给现有的相关社会治理制度带来冲击。

1. 数据安全风险

数据安全包括数据自身安全和数据流通安全两个方面,分为数据的静态保护和动态保护。数据自身安全是指数据自身内容的安全,包括数据的保密性(confidentiality)、完整性(integrity)和可用性(availability)。[1] 数据的保密性是指数据不被未授权的个人、实体或系统访问的特性,数据的完整性是指数据不被未授权修改、破坏或丢失的特性,数据的可用性是指数据在需要时能够被获取和使用的特性。数据流通安全是指数据在流通利用过程中的安全,即数据在汇聚、传输、处理和分析等活动中的安全,一方面包括上述活动不对数据本身产生破坏、篡改或销毁等风险,另一方面还包括上述活动不对个人权益、社会公共利益和国家安全造成影响。[2] 数据自身安全更加关注数据的静态保护,数据流通安全更加关注数据的动态保护。[3]

传统数据安全保护范式难以应对数智化发展中的数据安全保护需求。一方面,传统数据安全保护范式主要以数据的静态保护为主,难以应对数据大规模流通利用产生的安全风险。国内外发生的大量数据安全事

---

[1] Federal Information Security Management Act of 2014, 44 USC.
[2] 参见覃庆玲、彭志艺、李晓伟:《全球数字经济浪潮下数据安全保护体系》,载《信息安全与通信保密》2020年第2期。
[3] 参见方兴东、顾烨烨、陆舒怡:《数据治理的基础逻辑与理论前沿——数字时代的范式转变与权力再平衡》,载《未来传播》2023年第3期。

件说明,本身不被认为具有安全风险的数据在大规模聚合分析下能够产生超越传统数据自身安全风险的新型数据安全风险。① 以大型数字平台掌握的用户数据为例,单个或少量用户数据不足以产生风险,但海量用户数据的汇聚融合,其规模和颗粒度可以比拟公安机关的国家人口基础信息库,甚至在某些方面的准确性更胜一筹。因此,大型数字平台所掌握的这些数据一旦被泄露,将给社会秩序和国家安全带来威胁,传统的以静态保护为主的数据安全保护范式已经难以适应数字经济发展的现状。另一方面,传统数据安全保护范式注重数据主体的行权维权和行政机构的调查执法,难以对数据在大规模流通利用过程中全生命周期形成安全风险规制,由此导致单纯依靠个人权利救济和行政监督管理容易使数据安全治理落入数据主体自决能力不足②和行政机构调查执法能效有限的制度窠臼③,仅仅停留在数据安全的应急治理和事后治理方面。由此,亟须革新数据安全保护范式,建立系统性的数据安全保护制度,以规制数智化发展中的数据安全风险,为新质生产力的发展提供规范和秩序保障。

2. 技术安全风险

包含算法、人工智能等在内的数字智能技术的发展给社会经济带来了前所未有的效率提升,但同时也产生了一系列的风险和挑战,其中包括数字智能技术的权力异化带来的安全风险问题、数字智能技术主体性模糊带来的责任承担问题,给现有的社会治理制度造成冲击。

(1)数字智能技术的发展带来了权力异化的风险。其一,数字智能技术引发安全风险。随着数字智能技术的发展和应用,自动驾驶、智能生产、智能医疗、智能投顾、智能家政等产业蓬勃发展,但数字智能技术自身设计缺陷而产生的安全风险,可能导致技术应用时发生安全事故,给人身和财产安全带来威胁,甚至危及公共利益和社会秩序。其二,数字智能技术可能导致歧视或偏见。由于历史数据的偏差、算法运行的错误或开发者的人为嵌

---

① 参见刘金瑞:《数据安全范式革新及其立法展开》,载《环球法律评论》2021年第1期。
② 参见吴泓:《信赖理念下的个人信息使用与保护》,载《华东政法大学学报》2018年第1期。
③ 参见周汉华:《探索激励相容的个人数据治理之道——中国个人信息保护法的立法方向》,载《法学研究》2018年第2期。

入,数字智能技术可能产生歧视性的运行结果,进而导致对受众主体不公平的偏见性对待。美国芝加哥法院曾使用的犯罪风险评估算法就被证明对黑人造成了系统性歧视,黑人的高犯罪风险概率被错误地评估为两倍于白人①;推特曾被曝出其算法中含有种族歧视内容;亚马逊招聘系统中的简历筛选算法曾被曝出含有性别歧视内容;在线旅游平台、出行打车平台等数字应用曾被曝出大数据杀熟,针对使用不同手机、不同消费习惯的用户实施差异化定价②。数字智能技术导致的歧视或偏见使得原本具有平等地位的主体被不公平地差异对待,违反了公平正义的基本原则,也有悖于技术向善的基本发展理念。其三,数字智能技术导致数字监视。一方面,个人被困于数字智能技术所编织的信息茧房之中,购物消费、新闻浏览、交通出行、知识获取等如果通过网络进行,都将受到数字智能技术的无形操纵,个人陷入自我偏好构成的信息茧房中,同时这种偏好被不断强化③,可能导致认知发展的阻碍和信息获取的闭塞。另一方面,数字智能技术通过对用户身份和行为数据的持续性萃取和分析,所获得的用户个人画像和行为活动数据成为蕴含巨大经济利益的商品。④ 在这一模式下,数字智能技术与人类之间的主客体关系发生了异化,人类由控制技术的主体沦为被技术支配的客体⑤,数字资本成为通过分析数据并获取收益的监视者⑥,人的主体性受到严重威胁。

(2)数字智能技术的发展引发了责任承担难题。数字智能技术能够独立实施行为并造成侵害后果,但缺乏独立承担责任的主体资格,由此产生责任承担难题。其一,数字智能技术的黑箱性给责任主体的认

---

① See Francesca Lagioia, Riccardo Rovatti and Giovanni Sartor, "Algorithmic Fairness through Group Parities? The Case of COMPAS-SAPMOC", 38 *AI & Society* 459-478(2023).
② 参见王林、李晨赫、赵丽梅:《大数据杀熟? 揭秘争议背后的真问题》,载《中国青年报》2018年3月27日,第9版。
③ 参见彭兰:《导致信息茧房的多重因素及"破茧"路径》,载《新闻界》2020年第1期。
④ See Shoshana Zuboff, "Big Other: Surveillance Capitalism and the Prospects of an Information Civilization", 30 *Journal of Information Technology* 75-89(2015).
⑤ 参见张凌寒:《算法权力的兴起、异化及法律规制》,载《法商研究》2019年第4期。
⑥ See Julie E. Cohen, "What Privacy Is For", 126 *Harvard Law Review* 1904-1933(2013).

定带来困难。一方面,责任主体的主观过错认定面临困难。数字智能技术的自动化和智能化,使得技术应用结果与人的主观意志及行为相分离,进而导致人的行为与责任承担相分离。① 这种情况往往因损害结果的非人为性和技术的中立性,使各方陷入均无过错的窘境,难以确认归责主体。另一方面,数字智能技术的开发和应用具有多方参与的特性,使得责任主体的判断和责任链条的界定变得更为复杂。在数字智能技术的开发和应用中,涉及技术开发者、设备制造者、程序集成者、技术提供者、技术使用者等多方主体,不同参与主体在数字智能技术的开发和部署中承担了不同的角色,对于数字智能技术造成的损害后果存在不同程度的作用力,导致各主体间的责任边界模糊不清。其二,数字智能技术的颠覆式创新给传统的法律归责原则带来了挑战。传统的法律归责原则包括无过错责任、过错推定责任、过错责任三种模式,数字智能技术的颠覆式创新使得无论单独适用哪一种归责模式均难以完全适应数字智能技术开发和应用中的责任规范。② 过错责任的适用不利于对受害者的权益救济,会放大数字智能技术黑箱性和不透明性带来的安全风险,助长技术霸权和技术暴政,无益于规范数字智能技术的健康有序发展。无过错责任的适用虽然便利了对受害者的权益救济,但会给技术开发者、技术提供者带来过于沉重严苛的法律责任负担,可能会阻碍数字智能技术的投资、开发和应用③,影响行业的创新和发展,导致技术责任的认定进入另一个极端。过错推定责任的适用看似可以避免无过错责任和过错责任适用的极端,但实际上可能吸收二者在责任认定上的弊端,同样面临适用困境。因此,对于数字智能技术开发和应用所产生的损害风险,责任判断逻辑的断裂、责任承担主体的模糊、归责原则的不清使得数字智能技术的发展极易走入混乱无序的状态。

　　面对数字智能技术带来的风险挑战,传统的治理规制方式难以有效

---

① 参见张凌寒:《算法规制的迭代与革新》,载《法学论坛》2019年第2期。
② 参见郑志峰:《人工智能应用责任的主体识别与归责设计》,载《法学评论》2024年第4期。
③ See Mihailis E. Diamantis, "Vicarious Liability for AI", 99 *Indiana Law Journal* 317-334(2023).

第六章
发展跃升论：产业数智化发展的法律保障

应对。一方面，传统的算法解释权治理规制方式难以有效应对数字智能技术的权力异化风险。技术的专业性和复杂性决定了大量算法难以实现完全透明的解释，还可能产生算法算计和商业利益侵害问题[1]，使得算法解释权面临可行性难题；算法解释权的刚性实施将导致保护不足或保护过度的双重困境[2]，使得算法解释权面临有效性难题。另一方面，传统的产品责任难以有效应对数字智能技术的发展引发的责任承担难题。在责任承担的主体认定上，产品责任理论将技术开发者和技术提供者作为首要责任人，忽略了对技术使用者的责任分配和行为规制，使得技术开发者和技术提供者带有天然的原罪[3]，产生畸形的责任分配结构，不利于平衡数字智能技术开发和应用中各方主体的利益，可能阻碍数字智能技术的投资、开发和部署；在责任承担的归责原则上，产品责任理论中的无过错归责原则使得数字智能技术的开发和应用几乎失去了容错的空间[4]，会导致相关主体对数字智能技术的投入和使用望而却步，从而阻碍技术的创新和发展。因此，亟须对算法解释权进行制度上的优化，对传统的责任承担体系进行规则上的完善，以规范数字智能技术的开发和应用，促进和保障新质生产力的发展。

（二）安全隐患：生产组织形式的无序式发展

在数字经济时代，数字平台成为一类新型生产组织，其通过发挥对生产资料和生产主体的连接和汇聚作用，创新生产模式，大幅提高生产效率，但同时也产生了组织权力异化、组织规模无序扩张、组织治理混乱等一系列问题，给数智化发展带来安全隐患和风险挑战，影响新质生产力的高质量提升。

1. 数字平台的权力异化风险

数字平台通过制定规则、实施管理和解决纠纷形成了准立法权、准行

---

[1] 参见丁晓东：《论算法的法律规制》，载《中国社会科学》2020年第12期。
[2] 参见丁晓东：《基于信任的自动化决策：算法解释权的原理反思与制度重构》，载《中国法学》2022年第1期。
[3] 参见袁曾：《生成式人工智能的责任能力研究》，载《东方法学》2023年第3期。
[4] 参见司晓、曹建峰：《论人工智能的民事责任：以自动驾驶汽车和智能机器人为切入点》，载《法律科学》2017年第5期。

政权和准司法权等私权力。在平台范围内,私权力的行使既难以受到私权利的对抗制约,也无法受到公权力的监督管理,极易产生权力异化的风险,最终导致对平台内用户和商户权益的侵害,影响数字平台的健康发展,破坏数字经济的市场秩序。

数字平台通过制定规则行使准立法权。数字平台吸引用户和商户进入平台时,均会通过契约、协议、合同、规则等方式告知平台内的活动规则和管理制度。以淘宝平台为例,淘宝制定了《淘宝平台服务协议》《淘宝平台争议处理规则》《淘宝禁售商品管理规范》等大量门类齐全、层次丰富的平台规则,不仅包括基础规则和管理规则,还包括实施细则和具体标准。对于以上平台规则,平台内的用户和商户面临"要么接受,要么离开"的选择困境。在绝大多数情况下,相关市场主体为了享受平台提供的产品服务和市场体量,只能选择接受,平台规则成为比肩法律的具有约束力的规范。① 平台制定的大量规则对平台内相关主体的权利义务具有实质性影响,在平台活动范围内具有普遍约束力,因此数字平台实质上享有平台内的准立法权。

数字平台通过实施管理行使准行政权。数字平台实施的内部管理是平台规则在执行层面的具体化。以淘宝平台为例,为实现平台的管理目标与运营策略,淘宝可在平台内采取公示警告、信誉扣分、商品下架、商品搜索降权、支付违约金、关闭店铺、查封账户等措施。基于平台所具有的技术和资源优势,以上措施实施后,平台内的相关主体只能被动接受,而不具有协商的余地。② 平台的管理行为已经脱离了平等主体之间的私权利对话,而成为具有单方强制性的行政处罚或行政强制,因而数字平台享有平台范围内的准行政权。

数字平台通过解决纠纷行使准司法权。数字平台往往通过建立内部的在线争端解决机制来处理平台内相关主体之间的纠纷,包括在线谈判、在线调解和在线裁决等。以淘宝平台为例,淘宝平台建立了大众评审机

---

① 参见周辉:《平台责任与私权力》,载《电子知识产权》2015年第6期。
② 参见周辉:《技术、平台与信息:网络空间中私权力的崛起》,载《网络信息法学研究》2017年第2期。

制,通过平台内部的评审对相关主体间的纠纷形成裁决。由于平台内大量纠纷都采取这一方式解决而未再进入法院等公共司法机构,使平台成为实际上的终局裁决者,在平台范围内享有准司法权。

数字平台通过行使平台内的准立法权、准行政权和准司法权实际上具备了单方性、强制性、命令性的私权力,传统的私权利对话下的合同违约理论难以实现对平台私权力的规制,导致数字平台权力异化的风险极高。数字平台行使的准立法权能够单方面地表达自身的意志,行使的准行政权能够单方面地实施行为强制,行使的准司法权能够实现纠纷的终局性裁决,从而使得数字平台这一私主体拥有了公权力机构才具备的实质上的权力来源,形成平台范围内的私权力。① 数字平台可能滥用私权力制定不公平交易规则、采取不合理惩处措施、排除限制相关主体权利、剥削商业经营者经济利益等,从而对平台内的相关市场主体造成权益侵害。传统的合同违约理论基本难以得到法院的支持,法院大多以"交由商事主体自行评估"等理由裁定不予受理或驳回诉讼请求。② 由此,数字平台的权力异化风险极高,产生损害市场相关主体权益、破坏市场秩序的危害行为。

2. 数字平台的无序竞争隐忧

数字平台具有很强的数据驱动效应、网络效应和锁定效应,通过技术和资源优势,不断扩大自身规模、巩固市场地位,从而产生较大的垄断风险。首先,数字平台具有数据驱动效应。数据资源是数字平台所拥有和支配的核心要素资源,海量数据形成的竞争优势与机器学习驱动的数据分析优势,使数字平台产生数据驱动效应,通过数据资源的利用实现平台运营的正向循环③,这导致中小型数字平台几乎无法在用户数据领域与具有在先优势的大型数字平台竞争,从而在市场竞争中处于劣势。其次,数

---

① 参见刘权:《网络平台的公共性及其实现——以电商平台的法律规制为视角》,载《法学研究》2020年第2期。

② 参见上海市长宁区人民法院(2017)沪0105民初20204号民事判决书;上海市长宁区人民法院(2017)沪0105民初11642号民事判决书。

③ 参见杨东、臧俊恒:《数字平台的反垄断规制》,载《武汉大学学报(哲学社会科学版)》2021年第2期。

字平台的运营模式体现了很强的网络效应。数字平台具有双边市场属性,通过正向反馈和交叉补贴使得两个市场的规模不断扩大,效应不断增强,这种正向反馈在技术和资源的支持下不断强化,从而产生"强者恒强"的马太效应①,更早进入市场的数字平台将占据明显的市场支配地位,而后进入市场的数字平台则很难具备相匹敌的竞争力。最后,数字平台具有较强的锁定效应。② 数字平台的消费者或商户在平台内积累了资料信息、行为记录、社交资源、客户资源、使用习惯等,往往对数字平台提供的产品或服务具有较强的黏性,从而产生数字平台对用户的锁定效应,这使得数字平台的竞争市场相比其他传统市场更容易出现寡头垄断。③ 数字平台所具有的数据驱动效应、网络效应和锁定效应使其能够不断增强和巩固自身的市场影响力,相较于传统市场,数字平台的竞争市场更容易出现赢者通吃的局面和形成寡头垄断的格局,从而产生更大的竞争失序风险,给反垄断和反不正当竞争规制带来挑战。

实践中,数字平台的不正当竞争和垄断行为集中表现为平台封禁、数字化垄断协议、数字企业扼杀式并购三种典型模式。

平台封禁行为限制市场竞争。平台封禁行为表现为平台"二选一"和平台数据封禁。平台"二选一"行为是指数字平台要求商户只能在其平台上提供服务和产品,不允许商户同时在其他竞争性平台上经营,典型案例即阿里巴巴"二选一"事件;平台数据封禁行为是指数字平台对其他竞争性平台采取账号封禁、屏蔽内容、不予直链、关闭 API 接口等切断数据流通的相关行为④,典型案例有微信封禁抖音链接事件。面对平台封禁行为,传统的竞争法律制度难以有效适用并形成规制。《反垄断法》中的滥用市场支配地位相关制度的适用需要以界定相关市场、认定市场支配地位为前提,但在数字经济领域,多边市场、网络效应和零收费等因素使得对相关市场的界定存在较大难度,传统的以市场份额、边际利润和市场集

---

① 参见叶明:《互联网经济对反垄断法的挑战及对策》,法律出版社 2019 年版,第 32 页。
② 参见孙晋:《数字平台的反垄断监管》,载《中国社会科学》2021 年第 5 期。
③ See Daniel L. Rubinfeld, "Antitrust Enforcement in Dynamic Network Industries", 43 The Antitrust Bulletin 859-882(1998).
④ 参见殷继国:《互联网平台封禁行为的反垄断法规制》,载《现代法学》2021 年第 4 期。

中度为参考因素的市场支配地位的认定标准也遭遇挑战①,导致制度的适用失去基础。运用《反不正当竞争法》互联网条款或一般条款对平台封禁行为进行规制将产生巨大的解释弹性,可能落入失之过宽或失之过严的窘境,导致一般条款的滥用。② 由此平台封禁行为难以得到有效规制,影响市场的充分竞争和有效创新。

数字化垄断协议加剧寡头垄断风险。数字化垄断协议包括算法辅助型垄断协议和算法自主决策型垄断协议③,相较于传统的垄断协议,数字化垄断协议的达成和实施更加隐蔽,对其的预防和规制也更加困难,给竞争秩序的维护带来更大挑战。首先,数字化垄断协议中经营者间的意思联络较难认定。数字化垄断协议主要通过算法达成并实施,弱化了经营者在参与过程中的主观意志。垄断协议的达成和实施不依赖经营者的主观意志或操纵行为,而是由算法自主观察分析市场信号并自动作出决策,难以确定经营者在其中的主观意思联络情况。④ 其次,单一的纵向垄断或横向垄断规制难以完全适用于依托算法和平台形成的"中心辐射型"数字化垄断协议。数字化垄断协议拓展了经营者之间的关联形式,具有竞争关系的经营者之间不直接联系,而是通过合谋中心的平台经营者,以算法实现协同。从表面上看,具有竞争关系的经营者并未进行横向沟通,但其却在横向市场上达成了排除、限制竞争的协议⑤,无法单纯地将此类行为认定为横向垄断或纵向垄断。由此数字化垄断协议给市场竞争秩序带来较大的风险隐患。

数字企业扼杀式并购遏制市场竞争创新。数字企业扼杀式并购可能给市场竞争秩序带来较大的隐患:一方面,数字企业扼杀式并购的泛滥可能遏制中小型数字平台的发展壮大,从而影响市场中潜在的技术、产品和

---

① 参见孙晋:《数字平台垄断与数字竞争规则的建构》,载《法律科学》2021年第4期。
② 参见张建文:《网络大数据产品的法律本质及其法律保护——兼评美景公司与淘宝公司不正当竞争纠纷案》,载《苏州大学学报(哲学社会科学版)》2020年第1期。
③ 参见周围:《算法共谋的反垄断法规制》,载《法学》2020年第1期。
④ 参见时建中:《共同市场支配地位制度拓展适用于算法默示共谋研究》,载《中国法学》2020年第2期。
⑤ 参见焦海涛:《反垄断法上轴辐协议的法律性质》,载《中国社会科学院研究生院学报》2020年第1期。

服务创新;另一方面,数字企业扼杀式并购可能形成少数大型数字平台对数据资源、技术资源和市场份额的聚集、垄断和封锁效应①,形成市场割据和市场壁垒。面对数字企业扼杀式并购,现有的经营者集中申报和评估标准难以对数据经营者集中可能产生的竞争损害影响形成正确评价,从而无法实现对数字企业扼杀式并购行为的有效规制。传统的经营者集中竞争效果评估主要依赖市场份额、市场集中度和进入壁垒等静态指标,难以适应数字经济领域高度动态变化的特点。② 传统经营者集中申报中单一的营业额标准无法适应数字经济领域的"零收费"商业模式③,导致大量可能对市场产生竞争和创新损害的数据经营者集中无法落入申报和评估范围④,严重阻碍市场的竞争和创新。

3. 数字平台的安全保障挑战

数字平台作为数字经济时代重要的组织主体,汇聚了大量的资源要素和参与主体,形成了可以比拟现实中公共场所的聚集平台,关乎数字空间个人和组织、社会秩序、公共利益甚至国家安全。但在实践中,数字平台面临信息内容安全、产品和服务安全、网络数据安全的挑战,从而产生较大的风险隐患。

(1)数字平台面临信息内容安全挑战。随着数字平台的崛起,信息内容传播的逻辑逐渐被颠覆,公共话语的集散地不再局限于"街头"或传统媒体,而是转移到数字平台。⑤ 数字平台成为网络空间的舆论集散地,在很大程度上控制和决定着网络舆论的走向。如果放任平台内信息内容和言论观点的自由发展而不对其进行适当的审核与筛查,可能出现虚假、淫秽、低俗、反动等有害的信息内容,不仅会损害其他相关主体合法的人身、

---

① 参见叶明、冉隆宇:《数字平台并购的反垄断法规制疑难问题研究》,载《电子政务》2022年第8期。

② 参见王伟:《平台扼杀式并购的反垄断法规制》,载《中外法学》2022年第1期。

③ See Fengliang Jin, "The Challenges of Applying Turnover Threshold to the Sharing Economy for Control of Concentrations Between Undertakings in China", 35 *Computer Law & Security Review* 59-68(2019).

④ See Lina M. Khan, "Amazon's Antitrust Paradox", 126 *The Yale Law Journal* 710-805 (2017).

⑤ 参见代玉梅:《自媒体的传播学解读》,载《新闻与传播研究》2011年第5期。

财产权益,还会给社会秩序和国家安全造成危害。例如,平台内出现的辱骂、诽谤、造谣他人的言论将损害他人的人身权益,平台内泄露的商业秘密、知识产权将损害他人的经济利益。部分影响公共秩序、危害国家安全的不当言论甚至可能经由网络舆论发酵而引发国家政权颠覆。因此,若数字平台难以保障平台内的信息内容安全,将引发巨大的风险。

(2)数字平台面临产品和服务安全挑战。数字平台提供的产品和服务可能涉及平台内用户和消费者的人身和财产权益,涉及食品、药品、消费购物、交通出行等方方面面。若平台内产品和服务的质量缺乏安全保障,平台内用户和消费者将面临较大的风险隐患和实际损害,当影响规模较大时,还可能造成群体性和公众性的安全事件,危害社会秩序和公共利益。实践中,因数字平台产品和服务质量问题而引发的安全事件层出不穷。在网络食品平台方面,原北京市食品药品监督管理局曾查办一系列网络食品平台内商户违规经营的相关案件①;在消费购物平台方面,部分大型网络购物平台曾多次因平台内商户所提供的产品和服务质量产生问题而被相关市场监督管理部门查处;在交通出行平台方面,平台因资格审查或行为管理不严曾导致数起重大安全事故,例如滴滴出行"郑州空姐搭乘顺风车遇害事件""温州滴滴顺风车奸杀事件"以及货拉拉"路线偏航乘客跳车事件"等。上述案件或事件均警示数字平台对于平台内商户提供的产品和服务安全的重要保障责任。

(3)数字平台面临网络数据安全挑战。数字平台面临的网络数据安全挑战主要包括网络安全风险和数据安全风险两个方面,由于网络安全风险和数据安全风险结合紧密,且在上文的数据安全风险中已经着重论述,故此处不再赘述。

面对信息内容安全挑战、产品和服务安全挑战、网络数据安全挑战,传统的避风港规则和公共场所安全保障义务已经难以完全适用。传统避风港规则为数字平台设置了责任免除的条件,即未收到相关权利的

---

① 参见赵朋乐等:《北京三无"外卖村"聚集百余黑店》,载《新京报》2016年8月8日,第A08版;李婷婷:《外卖平台整改要用洪荒之力》,载《新京报》2016年8月11日,第A07版。

侵权通知或不属于对侵权行为明知应知的情形则无须承担责任。但随着数字技术的飞速发展,信息内容的生产和传播出现了新方式和新形态,网络侵权行为的特殊性和复杂性日益凸显,侵权主体众多、侵权内容扩散迅速,重复侵权、大规模侵权现象突出,一旦不能及时制止就容易造成严重损害后果。① 传统避风港规则对于数字平台设置的注意义务要求显然过低,已经无法适应当下的信息内容安全的保护需求。关于传统公共场所安全保障义务的适用:一方面,直接将公共场所安全保障义务适用于数字平台的治理,需要对传统实体的"经营场所、公共场所"进行扩张解释,以将数字平台纳入适用范围,否则将面临适法困难的问题②;另一方面,传统公共场所安全保障义务中的义务内容无法完全涵盖数字平台可能产生的各类安全风险,无力解释数字平台中各类安全保障义务的庞杂体系与多样化内容③。因此,亟须革新传统的监管理念和制度规则,以保障数字平台的运营安全。

(三)治理缺失:治理监管方式的系统性失灵

面对数智化发展中的技术安全风险和组织平台风险,传统的严格监管理念难以适应数字经济的包容性发展需求,传统的单一部门主导监管体制难以实现数字经济的有效监管目标,传统的命令强制型监管模式忽视了数字经济的自律性发展特征,导致对数字经济治理监管的系统性失灵,不利于新质生产力的高质量发展。

1. 严格监管理念的顾此失彼

传统的严格监管理念侧重于严格规制,强调通过明确的法律规定和严格的调查执法来实现监管目标,但面对数字经济这一新型业态,相关的法律规范和制度规则尚处于相对模糊和原则的状态,缺乏明确统一的规定,相关的调查执法面临压制发展和损害创新的问题,使得传统的严格监管理念在

---

① 参见刘金瑞:《"避风港"规则的实践困境与完善路径》,载《云南社会科学》2024年第1期。
② 参见陈晓敏:《论电子商务平台经营者违反安全保障义务的侵权责任》,载《当代法学》2019年第5期。
③ 参见张凌寒:《数据生产论下的平台数据安全保障义务》,载《法学论坛》2021年第2期。

第六章
发展跃升论：产业数智化发展的法律保障

数字经济的监管中面临诸多困境，难以适应数智化发展的现实需要。

（1）严格监管理念对规则的依赖将面临规则滞后或规则缺失问题。数字经济发展的不确定性和不可预测性使得相关的规则立法和制度安排往往处于滞后和真空状态①，因而严格监管失去了规范依据的基础。以数据要素的相关立法问题为例，立法对于数据的产权问题一直处于高度留白的状态，在数据的产权性质方面，《中华人民共和国民法总则（草案）》一审稿曾将数据作为知识产权的客体之一，但由于引起较大争议，最终未能保留②，在后续的《中华人民共和国民法总则》（已失效）正式稿和《中华人民共和国民法典》（以下简称《民法典》）中均未再对数据的权益性质作出规定，对数据的权益归属、权利登记、权益使用和流转也未作明确规定。因此，在数字经济发展的不确定性和不可预测性下，相关问题的立法规范难以明确，在这一情形下固守严格监管理念将使调查执法陷入动辄得咎的困境，难以实现对数智化发展的良好监管。

（2）严格监管理念对绝对安全的追求将扼杀数字经济的发展和创新动力。传统的严格监管理念追求绝对安全，即保障市场中的各项行为活动均在风险控制范围之内，确保不产生任何安全事故。这一监管理念虽然能够极大程度地保障安全，却忽视了安全与发展之间的协调与均衡，将扼杀数字经济的发展和创新动力。以数据要素的流通利用为例，追求绝对安全将导致数据要素资源被完全封闭，难以实现数据要素的市场化配置和高效流通利用③，导致数据要素资源的效用价值难以激发。以算法、人工智能等数字智能技术的开发和应用为例，数字智能技术具有天然的黑箱性和不可解释性，即使技术的开发者也未必能够完全理解、解释和预测数字智能技术的决策和运行结果④，强行追求绝对安全将产生巨大的解

---

① 参见齐延平：《数智化社会的法律调控》，载《中国法学》2022年第1期。
② 参见黄薇主编：《中华人民共和国民法典总则编释义》，法律出版社2020年版，第334页。
③ 参见鄢浩宇：《数据要素市场培育的制度需求与法治保障》，载《中国矿业大学学报（社会科学版）》2023年第3期。
④ 参见丁晓东：《基于信任的自动化决策：算法解释权的原理反思与制度重构》，载《中国法学》2022年第1期。

释成本和应用阻力,影响技术的发展和创新。以数字平台的运营管理为例,严格监管理念追求的绝对安全将给数字平台施加沉重的监督管理义务,使数字平台承担过于严苛的安全保障责任,进而导致其因负担过重的运营成本而陷入发展困境。① 因此,传统严格监管理念下对绝对安全的追求难以适应数智化发展的现实需求,将导致对数字经济的发展和创新动力的扼杀。

2. 单一部门主导监管体制的局限

传统的单一部门主导监管体制包括两层含义:一方面,是指仅由政府部门负责监管,而忽视市场、社会等其他主体的治理参与;另一方面,是指仅由政府部门中的某一个部门负责监管,而忽视不同部门之间的协调分工和统筹合作。数字经济活动的多元性、广泛性和规模性,使得单一部门主导监管体制不仅将面临政府部门作为唯一监管主体而产生的监管资源有限、监管信息失灵、监管能力不足的困境,还将面临不同政府部门之间的监管竞合和监管推诿产生的部门间权力掣肘问题,难以有效因应数字经济的监管需求。

(1)单一部门主导监管体制面临监管能力不足问题。其一,行政监管资源相对有限。数字经济活动规模大、范围广、主体多,而行政监管资源相对有限,如果仅由政府部门作为唯一的监管主体,将面临有限的监管资源难以应对庞大的监管需求的困境。以数据活动的治理监管为例,数据资源的产生和增长规模巨大,不同数据之间存在内容和结构上的异质性,不同数据活动的风险程度不尽相同②,要求政府部门对各项数据活动进行事无巨细的直接监管和具体介入既不现实也不可行。其二,信息不对称和信息失灵。政府部门作为数字经济活动之外的第三方主体,并未直接参与市场中的相关行为活动,对相关活动的主体和行为信息了解有限③,即使通过报告、通知等方式也仍可能导致信息获取上的滞后性和片面性。因此,政府部门难以及时、准确、完整了解相关活动状况,面临信息

---

① 参见曹阳:《互联网平台提供商的民事侵权责任分析》,载《东方法学》2017年第3期。
② 参见袁康、鄢浩宇:《数据分类分级保护的逻辑厘定与制度构建——以重要数据识别和管控为中心》,载《中国科技论坛》2022年第7期。
③ 参见武鹏、胡家勇:《政府监管的特征及其治理》,载《社会科学战线》2020年第9期。

第六章
发展跃升论：产业数智化发展的法律保障

不对称和信息失灵的困境，导致政府部门作出的监管决策可能存在缺陷。其三，调查执法能效不足。数字经济活动具有专业性和复杂性，即使政府部门配备了专业监管人员、掌握了专业监管技术，仍面临监管能力有限的问题，可能因治理能力不足而陷入"科林格里奇"困境。[1] 以数字智能技术的监管为例，数字智能技术具有明显的不可解释性和不可预测性，即使作为技术开发人员的专业工程师也难以完全解释数字智能技术的决策和运行结果，政府部门作为技术开发者之外的第三方主体，往往面临技术解释的困境[2]，面临监管能力不足和监管手段缺乏的局限性，难以产生良好的监管效果。

（2）单一部门主导监管体制面临监管范畴局限的问题。数字经济活动的监管涉及多个行业和多个领域，并且由于数据的流通性、数字产业链的延展性，数字经济活动往往表现出跨行业、跨领域和跨部门的特征。在这一情形下，单一部门主导监管体制将面临不同监管部门之间因为监管竞合和监管推诿而产生的权力掣肘问题。以数据活动为例，数据的产生、流通和使用可能涉及金融行业、工信行业、数字经济、国家安全，由此使得数据活动的治理监管涉及金融监管部门、工信部门、网信部门、发改委部门、公安部门等多个部门；以数字智能技术为例，数字智能技术在开发设计阶段涉及工业和信息产业安全与发展，在应用部署阶段涉及网络和数据安全、消费者权益保护，由此使得数字智能技术的治理监管涉及工信部门、网信部门、市场监管部门等多个部门；以数字平台为例，数字平台的发展运营涉及平台内的网络数据安全、产品和服务质量、消费者权益保护以及平台间的市场竞争秩序，由此使得数字平台的治理监管涉及网信部门、市场监管部门等多个部门。因此，仅依靠某一政府部门对数字经济活动进行全盘监管并不现实，不同政府部门之间职责分工和协调合作机制的缺乏也将导致部门间的权力掣肘问题，产生数字经济活动的监管竞合和监管推诿，进而导致监管套利，不利于维护数字经济的市场秩序和规范

---

[1] See David Collingridge, *The Social Control of Technology*, St. Martin's Press, 1980, p. 200.
[2] See Meg Leta Jones, "Does Technology Drive Law? The Dilemma of Technological Exceptionalism in Cyberlaw", 2 *Journal of Law, Technology & Policy* 249-284(2018).

发展。

3. 命令强制型监管模式的动辄得咎

传统的命令强制型监管模式侧重于通过强制性措施来达到监管目的,以强制命令和计划执行的方式要求市场主体遵从管理,具有很强的管制型政府色彩。① 但数字经济发展的不确定性和不可预测性决定了大量的数字活动不具备明显的违法可责性、数字经济活动的多元性使其难以被纳入全有或全无的监管框架、数字经济活动的自律治理特性排斥政府部门的过度强制等,导致传统的命令强制型监管模式难以满足数字经济发展的包容性、多元性和自律性需求②,难以发挥良好的监管效果。

(1)命令强制型监管模式的手段强制性难以满足数字经济发展的包容性需求。命令强制型监管模式的手段强制性体现在,政府部门在调查执法中多采用通报批评、罚款、没收非法财物、没收违法所得、责令停产停业、暂扣或吊销许可证、暂扣或吊销营业执照等强制性行政处罚措施③,甚至采用行政拘留、有期徒刑等涉及人身自由的严厉处罚措施,表现出极大的强制性和威慑力。而数字经济的特征在于创新性发展,重点在于鼓励支持而非严格规制。命令强制型监管模式的缺陷在于威慑有余而激励不足,其未能给数字经济的发展留有足够的试错和包容空间,不适合对数字经济这一新兴产业的治理监管,将对数字经济的发展和创新造成较大的挫伤。

(2)命令强制型监管模式的全有或全无监管框架难以满足数字经济发展的多元性需求。传统的命令强制型监管模式采取全有或全无的二元监管框架,即对于市场中相关的行为活动仅有合法或非法的二元判断,若相关行为不合法,则需要采取严厉的监管措施并予以惩处。但在数字经济活动中,大量数字经济活动往往表现出业态创新、违法性模糊、可责性欠缺的特征,此时再套用传统的非黑即白的二元监管框架将导致监管执

---

① 参见詹国彬:《从管制型政府到服务型政府——中国行政改革的新取向》,载《江西社会科学》2003年第6期。

② 参见焦勇、齐梅霞:《数字经济赋能新质生产力发展》,载《经济与管理评论》2024年第3期。

③ 参见王贵松:《论行政处罚的制裁性》,载《法商研究》2020年第6期。

法的无所适从,落入动辄得咎的监管困境。

(3)命令强制型监管模式的政府管控性难以满足数字经济发展的自律性需求。传统的命令强制型监管模式以强制命令和计划执行的方式要求市场主体遵从管理,限制了市场主体自我规制和自律治理的空间。这种管制型政府的行政监管模式预设了政府全知全能的角色,虽然建立了一套高度控权和严格纪律的集中化管理模式,但却面临官僚主义、权力寻租、效率低下、灵活性不足等诸多问题。① 而数字经济中大量的法律规范和制度规则属于原则性规定、不确定性概念和模糊性要求,导致数字经济活动的发展难以实现完全的计划性和确定性,此时政府部门的直接介入和具体监管将面临巨大的决策失误和执法失败的风险,不仅不能达到良好的监管效果,还会影响行政监管的权威性和公信力,不利于治理监管的有效开展。

(四)法治失调:生产法律关系的滞后性沉疴

法律制度作为重要的上层建筑,对于调整社会生产活动,构建新质生产关系,促进新质生产力的发展具有关键作用。社会生产活动中包括自然关系和社会关系两种关系,马克思将两者分别定义为"生产力"和"生产关系"。② 新质生产力的发展不仅可以依靠自然关系中的科学创新、技术进步所推动的生产力提升来实现,还可以依靠政治、经济、法律等上层建筑相关社会制度的变革所形成的生产关系优化来实现③。法律是上层建筑的重要组成部分,法律制度革新是社会制度革新中的关键内容,通过法律制度的调整来形成新质上层建筑,构建新质生产关系,适应和促进新质生产力的发展,是发展新质生产力、深化体制改革的重要举措。④ 马克思在《〈政治经济学批判〉序言》中指出,法的关系根源于物质的生活关

---

① 参见郑智航:《治理能力现代化视角下的地方立法权扩容》,载《中国特色社会主义研究》2019 年第 6 期。
② 参见孟捷:《历史唯物论与马克思主义经济学》,社会科学文献出版社 2016 年版,第 12 页。
③ 参见李弦:《数据要素赋能新质生产力的理论逻辑与实践进路——基于马克思劳动过程理论的分析》,载《上海经济研究》2024 年第 5 期。
④ 参见莫纪宏:《论新质生产力基础上的"新质民主"与"新质法治"的辩证统一》,载《政治与法律》2024 年第 6 期。

系,同时也将影响物质的生活关系。① 因此,作为上层建筑中最为活跃因素之一的法律制度,理应对新质生产力的发展作出回应,革新相关法律制度,调整和优化旧有的生产法律关系,以适应和促进新质生产力的发展。

旧有的法律制度存在诸多滞后性沉疴,难以适应新质生产力的发展,应当构建以数字法治为核心的新质法律制度,规范和促进数智化发展,推动新质生产力的发展跃升。如前所述,数据、算法、人工智能等数字技术的运用使得社会生产活动向网络化、数字化、智能化发展,由此带来诸多风险挑战。以数字平台为代表的新型生产组织形式存在的竞争秩序突破和私权力扩张带来了潜在的安全隐患,数字经济活动的多元性、广泛性和规模性使得数字秩序的治理监管更为复杂,旧有的法律制度不仅无力应对,还对新质生产力的发展形成了体制上的桎梏。例如,传统的物权、债权、知识产权等财产权制度已经难以完全适用到数据产权的权属认定和权益分析中②,传统的信息安全静态保护范式难以应对数据大规模流通、聚合、分析所产生的新型安全风险③,传统的合同效力制度、违约请求权制度、侵权责任制度、消费者保护制度难以完全应对算法权力异化的风险④,传统的避风港规则、公共场所安全保障义务、竞争法律制度难以有效规制数字平台的违规运营乱象和竞争失序隐忧⑤,传统的法律主体制度难以明确因应人工智能等高度智慧性技术产物的主体性问题⑥,传统的监管体系在面对诸多新型行为活动和组织模式时陷入监管失灵的困境。

为此,应当构建以数字法治为核心的新质法律制度,对数智化发展中的数字技术行为实施法律规范,对数智化发展中的组织平台开展法律治理,对数智化发展中的监管体系进行法律优化。一方面,通过确认、保护、

---

① 参见焦佩锋:《〈〈政治经济学批判〉序言〉导读》,中共中央党校出版社 2018 年版,第 56 页。
② 参见韩旭至:《数据确权的困境及破解之道》,载《东方法学》2020 年第 1 期。
③ 参见袁康、鄢浩宇:《数据分类分级保护的逻辑厘定与制度构建——以重要数据识别和管控为中心》,载《中国科技论坛》2022 年第 7 期。
④ 参见张凌寒:《商业自动化决策的算法解释权研究》,载《法律科学》2018 年第 3 期。
⑤ 参见周樨平:《电子商务平台的安全保障义务及其法律责任》,载《学术研究》2019 年第 6 期。
⑥ 参见吴汉东:《人工智能时代的制度安排与法律规制》,载《法律科学》2017 年第 5 期。

规制和调整等方式对数字经济活动进行规范;另一方面,通过指引、评价、鼓励和支持等方式对数智化发展形成促进,从而推动新质生产力的发展跃升。

三、数智化发展中数字技术行为的法律规范

数智化发展中的数字技术行为包括各类数据活动、算法活动、人工智能的开发和应用活动等。数字技术行为以数据要素资源为基础,以算法、人工智能等数字智能技术为工具。数字技术行为中的各类数据安全风险和技术安全风险给数字经济秩序带来了较为严峻的现实挑战,需要以数据要素的安全性保障为基础,规制数字技术行为的风险性和偏见性,保障数字技术行为的公正性和合理性,明确数字技术行为的法律责任承担,从而有效维护数字经济秩序,促进和保障新质生产力的发展。

(一) 要素安全:数据要素安全性的法律保障

数智化发展中,算法、人工智能等数字智能技术均以数据为基础资源和核心要素,因此对数据要素的安全性保障是数智化发展中数字技术行为规范的前提。一方面,应当落实数据分类分级保护制度,形成对不同风险等级数据的差异化管控;另一方面,应当构建数据合规治理体系,实现对数据风险事前、事中和事后的全流程预防、识别和管控。

1. 落实数据分类分级保护制度

数据分类分级保护制度是数据安全治理的起点,是数据安全管理制度的核心。数据分类分级保护制度最早源于信息安全保护等级制度[①],之后不断发展并在《数据安全法》中被确立为数据安全管理的核心制度,立法机关将数据分类分级保护制度作为数据安全管理制度中的首要制度。[②] 数据分类分级保护制度的作用在于:一方面,可以通过差异化的规则满足不同安全级别数据的流通利用需求,促进数字经济的发展;另一方

---

① 参见侯利阳、贺斯迈:《如何对数据进行分级分类保护》,载《检察风云》2020年第19期。
② 参见刘俊臣:《关于〈中华人民共和国数据安全法(草案)〉的说明——2020年6月28日在第十三届全国人民代表大会常务委员会第二十次会议上》,载中国人大网,http://www.npc.gov.cn/npc/c2/c30834/202106/t20210611_311948.html,访问日期:2024年9月1日。

面,可以通过针对性的管控对数据大规模流通利用中可能产生的安全风险进行有效的规制①,规范数字经济的秩序,从而促进和保障新质生产力的发展。

(1)应当以重要数据的识别和判定为核心,厘清数据分类分级的标准,规范数据分类分级的程序。《数据安全法》将数据分为核心数据、重要数据和一般数据三个基本的安全等级。重要数据是涉及国家安全和公共利益的高风险数据,需要实施"重点保护";核心数据则参照重要数据的标准,"实行更加严格的管理制度"。因此,只要完成对重要数据的准确识别,就能够相应地区分一般数据和核心数据,为此,需要首先明确重要数据的认定标准和认定程序。在认定标准上,应当聚焦数据遭到篡改、破坏、泄露或非法获取、非法利用后对国家安全和公共利益可能造成危害的程度②,强调数据遭受侵害后对政治、军事、国土等领域国家安全的直接威胁和对经济运行、社会稳定、公共健康和安全等公共利益的严重危害,采取定性和定量相结合的方式进行认定③。在认定程序上,应当明确各行业、各领域的重要数据认定工作由相应行业和领域的主管部门负责,各主管部门负责制定本行业、本领域的重要数据认定规则④,落实国家数据安全工作协调机制在重要数据认定中的统筹协调职能。

(2)应当以重要数据的保护和管控为核心,明确不同安全等级数据应当采取的相应处理规则和管控措施,落实数据分类分级保护责任。数据的分类分级不是制度的最终目的,对不同安全等级的数据匹配相适应的处理规则和管控措施才是数据分类分级保护制度的真正落脚点。按照数据的分级,较低安全级别的数据可以优先考虑流通利用,以发挥数据的价值效用,促进数字经济的发展;较高级别的数据应当优先注重安全保

---

① 参见袁康、鄢浩宇:《数据分类分级保护的逻辑厘定与制度构建——以重要数据识别和管控为中心》,载《中国科技论坛》2022年第7期。

② 参见刘金瑞:《我国重要数据认定制度的探索与完善》,载《中国应用法学》2024年第1期。

③ 参见熊波:《数据分类分级的刑法保护》,载《政法论坛》2023年第3期。

④ 参见洪延青:《国家安全视野中的数据分类分级保护》,载《中国法律评论》2021年第5期。

护,以控制数据流通利用的风险,规范数字经济的秩序。具体而言,一般数据的流通利用应当采取市场化方式,由市场主体根据意思自治签订合同或协议进行流通①,除满足数据主体的授权许可和法律规定的最低限度安全保护要求外,不受额外管控和限制。重要数据的流通利用应当采取行政管控及有条件流通利用的方式,满足行政管控的要求,在确保安全风险可控后方可流通。核心数据的流通利用原则上应当禁止,仅在确有必要且在采取充分安全保护措施后方可适当流通利用,以保障国家安全和公共利益。由于一般数据采取市场化的流通利用方式,核心数据参照重要数据的管控制度实施更为严格的管理,因此重要数据的管控措施是数据分类分级保护制度管控措施中最为关键的部分。重要数据的管控措施可以分为数据存储要求、数据管理要求和数据处理要求三个部分。数据存储要求是指重要数据在存储过程中采取的物理和技术保护措施,数据管理要求是指重要数据在管理过程中的组织和制度安排,数据处理要求是指重要数据在处理过程中应当遵守的制度规则,三者共同构成重要数据全过程、全生命周期的安全保护要求。

2. 构建数据合规治理体系

数据合规治理体系旨在构建数据全生命周期的安全保护制度,发挥政府、市场、社会等多元主体的协同共治作用,实现对数据流通利用过程中安全风险的预防、识别和应对。数据合规治理体系不仅能够矫正数据活动中风险的错配和责任的转嫁,发挥市场主体的自我规制作用,实现数据大规模流通利用中数据全生命周期的安全风险规制,还能够弥补行政监管的局限和不足,加强和完善数据流通利用过程中的安全保护②,降低政府的调查执法成本,提高行政监管效率。

(1)应当提炼系统性的数据合规治理规范。数据合规治理规范的渊源包括三个方面:法律法规、监管要求等强制性规范,司法判决、监管执法案例等指导性实践,标准指南、行业协议等软性规范。对于法律法规、监

---

① 参见张会平等:《我国数据要素市场化流通的两种模式与生态系统构建》,载《信息资源管理学报》2023年第6期。

② 参见鄢浩宇:《企业数据合规的困境纾解与体系构建》,载《华中科技大学学报(社会科学版)》2024年第4期。

管要求等强制性规范,应当留有数据合规自律治理和数字经济自由发展的适当空间,避免"一刀切"的制度规定和形式化、指标性的数据合规要求。① 对于司法判决、监管执法案例等指导性实践,应当加强示范性和代表性,作为司法和行政层面的数据合规治理实践,对市场主体的数据合规治理进行指引。对于标准指南、行业协议等软性规范,应当发挥其对硬法治理的辅助和补充作用。数据治理的普遍性、技术性、复杂性、应时性决定了强制性的法律法规无力对其进行常规的、定准的调整②,需要提炼数据合规治理的核心制度规则(如图 6-2),通过软性规范使其具体化、明确化和可操作,从而促进数据合规治理体系的真正落实。

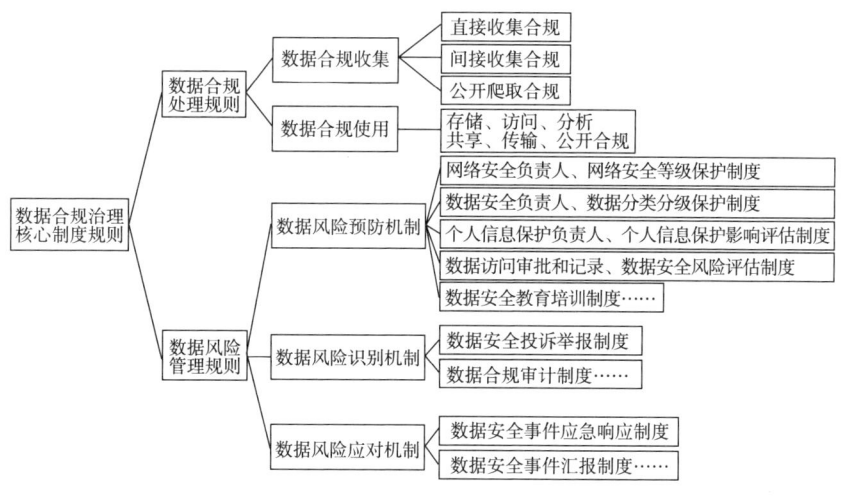

图 6-2 数据合规治理核心制度规则

(2)应当构建体系化的数据合规激励机制。数据合规治理体系之所以难以真正落实,很大程度上是由于相对匮乏的制度激励手段难以调动市场主体建立内部数据自律治理体系的积极性③,导致自我监管强化的失

---

① 参见邓峰:《公司合规的源流及中国的制度局限》,载《比较法研究》2020 年第 1 期。
② 参见沈岿:《数据治理与软法》,载《财经法学》2020 年第 1 期。
③ See Lori Snyder Bennear, "Are Management-Based Regulations Effective? Evidence from State Pollution Prevention Programs", 26 *Journal of Policy Analysis and Management* 327–348(2007).

效。因此，数据合规治理体系启动和延续的关键在于建立一套完整有效的合规激励机制，促进市场主体建立"去纸面化"的有效数据合规治理体系。一方面，加强事前合规激励的解释适用和配套制度建设，将企业已建立并实施数据合规制度作为《中华人民共和国行政处罚法》第33条第2款规定的主观无过错减免处罚情形①，借鉴欧盟《通用数据保护条例》中的行为准则和认证制度作为判断标准。② 当企业依据行业普遍认可的标准指南建立并实施数据合规制度，并且经过独立、权威的第三方机构认证满足合规标准时，可以认定企业不存在数据违规的主观过错，从而免予处罚，仅需要求企业及时整改并消除损害后果，以此形成对企业数据合规制度建设的激励。关于制度配套，应当加快形成具有统领性和认可度的合规标准指南，培育具有独立性和权威性的第三方数据合规认证机构。另一方面，在条件成熟时，应当通过立法授予数据监管执法机构行政和解权限，规定已经建立、实施数据合规制度的企业能够获得更大限度的行政和解机会，从而形成对企业数据合规制度的建设激励。③ 在和解协议中明确企业的整改措施应当包括建立完整有效的数据合规制度，并定期报告、确保落实，从而加强行政和解的合规导向，促进企业合规制度的建设。

（3）应当组建独立性和穿透性的数据合规治理组织。数据合规治理体系如果仅仅停留于制度规则层面而缺乏组织机构和责任人员的保障，将导致制度形式化和纸面化，难以真正落实并发挥效果。应当从独立性和穿透性两个方面构建数据合规治理组织的科学架构，并形成高效的治理结构。其一，应当确保数据合规治理组织的独立性。在企业等市场主体中，数据合规治理组织的人员选任应当遵循科学的程序，避免直接兼任、随意选任或轻易罢免，应当与业务部门、财务部门进行分离，避免利益冲突和职责矛盾。其二，应当提高数据合规治理组织的穿透性。穿透性

---

① 参见熊樟林：《企业行政合规论纲》，载《法制与社会发展》2023年第1期。
② 参见施政禹：《个人数据保护中的合作治理与场景化执法——以欧美执法机制比较为视角》，载对外经济贸易大学法学院《贸大法学》编委会编：《贸大法学》（第6卷），对外经济贸易大学出版社2022年版，第185页。
③ 参见解志勇：《行政法上企业合规治理制度体系的建构思路》，载《法律科学》2023年第3期。

是指数据合规治理组织能够渗透至企业等市场主体的每一个业务条线和数据处理活动中,充分发挥监督管理作用。为此,应当赋予数据合规治理组织一定的监督权力、执法资源和信息渠道,使其具备充分的条件行使职责。此外,应当在数据合规治理组织中搭建决策、管理、执行和监督的治理结构,以实现合规治理的有效实施和监督。

(二)技术正义:数字智能偏见性的法律矫正

数字智能技术的权力异化使得技术产生偏见性,引发对个人主体的不合理、不公平对待。传统的算法解释权和算法公开制度存在诸多制度困境,为了矫正数字智能技术的偏见性,一方面,需要对算法解释权进行制度优化,促使个人主体能够更好地知情和控制数字智能技术;另一方面,需要建立算法的监督问责机制,以确保数字智能技术在伦理性、正当性上合乎要求,控制数字智能技术的安全风险。

1. 算法解释权制度的优化

(1)算法解释权制度应当从算法的可解释性(explainability)走向算法的可理解性(interpretability),以提高算法解释权制度的可行性。随着技术的不断迭代进步,数字智能技术的运行原理和决策逻辑可能越来越成为一个"技术黑箱"①,其运行结果将变得不透明和不可预测,即使技术所涉及的全部算法都是公开和透明的,由各类算法组合嵌套而成的技术系统也仍然难以做到完全透明,这使得技术系统所作出的决策并不总是可以被理解的,即使对于技术的开发者而言也是如此②。在这一现实条件下,要求数字智能技术的完全可解释性并不现实,且难以具备可行性,可能花费巨大的解释成本仍难以达到理想的解释效果。因此,应当从可解释性向可理解性转变,以"足以理解的术语向人类表达"③为解释的目标和标准,而非对数字智能技术的通盘解释,从而提高算法解释权制度的可

---

① 参见林洹民:《自动决策算法的法律规制:以数据活动顾问为核心的二元监管路径》,载《法律科学》2019年第3期。

② 参见沈伟伟:《算法透明原则的迷思——算法规制理论的批判》,载《环球法律评论》2019年第6期。

③ Cynthia Rudin, "Stop Explaining Black Box Machine Learning Models for High Stakes Decisions and Use Interpretable Models Instead", 1 *Nature Machine Intelligence* 206-215(2019).

行性。

（2）应当基于信任机制重构算法解释权的行使制度,以提高算法解释权制度的有效性。传统的算法解释权制度路径预设了个人主体和数字智能技术控制者之间的对抗关系,因此,无论单方面强化哪一方的利益,都将可能造成对另一方利益的减损,陷入零和博弈的困境。在这一情形下,强化算法解释权的行使将造成数字企业的过重负担,削弱算法解释权的行使又将使得个人主体的权益无法得到有效保护,面临两难困境。为此,应当转变制度思路,以信任机制重构算法解释权的行使制度。应当以个人主体和数字智能技术控制者之间存在的合作互惠关系为基础①,使算法解释权的行使以促进双方的合作互惠为目标,消除个人主体的疑虑、去除数字智能技术控制者的权力压制,将算法解释权建立在沟通信任的原则上②。当算法解释权的行使有利于促进双方的信任关系构建时,应当支持算法解释权的主张,当算法解释权无助于双方的信任关系构建时,则应当审慎对待算法解释权的主张。③ 具体而言,一方面,应当将算法解释权视为一种程序性权利而非实体性权利,以促进数字智能技术控制者和个人主体间的沟通信任。算法解释权的目的在于促进沟通信任而非提供解决方案④,将算法解释权视为一种程序性权利有利于疏通双方的沟通机制,搭建技术信任的桥梁,从而缓解技术偏见。另一方面,应当以信任原理为基础,完善算法解释权的行使条件,优化算法解释权的行使效果。只有当数字智能技术对个人主体的权益可能产生重大影响时,个人主体方可提出算法解释说明的要求,并有权拒绝算法决策⑤;当个人主体在信息推送和商业营销场景中受到自动化决策影响时,其才有拒绝自动化决策的权利,其余情况下则应当审慎对待算法解释

---

① 参见郑智航:《人工智能算法的伦理危机与法律规制》,载《法律科学》2021年第1期。
② 参见苏宇:《算法规制的谱系》,载《中国法学》2020年第3期。
③ 参见丁晓东:《基于信任的自动化决策:算法解释权的原理反思与制度重构》,载《中国法学》2022年第1期。
④ 参见李晓辉:《算法商业秘密与算法正义》,载《比较法研究》2021年第3期。
⑤ 参见贾章范:《论算法解释权不是一项法律权利——兼评〈个人信息保护法(草案)〉第二十五条》,载《电子知识产权》2020年第12期。

权的行使。

(3)应当以隐私场景理论优化算法解释权的具体行使。隐私场景理论由海伦·尼森鲍姆提出并应用于个人数据的收集处理。该理论指出,对个人数据的收集处理要考虑场景类型、行为者身份、数据类别以及数据传输原因等因素,不同场景对应不同的个人数据保护规则。[1] 实际上,隐私场景理论也可以适用到算法解释权的行使当中,算法解释权的行使应当结合不同的场景设置不同的规则条件。具体而言,对于不同的数字智能技术控制者主体、数字智能技术对个人主体权益的影响程度、数字智能技术自身的商业秘密属性、数字智能技术可能对公共利益和社会秩序造成的安全风险、数字智能技术的解释成本和解释难度等不同场景,应当对算法解释权的发起主体、发起时间、发起方式、发起次数、解释手段、解释程度等作出场景化的规则安排,以平衡各方权益,实现算法解释权制度的优化,以应对数字智能技术权力异化的挑战,矫正技术偏见性并控制潜在的安全风险。

2. 算法监督问责机制的构建

算法监督问责是指算法使用者或控制者有义务报告并证明算法设计的合理性,并有义务减轻算法可能带来的负面影响或者潜在危害。[2] 为了规制数字智能技术的权力异化,仅仅依靠算法解释权不足以实现对风险的全面规制,还需要构建外部的监督问责机制,利用监管机构的技术专业性、调查执法能力和强制威慑手段来督促数字智能技术控制者对于技术的规范开发、设计、提供、使用和运行,以规范数字经济的秩序,促进和保障新质生产力的发展。

(1)应当明确算法监督问责机制的适用范围,实现高效集约的制度构建。需要区分不同类型的数字智能技术,针对性地适用算法监督问责机制。一方面,对公共利益影响不大,仅涉及平等主体之间意思自治的数字智能技术开发和应用,例如娱乐性、消费性的数字智能技术,可以不必由

---

[1] See Helen Nissenbaum, *Privacy in Context: Technology, Policy, and the Integrity of Social Life*, Stanford University Press, 2009, pp. 140-160.

[2] 参见张欣:《从算法危机到算法信任:算法治理的多元方案和本土化路径》,载《华东政法大学学报》2019年第6期。

外部监管机构进行算法监督问责,而是通过算法解释权的行使来进行规制;对公共利益影响较大、涉及社会秩序和经济稳定的数字智能技术,则需要通过外部监管机构进行算法监督问责。① 另一方面,可以注重发挥市场的自我调节能力,仅在必要的情况下适用由外部监管机构发起的算法监督问责机制。市场本身具有一定的自我调节能力,当市场竞争较为充分时,个别数字企业利用不合理的数字智能技术提供带有歧视性、偏见性的产品或服务,很可能在市场竞争的优胜劣汰中被消费者所抛弃,形成市场自然的净化机制,无须行政监管力量介入,从而可以集中有限的监管资源,避免规制失灵、选择性规制和规制俘获等问题②,发挥算法监督问责机制的最大化效果。

(2)应当明确算法监督问责机制的制度内容,实现对数字智能技术的风险控制。算法监督问责机制通过一定的制度安排对数字智能技术的控制者形成督促和威慑③,要求其更加审慎地完成数字智能技术的设计、部署和应用,尽可能地控制数字智能技术中的风险因素④,目的是确保数字智能技术的可理解性、可靠性和可控性。其一,应当限制高风险数字智能技术的应用领域和范围。涉及重大人身和财产利益、重大社会公共利益的数字智能技术的决策结果将给相关主体带来重大影响,因此应当审慎限制其应用领域,限缩其适用范围。⑤ 例如对行为人犯罪概率的预测性决策算法将极大地违背无罪推定的程序性保障和法律基本原则,应当严格限制使用。其二,应当对数字智能技术的关键参数进行备案和审查,以确保数字智能技术的伦理性和可信性。监管机构应当要求数字智能技术的控制者对算法源代码、运行参量、算法逻辑等关键信息参数

---

① See W. Nicholson Price Ⅱ, "Regulating Black-Box Medicine", 116 *Michigan Law Review* 421-474(2017).

② See Michael E. Levine, Jennifer L. Forrence, "Regulatory Capture, Public Interest, and the Public Agenda: Toward a Synthesis", 6 *Journal of Law, Economics, & Organization* 167-198(1990).

③ 参见周江伟、赵瑜:《人工智能治理原则的实践导向:可靠性、问责制与社会协同》,载《治理研究》2023年第5期。

④ 参见袁康:《可信算法的法律规制》,载《东方法学》2021年第3期。

⑤ 参见张涛:《人工智能治理中"基于风险的方法":理论、实践与反思》,载《华中科技大学学报(社会科学版)》2024年第2期。

进行备案,由监管机构在进行必要的调查执法时予以审查①,督促数字智能技术的控制者开展技术的测试和评估工作,验证数字智能技术的伦理性和可信性,检测并消除可能存在的偏差或错误②,避免歧视性、偏见性和有害的决策结果产生。其三,应当对数字智能技术控制者的算法解释权制度安排进行审查,以保障个人主体面对数字智能技术时救济途径的有效性。监管机构应当对数字智能技术控制者回应个人主体算法解释权制度安排的合理性和有效性进行审查,确保个人主体算法解释权的行使③,以保障个人主体的救济渠道,平衡数字智能技术开发和应用中的各方权益。

(三)技术责任:数字智能责任性的法律界定

数字智能技术开发和应用责任的承担决定了技术风险的分配,将传统的产品责任理论适用于数字智能技术责任承担的方式面临诸多理论上的局限性,应当明确责任承担的主体,厘清责任归责的原则,明确不同阶段、不同类型的数字智能技术开发和应用中的责任承担,构建适应数字智能技术开发和应用的责任承担体系,规范数字经济的秩序,促进和保障新质生产力的发展。

1. 归责主体的阶段性界定

数字智能技术的责任承担首先需要明确具体的责任承担主体,在责任承担主体的界定上,需要综合考虑多方面的问题,既要将数字智能技术开发和应用过程中涉及的各类主体均纳入考量范畴,又需要根据风险控制能力、风险收益比例来确定首要的责任承担人,明确在不同阶段应当由何种主体承担何种责任。

(1)应当区分数字智能技术的开发和应用阶段,分阶段地界定责任的承担主体。数字智能技术因嵌入了对输出结果的价值判断而脱离了纯粹工具性的地位和技术中立的立场,转而成为一项在数字空间具有支配和

---

① 参见孙莹:《人工智能算法规制的原理与方法》,载《西南政法大学学报》2020年第1期。
② 参见袁曾:《生成式人工智能的责任能力研究》,载《东方法学》2023年第3期。
③ 参见汪庆华:《算法透明的多重维度和算法问责》,载《比较法研究》2020年第6期。

控制属性的权力①,此时若仅将数字智能技术作为一项单纯的技术进行规制,则将不可避免地落入偏重技术开发者责任规制的窠臼,而忽视了对技术提供者、技术使用者等相关重要主体的责任规制。数字智能技术的开发设计固然重要,但技术权力的使用和运行同样是引发风险的重要原因。在技术开发和应用阶段,可能产生的风险类型并不相同,风险产生的原因存在差异,对风险控制存在主导力的主体也各有区别,不区分阶段地由个别主体对数字智能技术的全过程风险责任进行承担,不仅无益于数字智能技术的风险控制,还将挫伤相关主体对技术开发和应用的积极性,从而阻碍数字智能技术的发展。因此,应当将数字智能技术的运行过程区分为开发阶段和应用阶段,分阶段地界定数字智能技术的责任承担主体。

(2)应当明确技术开发者、技术提供者、技术使用者作为数字智能技术运行过程中的核心责任主体,将责任在核心主体之间进行分配。数字智能技术运行产业链涉及众多主体,不仅包括技术开发者、设备制造者、程序集成者、技术提供者、技术使用者等技术产业链条上的参与主体,还包括数据收集者、数据提供者、数据清洗标注者等数据产业链条上的参与主体。除上述直接参与主体外,还可能包括技术黑客等第三方侵权主体。由此整个数字智能技术产业链上可能的责任主体数量众多、种类复杂,若不加区分地要求相关主体均承担责任,将使责任链条变得极为冗长。② 一方面,相关的事故原因调查与纠纷解决将变得更为复杂,救济主体不得不逐一举证数字智能技术相关主体的责任,不同责任主体之间也会因为各自的利益主张而推诿责任,使得责任界定过程更为漫长,进而增加受害人寻求救济的成本。另一方面,不加区分地将所有相关主体均作为责任承担人,实际上违背了风险控制和风险分配的基本原则,让对风险发生作用力小的主体承担了过多的责任,对风险发生作用力起主导作用的主体缺乏更高程度的关注,导致责任分配体系的畸形。因此,应当明确数字智能技术运

---

① 参见周辉:《算法权力及其规制》,载《法制与社会发展》2019 年第 6 期。
② See Béatrice Schütte, Lotta Majewski, "Private Liability for AI-Related Harm: Towards More Predictable Rules for the Single Market", 6 *Market and Competition Law Review* 123-130 (2022).

行过程中的核心责任主体,形成科学的责任分配体系,以规范和促进数字智能技术的发展。欧盟《人工智能法》将提供者(provider)和部署者(deployer)作为两类核心责任主体,将开发者排除在外,未能涵盖数字智能技术运行过程的全周期。笔者认为,应当以开发者、提供者和使用者作为核心责任主体,以形成对数字智能技术运行风险的闭环治理,将主要责任在上述核心主体之间进行分配,对于其他的衍生责任、内部追偿责任等,则可以交由一般侵权法解决,从而形成科学合理的责任分配体系。

在数字智能技术的开发阶段,应当以技术开发者作为首要责任主体。开发阶段解决的是产品研发生产环节相关主体的责任问题,此时的数字智能技术风险主要限于内部风险,风险影响的范围相对有限,责任主体主要以技术开发者(生产者)为代表,辅之以技术提供者(销售者)、准生产者、零部件提供者等。① 数字智能技术开发阶段的风险主要是"物"之故障引发的风险,对于此种风险,技术开发者最为了解风险发生的原因,也最有能力控制风险的产生和传递。② 将技术开发者作为首要责任主体可以督促其消除产品缺陷故障,不断改进产品性能,从而在源头上控制风险的产生和传递。技术开发者是数字智能技术投入使用后最主要的利益收获者,要求其承担首要责任符合风险收益原则,将其作为首要责任主体也更有利于分担风险。因此,在数字智能技术的开发阶段,应当以技术开发者作为首要责任主体。

在数字智能技术的应用阶段,应当区分产品应用和服务应用,分别确定首要责任主体。由于产品责任仅适用于技术产品而不适用于技术服务,因此数字智能技术应用阶段的责任界定应当区分数字智能技术作为产品进行应用和作为服务进行应用两种不同情形。在数字智能技术作为产品应用的情形下,应当以技术使用者作为首要责任主体。对于数字智能技术产品而言,产品投入使用后,技术开发者的角色即转为技术提供者,此时在产品使用过程中出现由技术提供者引发的事故,视为产品存在

---

① 参见张安毅:《人工智能侵权:产品责任制度介入的权宜性及立法改造》,载《深圳大学学报(人文社会科学版)》2020 年第 4 期。

② See Marija Karanikić Mirić, "Product Liability Reform in the EU", 7 *EU and Comparative Law Issues and Challenges Series* 383-413(2023).

缺陷,可以要求技术提供者作为生产者承担产品责任[1],无须再将技术提供者作为首要责任主体,否则可能产生与技术开发阶段产品责任的叠床架屋。[2] 相较之下,数字智能技术产品投入使用后,技术使用者对于产品的控制更加直接和全面,也是受害人能够直接接触到的距离最近的主体。相较于技术提供者,要求技术使用者承担责任能够更加有利于权益救济。在数字智能技术作为服务应用的情形下,应当以技术提供者作为首要责任主体。对于数字智能技术服务而言,技术提供者相较于技术使用者拥有更多的控制权,其不仅能够从前端控制数字智能技术的决策结果和生成内容,还可以从后端控制决策结果和生成内容的删除和屏蔽[3],具有更强的风险预防、控制和管理能力,因此让技术提供者作为首要责任主体更有说服力。

2. 归责原则的类型化厘清

归责原则的设置是损害分配的基础,决定了数字智能技术在开发和应用过程中产生事故后责任认定的基本逻辑。影响归责原则的重要因素在于风险大小的判定,根据不同情形下数字智能技术开发和应用的风险大小、预防成本和损失程度来确定无过错责任、过错推定责任、过错责任等不同的归责原则,从而形成类型化的归责原则体系。

(1)应当采取类型化的归责理念,对不同风险程度的数字智能技术运行适用不同类别的归责原则。归责原则的确定以风险为核心标准[4],对于过错责任来说,风险是过错评估的重要内容,对于无过错责任来说,风险是责任分配的基本依据。[5] 风险大小是归责原则的重要考量因素,风险大

---

[1] 参见冯洁语:《人工智能技术与责任法的变迁——以自动驾驶技术为考察》,载《比较法研究》2018年第2期。

[2] 参见郑志峰:《人工智能应用责任的主体识别与归责设计》,载《法学评论》2024年第4期。

[3] 参见徐伟:《论生成式人工智能服务提供者的法律地位及其责任——以ChatGPT为例》,载《法律科学》2023年第4期。

[4] 参见〔美〕戴维·G.欧文主编:《侵权法的哲学基础》,张金海等译,北京大学出版社2016年版,第321页。

[5] See Johanna Chamberlain, "The Risk-Based Approach of the European Union's Proposed Artificial Intelligence Regulation: Some Comments from a Tort Law Perspective", 14 *European Journal of Risk Regulation* 1-13(2023).

小的不同决定了归责原则的不同。① 汉德公式主张,过错的判断需要比较行为人风险预防的成本与风险造成的损害后果,当预防成本小于损害后果时,即可以采用过错责任的归责原则②,由此可以督促行为人通过积极履行注意义务证明自身主观无过错来免除事故发生后的责任,形成对风险预防的正向激励。因此,从某种程度上而言,当风险较低时,应当采用过错责任的归责原则,目的在于行为规范;当风险较高时,应当采用无过错责任的归责原则,目的在于责任分配。数字智能技术具有通用目的技术的特征,尤其是随着通用人工智能的出现,这一特征变得愈发明显,这意味着数字智能技术不仅因为自身技术逻辑和技术性能的不同蕴含不同程度的风险③,当数字智能技术运用至其他不同领域时,也将产生截然不同的风险,从而形成极为广泛和差异化的风险谱系。因此,面对数字智能技术形成的跨度巨大的风险谱系,运用单一化的归责原则已不足以应对多样化的风险规制需求,应当采取差异化的归责原则认定标准,构建类型化的归责原则体系。

(2)应当将数字智能技术划分为高风险、中风险和低风险三个风险等级,对不同风险等级的数字智能技术造成事故后的责任承担采取不同的归责原则。欧盟《人工智能法》较早地采用了基于风险的数字智能技术分级治理理念,根据风险程度的大小将人工智能由高到低划分为禁止实践、高风险、有限风险和低风险四个等级。④ 应当注意的是,数量过多的分级可能导致认定标准过于复杂和监管成本过高⑤,数量过少的分级难以体现不同数字智能技术的风险差异性,可能留有风险空白。为此,应当尽可能涵盖数字智能技术的不同应用场景和风险状况,从归责角度出发,将数字

---

① 参见叶金强:《风险领域理论与侵权法二元归责体系》,载《法学研究》2009 年第 2 期。
② 参见〔美〕G. 爱德华·怀特:《美国侵权行为法:一部知识史(原书增订版)》,王晓明、李宇译,北京大学出版社 2014 年版,第 328 页。
③ See Keri Grieman, Joseph Early, "A Risk-Based Approach to AI Regulation: System Categorisation and Explainable AI Practices", 20 *SCRIPTed* 56-88(2023).
④ See (EU) 2024/1689, Artificial Intelligence Act, article 5-7, 52.
⑤ 参见张凌寒:《中国需要一部怎样的〈人工智能法〉?——中国人工智能立法的基本逻辑与制度架构》,载《法律科学》2024 年第 3 期。

智能技术分为高风险、中风险和低风险三个风险等级[1],并对不同风险等级的数字智能技术采取不同的归责原则。具体而言,对于高风险等级的数字智能技术,应当适用无过错责任的归责原则;对于中风险等级的数字智能技术,应当适用过错推定责任的归责原则;对于低风险等级的数字智能技术,应当适用过错责任的归责原则。由此形成类型化的归责原则体系,从而更好地预防和控制数字智能技术运行过程中的风险,规范数字经济秩序,促进和保障新质生产力的发展。

四、数智化发展中组织平台的法律治理

数字平台是数智化发展中重要的组织主体,是具备资源汇集效应和主体联通作用的新型生产组织。面对数智化发展过程中数字平台的权力异化风险、无序竞争隐忧和安全保障挑战,需要实施有效的法律治理,以规范数字平台的发展秩序,促进和保障新质生产力的发展。

(一) 组织规范:数字平台权力运行的法律规制

数字平台通过技术和资源优势形成了集准立法权、准行政权、准司法权于一身的具有单方性和强制性的私权力,平台私权力的过度异化和膨胀将带来权力压制,侵害平台内相关市场主体的权益、破坏数字经济的市场秩序,应当引入公权力规制的基本原理[2],规制数字平台私权力的行使。

1. 通过程序公正和实体公正规制平台准立法权

数字平台制定的平台规则对于平台内相关主体的权利能够产生实质性影响,具备普遍的约束力,平台内相关主体由于受到数字平台锁定效应的限制,在"要么接受,要么离开"的二元困境下只能被动选择接受。为有效规制数字平台的准立法权,维护平台内相关主体的权益,规范数字经济秩序,应当使数字平台的规则制定行为满足程序公正和实体公正两个方面的条件,使平台规则具备正当性和合理性。

---

[1] 参见郑志峰:《人工智能应用责任的主体识别与归责设计》,载《法学评论》2024年第4期。
[2] 参见解志勇、修青华:《互联网治理视域中的平台责任研究》,载《国家行政学院学报》2017年第5期。

在程序公正层面,平台规则的确立、修改、废除应当广泛征求平台内相关主体的意见并有效考虑,使平台规则能够体现平台内相关主体的共同意志。首先,平台规则的制定过程应当公开透明,采用技术手段确保平台内主要利益相关主体都能参与进来,不仅包括平台内的消费者、使用者、注册用户,还包括平台内的产品提供者、服务提供者,以及其他相关的第三方市场主体,确保平台规则的制定公开透明,减少规则偏见。其次,平台规则的制定应当通过充分的审议和讨论,包括对平台内相关主体和运营情况进行必要的调查研究、召开听证会、公开征求意见等,以确保平台规则的制定基于充分的信息和合理的判断。最后,平台规则的制定应当保障参与各方能够平等地表达意见,并确保相关利益主体的意见能够被认真考虑,从而使得平台规则能够体现平台内利益相关主体的集体意志,获得平台内相关主体的一致支持。

在实体公正方面,平台规则的内容应当不存在不平等、不合理的制度和要求,符合数字经济发展的秩序规范。首先,平台规则的内容应当公平合理,不得对个别主体采取不正当的区别对待①,确保利益相关主体具有平等的权利义务,禁止排除限制个别主体权利、加重强化个别主体责任、免除或减轻个别主体义务的情形。其次,平台规则的内容应当清晰明确,便于理解和执行。平台规则的内容应尽量避免模糊不清或歧义含混,确保平台内相关主体能够清楚地了解自身的权利义务以及相应的责任后果,保障平台规则的可预测性和稳定性。最后,平台规则的内容应当保障利益相关主体的基本权利不受侵犯,符合经济社会的发展需要,既要尊重平台内利益相关主体的人身、财产等基本权利,也要符合经济社会的基本发展规范,以促进相关主体的和谐共同发展和数字经济的健康有序发展。

2. 通过公法原理规制平台准行政权

数字平台作为私主体并非完全不受公法约束②,其也并不完全是一个封闭自恰的系统,需要引入公法原理与公法价值来规范数字平台准行政

---

① 参见肖梦黎:《平台型企业的权力生成与规制选择研究》,载《河北法学》2020年第10期。

② 参见郑贤君:《公法价值向私法领域的再渗透——基本权利水平效力与契约自由原则》,载《浙江学刊》2007年第1期。

权的行使。① 引入公法原理中规制行政权的合法原则、比例原则、程序正当原则等对数字平台准行政权予以规制,使得数字平台的管理措施合乎正当性,保障平台内相关主体的合法权益,促进数字平台的健康有序发展。

数字平台的管理行为应当遵循合法原则。一方面,数字平台实施的管理行为和采取的惩处措施源于平台规则的事先约定和授权,应当受到平台规则的约束。② 数字平台按照平台规则确定的范围、条件、标准和限度实施管理行为,不得超出平台规则的授权实施缺乏依据的管理行为和采取惩处措施,不得有悖于平台规则的制定目的。另一方面,数字平台实施的管理行为和采取的惩处措施应当合乎相关的法律规范,不得侵害平台内相关主体的自由权、生命权、财产权等基本权利,不得对平台内相关主体实行不合理的差异化对待。

数字平台的管理行为应当合乎比例原则。根据行政法的基本原理,比例原则包括适当性原则、必要性原则和均衡性原则。③ 适当性原则指相关措施的采取应当与其所追求的目的相适当,不得有所偏离;必要性原则指相关措施的采取所造成的可能损害应当是最低限度且必要的,不存在造成更小损害的措施;均衡性原则指相关措施的采取所增进的公共利益与所造成的现实损害是成比例的,不得损害与收益不相称④。将比例原则适用到数字平台的管理行为中,要求数字平台实施的管理行为和采取的惩处措施应当出于维护平台内运行秩序的目的⑤,所采取的措施应当尽可能少地对相关主体的利益造成损害,采取措施造成的损害与采取措施增进的利益应当成比例,由此可以实现对数字平台行使准行政权的适当规制。

数字平台的管理行为应当遵循程序正当原则。首先,数字平台在实施管理行为或采取惩处措施时应当依据合理的程序作出决策并执行,包括调查取证、听取意见、进行公示、作出决定、采取措施等相关程序,以防

---

① 参见周辉:《平台责任与私权力》,载《电子知识产权》2015 年第 6 期。
② 参见罗英、谷雨:《网络平台自治规则的治理逻辑》,载《学习与实践》2021 年第 8 期。
③ 参见黄学贤:《行政法中的比例原则研究》,载《法律科学》2001 年第 1 期。
④ 参见余凌云:《论行政法上的比例原则》,载《法学家》2002 年第 2 期。
⑤ 参见刘权:《目的正当性与比例原则的重构》,载《中国法学》2014 年第 4 期。

止管理行为在程序上的肆意,通过程序正当来促进实体正当。① 其次,数字平台在实施可能影响平台内相关主体利益的管理行为或采取惩处措施时,应当通知相对人其拥有陈述和申辩的相关权利,保障相对人行使陈述和申辩权利的机会。最后,数字平台实施管理行为和采取惩处措施应当公开透明,公开相关行为和措施的决策依据、执行过程和相关结果,以增强管理行为的透明度和说服力,对数字平台的管理行为形成制约。

3. 通过监督和救济规制平台准司法权

数字平台通过建立内部争端解决机制而实质上拥有了平台范围内的准司法权,能够实现对平台内纠纷的终局性裁决。数字平台对终局裁决权的支配将使得其可能通过影响纠纷的处理结果来实现平台自身的运营目的,从而损害平台内相关主体的权益。为此,应当通过监督和救济规制数字平台对准司法权的行使,不仅应当规范平台内争端解决机制的运行,确保争端解决机制的独立性和公正性,还应当为平台内相关主体疏通其他救济渠道,使平台内相关主体的权益得到合理保障。

数字平台的内部争端解决机制应当具有独立性。独立性是争端裁决结果公正性的基础和保障,只有确保争端解决机制的独立性,才能够防止其他相关利益方对裁决结果的干扰,实现争端裁决的公平和公正。首先,应当合理规定争端解决机制中裁决人员的任职条件,确保裁决人员与案件的裁决结果不存在利益关联,与案件的相关方不存在沟通联系,裁决人员能够独立地对纠纷作出裁决。其次,应当将数字平台的内部争端解决机制与数字平台的业务系统、管理系统和财务系统在人员和制度上分离,使得争端解决机制在数字平台内部具有相对独立性,避免平台对争端解决机制的直接控制。

数字平台的内部争端解决机制应当体现公正性。首先,争端解决机制对纠纷的裁决应当以平台规则为直接依据,以相关的法律法规、监管要求、公序良俗、商事习惯和行业准则为基础,在合理解释限度内开展对相关规范的适用,不得过度扩张自由裁量权,作出无依据的裁决。其次,争

---

① 参见周佑勇:《行政法基本原则的反思与重构》,载《中国法学》2003年第4期。

端解决机制对纠纷的裁决应当以当事各方的充分交涉为基础,保障当事各方在裁决过程中进行充分的举证和论辩说明,还原事实真相,根据高度盖然性的事实作出裁决。最后,争端解决机制对纠纷的裁决应当公开透明,不仅应当公开纠纷裁决作出的过程和结果,还应当公开纠纷裁决的事实认定、规则适用和理由说明,从而保障裁决的公信力。

在保障数字平台内部争端解决机制的独立性和公正性的基础上,还应当疏通平台内相关主体在纠纷发生后的救济途径,例如可以通过行政救济、司法救济等渠道进行自身权益的维护,避免因平台对纠纷裁决的终局性而导致平台内相关主体的合法权益受损。

(二)组织竞争:数字平台竞争秩序的法律监督

面对数字平台在发展过程中产生的平台封禁、数字化垄断协议、数字企业扼杀式并购等危害市场竞争秩序的行为,需要全面改革传统的竞争法律制度,以有效因应数字经济时代新型竞争活动的监管需求。一方面,应当革新数字竞争法律制度的分析范式,对相关市场界定和市场支配地位认定等标准进行优化;另一方面,应当完善数字竞争行为规制的手段,对平台封禁、数字化垄断协议、数字企业扼杀式并购等典型的不正当竞争和垄断行为进行合理规制。

1. 革新数字竞争法律制度的分析范式

相关市场界定和市场支配地位认定是反垄断分析中基础性和前提性的内容。相关市场界定为识别经营者市场势力、判定经营者行为的市场损害效果提供了场域,是测度市场份额和间接认定市场支配地位的基础,在反垄断分析中具有至关重要的作用[1];市场支配地位认定能够识别具有单方面市场控制能力的经营者,对其进行反垄断规制的重点关注,从而分析其是否滥用市场支配地位妨害市场竞争。要有效因应数字经济时代新型竞争活动的监管需求,首先需要革新以上两项基础性和前提性环节的分析范式。

应当以替代性分析为基本方法,优化数字平台相关市场界定的分析

---

[1] 参见王晓晔:《论相关市场界定在滥用行为案件中的地位和作用》,载《现代法学》2018年第3期。

范式。首先,可以从消费者和用户的角度展开需求替代分析,当供给替代对平台企业产生的竞争约束类似于需求替代时,也可以考虑从相关产品或服务提供者的角度展开供给替代分析。① 由于平台经济领域提供的产品和服务并非与传统商品一样具有明显的特征、用途和价格,应当根据具体的平台功能、商业模式和分析的便利度来确定是运用需求替代分析还是供给替代分析,从而更准确地界定相关商品市场。其次,由于平台企业具有多边市场特征和跨平台网络效应,某一边市场的变动可能影响另一边市场并传导回该边市场,最终导致所界定的相关市场范围比"最小替代产品集合"更小,而传统的以价格、质量或成本为核心的"假定垄断者测试"方法却难以适用。② 应当考虑平台涉及的多边相关商品市场之间的相互关系和影响,并根据跨平台网络效应可能带来的竞争约束情况来确定是否应当根据该平台整体界定相关商品市场。最后,在平台经济领域,由于不同平台企业的产品和服务功能、商业模式和用户群体不尽相同,应当针对具体场景进行具体分析,个案化地界定具体案件中的相关商品市场。

应当结合数字经济的特征,完善数字平台市场支配地位认定的分析范式。首先,应当着重考虑数据在市场支配地位认定中的作用,包括平台企业掌握和处理数据的能力。可以通过平台企业掌握数据的体量、稀缺性及数据获取的难易程度等判断其掌握数据的能力,通过其所拥有的算力条件及所配备算法的成熟度,分析数据的计算精度、计算延时性、计算吞吐量等判断其处理数据的能力,并逐步建立掌握数据和处理数据能力与平台企业市场地位和市场势力之间关联度的判断标准。③ 其次,数字经济领域高度动态变化的特征使传统市场支配地位认定中的市场份额、边际利润和市场集中度等静态标准难以适用④,应当结合平台企业现有的市场势力状况和未来发展趋势,综合考量平台企业的市场占有率、市场控制

---

① 参见蒋岩波:《互联网产业中相关市场界定的司法困境与出路——基于双边市场条件》,载《法学家》2012年第6期。
② 参见孙晋:《数字平台的反垄断监管》,载《中国社会科学》2021年第5期。
③ 参见袁康、鄢浩宇:《包容审慎视角下数据竞争法律制度的理念调适与范式革新》,载《北京邮电大学学报(社会科学版)》2022年第3期。
④ 参见殷继国:《互联网平台封禁行为的反垄断法规制》,载《现代法学》2021年第4期。

第六章 发展跃升论：产业数智化发展的法律保障

能力,相关经营者对其依赖程度和进入相关市场的难易程度,以及该平台企业的创新和发展潜质来对其市场支配地位进行认定。

2. 完善数字竞争行为规制的手段

平台封禁、数字化垄断协议、数字企业扼杀式并购是数智化发展中较为典型的破坏市场竞争秩序的不当行为,具有排除限制竞争、加剧寡头垄断、妨害发展创新的风险隐患。传统的竞争法律制度面临规制上的难题,应当结合数字平台的行为特征和关键属性,兼顾平台企业的安全和发展,优化数字竞争行为规制的手段,以有效因应数智化发展带来的竞争风险隐患。

应当合理界定并规制平台封禁行为,促进数字平台间的互联互通。首先,可以从数字平台的主观意图和平台封禁行为带来的竞争影响两个方面判断是否构成反垄断或反不正当竞争行为①,对于不当的平台封禁行为,应当通过制度的优化和规则的解释,综合运用反垄断法、反不正当竞争法相关条款进行规制。其次,可以遵循"划定相关市场—认定市场支配地位—行为类型化"的适用逻辑对平台封禁行为进行规制。当平台封禁行为涉及滥用市场支配地位时,应当判断平台"二选一"、自我优待行为是否构成拒绝交易或限定交易行为,判断被封禁的数据资源是否构成必需设施,继而采用《反垄断法》中滥用市场支配地位的相关条款进行规制。当平台封禁行为涉及不正当竞争时,应当判断平台的数据资源封禁行为是否违背诚实信用原则和商业道德、是否损害其他经营者或消费者的合法权益,继而采用《反不正当竞争法》中互联网条款和一般条款进行规制。最后,还可以通过保障用户的个人信息权利来促进数据的流通利用,降低因数据封禁行为对其他数据经营者产生的竞争损害影响,例如,可以通过保障个人信息权利中"数据可携权"的行使来促进数据的自由流通。②

应当准确判定和规制数字化垄断协议,管控隐性合谋风险。在主观意图的认定上,对于算法辅助型垄断协议,由于算法在实现协同行为的过程中仅起到辅助和信使的作用,协同行为的达成及实施本质上还是在数

---

① 参见张江莉、张镭:《互联网"平台封禁"的反垄断法规制》,载《竞争政策研究》2020年第5期。
② 参见卓力雄:《数据携带权:基本概念,问题与中国应对》,载《行政法学研究》2019年第6期。

据经营者的意思联络和干预操作下完成的,并未突破传统《反垄断法》中"人类中心主义"的规制框架,规制的核心仍应聚焦数据经营者;对于算法自主决策型垄断协议,可以引入默示共谋理论对其进行规制,充分利用间接证据和环境证据推定共谋的存在,同时应当考虑默示推定可能带来的风险,以积极的包容审慎理念结合市场竞争影响判断算法自主决策型垄断协议的可责性。在协议合谋的规制上,对于上下游数据经营者通过共同运行算法实现的中心辐射型垄断协议这一新型协议合谋形态,应当通过经济证据和行为证据对中心辐射型垄断协议在纵向和横向市场上可能产生的竞争损害进行认定①,不宜生硬地套用传统垄断协议分析中的本身违法原则或合理分析原则,否则可能使参与合谋的经营者不当地承担过多的责任或逃脱法律制裁。② 对于有争议的案件,应当结合实际情况具体分析合谋行为的竞争损害和经济效果,为轴辐协议中的轴心经营者和横向经营者提供抗辩的机会,判断其效率抗辩是否满足责任豁免的条件,从而决定其是否应当承担责任。

应当优化经营者集中审查标准,规制数字企业扼杀式并购。首先,应当调适传统经营者集中竞争效果评估的参考因素,正确评价数字平台经营者集中可能造成的排除限制竞争效果,控制数字企业扼杀式并购。应当弱化价格因素、市场份额因素等传统竞争效果评估参考因素的作用,加强对市场持续创新、产品和服务质量等非价格因素的考量,通过评估被收购企业的现有核心业务实力和未来发展潜力,判断该企业的市场地位及被收购后可能产生的竞争效果;加强对市场进入和效率等因素的考量③,注意优势数字平台在并购后可能产生的数据封锁效应,防止通过经营者集中形成数据壁垒。其次,应当打破传统经营者集中申报的单一营业额标准,可参考美国、德国、奥地利等域外制度经验增设交易额标准,结合相关集中主体的营业额和实

---

① 参见郭传凯:《美国中心辐射型垄断协议认定经验之借鉴》,载《法学论坛》2016年第5期。

② 参见程威:《平台经济领域轴辐协议的反垄断:国际经验、理论证成与路径建构》,载《南方金融》2021年第9期。

③ 参见秦勇、宋丽玉:《平台经济领域扼杀式并购的反垄断规制》,载《南方金融》2022年第4期。

施集中的实际交易金额来确定是否需要进行申报①,以将不满足营业额标准但实际交易金额巨大,具有潜在竞争损害效果的经营者集中纳入反垄断审查范围,并逐步细化交易额标准的适用条件和具体内容。最后,对于未达到申报标准但可能具有排除限制数据要素市场竞争效果的经营者集中,国务院反垄断执法机构应当主动调查,作为经营者集中申报的补充,从而更好地防范数字企业扼杀式并购带来的反竞争风险。

(三)组织安全:数字平台运营安全的法律保障

数字平台面临的信息内容安全挑战、产品和服务安全挑战、网络数据安全挑战给平台的安全运营带来了巨大的风险隐患,传统的避风港规则和公共场所安全保障义务已经难以实现对一系列安全风险的有效规制。为此,需要重构数字平台的安全保障义务,明晰安全保障义务的制度内容,落实安全保障义务的责任承担,以规制数字平台的运营安全风险,促进和保障新质生产力的发展。

1. 明确数字平台的安全保障义务

随着数字平台职能和数字平台私权力的不断扩张,数字平台已经从单纯的通道和中立性的中介方转变为对平台内行为活动具有控制力的守门人。基于风险收益、风险控制和社会成本理论,数字平台应当承担起维护平台内活动秩序、保障平台内运营安全的安全保障义务。数字平台在产生和运营之初,曾被视为各方开展经营活动、接受产品和服务的"单纯通道"(mere conduit),即数字平台仅仅是单纯信息传送的技术通道,其地位类似于电话公司、邮政公司,不参与内容的创造,完全按照用户发出的指令进行信息传播,不对内容进行改造。② 随着商业模式的演进,数字平台的职能已经不再仅限于信息通道,而是丰富了更多的职能和服务,但对于平台内的行为活动仍然保持严格的中立,因此,有学者认为其应当承担公共承运人的角色。③ 在数字平台发展成熟阶段,数字平台通过技术和资源优势架

---

① 参见赵丰:《欧盟数据驱动型企业扼杀式并购的监管发展及启示》,载《电子政务》2022年第6期。

② See Gavin Sutter, "'Don't Shoot the Messenger?' The UK and Online Intermediary Liability", 17 *International Review of Law, Computers & Technology* 73-84(2003).

③ 参见高薇:《互联网时代的公共承运人规制》,载《政法论坛》2016年第4期。

构起对平台内各项行为活动的控制和支配权力,其角色也已经脱离了中立性而具有准公共产品的属性①,不仅通过平台的运营获取商业利益,而且基于公共义务和责任对平台内的秩序和安全进行保障。实际上,数字平台面临的信息内容安全挑战、产品和服务安全挑战、网络数据安全挑战,都可以纳入数字平台对于平台内各类行为活动的安全保障义务。

数字平台的安全保障义务源于风险控制的基础理论。一方面,数字平台是风险的开启者,对于风险的预防和规制具备更强的掌控能力。数字平台作为平台内行为活动的组织者和平台市场的创设者,是风险来源的创造者,对于平台内的实际情况和相关行为活动具有更多的了解和更强的掌控②,是风险的控制者,由数字平台作为安全保障义务的责任人是最为适当的选择。另一方面,数字平台是风险的受益者,理应对风险的管控承担首要责任。组织或场所的管理者或经营者能够通过其经营管理行为获得有形的或无形的、实在的或潜在的利益的,就应当对其经营管理行为可能带来的危险承担责任。③ 数字平台不仅从平台的运营过程中获取了佣金、会费、服务费等收益,还通过广告投放、内容推送、自营产品和服务的方式获取了更大额度的收益,作为平台运营最直接的受益人,其理应对平台内的行为活动承担安全保障义务。

数字平台的安全保障义务源于社会成本的基础理论。社会成本理论由科斯定理(Coase Theorem)演化而来④,之后应用到制度实施的成本收益考量中,即制度的改革和实施应当以成本投入最小、社会收益最大为目标⑤。在数字平台的安全运营方面,相较于监管机构对数字平台内行为活动的

---

① 参见周樨平:《电子商务平台的安全保障义务及其法律责任》,载《学术研究》2019年第6期。

② 参见蓝寿荣:《消法视角下的电子商务平台安全保障义务》,载《政法论丛》2023年第2期。

③ 参见陈访雄:《浅析网络服务提供者的安全保障义务:以"网红坠亡"案为例分析》,载《法律适用》2019年第16期。

④ See R. H. Coase, "The Problem of Social Cost", 3 *Journal of Law and Economics* 1-44 (1960).

⑤ 参见何一鸣、罗必良、高少慧:《企业的性质、社会成本问题与交易成本思想——关于科斯经济学说的历史回顾与理论述评》,载《江苏社会科学》2014年第4期。

调查执法,数字平台自身对平台内行为活动的管理具有更高的便利性和效率,能够更大限度地节约社会成本,更好地实现规制效果。就技术层面而言,数字平台能够获取平台内行为活动最为真实、完整、及时的信息,了解平台运营的基本情况,并拥有专业的技术手段和丰富的管理资源来干预平台内的相关行为活动,能够有效且迅速地对不当行为活动进行制止,从而在平台的管理上实现更低的成本和更高的收益。就政策层面而言,由数字平台承担一定的安全保障义务能够避免公权力行使面临的行政资源相对有限、行政执法信息失灵、行政执法能效不足的困境[1],从而实现更好的治理监管效果。

2. 统合安全保障义务的制度内容

统合后的数字平台安全保障义务并非仅仅将传统的避风港规则和公共场所安全保障义务纳入其中,而是结合平台对运营安全保障的需要,形成的一个内涵丰富、动态发展的制度体系,其不仅包括对平台内侵权行为发现和制止的一般性注意义务,还包括对平台内容、产品和服务质量的主动审查义务及平台内相关参与主体的资质审查义务,体现了数字平台对于安全运营的全方位保障。

(1)数字平台安全保障义务包括对平台内侵权行为发现和制止的一般性注意义务。在传统的避风港规则下,法律并不苛求数字平台对平台内的所有侵权行为进行及时的发现和制止,仅要求数字平台对"明显"违法的侵权行为负有及时发现和制止的义务,即所谓的"红旗原则",这主要是考虑到网络侵权行为的复杂性和规模性,在平衡效率和安全之后对产业发展采取鼓励的态度。[2] 但随着数字技术的飞速发展,网络侵权行为的危害性产生了质变,侵权主体众多、侵权危害扩散迅速、重复侵权、大规模侵权突出,一旦不能及时制止就容易造成严重的损害后果。[3] 由于技术能力的提升和对平台资源的掌握,数字平台对于网络侵权行为也有了更

---

[1] 参见武鹏、胡家勇:《政府监管的特征及其治理》,载《社会科学战线》2020年第9期。

[2] 参见徐可:《互联网平台的责任结构与规制路径——以审查义务和经营者责任为基础》,载《北方法学》2019年第3期。

[3] 参见刘金瑞:《"避风港"规则的实践困境与完善路径》,载《云南社会科学》2024年第1期。

强的掌控能力,传统避风港规则对于数字平台设置的注意义务要求显然过低,已经无法适应当下的平台运营安全保障需求。因此,应当适当提高数字平台对平台内侵权行为发现和制止的一般性注意义务。具体而言,应当依据数字平台的自身属性、提供服务的方式及其引发侵权的可能性大小,在社会理性人的标准之下,确定数字平台的注意义务标准①,以更好地规制技术发展带来的风险,实现数字平台运营秩序的安全保障。

(2)数字平台安全保障义务包括对平台内相关主体资质、平台内容、产品和服务质量的主动审查义务。传统理念认为,即使将数字平台作为数字空间的公共场所,其也主要是承担中立性的角色,消极地、被动地维护场所内的安全秩序,而不具有普遍的、一般性的主动审查义务,否则可能给数字平台带来过大的运营成本和负担。② 但随着数字平台从中立性角色向准公共产品转变,以及数字平台技术能力的提升和对平台资源的掌握,数字平台被赋予越来越多的行政法上的第三方义务③,其中最为核心的内容即数字平台对平台内行为活动的主动监督管理义务,这在相关的法律规范中有集中体现④。数字平台对平台内相关主体资质、平台内容、产品和服务质量的主动审查义务有利于更好地保障平台的安全运营,促进平台经济健康有序发展。⑤ 但应当注意的是,数字平台的主动审查义务并非事无巨细的、普遍性的,而是对涉及关键运营秩序和安全保障的内容进行检测和管理。主动审查义务过重,将导致数字平台的运营成本过大,不仅会抑制行业的发展和创新,还将导致行政机构逃避应有的监管责任⑥,不利于实现数字经济的高质量发展。

---

① 参见王道发:《电子商务平台经营者安保责任研究》,载《中国法学》2019年第6期。
② 参见赵鹏:《超越平台责任:网络食品交易规制模式之反思》,载《华东政法大学学报》2017年第1期。
③ 参见高秦伟:《论行政法上的第三方义务》,载《华东政法大学学报》2014年第1期。
④ 参见《互联网信息服务管理办法》《中华人民共和国食品安全法》《中华人民共和国广告法》《中华人民共和国电子商务法》《中华人民共和国数据安全法》《网络信息内容生态治理规定》《网络交易监督管理办法》、国务院办公厅《关于促进平台经济规范健康发展的指导意见》、全国人民代表大会常务委员会《关于加强网络信息保护的决定》。
⑤ 参见周樨平:《电子商务平台的安全保障义务及其法律责任》,载《学术研究》2019年第6期。
⑥ 参见刘权:《论互联网平台的主体责任》,载《华东政法大学学报》2022年第5期。

五、数智化发展中监管体系的法律优化

传统的严格监管理念、单一部门主导监管体制和命令强制型监管模式难以满足数字经济发展的包容性、多元性、自律性监管需求,面临治理监管的系统性失灵,应当优化数字经济的监管理念,完善数字经济的监管体制,革新数字经济的监管模式,以形成更为科学有效的监管体系,从而规范数字经济活动秩序,推动新质生产力的高质量发展。

(一) 监管理念:包容审慎视角下监管理念的调整优化

传统的严格监管理念难以适应数字经济的发展和创新需求,应当转变数字经济的监管理念,以包容审慎监管理念为原则,通过包容性监管促进数字经济的发展和创新,通过谦抑性监管推动数字经济的自律和自治,通过有效性监管维护数字经济的安全和底线,以实现对数字经济的有效监管。

1. 从严格监管走向包容审慎

包容审慎监管最早源于金融监管领域,适用于互联网金融的监管[①],后逐步适用到金融科技、电子商务平台、网约车、数字经济等新型业态当中。2016年5月,国务院印发《2016年推进简政放权放管结合优化服务改革工作要点》,要求"探索审慎监管",对于"互联网+"和分享经济等新业态,可以先"监测分析、包容发展",对于潜在风险较大的业态活动,需要"严格加强监管",初步在规范性文件层面形成了包容审慎的监管理念。2017年1月,国务院办公厅发布《关于创新管理优化服务培育壮大经济发展新动能加快新旧动能接续转换的意见》,首次明确提出"探索动态包容审慎监管制度",此后在一系列文件中均提到了"包容审慎"监管。[②] 2019年10月,随着"包容审慎监管"被写入《优化营商环境条例》,包容审慎的监管理念已经从一种理论上的概念探

---

① 参见刘士余:《秉承包容与创新的理念正确处理互联网金融发展与监管的关系》,载《清华金融评论》2014年第2期。

② 参见国家发展和改革委员会等《关于促进分享经济发展的指导性意见》《国务院关于加强和规范事中事后监管的指导意见》、国务院办公厅《关于促进平台经济规范健康发展的指导意见》。

讨,成为一项正式的制度规则。① 数字经济是在产业革命和技术推动下产生的新兴业态,关乎生产力发展的新动力和新模式,包容审慎监管理念所具备的包容行业发展、鼓励行业创新、推动行业进步的制度作用满足数字经济所需,以包容审慎监管为数字经济的监管理念,是新质生产力发展的现实需求和应然选择。

2. 构建数字经济的包容审慎监管理念

以包容性监管鼓励产业发展和创新。包容审慎监管理念坚持相对安全观,包容数字经济发展过程中可能产生的可控风险,并非一味追求绝对安全而对相关数字经济活动予以限制和禁止,从而更有利于产业的发展和创新。在数字经济时代,数据活动、数字智能技术的开发和应用、数字平台的运营发展等各类数字经济活动均可能产生大量潜在的风险。科学技术的发展和现代化的推进,使得社会复杂程度不断加深,社会风险作为现代化自反性的产物,其范围将愈发扩大,影响空前深刻。② 未知的、意料之外的后果将使所有人都可能处于危险之中。风险是必然存在和不可避免的,坚持绝对安全的观念既不现实也不可行,不计成本地追求绝对安全,不仅会背上沉重负担,甚至可能顾此失彼。③ 相对安全观主张风险衡量和风险控制,而非根除或消灭风险。风险衡量意味着当风险低于某种程度时,就可以认为是安全的④;风险控制意味着将可能存在的风险进行合理的控制和公正的分配,以实现风险的可接受⑤。相对安全观的宗旨即在于,通过持续的风险识别和风险管理降低风险可能带来的安全损害并将其保持在可接受的水平之下。⑥ 包容审慎监管理念所坚持的相对安全

---

① 参见刘权:《数字经济视域下包容审慎监管的法治逻辑》,载《法学研究》2022年第4期。

② 参见〔德〕乌尔里希·贝克:《风险社会:新的现代性之路》,张文杰、何博闻译,译林出版社2018年版,第7页。

③ 参见习近平:《在网络安全和信息化工作座谈会上的讲话》,载中国政府网,https://www.gov.cn/xinwen/2016-04/25/content_5067705.htm,访问日期:2024年9月1日。

④ 参见苗金明:《安全法学导论——风险、理性与安全》,清华大学出版社2014年版,第9页。

⑤ 参见劳东燕:《公共政策与风险社会的刑法》,载《中国社会科学》2007年第3期。

⑥ 参见许可:《数据安全法:定位、立场与制度构造》,载《经贸法律评论》2019年第3期。

观能够容忍在数字经济发展过程中产生的合法性模糊但具有变革性和创新性的数字经济活动,平衡数字经济的安全与发展,促进数字经济行业的进步与创新。

以审慎性监管推动产业自治和自律。包容审慎监管理念坚持行政监管的谦抑性,即发挥市场的决定性作用,由市场力量主导资源配置,由市场主体开展自律治理,政府部门仅在必要的情况下进行调控和规制。在包容审慎监管理念下,对于尚处于发展初期和发展壮大期的数字经济,政府部门不进行过早的介入和干预,而是首先交由市场①,通过利益机制、供求—价格机制、竞争机制等市场自发机制来实现市场的自我调节和自律治理②。当确实需要政府部门采取监管措施时,应当遵循比例原则,以合乎目的、最小损害的方式对相关的市场行为活动进行调控和规制,并遵循市场的客观规律,以避免对产业的发展和创新造成损害。

以有效性监管维护产业安全和底线。包容审慎监管理念坚持安全底线原则,对于潜在风险较大的数字经济活动进行严格监管,对于可能违反基本秩序和造成显著危害的数字经济活动进行严格规制。③ 以数据安全风险为例,对于可能涉及社会秩序、公共利益、国民经济命脉、国家政治安全的重要数据和核心数据,应当采取严格的管控措施,确保不发生数据安全风险。以数字智能技术的开发和应用为例,数字智能技术的决策和运行结果可能危及人身安全、财产安全、社会秩序和国家安全的,应当严格限制适用范围并严格控制技术风险。安全是发展的前提和基础,包容审慎监管理念坚持安全底线原则,严格控制数字经济活动中可能破坏基本秩序和造成重大危害的安全风险④,为数字经济的发展和创新提供保障。

---

① 参见张效羽:《行政法视野下互联网新业态包容审慎监管原则研究》,载《电子政务》2020 年第 8 期。
② 参见鄢浩宇:《数据要素市场培育的制度需求与法治保障》,载《中国矿业大学学报(社会科学版)》2023 年第 3 期。
③ 参见刘乃梁:《包容审慎原则的竞争要义——以网约车监管为例》,载《法学评论》2019 年第 5 期。
④ 参见袁康、鄢浩宇:《包容审慎视角下数据竞争法律制度的理念调适与范式革新》,载《北京邮电大学学报(社会科学版)》2022 年第 3 期。

(二)监管体制:统筹协调安排下监管体制的改革完善

面对数字经济活动的多元性、广泛性和规模性的特质,以及数字经济活动跨行业、跨领域、跨部门的属性,传统的单一部门主导监管体制不仅面临监管能力不足的困境,还面临监管协调不足和监管覆盖有限的问题,为此,应当从政府的单一管制走向政府、市场、社会的多元共治,从单一部门监管走向跨部门统筹协调,从而形成更为完善的监管体制,实现数字经济的有效监管。

1. 从政府单一管制走向多元共治

多元共治是指多元主体共同治理,该理论起源于埃莉诺·奥斯特罗姆(Elinor Ostrom)提出的多中心治理(polycentric governance)理论。① 埃莉诺·奥斯特罗姆通过理论分析和实证调研得出,单纯由政府对公共事务进行治理存在失灵的问题,应当摆脱政府单中心的治理模式,建立政府、市场、社会三维框架的多中心治理模式,有效克服单纯依靠市场或政府治理的不足。其提出,单纯依靠政府对公共事务进行治理可能出现政府决策失误、政府行为低效、政府权力扩张、政府权力寻租等问题②,无法有效应对公共事务治理的各项需求,最终可能导致政府失灵。多中心治理理论强调治理的主体是多元的而非单一的,各主体相对独立又彼此相互联系,在一定范围内共同承担公共事务的治理职责,构建政府、市场、社会共同参与的多元共治模式。③

数字经济的多元共治,意味着政府部门、市场主体、社会主体共同形成对数字经济活动的治理,构建政府主导下多元主体共同参与治理的监管体制。在多元共治体制中,政府部门发挥主导作用,市场主体发挥自我规制和自我监管作用,社会主体发挥自律治理和监督管理作用。具体而言,网信办、工信部、金融监管部门、公安部等政府部门划定数字经济活动治理监管的基本框架,明确相关要求,并作为行政强制和行政处罚等单方

---

① See Elinor Ostrom, "Beyond Markets and States: Polycentric Governance of Complex Economic Systems", 100 *The American Economic Review* 641-672(2010).
② 参见徐国冲、张晨舟、郭轩宇:《中国式政府监管:特征、困局与走向》,载《行政管理改革》2019年第1期。
③ 参见王名、李健:《社会共治制度初探》,载《行政论坛》2014年第5期。

第六章 发展跃升论：产业数智化发展的法律保障

性、强制性监管措施的执法主体，对数字经济活动的治理监管拥有最终执法权；数据收集处理者、数字智能技术的开发者和应用者、数字平台运营者等作为市场主体，应当发挥自身的自律治理优势，落实主体责任，通过建立内部的自律治理制度安排，组建内部的自律治理组织，形成内部自律治理架构，实现自我规制和自我监管①；行业协会、行业商会等社会主体应当发挥行业内的自律治理和监督管理职能，通过制定标准指南、颁布行业准则等软性规范来指导市场主体开展自我规制和自我监管，并对违反治理要求的市场主体采取一定的行业内纪律惩处措施，从而形成多元主体协同治理的监管体制，弥补政府单一管制的不足，提升治理监管的有效性。

2. 从单一部门监管走向跨部门统筹协调

数字经济活动的跨行业、跨领域和跨部门特性使得单一部门监管面临诸多现实困境，难以满足数字经济活动的监管需求，可能造成风险外溢与监管失灵，为此，需要加强不同政府监管部门之间的协调分工和统筹合作，从而实现对数字经济活动的全方位监管和有效性监管，保障数字经济的安全健康发展。

（1）应当明确各监管部门间的协调分工。一方面，各行业主管部门应当对本行业范围内的数字经济活动进行监督管理。以数据活动的监管为例，各行业主管部门负责编制本行业内的重要数据目录，对本行业内的数据活动进行监督管理，如社会保障和劳动就业部门对涉及招聘和就业的数据进行监督管理，教育部门对涉及教职工和教育机构的数据进行监督管理，医疗卫生部门对涉及医患和医疗机构的数据进行监督管理。另一方面，各行业主管部门应当依据法律法规赋予的专门职能对数字经济活动进行监督管理。以数据活动的监管为例，市场监管部门主要从市场交易和竞争法角度对数据垄断、数据不正当竞争等违反市场交易秩序和竞争秩序的行为进行监督管理。此外，当某一数字经济活动的产业链涉及多个部门时，应当分阶段明确不同监管部门的监管职责。以数字智能

---

① 参见鄢浩宇：《企业数据合规的困境纾解与体系构建》，载《华中科技大学学报（社会科学版）》2024年第4期。

技术的开发和应用为例,在技术的研发和设计阶段,相关的活动属于软件行业范畴,应当由工信部进行监管;在技术的应用和部署阶段,相关的活动可能影响到消费者权益、网络和数据安全,则应当由市场监督管理部门和网信部门进行监管,从而明确不同阶段的监管部门协调分工。① 应逐渐形成各部门对本部门职能范围内的数据监管事项清单,明晰各监管部门之间的监管界限和监管职责,形成高效科学的监管分工。

(2)应当加强各监管部门间的统筹合作。一方面,应当贯彻以国家网信部门负责统筹,国务院有关部门在各自职责范围内履行监管职责的统筹协调机制。明确合作监管的具体内容,增强网信部门的统筹效果,各部门在网信部门的指导下开展相关工作,对于需要跨部门监管的网络数据活动,应明确协调监管的具体方式和职责分配,并由网信部门对各部门可能产生的监管掣肘问题进行统筹,以形成监管合力、提升监管能效,妥善应对疑难重大的数字经济活动的监管。另一方面,应当建立合作监管的长效机制,避免"头痛医头,脚痛医脚"的运动式合作监管。② 对于需要合作监管的具体事项,应当由网信部门和各部门选派领导组成合作监管小组,负责对具体数据合作监管事项的长期持续监管,并建立数据监管信息共享平台,形成各部门数据监管活动的及时共享。

(三)监管模式:柔性监管模式下监管能效的创新提升

传统的命令强制型监管模式难以满足数字经济的包容性、多元性和自律性发展需求,其过于强制的监管手段会给市场造成较大损害,并影响数字经济的发展和创新。相较之下,柔性监管模式以协商性、互动性和灵活性的非强制监管手段引导监管对象自主实现监管目标,能够实现更好的监管效果。基于柔性监管模式建立数字经济活动的后设监管架构,能够有效因应数字经济的治理监管需求,从而规范数字经济的发展,推动新质生产力的跃升。

1. 从命令强制型监管走向柔性监管

柔性监管是指政府部门注重监管方式的灵活性和非强制性,通过协

---

① 参见袁康:《可信算法的法律规制》,载《东方法学》2021年第3期。
② 参见鄢浩宇:《数据要素市场培育的制度需求与法治保障》,载《中国矿业大学学报(社会科学版)》2023年第3期。

商、激励、指导、自我监管等方式减少监管主体间的对立性,降低监管活动的对抗性,提高监管活动的有效性。柔性监管与命令强制型监管的中心集权与执法强制不同,其以权力中心的多元、监管主体与监管对象的协调与互动、监管过程的非强制性为特征,通过采用协商、激励、指导等不具有强制性的方式,引导监管对象作出或不作出一定的行为,将市场主体从监管对象转变为治理参与主体,与监管主体在互动和沟通的过程中共同达成监管目的。① 在柔性监管模式中,监管目的的实现并不完全依赖于国家强制,而是更多地尊重监管对象的意愿,采用柔性的手段引导监管对象自愿作出某种行为。政府部门等监管主体的意志并非以单方性和强制性的方式体现在监管活动中②,而是在与监管对象的互动和协调中逐步实现的。监管对象的意志和利益在监管过程中受到尊重和认可,监管主体和监管对象在基于信任和合作的状态下共同实现监管目的。柔性监管包括激励性监管、协商性监管、指导性监管等几种较为典型的模式,能够通过激励、协商、指导、促进等柔性和非强制方式促进监管目标的实现,达到更好的监管效果。

(1)柔性监管能够以非强制的柔性手段实现监管目标,减少对市场的损害,促进数字经济的发展和创新。相较于命令强制型监管,柔性监管不采用罚款、没收非法财物、没收违法所得、责令停产停业、暂扣或吊销许可证、暂扣或吊销营业执照、行政拘留、有期徒刑等强制性手段,而是采用激励、协商、指导、约谈、警告、责令改正等非强制的柔性手段来实现监管目标。在激励性监管下,政府部门通过财政补贴或奖励等经济类激励、资质认可或信用评价等资质类激励、减轻或免除惩罚等责任减免类激励等制度激励,诱导市场主体实现政府部门的监管目标③,能够减少单方面、强制性监管手段的使用,避免对市场环境的过度损害。在协商性监管下,监管主体和监管对象在沟通协商的基础上共同制定监管政策和目标,并围绕监管目标明确各自权利义务,共同促成监管目标的实现。④ 协商性监管能

---

① 参见蒋建湘、李沐:《治理理念下的柔性监管论》,载《法学》2013年第10期。
② 参见周光辉:《论公共权力的强制力》,载《吉林大学社会科学学报》1995年第5期。
③ 参见李沐:《激励型监管的行政法思考》,载《政治与法律》2009年第10期。
④ 参见李沐:《协商性监管的挑战与应对》,载《社会主义研究》2012年第6期。

够促进监管主体与监管对象之间的对话交流,使政府部门更充分地了解市场监管需求和实际情况,从而显著减小监管决策的偏差,更好地实现监管目标。在指导性监管下,政府部门通过辅导、协助、建议、示范等指导性的方式告知监管对象应当采取的行为措施,以此实现监管目标。① 指导性监管具有便利性、灵活性和及时性的特点,且能够发挥监管对象的自主性,从而以非强制性的方式弥补监管空白和实现监管目标。无论是柔性监管模式中的激励性监管、协商性监管还是指导性监管,均以激励、协商、沟通、指导、促进等非强制的方式实现监管目标,能够更大限度地降低政府监管对于市场的损害,实现更好的监管效果,促进数字经济的发展和创新。

(2)柔性监管能够以灵活性的监管框架包容违法性和可责性模糊的数字经济创新活动,留有数字经济发展创新的试错空间,促进数字经济的包容性发展。相较于命令强制型监管模式,柔性监管并非采取全有或全无的二元监管框架,不对数字经济活动作出合法或非法的二元判断,而是采取更为灵活的监管框架和更为多元的价值判断。柔性监管通过激励、协商、沟通、指导、促进等非强制的方式实施监管,更少介入和干预市场,为数字经济的技术创新和产业发展留有充足的试错空间②,进而鼓励数字经济的创新发展,推动技术进步和产业升级。柔性监管对监管过程中监管主体和监管对象之间沟通、交流、对话的重视也使得政府监管能够更加反映市场意志,而非违背基本的客观规律和市场需求,从而促进数字经济的包容性发展。

(3)柔性监管能够以促进自律治理的方式强化市场主体的自我规制,发挥市场的决定性作用,实现数字经济的自律发展和良性发展。数字经济活动具有多元性、广泛性和规模性的特征,不同的市场主体在治理需求、治理条件和治理水平等方面不尽相同,采取命令强制型监管中"一刀切"的监管模式不仅效果有限,还会对市场造成损害和干扰。在

---

① 参见莫于川:《法治视野中的行政指导行为——论我国行政指导的合法性问题与法治化路径》,载《现代法学》2004年第3期。
② 参见刘鹏、王力:《回应性监管理论及其本土适用性分析》,载《中国人民大学学报》2016年第1期。

柔性监管模式的自我规制下,政府部门通过充分给予监管对象自律治理空间,由监管对象进行自我管理和自我监督,从而满足市场主体的多元化治理需求,使监管对象自主性地实现监管目标。① 市场主体通过自我规制的方式减少政府部门的介入和干预,发挥市场的决定性作用,促进市场的自律发展和良性发展。在自我规制下,传统命令强制型监管难以应对的治理监管中的原则性规定、不确定性概念和模糊性要求也能够得到妥善解决。市场主体通过发挥主观能动性,结合自身治理条件和市场实践情况,将监管要求内化为具体的制度规则并展开实施,有利于促进治理监管在实践中不断优化和完善,促进数字经济的自律发展和良性发展。

2. 建立数字经济活动的后设监管架构

柔性监管模式中的激励性监管、协商性监管、指导性监管和市场主体的自我规制,实际上都突出了监管对象在治理监管过程中的自主性、自发性和能动性,重视监管对象自身开展的自我规制和自律治理。因此,可以在柔性监管模式的市场主体自我规制理念上,构建数字经济活动的后设监管架构,鼓励市场主体积极采取自我规制,政府部门则对市场主体的自我规制实施监管,从而提高治理监管的能效,更好地规范和促进数字经济的发展。

后设监管(meta regulation)是回应性监管(responsive regulation)的衍生模式之一,侧重于构建"政府对企业自我监管的监管"②。回应性监管首先考虑运用说服教育或自我监管等柔性监管措施,之后再逐步提高监管的严格程度和监管手段的强制性,把最具威慑力和惩罚性的强制手段作为监管的最后选择,由此根据监管对象的动机和能力针对性地采取监管措施以实现监管目的。③ 后设监管对回应性监管的自我监管部分作出了强化,其侧重于发挥监管对象的作用,鼓励市场主体通过建立内部管理

---

① 参见高秦伟:《社会自我规制与行政法的任务》,载《中国法学》2015年第5期。
② Bridget M. Hutter, "Risk, Regulation, and Management", in Peter Taylor-Gooby, Jens O. Zinn eds., *Risk in Social Science*, Oxford University Press, 2006, p. 215.
③ See Ian Ayres, John Braithwaite, *Responsive Regulation: Transcending the Deregulation Debate*, Oxford University Press, 1992, p. 158.

体系、风险管理制度来实现自我规制,政府部门不再作为直接监管者,而是对企业的自我规制进行监管,从而构建起后设监管架构。①

后设监管具有诸多制度优势,能够更好地应对数字经济活动的监管需求。首先,后设监管能够应对数字经济活动多元性产生的差异化监管需求,提高监管的适应性。不同的数字经济活动有不同的监管技术要求,整齐划一的监管标准往往难以完全贴合不同监管对象的治理水平、治理能力和治理条件,分别采取针对性的监管措施又需要大量的监管资源。后设监管鼓励监管对象根据自身的治理条件和治理能力自主建立内部的自律治理体系,政府部门则主要负责对监管对象的自我规制进行监管,由此满足监管对象的差异化监管需求,实现更好的监管效果。其次,后设监管能够因应数字经济活动多元性产生的专业化监管需求,提高监管的能效性。传统命令强制型监管模式要求制定详细的监管流程和具体的监管要求,而数字经济活动的多元性、广泛性和规模性使政府监管部门面临监管资源有限、监管信息失灵和监管能力不足的困境,无力实施直接和具体的活动监管。后设监管能够充分发挥监管对象的主观能动性,通过鼓励市场主体的自我规制和自律治理来实施具体微观的监管活动,政府部门则可以从直接监管者转变为监管构建者,将治理监管资源放在更为中观和宏观的强制力威慑、监管评估和规则的制定上②,从而降低政府部门的监管执法成本,提高政府部门的监管执法效率。最后,后设监管能够将监管对象作为治理监管的参与主体,从而将风险外部效应内部化③,推动形成良性的数字经济发展秩序。后设监管要求监管对象对自身的风险进行管理,将风险成本内化,减少市场主体因自身风险而导致的市场负外部性,降低公共资源的消耗,从而有利于推动形成良性的数字经济发展秩序。

---

① 参见杨炳霖:《监管治理体系建设理论范式与实施路径研究:回应性监管理论的启示》,载《中国行政管理》2014年第6期。

② 参见鄢浩宇:《企业数据合规的困境纾解与体系构建》,载《华中科技大学学报(社会科学版)》2024年第4期。

③ 参见刘鹏、王力:《西方后设监管理论及其对中国监管改革的启示》,载《新视野》2016年第6期。

可以从监管措施和监管策略两个方面构建数字经济活动的后设监管架构。在监管措施方面,将激励、协商、指导、约谈、警告、责令改正等作为柔性监管措施,目的在于通过非强制、协商性、互动性的方式鼓励监管对象积极实施自我规制和自我监管,引导其实现监管目标;以罚款、没收非法财物、没收违法所得、责令停产停业、暂扣或吊销许可证、暂扣或吊销营业执照、行政拘留、有期徒刑等作为强制监管措施,目的在于对监管对象形成威慑,以不利后果督促其切实履行自我规制和自我监管的主体责任。在监管策略方面,首先通过柔性监管措施引导监管对象开展自我监管,其次通过强制监管措施强化监管对象的自我监管,当自我监管无效或失灵时,再由政府直接介入监管,采取更为强制的监管措施以实现监管目的。应当注意的是,后设监管与传统监管模式并非相互排斥或互为取代,而是可以作为对传统监管模式的补充和调整,从而构建更加科学有效的监管体系,实现对数字经济活动的保障和规范,推动新质生产力的高质量发展。

第七章

发展环境论：
高水平对外开放体制机制塑造的法律支撑

高水平对外开放在新质生产力发展中具有核心作用，而法律则是高水平对外开放的必要支撑。高水平对外开放不仅仅是经济发展的必要条件，更是推动技术创新、产业升级和全球竞争力提升的重要动力。欲实现新质法治，需在安全与效率、国内与国际规则、市场需求与制度供给之间取得平衡，通过立法、司法和执法等手段，确保对外开放政策与国家经济社会发展的总体目标一致。国内法律规则体系必须与国际接轨，不仅要借鉴国际先进经验，还要在全球治理中发挥引领和示范作用。硬法与软法的协同也不容忽视，正式法律条文和非强制性规范的双重作用将共同推动市场的健康发展。通过"引进来"与"走出去"的双向互动，完善国内法律规则体系，积极参与国际规则的制定与合作。在新质生产力发展过程中，必须秉承安全与开放并重的价值取向，在理解和管理风险的基础上，积极探索开放与合作的新模式，为理解高水平对外开放与法治建设的互动关系奠定坚实的理论基础，并为相关政策的制定提供切实可行的实践参考。

一、高水平对外开放是新质生产力发展的环境基础

(一) 高水平对外开放的背景阐释与概念内涵

1. 背景阐释：政经、制度与文化认同冲突加剧

在产业升级的背景下，各国在资源、市场和技术等方面的竞争，往往

第七章
发展环境论：高水平对外开放体制机制塑造的法律支撑

引发贸易争端、技术制裁与封锁、投资保护主义和市场准入限制等问题，导致地缘政治格局愈发复杂。在全球经济格局深度调整的背景下，中国认识到科技创新是引领未来发展的关键力量，因此积极布局新一代信息技术、人工智能、生物科技等前沿领域，力求在第四次工业革命中占据先机、和平崛起。随着以信息技术应用创新产业为首的数字产业化的飞速发展，我国初步具备了一些改变局势的条件。

在制度差异冲突层面，由于各国在法律、监管和标准等制度层面存在显著差异，企业跨境经营时常面临合规风险和障碍，影响了全球经济的一体化进程。以中国概念股（China-Concept Stocks，以下简称"中概股"）危机为例，仅2020年，就有23家中概股在美国遭遇投资者集团诉讼，其中包括阿里巴巴（第二次遇诉）、百度、爱奇艺、奇虎360、聚美优品和跟谁学等知名互联网企业。美国政界和监管部门相继出台了一系列加强对中概股上市审查、信息披露、财务信息审计标准的监管力度，通过《外国公司问责法案》使中概股危机进一步恶化。制裁和反制裁、遏制和反遏制的法律战代表了国家之间的法律和制度之争。虽然近年来，制度的冲突逐渐缓和，中美审计监督合作取得一定进展，双方通过谈判和协商，为全球经济一体化进程注入了新的动力，但中国仍无法回避并必须回应法律竞争。①

文化认同冲突也是全球化背景下的一大挑战，高水平的文化生态在新质生产力发展中本应起到关键的"守正"作用，但不同国家和地区的文化差异在政治理念、商业习惯、价值观和管理风格等方面可能引发摩擦，这会增加跨国和跨地区合作的复杂性。以各国治理人工智能的文化理念为例，因发展水平、价值观念和国家利益的不同，存在着不同的关切点，我国企业在"出海"过程中就面临诸多摩擦。近年来，我国在人工智能方面逐步实现了从被动到主动的转变。2021年，联合国教科文组织通过了《人工智能伦理问题建议书》；2023年，包括中国在内的20多个国家签署了《布莱切利宣言》。中国在人工智能的健康发展和规范方面积极推动，提出了基于人类命运共同体理念的解决方案，如

---

① 参见冷静：《超越审计纠纷：中概股危机何解？》，载《中国法律评论》2021年第1期。

《全球人工智能治理倡议》。这一倡议强调"以人为本"和"智能向善",致力于弥合"智能鸿沟",增强发展中国家在AI全球治理中的代表性和发言权。只有将文化软实力与科技经济硬实力有机融合,才能推动软创新与硬创新的深度共生共促。①

2. 概念内涵:高水平对外开放需统筹的五组关系

在概念内涵层面,高水平对外开放是指必须坚持对外开放基本国策,坚持以开放促改革,依托我国超大规模市场优势,在扩大国际合作中提升开放能力,建设更高水平的开放型经济新体制。党的十八大以来,习近平总书记多次对坚持高水平对外开放作出重要论述,鲜明宣示了中国在加快推进中国式现代化建设进程中坚定不移扩大对外开放的信心和决心。近年来,高水平对外开放在多个重要文件中被不断提及,笔者以中国共产党第二十届中央委员会第三次全体会议通过的《中共中央关于进一步全面深化改革 推进中国式现代化的决定》第七部分为基本框架,结合其他文件的精神,阐述高水平对外开放这一概念的基本内涵。高水平对外开放需统筹下面五组关系:

(1)内与外的关系。依托我国超大规模市场优势,以国内大循环吸引全球资源要素,增强国内国际两个市场两种资源联动效应。

(2)流动型开放与制度型开放的关系。稳步扩大规则、规制、管理、标准等制度型开放,从"边境开放"向"边境后开放"拓展和深化。一方面,要持续深化商品要素流动型开放。要合理缩减外资准入负面清单,在一些重点领域实现更大力度的开放,进一步放宽外资股比限制。加大现代服务业领域开放力度,推动跨境服务贸易发展。在外贸体制改革层面,强化贸易政策与财税、金融、产业政策的协同,推进通关、税务、外汇等监管创新,发展数字贸易和跨境电商,建设全球集散分拨中心和国际物流枢纽,完善贸易风险防控和出口管制体系。在服务贸易与外商投资层面,创新发展服务贸易,全面实施跨境服务贸易负面清单制度,发展新型离岸国际贸易业务,完善跨境金融服务体系;营造市场化、法治化营商环境,扩大外商投资领域,深化外商投

---

① 参见魏鹏举:《作为新质生产力的文化科技融合与人文经济发展》,载《福建论坛(人文社会科学版)》2024年第6期。

资促进机制,改善境外人员生活便利条件。另一方面,要稳步扩大规则、规制、管理、标准等制度型开放。主动对接高标准国际经贸规则,优化产权保护、产业补贴、环境标准等,扩大市场和服务开放,推动援外体制改革,支持多边贸易体制,建立高标准自由贸易区网络。

（3）量与质的关系。应当以"量增"夯实"质升"基础,以"质升"为"量增"提供核心推动力。当前,我国外贸发展环境日趋复杂,面临的不确定性在增加,更需要在稳住"量"的基础上加快提升"质"。一方面,要稳住全球贸易大国地位,巩固外贸的传统优势,在深耕美、欧、日等传统市场的同时,要加大对拉美、非洲等新兴市场的开拓力度。另一方面,加快结构调整和优化。要聚焦质量和效益提升,推动货物贸易优化升级,加快发展贸易新业态,进一步创新服务贸易发展机制。

（4）开放先导与区域协调开放的关系,优化区域开放布局。我国对外开放从东部沿海起步,自东向西、由点及面,开放布局向内陆推进、开放空间向纵深拓展。应因地制宜地服务不同的国家战略,实现我国的对外开放从"梯度开放"向"均衡开放"、从"局部开放"向"全面开放"的转变。巩固东部沿海地区的开放地位,提高中西部和东北地区的开放水平,形成陆海内外联动的开放格局,建设自由贸易试验区和海南自由贸易港,支持香港特区、澳门特区在国际化方面的发展,深化粤港澳大湾区和海峡两岸经济文化交流合作。

（5）中国开放与世界开放的关系,维护多元稳定的国际经济格局和经贸关系。高质量推进"一带一路"建设,实施科技创新行动计划,加强绿色发展和数字经济合作,构建立体互联互通网络,统筹推进重大工程和民生项目。[①]

（二）高水平对外开放是新质生产力发展的必要条件

通过前文的论述可知,孕育出新质生产力概念和高水平对外开放概念的背景有相似之处,但各有侧重:新质生产力强调通过科技创新和产业升级提高经济发展水平,而高水平对外开放则着重于通过深化改革和扩

[①] 参见顾学明、张丹:《统筹好五对关系 推进高水平对外开放》,载《红旗文稿》2022年第24期。

新质生产力发展的法治保障

大开放提升国际竞争力和合作水平。以下将着重介绍高水平对外开放这一概念产生的背景。高水平对外开放的概念缘起于全球化进程中,国与国之间的互动产生的各种冲突。高水平对外开放和新质生产力的关系,既有相辅相成、互相促进的一面,也有不同的侧重点。高水平对外开放是新质生产力的重要组成部分,也为新质生产力发展提供了必要的环境支撑,两者具备相似的时代背景,但高水平对外开放并不完全是新质生产力的子概念,不完全落入后者的子集。

发展新质生产力是实现中国式现代化的重要推进器,而扩大高水平对外开放可以为发展新质生产力营造良好的国际环境,这也是本章标题"发展环境论"的基本内涵。习近平总书记指出,"各国经济,相通则共进,相闭则各退"①,"要扩大高水平对外开放,为发展新质生产力营造良好国际环境"②,"我国经济持续快速发展的一个重要动力就是对外开放"③,都为以高水平对外开放推动新质生产力发展指明了方向。新质生产力与高水平对外开放的关系是相辅相成的——唯物辩证法在肯定"内因"对事物发展变化的重要性的同时,也强调"外因"对事物发展变化的推动作用。根据生产力决定生产关系、生产关系在特定条件下反作用于生产力的原理,新质生产力将决定新质生产关系,其中必然包括高水平对外开放这一面向;而高水平对外开放所涉及的制度变革、体制改革和生产要素配置方式等新型生产关系的变革,亦是提升新质生产力内在动能的必然要求。④

具体而言,高水平对外开放对新质生产力的环境支持作用表现在以下三个方面:其一,在战略上,习近平总书记指出,坚持高水平对外开放要"坚定奉行互利共赢的开放战略"⑤,更加积极地深化国际交流合作。其

---

① 中共中央文献研究室编:《习近平关于全面深化改革论述摘编》,中央文献出版社2014年版,第130页。
② 《习近平在中共中央政治局第十一次集体学习时强调 加快发展新质生产力 扎实推进高质量发展》,载《人民日报》2024年2月2日,第1版。
③ 《习近平著作选读》(第2卷),人民出版社2023年版,第331页。
④ 参见韩雨辰、高正礼:《习近平关于新质生产力重要论述的逻辑体系》,载《当代经济管理》2024年第9期。
⑤ 参见《中共中央举行纪念毛泽东同志诞辰130周年座谈会》,载《人民日报》2023年12月27日,第1版。

第七章
发展环境论：高水平对外开放体制机制塑造的法律支撑

二,在资源上,习近平总书记强调,要在开放的环境中,"以国内大循环吸引全球资源要素"①,"主动布局和积极利用国际创新资源"②,在更高起点上推进自主创新。要吸收、培养更多的高素质劳动者,全面提升劳动资料的生产力水平,培育更广泛的劳动对象。③ 此外,还应当促进国际资源要素的自由流动,扩大高水平对外开放以"增强对国际商品和资源要素的吸引力"④,促进生产要素的跃升和融合。其三,在体制上,习近平总书记强调,坚持高水平对外开放,要"建设更高水平开放型经济新体制"⑤,"稳步扩大规则、规制、管理、标准等制度型开放"⑥。总之,新质生产力既需要政府超前规划引导、科学政策支持,也需要市场机制调节、企业等微观主体不断创新,是政府"有形之手"和市场"无形之手"共同培育和驱动形成的。因此,要深化经济体制、科技体制等改革,着力打通束缚新质生产力发展的堵点卡点,建立高标准市场体系,创新生产要素配置方式,让各类先进优质生产要素向发展新质生产力顺畅流动。⑦

高水平对外开放支持新质生产力发展主要通过五个方面得以实现:一是在开放理念上,习近平总书记强调要"始终秉持共赢理念"⑧,在不断扩大高水平对外开放中同各方共享发展红利。只有秉持互利共赢理念,才能不断扩大高水平对外开放,为新质生产力发展提供更为广阔的国

---

① 《习近平著作选读》(第2卷),人民出版社2023年版,第370页。
② 习近平:《在中国科学院第十九次院士大会、中国工程院第十四次院士大会上的讲话》,载中国政府网,https://www.gov.cn/xinwen/2018-05/28/content_5294322.htm,访问日期:2024年7月15日。
③ 参见何青、胡通、梁柏林:《金融服务新质生产力发展:历史经验与中国启示》,载《当代财经》2024年第7期。
④ 《习近平主持召开深入推进长三角一体化发展座谈会强调 推动长三角一体化发展取得新的重大突破 在中国式现代化中更好发挥引领示范作用》,载《人民日报》2023年12月1日,第1版。
⑤ 《习近平著作选读》(第2卷),人民出版社2023年版,第370页。
⑥ 《习近平在听取陕西省委和省政府工作汇报时强调 着眼全国大局发挥自身优势明确主攻方向 奋力谱写中国式现代化建设的陕西篇章》,载《人民日报》2023年5月18日,第1版。
⑦ 参见习近平:《发展新质生产力是推动高质量发展的内在要求和重要着力点》,载《求是》2024年第11期。
⑧ 《习近平会见荷兰首相吕特》,载《人民日报》2024年3月28日,第1版。

际空间。二是在开放制度上,习近平总书记强调要主动对接高标准国际经贸规则,"扩大制度型开放,打造高水平对外开放门户"①。只有从制度层面进行对接,才能保障开放的持续有效,为新质生产力发展提供更为持久的动力保障。三是在改革和开放的关系上,习近平总书记强调,为了增强对国内外要素资源的吸引力,需要加强市场化法治化国际化营商环境建设。② 国内全面深化改革有助于扩大高水平对外开放,不断扩大高水平对外开放也要求国内全面深化改革的相应发展。可见,改革和开放的有效联动有助于新质生产力的发展。四是在开放方式上,习近平总书记强调,不断扩大高水平对外开放,不仅要"引进来",现在更要"走出去"。习近平总书记强调,扩大高水平对外开放,中国能为世界提供"更多更好的中国制造和中国创造","更大规模的中国市场和中国需求"以及"中国方案和中国力量"。③ 在"引进来"与"走出去"的互动中,促进新质生产力发展和成果共享。五是在开放安全上,习近平总书记强调,要"扩大高水平对外开放,有效防范化解重点领域风险"④。只有不断扩大高水平对外开放,才能促进新质生产力发展的内外环境联动,推动新质生产力发展。⑤

(三)高水平对外开放与新质生产力其他方面的互动

高水平对外开放虽然是新质生产力中较为重要的一个方面,但它绝非孤立存在,而是与新质生产力的其他方面保持良好的互动关系。换言之,高水平对外开放这一概念本身也与本书其他章节之间存在较强的关联性。

新质生产力的"新"以新技术、新经济、新业态为主要内涵,决定了高

---

① 《习近平主持召开深入推进长三角一体化发展座谈会强调 推动长三角一体化发展取得新的重大突破 在中国式现代化中更好发挥引领示范作用》,载《人民日报》2023年12月1日,第1版。

② 参见《习近平主持召开新时代推动中部地区崛起座谈会强调 在更高起点上扎实推动中部地区崛起》,载《人民日报》2024年3月21日,第1版。

③ 参见习近平:《携手同行现代化之路——在中国共产党与世界政党高层对话会上的主旨讲话》,人民出版社2023年版,第6页。

④ 《中共中央政治局召开会议讨论政府工作报告》,载《人民日报》2024年3月1日,第1版。

⑤ 参见周世露、乔光辉:《习近平总书记关于新质生产力重要论述的整体逻辑》,载《经济问题》2024年第7期。

水平对外开放与新质生产力的其他方面具有紧密的互动关系。新质生产力需要与之相耦合的"新质生产关系"。新质生产力在结果意义上与居民的需求变动相关,在要素、要素组合、产业形态等方面则与系统化的变革相关,因此在生产关系维度,其内在地需要"制度组合"与之相适应,这些制度既要保持社会秩序的稳定,又要激发经济创新的活力。[①] 其中,新技术在科学技术是第一生产力的基础上强调关键性、颠覆性技术突破;新经济强调通过科技创新与制度创新形成新的经济结构和经济形态,实现了技术到经济的衔接,而这需要人力资本和劳动禀赋优化升级才能得以实现;新业态注重以数字科技推动传统产业的数字化升级和数字技术的产业化发展,完成先进技术向高端产业的转化,代表新质生产力的产业维度。由于基于模仿带来的技术扩散效应越来越弱,只有生产要素创新性配置、传统产业绿色化转型以及产业数智化发展才能实现业态的转型升级。[②]

与传统生产力相匹配的劳动者主要是普通工人和技术工人,与新质生产力相匹配的则是智力工人,即知识型、技能型、创新型劳动者。相较于前者,智力工人拥有更为先进的认知能力和实践能力。一方面,智力工人对自然界、人类自身及其生产活动有着更为深刻的认识,意识到要在人与自然和谐共生中利用和改造自然,兼顾生产的效益与质量。另一方面,智力工人具备更高的创新素养和劳动能力,能够熟练运用高端精密仪器和智能设备从事生产。数据成为劳动对象促进了数字产业化和产业数字化的发展,使数字技术与实体经济深度融合,为传统产业的转型升级以及战略性新兴产业和未来产业的发展创造了有利条件。可见,新质生产力从劳动者、劳动资料、劳动对象三个方面超越了传统生产力,是对马克思主义生产力理论的发展和创新。[③] 要实现劳动者的升级,应通过引入先进的教育资源、推动国际化人才流动,以及

[①] 参见高帆:《"新质生产力"的提出逻辑、多维内涵及时代意义》,载《政治经济学评论》2023年第6期。

[②] 参见周文、许凌云:《论新质生产力:内涵特征与重要着力点》,载《改革》2023年第10期。

[③] 参见周文、许凌云:《论新质生产力:内涵特征与重要着力点》,载《改革》2023年第10期。

新质生产力发展的法治保障

实施开放政策,促进劳动禀赋的提升。应逐步打破阻碍劳动力自由流动的限制,促进人才和劳动力在区域内的有序流动,实施统一的市场准入和监管,促进市场经济的健康发展,优化营商环境,进一步激发市场活力。减少市场分割和地方保护主义现象,促进商品和服务的自由流通,制定统一的公共服务标准,实现跨区域办理业务的无缝衔接,提高公共服务水平,从而提升企业和居民的满意度。①

高水平对外开放有利于构建多元化、分类别的高标准要素市场,通过价格机制、配置方式和服务创新等改革,一方面形成全国统一的要素大市场,另一方面激发各类要素主体的活力和创造力,进一步发挥数据要素等在新型生产力发展中的关键作用,积极建设知识产权交易所、土地产权交易所、数据要素交易所等。除高质量的劳动力和各种创业、投资资本等传统生产要素外,数据要素和技术要素也发挥着关键核心作用。高水平对外开放有利于推动科学技术的革命性突破,吸引全球顶尖科研人才和资金。高水平对外开放优化了资本、技术和劳动力等生产要素的配置,有助于资源的优化利用。在科技创新领域,扩大高水平对外开放有助于应对"人为制造科技壁垒"②所带来的巨大挑战。这不仅为国际科技交流与合作提供了良好条件,也为推动重大科研项目的合作攻关奠定了基础,从而进一步促进科技创新,为新型生产力的发展提供动力支持。高水平对外开放通过完善产权制度、市场准入制度、要素市场制度、公平竞争制度和市场开放制度等方式,为传统产业转型升级提供助力。国资委鼓励启航企业大胆"出海",利用现有的区域一体化环境,通过高水平对外开放打造新质生产力启航企业的国际知名度,从而实现由企业到产业开放水平的提高,进而实现从产业到规则和标准的制度型开放水平的提高。譬如2024年3月国资委按照"四新"(新赛道、新技术、新平台、新机制)标准遴选确定的首批新质生产力启航企业就包含人工智能领域企业、量子信息科技企业、生物医药创新企业、新兴科技初创企业、战略性新兴产业企业、

---

① 参见谢一青:《长三角一体化:制度创新引领高质量发展和高水平开放》,载中国经济网,http://views.ce.cn/view/ent/202402/18/t20240218_38902282.shtml,访问日期:2024年7月22日。

② 参见《习近平会见荷兰首相吕特》,载《人民日报》2024年3月28日,第1版。

第七章 发展环境论：高水平对外开放体制机制塑造的法律支撑

未来产业潜力企业、科技创新领军企业、独角兽培育企业。①

开放的市场环境和国际合作有助于传统产业的绿色化转型，为新质生产力的发展提供了广阔的市场和资源支持。习近平总书记指出："生态文明建设关乎人类未来……任何一国都无法置身事外、独善其身。"②中国式现代化是人与自然和谐共生的现代化，要协同推进降碳、减污、扩绿、增长，加快发展方式绿色化转型。进入新发展阶段，贯彻新发展理念，统筹经济发展与环境保护，是实现高质量发展的必由之路。准确识别嵌入全球价值链对企业污染排放的影响及其微观机制，对于以高水平对外开放协同推进降碳、减污、扩绿、增长，是高水平对外开放的必然要求。③

二、现状分析：新质生产力发展的法律基础条件

（一）制度型开放是保障新质法治的基本形式

在高水平对外开放这一子概念的内部，制度型开放的概念具有核心性的重要意义。2018 年 12 月，中央经济工作会议首次提出"推动由商品和要素流动型开放向规则等制度型开放转变"，标志着中国对外开放进入高水平开放的新阶段。推进制度型开放需要"构建与国际通行规则相衔接的制度体系和监管模式"④。制度型开放指的是在具有较强外溢效应的相关体制机制领域将本国相关规则与国际通行规则，特别是发达国家的高标准规则进行对标对表，在此基础上实施一系列系统性的制度创新措施的开放战略。高水平的制度型开放在新一轮的国际经贸规则议题中

---

① 参见王希：《国务院国资委确定首批启航企业 加快发展新质生产力》，载新华网，http://www.news.cn/tech/20240329/a61b54e3a0764e76afbd89e7ff64cdc7/c.html，访问日期：2024 年 4 月 22 日。

② 中共中央党史和文献研究院编：《习近平关于中国特色大国外交论述摘编》，中央文献出版社 2020 年版，第 243 页。

③ 参见裴建锁、方勇彪、姜佳彤：《嵌入全球价值链助力企业绿色发展：投入结构转型效应的解释》，载《中国工业经济》2024 年第 2 期。

④ 《中华人民共和国国民经济和社会发展第十四个五年规划和 2035 年远景目标纲要》，载中国政府网，https://www.gov.cn/xinwen/2021-03/13/content_5592681.htm，访问日期：2024 年 10 月 15 日。

居于重要位置,诸如传统的以关税、配额、许可证等为特征的边境开放措施已不再是焦点问题,取而代之的是以贸易和投资便利化、知识产权保护、政府采购、竞争中立、营商环境等新议题为特征的"境内开放"措施和规则问题,2009年开始由美国主导的《跨太平洋伙伴关系协定》(TPP)就是朝着高标准化方向发展并代表未来国际经贸规则演进主要方向的一个典型区域协定案例。① 在我国,要在行业管理、市场体系、商事制度、金融体系等领域逐步消除制约各类生产要素优化配置的显性或隐性障碍,具体包括商品贸易、服务贸易投资等传统对外开放合作领域,数字贸易、跨境人才流动等新兴对外开放合作领域,国有企业、补贴政策、知识产权保护等重大"边境后"政策领域、行业规则、行业标准等领域。②

制度型开放的提出标志着中国对外开放从商品和要素流动型开放向规则等制度型开放转变,要求通过扩大规则、规制、管理、标准等制度型开放推进统一大市场建设,营造更加市场化、法治化、国际化的营商环境。法律制度对于高水平对外开放的保障作用是基础性和根本性的,法治具有根本性、全局性、长期性的特征,是国家治理体系和治理能力的重要依托,在新质生产力形成和发展过程中发挥着固根本、稳预期、利长远的保障作用。③ "新质法治"是由"新质生产力"引发的"同质性"社会变革,需要统筹好国内法治和涉外法治的关系,是"新质生产力"中的"新质"内涵逻辑的自然延伸。作为由"新质生产力"引发的"新质法治"必须与"新质上层建筑"中的其他"新质"要素一起,在国家治理和社会治理中起到"共轭"性的治理合力的功效。④ 法治与新质生产力发展是相辅相成的关系,以美日法治状况与经济环境关联关系的研究为例,美国注重法治和激励机制,国会针对某个产业先行立法,之后企业、大学、科研机构等微观主体都遵循这一方

---

① 参见戴翔:《制度型开放:中国新一轮高水平开放的理论逻辑与实现路径》,载《国际贸易》2019年第3期。
② 参见国家发展改革委对外经济研究所课题组:《中国推进制度型开放的思路研究》,载《宏观经济研究》2021年第2期。
③ 参见冯果:《以高质量法治助推新质生产力发展》,载《民主与法制》2024年第6期。
④ 参见莫纪宏:《论新质生产力基础上的"新质民主"与"新质法治"的辩证统一》,载《政治与法律》2024年第6期。

向努力,对各个不同产业进行扶持和管制的立法有《农业信贷法》《农业调整法》《国家技术创新法》《小企业创新发展法》《综合贸易与竞争法》《能源法》等。日本刚好相反,其选择性的产业政策依赖政府的高度判断能力和信息捕捉能力。基于对日本产业政策的反思,一些学者提出了"市场增进论",他们发现只有顺应市场的相关立法才能取得良善效果,而这对于新质生产力条件下的国家法治塑造,有着重要的启发意义。①

(二)保障新质法治需平衡的三组核心关系

制度型开放可以通过利益衡平的方式保障新质法治的实现,而这又具体需要处理好三组关系:

(1)安全与效率的关系。安全和效率是市场运作的核心价值和基本遵循,二者相辅相成,共同保障市场稳定运行,应当避免安全或效率的单向倾斜和跛脚式偏向。但在我国对外开放进程中,由于经济体系建设经验相对不足和境外资本风险的影响渗透,机制创新长期让位于安全保障,开放制度步伐缓慢且散乱,导致我国市场开放尚有面向不开、机制不全、预期不稳的障碍。因此,应依托市场开放的关键要素及其运行结构,探索便利开放、降低交易成本的机制,进一步扩大高水平、多面向的开放层次,同时亦应注意因跨境因素所引致和聚焦的跨市场、跨领域、跨国境的原生风险、衍生风险及系统性风险,如数据跨境风险、热钱流入风险、跨境操纵风险等;同时要素流动自由化给我国经济、社会、文化、信息安全带来的新挑战也不容小觑,怎样在制度设计中平衡开放和稳定的关系是价值性的难点问题。譬如,资本募集和投资者保护、货币资本自由化程度、国内企业与外资企业之间是否安排倾斜性政策、保护性的知识产权或者宽松的知识产权政策等问题都属于此列,核心在于需要找到利益底线何在。总而言之,需在确保系统性安全底线的基础上,探索更大面向、更高程度、更加深化的机制创新路径,寻求安全和效率的动态新平衡。

(2)国内与国际规则的关系。这主要讨论的是,在制度竞争的大背景

---

① 参见王曙光:《新质生产力、经济增长模式与动力机制转换》,载《党政研究》2024年第5期。

下,我国应采取何种策略和平崛起的问题。根据罗伯特·基欧汉提出的竞争性多边主义概念,当对制度不满的行为体寻求改变既有的封闭制度时,特定国家可能寻求通过机制转换(regime shifting)或竞争性机制创建(competitive regime creation)的方式来推动国际制度变革。① 我国更多地是修正与微调而非颠覆既有体制,推动既有体制改革而非建构实质功能相同和重叠的体制。在此过程中,受路径依赖、制度体制差异、市场发展程度的影响,国内制度与国际规范之间不可避免地存在差异。因此,在推进我国市场制度型开放体系建设中,既要客观审视既有制度的缺陷与不足,亦要充分考虑我国市场的发展阶段、社会主义本质、功能地位等实际基础。如何合理看待两种规则的差异性并科学推进制度移植、制度整合和制度引领的法制路线图,探索境内外制度协调的创新机制,推进国内外制度的实质融合和禀赋保留,乃至让有借鉴性的中国经验走向世界,都是亟须解决的难点问题。

(3)市场需求与制度供给的关系。这一组关系讨论的既是稳定守正与灵活创新的关系,也是现有规则与新设规则的关系。制度型开放的关键在于提供连续稳定的制度保障,以改变政策化、项目式、试点型方案预期不强的问题。但不能否认,我国市场的工具、主体、模式变化迅速,制度既要保证有稳定的预期,但也要留有灵活因应的空间。是以,如何在制度设计中既全面总结针对性的规制方案和机制抓手,同时又能有前瞻性的灵活安排回应市场创新,是制度内容设计必须解决的难点问题。鉴于我国市场开放存在点状分散、位阶较低等问题,制度型开放的关键在于法律制度的体系化重构,这既包括对既有制度的修改,也包括新制度的构建;既有对部分内容的针对性完善,亦有统合性的新规出台;既有立法的规范性文件通过,也有司法解释的颁行。因此,新旧制度如何实现位阶分配、内容分工、理念统合、进路协调,也是亟待解决的难点。

---

① 参见〔美〕罗伯特·基欧汉:《竞争的多边主义与中国崛起》,曲博译,载《外交评论》2015年第6期。

第七章 发展环境论：高水平对外开放体制机制塑造的法律支撑

(三)法律制度引导调控新质生产力发展的理论基础

理论上,关于法律制度引领新质生产力发展的讨论集中于制度经济学、法律金融学和比较政治学等领域。相关研究通过弱化新古典经济学某些远离现实的假设,将制度纳入经济分析中,在制度起源、制度比较与选择、制度及其变迁与经济增长的关系等方面进行了深入研究。其中,制度竞争研究具有基础性意义。制度竞争指的是不同国家或地区通过优化其法律和经济制度,以吸引投资、促进经济发展的过程。在全球化背景下,制度竞争成为国家间竞争的核心要素之一。其中,法律制度的竞争是现代国家提升经济竞争力的重要手段。特定制度可以建构和形塑特定国家基础环境①,国家的法治化将直接使其处于更有利的国际竞争地位②。让法律与金融(law and finance)学派名噪一时的法律重要性假设说(law matters hypothesis)就认为,所有权集中是对投资者保护不足的表征:在缺乏对少数股东足够保护的情况下,投资者只能通过持有大额股份、直接行使控制权来监督管理者,从而保护其投资。③ 只有在法律制度严格规范内部人机会主义行为的保护性环境中,少数股东才对自己的投资有信心,市场才会扩张。④ 在传统的法律与金融文献中,不同国家可以依据其法律传统进行分类,主要分为普通法法系和民法法系。普通法国家被认为对商业更友好,拥有更发达的金融市场。类似的观点还有,不同的法律制度能够在市场中相互竞争,而不同的法律制度在合同执行、产权保护和纠纷解决方面的效率差异,促使企业和个人在不同制度环境中选择最优的行为策略,进而促进经济效率和社会福利的提升。⑤ 虽然这种观点近年来被反

---

① See Andrew P. Cortell, James W. Davis, "Understanding the Domestic Impact of International Norms: A Research Agenda", 2 *International Studies Review* 65-87(2000).

② See Beth A. Simmons, "International Law and State Behavior: Commitment and Compliance in International Monetary Affairs", 94 *American Political Science Review* 819-835(2000).

③ See Rafael La Porta, Florencio Lopez-de-Silanes and Andrei Shleifer et al., "Law and Finance", 106 *Journal of Political Economy* 1113-1155(1998).

④ See Rafael La Porta, Florencio Lopez-de-Silanes and Andrei Shleifer et al., "Investor Protection and Corporate Governance", 58 *Journal of Financial Economics* 3-27(2000).

⑤ See Oliver Hart, "Bengt Holmstrom, A Theory of Firm Scope", 125 *The Quarterly Journal of Economics* 483-513(2010).

思,有学者质疑法律与金融学派的研究稳健性不足①;还有学者指出,"法律与金融"范式忽视了市场和法律系统的复杂性②。但反对的观点并不主张全盘推翻"法治水平深刻影响一国金融市场的发展状况、法律应当积极作为"的基本观点。

我国学者在域外研究的基础上,提出了中国方案。有学者指出,欧洲的崛起与其商业和公司制度的发展密不可分。公司制度为欧洲商人的海外扩张提供了组织基础,推动了世界市场的形成和工业革命的到来。我国的公司制度改革始于改革开放后的经济转型期,通过借鉴西方公司制度,推动了我国经济的快速发展。我国应当持续通过制度创新,推动公司制度的发展和完善,从而在全球竞争中取得优势。③ 有学者认为,当前的制度竞争理论主要包括规制竞争理论(regulatory competition theories)、功能理论(functional theories)、网络理论(network theories)和支配理论(dominance theories)四种。其中规制竞争理论认为,制度的演化应遵循优胜劣汰的"丛林法则",各国政府应允许市场参与者自主选择法律制度从而形成统一的金融监管体系。功能理论通过结果来论证方法的正确性,强调国际合作的比较优势,认为国际金融监管的政策合作可以降低因各国规制不同而产生的成本,优于单边主义的规制策略。网络理论将重点放在参与国际事务的人的关系网络上,认为国际组织官员、国内行政官员、法官及各类专家之间的交往形成了非正式的"网络组织"。支配理论认为,在国际金融监管体系中存在强国和弱国之分,各国的国际地位影响其参与国际金融监管体系变革的方式和结果。在此基础上,我国学者进一步探讨了中国在国际金融监管体系变革中的选择,建议通过建立国际金融中心和完善法律制度,提升中国在国际金融事务中的话语权。④ 还有

---

① See Gerhard Schnyder, Mathias Siems and Ruth V. Aguilera, "Twenty Years of 'Law and Finance': Time to Take Law Seriously", 19 *Socio-Economic Review* 377–406(2021).

② See Katharina Pistor, "Rethinking the 'Law and Finance' Paradigm", 2009 *Brigham Young University Law Review* 1647–1670(2009).

③ 参见范健:《制度竞争下的中国公司法改革》,载《法治研究》2019年第3期。

④ 参见孙南申、彭岳:《国际金融中心法制环境建设的政策与法律措施:以中国金融安全保障为视角》,载《复旦学报(社会科学版)》2012年第2期。

第七章
发展环境论：高水平对外开放体制机制塑造的法律支撑

学者指出,制度竞争正是各国为了应对国际竞争而主动选择的域内"约束规则",法律的多元演化现象源于制度竞争,就如同生物进化是物种竞争的结果一样。不同的法律制度通过在被遵守率和实施成本上的竞争,最终形成一种"间断平衡"的状态。中国应在法律制度构建上关注当前社会发展阶段,做到适时适度,促进制度的多元化发展,以在国际竞争中取得优势。① 还有学者认为,中国采取的"进取型"金融外交与美国采取的"守成型"金融外交之间的博弈难以避免:中国通过推动改革和建立新制度来提升其在国际金融体系中的地位,而美国则通过维护现有制度来保持其霸权地位。这种竞争不仅影响两国的金融地位,还对国际金融治理格局产生深远影响。②

(四)法律制度引导调控新质生产力发展的实践形式

实践中,法律制度对高水平对外开放的方向和节奏都可以进行把握与调控,以确保开放政策与国家经济社会发展的总体目标相一致。目前我国在法律实践层面已经实现的内容大体可以分为三个方面:

(1)风险防范和预警机制。在金融安全领域,中国人民银行发布的《中国金融稳定报告(2024)》指出:我国发挥结构性货币政策工具作用,普惠小微贷款、制造业中长期贷款、高新技术企业贷款余额同比增速均高于各项贷款增速。全力支持房地产市场平稳运行,在供给端,延长"金融16条"等政策期限,满足不同所有制房地产企业合理融资需求;在需求端,下调个人住房贷款首付比例和利率政策下限,配合有关部门优化住房套数认定标准,降低存量首套住房贷款利率。统筹协调做好金融支持融资平台债务风险化解工作,落实防范化解融资平台债务风险的政策措施。推进化解中小金融机构风险,稳妥有序处置高风险金融机构。有效应对外部冲击风险,完善跨境资金流动监测预警和响应机制,国际收支保持基本平衡。推进金融稳定保障体系建设,发挥存款保险功能,促进投保机构审慎经营。金融体系运行总体稳健,金融风险整体收敛可控。《中华人民共和国金融稳定法(草案)》通

---

① 参见肖恒:《制度竞争视角下法律多元演化的经济分析》,载《福建论坛(人文社会科学版)》2021年第6期。
② 参见李巍:《中美金融外交中的国际制度竞争》,载《世界经济与政治》2016年第4期。

过设立宏观审慎管理框架和风险预警系统,旨在有效识别和管理系统性风险,以保障金融市场的稳定性。金融稳定保障基金的基本框架已经初步建立,金融稳定工作在精准拆弹、改革化险、抓前端治未病、建机制补短板等方面取得积极成效,金融风险整体收敛、总体可控。在网络安全领域,《网络安全法》等进一步细化了网络安全法相关制度,《互联网信息服务管理办法》的出台改善与清朗了网络环境,《中华人民共和国反恐怖主义法》(以下简称《反恐怖主义法》)通过规定恐怖活动犯罪的刑事责任、惩治恐怖活动犯罪的诉讼程序、涉恐资金监控等内容开展网络反恐,《关键信息基础设施安全保护条例》明确关键信息基础设施范围和完善关键信息基础设施认定机制,《数据安全法》《个人信息保护法》《数据出境安全评估办法》等法律、法规、规章则通过对关键信息基础设施运营者落实网络安全责任,建立健全网络安全保护制度,设置专门安全管理机构,开展安全监测和风险评估,建立健全数据分类分级保护、风险监测预警和应急处置、数据安全审查等制度防止数据泄露和滥用。这些法律、法规、规章共同构成了一套全面的风险防范体系,为各类风险的及时识别和有效处置提供了有力的支持。

(2)对外开放政策相关机制。第一,自贸区的设立和管理上已经取得初步成效。习近平总书记指出,要加快推进规则标准等制度型开放,完善自由贸易试验区布局,建设更高水平开放型经济新体制①,把制度集成创新摆在突出位置,高质量高标准建设自由贸易港②。自 2013 年上海浦东建立首个自由贸易试验区以来,中国已陆续在广东、天津、福建,以及辽宁、浙江、河南、湖北、重庆、四川、陕西成立了多个自由贸易试验区,形成了"1+3+7"的格局。通过自由贸易试验区的先行先试,中国在投资和贸易领域引入高标准规则,以建立与国际接轨的监管标准和制度规范,负面清单等制度趋于成熟。③ 第二,商品贸易、服务贸易、投资等传统对外开放

---

① 参见《习近平在全面推动长江经济带发展座谈会上强调 贯彻落实党的十九届五中全会精神 推动长江经济带高质量发展》,载《人民日报》2020 年 11 月 16 日,第 1 版。

② 参见《习近平对海南自由贸易港建设作出重要指示强调 要把制度集成创新摆在突出位置 高质量高标准建设自由贸易港》,载《光明日报》2020 年 6 月 2 日,第 1 版。

③ 参见刘彬、陈伟光:《制度型开放:中国参与全球经济治理的制度路径》,载《国际论坛》2022 年第 1 期。

第七章
发展环境论：高水平对外开放体制机制塑造的法律支撑

合作领域的制度体系已经基本和国际接轨，开放政策的稳定性、透明度不断加强。我国关税总水平已经大幅下降，服务贸易和跨境直接投资管理体制已经和发达经济体基本接轨。① 我国已经完成从"引进来"到"引进来"和"走出去"并重的转换，多家国有与民营企业成长为具有充分竞争力的跨国公司。第三，数字经济及配套制度初具雏形。我国数字经济的规模和增速均在全球前三，中国跨境电商的规模、计算机技术和数字通信技术已达到领先水平，涌现出淘宝、字节跳动、Shein 等优秀企业。在配套制度上，出台了《网络安全法》《中华人民共和国电子商务法》（以下简称《电子商务法》）等 150 多部网络领域立法。国务院新闻办公室发布的《新时代的中国网络法治建设》白皮书显示，我国坚持"大块头"立法和"小快灵"立法相结合，防范和化解风险。2021 年国务院反垄断委员会发布《关于平台经济领域的反垄断指南》，根据平台经济的发展状况、发展规律和自身特点加强和改进反垄断监管。2022 年修改《反垄断法》，完善平台经济反垄断制度，规定经营者不得利用数据和算法、技术、资本优势以及平台规则等从事该法禁止的垄断行为。《民法典》完善了电子合同订立和履行规则，将数据和网络虚拟财产纳入法律保护范围，促进数字经济发展。《网络预约出租汽车经营服务管理暂行办法》《互联网信息服务算法推荐管理规定》《区块链信息服务管理规定》《网络借贷信息中介机构业务活动管理暂行办法》《在线旅游经营服务管理暂行规定》等规范了网约车、算法、区块链、互联网金融、在线旅游等新技术、新业态，丰富了"互联网+"各领域治理的法律依据。我国形成了以宪法为根本，以法律、法规、规章等为依托，以传统立法为基础，以网络专门立法为主干的网络法律体系，搭建了网络法治的"四梁八柱"。

（3）国际参与机制。这既包括双边合作协议，也包括区域合作框架和多边合作机制，在内容上既包括国际谈判与协商对话，也包括定期举行高层次对话、商务论坛等，加强了解和信任。中国在积极学习、修正乃至引领经济制度变革方面展现出充分的大国担当和责任感。以国际货币基金

---

① 参见国家发展改革委对外经济研究所课题组：《中国推进制度型开放的思路研究》，载《宏观经济研究》2021 年第 2 期。

组织和世界银行为基础的全球货币体系改革为例,为应对金融危机中救助效果不佳的挑战,东盟10国与中日韩于2000年5月在泰国清迈签署《清迈协议》,建立了区域性货币互换网络机制,于2011年在新加坡成立东盟与中日韩宏观经济研究办公室。此外,中国推动了金砖国家新开发银行及配套应急储备基金的建立,并为解决基础设施建设资金不足及资金融通困难主导建立了亚洲基础设施投资银行(亚投行)①,并推动了特别提款权改革。在"一带一路"建设中,中国确立了共商共建共享原则,在工作制度对接、技术标准协调、检验结果互认、电子证书联网等方面取得积极进展。中国积极发起与参与起草《推进"一带一路"贸易畅通合作倡议》《区域全面经济伙伴关系协定》《全面与进步跨太平洋伙伴关系协定》《数字经济伙伴关系协定》等文件,并与多国签署了双边投资协定、避免双重征税协定(含安排、协议)、"经认证的经营者"互认、第三方市场合作文件、双边本币互换协议、人民币清算安排、政府间科技合作协定等。在此基础上,中国积极举办中国国际进口博览会等活动,促进产业合作深入推进,同多个国家签署产能合作文件,并在农业、科技、能源、数字经济等多个领域开展深度合作。

三、展望未来:新质生产力发展的法律障碍破除

当前的法律框架虽然为高水平对外开放打下了良好基础,但绝非完美,在立法、司法、执法等层面都有提升空间。随着国际交往日渐频繁,国内法律体系需要与国际接轨,既要借鉴国际先进经验、遵循国际惯例,提升法律体系的国际竞争力和兼容性,还要发挥维护全球化的引领和示范作用,为全球治理体系的完善贡献中国智慧和中国方案。这一进程不仅涵盖了传统意义上的立法活动,更涉及规则、规制、管理和标准等多个维度的深化与拓展,旨在构建一个既具灵活性又能有效应对复杂国际形势的法律框架。其中"硬法"与"软法"相辅相成,在促进国际合作、协调不同国家和地区间的差异方面发挥着不可替代的作用。

---

① 参见刘彬、陈伟光:《制度型开放:中国参与全球经济治理的制度路径》,载《国际论坛》2022年第1期。

不仅要通过正式的法律、法规维护市场秩序、保障公平竞争,也需要通过指导原则、行业标准、最佳实践等非强制性规范,引导企业自律,促进市场健康发展。

(一)基本法律框架:正式法律、法规

正式的法律、法规可以为高水平对外开放创造一个相对稳定可预期的法律框架。在范式上,作为后发型、追赶型国家,应当逐渐放弃以准入、许可和惩戒为主要特征的管控型监管,转向以公共产品供给为核心、注重监管与产业利益平衡的公共产品供给型监管。① 具体而言,中国在许多新兴对外开放合作领域的法律制度仍需进一步完善,具体包括以下方面:

1. 资本市场制度建设的四个面向:工具、市场主体、资本与基础设施

我国资本市场对外开放相关制度的基本框架已经形成,但距"十四五"规划和中共中央、国务院《关于新时代加快完善社会主义市场经济体制的意见》要求的推动由商品和要素流动型开放向规则等制度型开放转变尚有距离。要提高我国资本市场全球竞争力,需全面提升融资工具、市场主体、资本与基础设施的建设水平。

(1)跨境融资工具和交易品种完善

关于跨境融资工具创新实践与制度规范。总体而言,各类仍处于发展初期的跨境融资工具面对的共同困境是,投资者难以直接获取发行公司的财务状况、盈利水平等基础信息,处于信息劣势,交易机制由于涉及多个市场和主体而十分复杂,加之存在司法管辖权冲突、监管协调、外汇管制等问题,导致相关产品体量小、效率不高。② 应当明确各方法律责任,事先协调跨境管辖权冲突,增强信息披露的法律规制,并建立集体诉讼和投资者团体保护机制。③ 应建立政府评估制度,并在特定领域建立单

---

① 参见冯辉:《公共产品供给型监管:再论金融监管的理念变革与法制表达》,载《政治与法律》2018年第12期。
② 参见薛晗:《中国存托凭证制度的规制逻辑与完善路径》,载《中国政法大学学报》2019年第2期。
③ 参见李东方:《存托凭证投资者权益保护制度的特殊性及其完善——兼论我国现行存托凭证制度的完善》,载《法学评论》2022年第3期。

边决定模式,以减少因制度差异带来的额外成本。①

具体而言,首先应完善跨境融资工具和交易品种创新的制度供给。股权型工具如存托凭证、沪(深)港通、沪伦通的基本制度架构虽已成型,但目前仍以全球存托凭证为主,中国存托凭证发展明显滞后,这导致中国企业"出海"相对便利,外国企业来华上市则极为困难。② 除二次上市、双重上市等替代性选项具有极大的吸引力,以及我国资本市场环境尚不成熟,法律、会计等制度未与国际接轨,国内舆论仍延续国际板讨论期对外国企业来华"圈钱"的恐惧情绪等因素外,中国存托凭证发展的最大阻碍在于制度的理论与实践过度集中于中后端,忽略了前端。制度设计的粗放、制度吸引力的缺失都导致中国存托凭证在发行阶段就已停摆,中后端对于信息披露、投资者保护的完善设计也只能是无源之水、无本之木。应当简化目前采用的"史上最复杂"跨境转换机制③,在将临时法制度转化为永久法制度的过程中,破除中国存托凭证制度的垄断性④。

债权型工具如熊猫债、点心债、债券通的制度规范方面。中国资本市场现行立法仍存在重股轻债、债券市场法制建设滞后和规则碎片化的问题。首先,总体上,应通过修法消除市场割裂,规范发展,形成差异化的规则体系,强调现代化和统一债券市场规则的重要性不言而喻。⑤ 应整合和统一债券法律体系,明确债券分类,加强银行间和交易所市场互动,简化

---

① 参见唐应茂:《"一带一路"背景下熊猫债结构性问题的制度出路》,载《法学》2018年第2期。

② 全球存托凭证是由存托银行发行的一种可转让金融工具,它代表一家外国公司的股票在投资者所在国的当地证券交易所交易。全球存托凭证使公司(发行人)有可能接触到本国境外资本市场的投资者。中国存托凭证是指由存托人签发、以境外证券为基础在中国境内发行、代表境外基础证券权益的证券。

③ 参见张汉飞:《资本项目尚未放开条件下推行中国存托凭证的路径和问题》,载《求索》2007年第2期。

④ 参见唐应茂:《独角兽、法律周期论与民族国家建构 红筹企业中国存托凭证制度的初步研究》,载《中外法学》2019年第2期。

⑤ 参见蒋大兴:《被忽略的债券制度史——中国(公司)债券市场的法律瓶颈》,载《河南财经政法大学学报》2012年第4期。

第七章
发展环境论：高水平对外开放体制机制塑造的法律支撑

发行流程,推广集合债券。① 还应将风险防范的市场化机制嵌入债券市场的法律制度中,这包括明确债券市场的法律框架、完善信息披露制度、健全信用评级体系、强化债券担保和风险管理等。② 其次,中国债券市场的流动性较弱,主要受到债券市场的结构、交易机制和市场参与者的多样性限制。应通过建立双层架构(包括交易商市场和投资者市场)来区分不同类型的交易者和市场参与者,加强对做市商的制度建设和政策支持。此外,应加强对债券市场的监管和基础设施建设,特别是整合登记托管和结算系统,建立统一的交易报告库,以减少市场割裂现象。③ 最后,应当打破长期以来中国债券市场存在的"刚性兑付"隐性担保,提高投资者风险意识、市场流动性和定价效率,发展债券契约条款、破产和解制度,以及完善债券受托管理人制度。只有政府和监管机构指导但不过度干预市场,司法机关作为最终保障,方能确保违约处置的合法性和公平性。④ 在主体上应积极培育直接交易主体(如发行人和投资者)、市场监管机构以及中介类主体(如信用评级机构、债券保险机构等),尤其是需要加强对信息披露、投资者保护和市场透明度的法律保障。⑤

股债融合型工具也存在品种不足、规制有限的问题。以期货合约等证券衍生品的制度设计为例,关于欺诈行为和市场操纵行为的异同、跨市场操纵的两种模式的关系与差异、价格操纵的具体内涵等基础问题都尚未厘清。应建立一个二元规制体系,以在法律上明确区分欺诈和市场操纵行为⑥,重新审视和重构价格操纵法律框架及增加针对不同操纵行为的

---

① 参见冯果:《〈证券法〉修订与债券市场规则体系的重构——兼论证券市场的法治逻辑与制度体系的现代化》,载郭锋主编:《证券法律评论》(2016 年卷),中国法制出版社 2016 年版,第 329 页。
② 参见袁康:《我国债券市场风险治理的规范逻辑与制度构建》,载《政法论丛》2018 年第 3 期。
③ 参见冯果、张阳:《不能忽视的债券市场分层:基于破解市场流动性困局的思考》,载《华东政法大学学报》2021 年第 2 期。
④ 参见冯果、段丙华:《债券违约处置的法治逻辑》,载《法律适用》2017 年第 7 期。
⑤ 参见冯果:《债券市场的主体培育:目标、进路与法制变革》,载《政法论丛》2018 年第 3 期。
⑥ 参见钟维:《欺诈理论与期货市场操纵二元规制体系》,载《清华法学》2021 年第 3 期。

具体条款①,并厘清跨市场操纵的两种主要模式(市场力量型操纵和价格关联型操纵)间的联动关系,防止市场滥用和市场操纵②。当然,其他创新工具如跨境融资工具和交易品种扩容的制度空间也有待拓展,基金工具如交易型开放式基金互联互通的规则完善与制度保障也是一个值得关注的问题。

(2)跨境市场主体的动机与约束机制研究

资本市场主体跨境活动的制度障碍与破除研究从四个方面展开:

一是从事跨境活动的动机研究。根据对美国和英国主要交易所的实证研究,公司选择交叉上市的原因,除了法律约束假说(发行人通过交叉上市来接触更优越的公司治理结构以潜在地降低资本成本),还包括市场分割、流动性和投资者保护等因素。③ 根据对外国公司在新兴市场首次公开募股(IPO)和上市趋势的研究,外国公司选择在法律保护相对较弱的市场上市的动机包括:获取当地货币和资本、提高其在这些市场中的品牌知名度和市场份额,或者寻求较低的监管成本和负担。④

二是针对跨境融资主体的研究。目前存在境外企业在中国境内上市的具体规定尚不明确等市场准入障碍,以及母国和目标市场法律冲突,跨境监管在信息披露、财务报告和审计标准方面的复杂性和跨境融资中的信息不对称、不及时或不准确等问题。应通过法律移植和创新的方式改进现有制度,增强法律的适应性和灵活性,特别是需要建立健全的信息披露制度、投资者保护机制,并通过国际合作加强跨境监管和司法协助。⑤ 可以考虑通过建构一个"民族资本市场"的统筹框架,将中

---

① 参见钟维:《基于价格影响的期货市场操纵规制理论:反思与重构》,载《法学研究》2022年第1期。

② 参见钟维:《跨市场操纵的行为模式与法律规制》,载《法学家》2018年第3期。

③ See Tobias H. Troger, "Corporate Governance in a Viable Market for Secondary Listings", 10 *University of Pennsylvania Journal of Business Law* 89-185(2007).

④ See Nicholas Calcina Howson, Vikramaditya S. Khanna, "Reverse Cross-Listings: The Coming Race to List in Emerging Markets and an Enhanced Understanding of Classical Bonding", 47 *Cornell International Law Journal* 607-629(2014).

⑤ 参见冯果、袁康:《国际板背景下证券法制的困境与变革》,载《法学杂志》2013年第4期。

第七章
发展环境论:高水平对外开放体制机制塑造的法律支撑

国境内外广义上的"中国发行人"纳入境内法律属地管辖范围,包括财务报告和审计的管理,从而打通境内外两个市场的联系来进行监管和保护。①

二是针对跨境投资主体的研究。随着证券市场的开放和竞争格局的日益明显,各种创新业务和交易模式如做空、互换、量化交易等不断涌现。这些创新在提升市场活力的同时,也带来了潜在的市场风险,并增加了违法行为发生的可能性。为此,应确立金融创新的"法律红线"和"监管安全港",以明确创新的合法边界,明确合理的市场操纵行为的定量指标,引入如熔断机制和应急处置规则等市场化监管策略,以应对高频交易和量化交易带来的风险。② 另外,在资本管制下境外公司在中国发行人民币股票可能引发公司法与证券法的冲突,应淡化对境外公司的治理要求,减轻其信息披露义务,平衡好信息披露标准与吸引境外发行人的关系。在开放初期应对投资者设立更严格的准入门槛以保护投资者权益,但同时引入并强化证券侵权救济机制。③

四是针对跨境经营主体。一方面,应明确权利义务。确保不同类型的证券服务机构根据其业务性质和与投资者的法律关系,承担不同程度的注意义务和受信义务。④ 另一方面,需强化自律治理。根据博弈论,当合规策略的长期收益增量大于非合规策略的短期收益增量时,机构将倾向于选择合规策略。目前中国证券服务机构自律治理不足,主要原因是缺乏自律思维和依赖政府监管。应增强自律治理机制,通过制度和文化建设提高证券服务机构的自律能力,以因应市场发展需要和投资者权益保护。⑤ 完善资本市场经营机构跨境准入与活动的制度,这些机构包括证券期货经营机构、信用评级与信用增进机构、律师事务所、会计师事务所等。

---

① 参见冷静:《超越审计纠纷:中概股危机何解?》,载《中国法律评论》2021年第1期。
② 参见蔡奕:《证券创新交易模式对市场监管的挑战及法律应对》,载《证券法苑》2014年第2期。
③ 参见孙南申、彭岳:《证券融资市场开放与境内投资者法律保护》,载《上海财经大学学报》2014年第5期。
④ 参见侯东德:《证券服务机构自律治理机制研究》,载《法商研究》2020年第1期。
⑤ 参见周淳:《证券服务机构诚信义务统合论》,载《兰州大学学报(社会科学版)》2020年第6期。

（3）跨境资本流动适度放开与金融基础设施建设

关于资本跨境流动制度。随着"一带一路"倡议的推进，中国需要逐步放开资本项目，以实现人民币的全球流通和国际地位提升。但目前中国证券市场在投资者保护、交易制度、跨国风险管控等方面存在诸多问题。应优化信息披露机制、建立健全退市制度和违法惩罚机制，通过建立与国际接轨的证券商报价制度改进现有的经纪制度，建议在国际合作中制定统一的监管标准。① 另外，还应当进一步完善和调适资本跨境流动、集聚与管制相关制度，包括资本项目开放的范围拓展与制度优化，外汇管理政策的管制破除，外汇风险对冲的工具优化，区域开放创新和特殊区域建设外汇管理的制度安排等。在开放过程中，应注意协调好安全和效率的关系，完善金融稳定保障体系的建设及《中华人民共和国中国人民银行法》等重要法律，健全金融业综合统计制度和存款保险制度，充分发挥存款保险在防范挤兑和风险处置等方面的核心功能，为金融服务新质生产力的发展提供坚实的制度保障。

关于基础设施完善。金融基础设施自带金融交易规则，具备中立性、垄断性或弱替代性、系统重要性等特征，目前的实践以人民币跨境支付系统（CIPS）、资本市场类金融基础设施、金融基础设施运营机构的自治规则等为主。② 金融基础设施不仅支撑着市场的运行，还承载着防范系统性风险的功能。通过合理的法律框架规制基础设施，可以增强监管的有效性，防范潜在的系统性风险。③ 金融基础设施的三大核心议题是风险治理、科技革新与规制重塑。金融基础设施不仅是市场的"稳定器"，也可能成为"火药桶"，其重要性在2008年金融危机后更加显著。科技尤其是区块链技术，对基础设施存在颠覆性影响，应建立更为包容和中立的监管体

---

① 参见白牧蓉：《我国资本项目开放进程中证券市场的发展与制度应对》，载《甘肃行政学院学报》2017年第1期。
② 参见张永亮：《金融科技视阈下金融基础设施域外适用的法治保障》，载《法治研究》2021年第5期。
③ 参见张阳：《论我国金融市场基础设施的监管识别》，载《社会科学》2023年第9期。

第七章 发展环境论：高水平对外开放体制机制塑造的法律支撑

系，以应对新兴技术带来的挑战。① 有学者指出，金融监管机构通过改造交易平台、支付网络和数据存储系统等金融市场基础设施，即"基础设施再造"，可以实现政策目标并优化法律规定。但金融监管机构在进行基础设施再造时，需兼顾整个金融系统的稳定性，优先考虑降低现有系统风险。② 为完善资本市场类金融基础设施互联互通相关制度，应构建低成本、高效率的基础设施体系，进而为资本市场制度型开放提供坚实支撑。

2. 营商环境关联制度仍须加强

（1）数字贸易相关机制：欧盟、美国模式与中国实践

目前个人数据跨境流动的国际规制格局可以粗略分为两种模式，以欧盟的《通用数据保护条例》为基础的数据分类管理模式和以美国的《隐私盾协议》为基础的长臂管辖模式。③ 欧盟以人权保护为基础，采取严格的立法控制；美国则以市场为导向，通过双边或多边协议促进数据流动。④ 美国长臂管辖模式和欧盟数据分类管理模式各有利弊，目前我国的数据输送模式与欧盟更类似，将数字贸易定义为电子商务而非"数字产品"，优先考虑信息安全而非自由流动，要求关键数据必须境内存储。

我国在跨境数据传输立法过程中应正视安全与效率的关系，制订符合本国实际情况的跨境数据流动规制方案，通过立法和政策的调整，确保在数据保护和经济发展之间找到最佳平衡点。⑤ 推动国内外跨境数据取证规则的统一，通过加强国际合作和法律协调，确保数据安全和取证效率。⑥ 通

---

① 参见张阳：《金融市场基础设施论纲：风险治理、科技革新与规制重塑》，载史际春主编：《经济法学评论》（第18卷），中国法制出版社2019年版，第88页。

② See David A. Wishnick, "Reengineering Financial Market Infrastructure", 105 *Minnesota Law Review* 2379-2441(2021).

③ 参见张金平：《跨境数据转移的国际规制及中国法律的应对——兼评我国〈网络安全法〉上的跨境数据转移限制规则》，载《政治与法律》2016年第12期。

④ 参见许多奇：《个人数据跨境流动规制的国际格局及中国应对》，载《法学论坛》2018年第3期。

⑤ 参见许可：《自由与安全：数据跨境流动的中国方案》，载《环球法律评论》2021年第1期。

⑥ 参见唐彬彬：《跨境电子数据取证规则的反思与重构》，载《法学家》2020年第4期。

过加强国际合作、提升法律体系的完备性和国际兼容性,积极参与国际规则的制定和调整,以提升在国际数据保护中的地位和影响力。[1] 合理应对企业在国际和国内两方面合规过程中遇到的困难和挑战,特别是在不同国家的数据保护法律和政策差异下的合规问题,通过科学立法、机构创新、协同共治和国际合作等方式解决双向合规难题。[2]

(2)跨境人才流动机制:引进、使用、管理和服务体系的升级

我国跨境人才流动机制不畅通。当今世界,国际人才作为促进科技创新和经济社会发展的重要资源,已成为全球化时代不可或缺的知识资本流动载体。然而,中国面临人才流失严重、人才引进不足的问题。首先,签证和居留许可限制严格。烦琐的签证申请程序和严格的居留许可条件,阻碍了人才的自由流动。其次,缺乏协调的移民政策,不同国家和地区的移民政策差异较大,缺乏协调一致,导致人才流动受到限制。再次,语言和文化障碍也使得跨境人才难以适应新的工作和生活环境,影响其融入和发挥作用。最后,就业市场的不确定性。跨境人才在目标国的就业机会和职业发展路径不明确,增加了移民的风险和不确定性。在就业市场上,中国的现行管理制度在跨境人才流动方面存在就业面临较高的显性和隐性壁垒,体现出"次国民待遇"特征,同时关于外籍人才的评价体系和用人单位、地方政府引才工作的评价体系均不完善,存在"超国民待遇"问题。[3] 为实现人才强国这一宏伟目标,中国应参考和借鉴其他国家的有益实践经验,进一步完善人才引进、激励、融入等相关举措。通过简化签证程序、提供优质公共服务等措施确保高端人才引得进、用得好、留得住。[4] 建立国家人才数据库、试点实施人才流动转会制度、构建三方引才机制,并从国家层面加强顶层设

---

[1] 参见何波:《中国参与数据跨境流动国际规则的挑战与因应》,载《行政法学研究》2022年第4期。

[2] 参见许多奇:《论跨境数据流动规制企业双向合规的法治保障》,载《东方法学》2020年第2期。

[3] 参见孙鹏、左小德:《区域一体化背景下的国际人才引进策略》,载《神州学人》2024年第6期。

[4] 参见潘庆中:《国际人才引进、激励、融入战略探析》,载《人民论坛·学术前沿》2021年第24期。

第七章
发展环境论：高水平对外开放体制机制塑造的法律支撑

计,完善人才引进方式,健全服务平台。① 通过综合立法,明确各级党组织和行政管理部门在国际人才引进中的职责,形成分工协作、统一领导的国际人才治理体系。利用大数据技术提高引才工作的精准性和效率,建立健全适应新形势的国际人才引进、使用、管理和服务体系。②

(3)公平竞争相关机制：四重挑战及其应对

第一,知识产权层面。中国在版权、商标、地理标志等传统知识产权方面的保护力度虽然已明显加强,但仍低于发达经济体。习近平总书记高度重视知识产权保护工作,强调"只有严格保护知识产权,才能优化营商环境、建设更高水平开放型经济新体制"③。近年来,中共中央、国务院先后出台《知识产权强国建设纲要(2021—2035年)》《"十四五"国家知识产权保护和运用规划》《关于强化知识产权保护的意见》等重要政策文件,不断优化顶层设计,作出重大规划部署。尽管如此,中国在知识产权保护方面仍有上升空间,需要进一步加强保护力度,完善相关法律法规和执法机制,以更好地营造公平竞争的市场环境,推动国内国际贸易的高质量发展。例如,可以考虑引入新的知识产权保护类别,如"与药品有关的措施",适度运用惩罚性赔偿制度和相对宽松的证据认定标准以保护知识产权。

第二,补贴政策层面。虽然补贴政策在短期内能够增强部分企业的竞争力,但在国际贸易中经常引发争议,成为贸易摩擦的焦点。相比之下,发达国家更倾向于通过功能性补贴实现特定的政策目标,如环保和科技创新。这种补贴方式不仅能促进经济的可持续发展,还能提升企业的国际竞争力。因此,中国需要逐步调整补贴政策,更多地向功能性补贴倾斜,减少对国有企业的偏重,严格遵守国际规则,从而减少国际贸易争端,促进国内企业的健康发展和市场竞争力的提升。

---

① 参见龙晖：《海外科技人才引进的策略：精准化引才》,载《重庆社会科学》2017年第6期。
② 参见高子平：《中美竞争新格局下的我国海外人才战略转型研究》,载《华东师范大学学报(哲学社会科学版)》2019年第3期。
③ 习近平：《全面加强知识产权保护工作 激发创新活力推动构建新发展格局》,载《求是》2021年第3期。

第三,行业规则和标准层面。中国在金融、农业、制造业和专业服务业等行业的具体规则与发达国家有显著差异,影响了跨国公司在华开展业务的便利性。此外,中国在行业标准的制定和应用能力方面也有待提升。国际上通行的标准编制模式在中国尚未广泛应用,国外项目也很少采用中国制定的标准。这种标准制定和应用能力的不足限制了中国在国际市场上的竞争力。为了提升国际竞争力,中国应积极对标和对接《全国与进步跨太平洋伙伴关系协定》《数字经济伙伴关系协定》等高标准国际经贸规则,积极参与世界银行营商环境(B-Ready)项目,特别是关于服务贸易、数字贸易和环境可持续贸易的评估新议题。通过与国际标准接轨,提升自身标准的国际认可度,不仅可以改善跨国企业在华经营环境,还能增强中国企业在国际市场上的话语权和竞争力。

第四,公平竞争和宜商环境建设层面。目前应破除统一大市场建设中市场竞争堵点,通过公平竞争审查等方式,调适目前的营商环境。根据习近平总书记关于市场公平竞争的系列重要论述,市场在资源配置中应起决定性作用,而公平竞争是市场经济的本质要求和核心特征。市场公平竞争能够释放市场活力,促进创新驱动,推动社会主义市场经济向更高水平发展。① 在外资准入制度方面,存在审批程序烦琐、透明度不足以及法律法规不统一等问题。应通过简化审批程序、增强法律透明度以及加强国际合作等措施来重构我国外资准入制度,以更好地因应全球化经济发展的需要。② 在贸易区建设方面,应制定专门的资本市场对外开放促进法和专门的自贸区建设法律、法规,促进贸易便利化和投资自由化。自贸港的建设不仅需要开放市场和简化政务流程,还必须以有效实施竞争政策为前提。强调竞争中立是推动市场开放、优化营商环境的重要保障,提出通过制度创新、政策支持和监管优化等措施来构建公平竞争的市场环境。③ 具

---

① 参见孙晋:《习近平关于市场公平竞争重要论述的经济法解读》,载《法学评论》2020年第1期。
② 参见李科珍:《我国外资准入制度的现状、问题及其重构》,载《北方法学》2011年第1期。
③ 参见孙晋、徐则林:《竞争中立在中国自由贸易港的法律实现——以海南自贸港为中心展开》,载《法律适用》2019年第17期。

体而言,公平竞争审查制度可以改善对抽象行政行为规制不力的现状,豁免制度则可以用于协调竞争政策与其他政策的冲突。① 随着修正的《反垄断法》的实施,应推动公平竞争审查制度由软法向硬法转变,实现从政策措施的软约束向刚性约束的进化,以更好地服务于市场经济的发展。②

(二)灵活性保留:非正式原则与倡议

非正式原则与倡议为开放进程提供了必要的灵活性与适应性。以后贸易战时期中美的合作为例,这些非正式规范在多个领域发挥作用。

第一,在经济领域,通过会计审计标准的国际协调,有效降低了跨国企业的合规成本,为全球金融市场稳定奠定了基础。中概股公司普遍采用 VIE③ 架构,导致信息披露不透明和审计质量低下问题。瑞幸咖啡财务造假事件后,中概股公司在美国面临集体被强制退市的风险。中美两国在跨境审计监管合作中的主要分歧包括国家主权、审计工作底稿的保密性和证券监管机构执法权限的差异。为破解中美跨境审计监管合作的僵局,需遵循国际证券监管合作惯例,通过双边或多边合作框架下的联合检查来解决问题,采取分流中概股公司和分类处理审计工作底稿的措施,以确保合作的顺利进行。④ 为了解决这些问题,中美双方在未来应建立跨境审计监管合作机制,通过签署合作协议来明确双方的权责;同时,还可利用科技手段提高审计监管效率和准确性,以增强审计过程的透明度。⑤ 中欧在审计监管合作方面的成功经验对中国与其他国家的合作具有重要借鉴意义。双方可以通过法律框架下的监管合作提高跨境审计的有效性,具体措施包括建立中欧审计监管信息共享平台,加强跨境审计监管的信息交流与合作等。在审计监管合作中,应注重保护国家利益和

---

① 参见孙晋、钟原:《竞争政策视角下我国公平竞争审查豁免制度的应然建构》,载《吉首大学学报(社会科学版)》2017年第4期。

② 参见孙晋:《规制变革理论视阈下公平竞争审查制度法治化进阶》,载《清华法学》2022年第4期。

③ VIE 的全称是 Variable Interest Entities,即可变利益实体。

④ 参见李有星、潘政:《论中概股危机下中美跨境审计监管合作》,载《证券市场导报》2020年第10期。

⑤ 参见冷静:《超越审计纠纷:中概股危机何解?》,载《中国法律评论》2021年第1期。

商业秘密,确保合作的公平和透明。①

第二,在跨境数据审查机制的对接上,双方通过建立信任机制和信息共享平台,在一定程度上解决了数据安全与隐私保护难题,但数字经济的健康发展仍有优化空间。未来,应顺应通过多边合作和国际标准化完善跨境数据监管框架的趋势,确保各国在数据流动中的利益平衡。② 建立信息共享平台,提高跨境数据流动的效率,确保数据在流动过程中的安全性和隐私保护,并推进国际法律协作和技术标准统一。③ 还可以通过建立跨境数据审查机制和信任机制,确保取证过程中数据的安全与隐私保护,有效解决跨境数据在刑事取证中的合法性和安全性问题。④ 通过信任机制和信息共享平台,解决跨境数据的安全与隐私保护问题,提升数据转移过程中的透明度和安全性,从而促进数字经济的可持续发展。⑤ 此外,还应进一步完善国家数据主权法律体系,深化国际数据合作,确保数据在全球范围内流动时的安全和隐私保护。⑥

第三,在科技创新领域,尽管存在竞争,但中国与多个国家在 5G 通信技术、人工智能伦理准则等前沿技术的研发与标准制定上展开了深入合作。中国与欧盟签署了战略合作框架协议,共同致力于推动 5G 技术的全球标准化进程和应用推广。双方通过联合实验室和研究中心共享研究成果,并在多个国际技术标准组织中开展协作,以确保新技术在全球范围内的兼容性和互操作性。此外,在人工智能领域,包括我国在内的 28 个国家、欧盟共同达成的《布莱切利宣言》正式发表,旨在通过国际合作,建立

---

① 参见石佳友:《中欧上市公司审计监管合作法律问题研究》,载《法学家》2014 年第 1 期。
② 参见许多奇:《个人数据跨境流动规制的国际格局及中国应对》,载《法学论坛》2018 年第 3 期。
③ 参见杨蓉:《从信息安全、数据安全到算法安全——总体国家安全观视角下的网络法律治理》,载《法学评论》2021 年第 1 期。
④ 参见梁坤:《基于数据主权的国家刑事取证管辖模式》,载《法学研究》2019 年第 2 期。
⑤ 参见张金平:《跨境数据转移的国际规制及中国法律的应对——兼评我国〈网络安全法〉上的跨境数据转移限制规则》,载《政治与法律》2016 年第 12 期。
⑥ 参见齐爱民、祝高峰:《论国家数据主权制度的确立与完善》,载《苏州大学学报(哲学社会科学版)》2016 年第 1 期。

人工智能监管方法,确保人工智能技术的开发和应用遵循安全性、公平性和透明性原则,避免技术滥用和社会风险。通过一系列合作,中国与世界各国共同推动了科技领域的创新和进步,形成了强大的科技创新生态系统。

第四,在环境保护与气候变化议题上,中国与多个国家及地区共同参与国际倡议,彰显了各国及地区在全球性问题面前携手合作的决心与能力。中国与欧盟签署了《中欧气候变化联合声明》,双方承诺进一步加强减排合作,制定并实施具体的减排目标。此外,中国还与美国、印度、日本等国在多个国际环保组织中紧密合作,分享绿色技术和可持续发展经验。中美两国启动"21 世纪 20 年代强化气候行动工作组",通过开展对话与合作,在清洁能源技术研发、政策制定和市场推广等方面展开全面合作,共同推进太阳能、风能和电动汽车等绿色技术的应用。

第五,在公共卫生危机应对上,在抗击新冠疫情过程中,中国通过信息共享、疫苗研发合作等方式,展现了合作抗疫的国际责任,为全球卫生安全作出了贡献。中国在疫苗研发方面倡导全球合作,与美国、德国、英国等国开展合作,并建立了"新型冠状病毒肺炎科研成果学术交流平台",促进了科研信息的全球共享。国际社会也对中国的抗疫行动给予了大力支持,多个国家和国际组织通过捐赠医疗物资和表达慰问,显示了团结合作的精神。与此同时,中国在自身防控任务仍然艰巨的情况下,向 150 多个国家及国际组织提供物资援助,展示了人类命运共同体理念的实际应用。未来,应继续深化这种合作,通过多边合作和国际标准化来完善跨境数据监管框架,确保全球利益的平衡和数据流动的安全。

第六,在教育与文化交流项目上,中国发布《推进共建"一带一路"教育行动》,大力推进教育领域的国际交流与合作。截至 2023 年 6 月底,中国已与 45 个共建国家和地区签署高等教育学历学位互认协议,并设立"丝绸之路"中国政府奖学金。中国院校在 132 个共建国家办有 313 所孔子学院和 315 所孔子课堂,并通过"汉语桥"夏令营项目,邀请 100 余个共建国家近 5 万名青少年来华访学,支持 143 个共建国家 10 万名中文爱好者线上学习中文、体验中国文化。此外,中国院校与亚非欧三大洲的 20 多个共建国家院校合作建设一批鲁班工坊,深化职业教育合作。中国与联合国教科文组织连续 7 年举办"一带一路"青年创意与遗产论坛及相关活动,合作设立丝绸之路青年学者资助计划,已资助 24 个青年学者研究项目。① 未来,在教育与文化领域,中国还将进一步提升国际交流的水平。

上述实践充分证明了在面对共同挑战时,通过建设性的对话和务实的合作,完全有可能找到互利共赢的解决方案,这不仅为全球治理体系的完善和经济全球化进程的稳健推进作出了积极贡献,更为构建更加稳定、包容、可持续的国际秩序贡献了力量。这些非正式规范在法律框架之外,促进行业内共识的形成,推动了行业整体水平的提升。

(三)司法与执法水平的进阶路径:透明化、数字化、国际化

公正的司法与执法需要更充分的信息披露。在高水平对外开放背景下,我国应持续深化司法和执法公开。根据中国社会科学院国家法治指数研究中心项目组发布的《中国司法透明度指数报告(2023)——以法院网站信息公开为视角》,全国法院的司法透明度可以分为服务当事人、服务社会治理、服务监督制约和服务营商环境优化四个一级指标。司法公开是落实宪法法律的重要制度,需严格按照法律规定进行,包括司法文书公开、审判流程公开、执行信息公开等。法院需要确保每个案件在法治轨道内公开、公平、公正地处理。具体包括对涉及公众利益的案件进行及时、全面的公开,确保司法公开不仅限于审判结果,还包括审判过程、裁判理由等。司法公开不仅是实现司法公正的重要手段,也是提升司法能力、维护公平正义的重要方式。通过公开司法信息,可以有效监督司法行为,提升公众对司法的信任度,促进公正司法和法治社会的实现。法院通过门户网站、司法公开网、诉讼服务网等多种平台向社会公布案件信息,使司法公开透明、方便公众查询。司法公开不仅是公众监督司法行为的重要途径,也是法院接受公众建议、改进工作的有效方式。公众可以通

---

① 参见 2023 年 10 月国务院新闻办公室发布的《共建"一带一路":构建人类命运共同体的重大实践》白皮书。

过各类平台向法院提出意见和建议,法院根据反馈不断改进司法公开工作,提升司法透明度和公信力。

在执法层面,高水平对外开放同样要求执法部门秉持透明公正的原则。这意味着在执行法律的过程中,执法机关必须严格遵循法定程序,确保执法行为的合法性、合理性和透明性,减少腐败现象和不当干预,以此维护法律的尊严和市场的健康运行。执法部门需定期公开执法依据、流程和结果,接受社会公众的监督,确保权力在阳光下运行,增强民众对公正执法的信心。

透明化的实现离不开数字化与信息化水平的提升。《法治蓝皮书·中国法院信息化发展报告No.8(2024)》指出,随着人民法院信息化建设扎实推进,人工智能、5G网络、大数据、区块链等技术与法院业务深度融合,不断提升便民服务水平和智慧执法能力。最高人民法院信息中心已经建立了人工智能引擎平台,集成了法律法规查询、公文生成及纠错等大模型应用场景,并上线了语音识别、离线转写、文本翻译、图文识别等工具。智慧执法也在不断推进,第十四届全国人民代表大会第二次会议审议的《最高人民法院工作报告》指出,全国法院执结执行案件976万件,同比增长6.4%。数字化法治建设的实践经验表明,通过打造行政执法监督平台,实现行政执法监督与现代信息技术的深度融合,可以显著提升行政执法和司法效能。其一,打破数据壁垒,实现数据统一管理:通过手机录入行政执法案件、通过智慧屏幕查看执法人员巡查轨迹及案件流程,实现跨部门数据流通,将人大、司法行政、检察院、纪委的监督数据进行跨部门融合,从而显著提升案件处理效率和透明度。其二,多模式推进信息公开:通过PC端、移动App和智慧城市服务中心终端等多种模式,全面落实行政执法"三项制度",采用"多屏联动"的智能公开模式打破传统公示形式化和虚假化的弊端。① 其三,提高数据利用率:通过行政执法监督平台开展数据比对、关联分析,及时发现和处理行政执法中的问题。其

---

① 参见《全面推行行政执法"三项制度" 进一步推进严格规范公正文明执法——访司法部行政执法协调监督局局长赵振华》,载人民网,http://www.people.com.cn/n1/2020/0916/c32306-31863200.html,访问日期:2024年9月26日。

四,平衡信息公开与个人信息保护之间的关系:面对个人信息安全的挑战,采取数据脱敏、隐私性评估、对案件信息进行分类分级处理等措施,确保在公开透明的同时,不侵犯公民的个人隐私权。

同时,还应提升司法与执法的国际化水平。应在建立底线规则的基础上提升国际谈判能力,为跨国交易提供确定性。司法层面上,近年来,最高人民法院积极推进国际司法交流与合作,致力于为全球治理体系改革和建设提供中国司法方案。自2024年以来,最高人民法院通过高层互访、国际会议、研讨交流等多种形式,不断深化国际司法协助,推动多边司法合作。例如,在第十九次上海合作组织成员最高法院院长会议上,中国最高人民法院代表团与各国代表共同探讨司法领域的新议题、新动向,提出了许多建设性的建议和举措。同时,最高人民法院积极参与国际规则的制定,切实履行《联合国打击跨国有组织犯罪公约》《联合国反腐败公约》等规定的义务,为全球治理体系的改革与建设贡献中国智慧。未来,中国应坚持发扬上述精神。①

在国际执法合作中,我国不断巩固和扩大执法合作的"朋友圈"。近年来,中国公安机关通过多种形式与各国执法部门加强交流合作,深化反恐、禁毒、追逃追赃和海外利益保护等领域的务实合作,致力于构建普遍安全、共同繁荣的人类命运共同体,与域外公安部门在物质列管、案件合作、技术交流、多边合作、网络广告信息清理等领域有较多的合作。② 在此基础上,我国积极承担国际责任,参与联合国、上海合作组织、金砖国家、国际刑警组织等框架下的多边事务,宣介和践行全球安全倡议,分享法治中国、平安中国的建设经验,积极派出国际维和警察维持国际安全秩序,获得了相关国家执法部门和国际组织的广泛认可。③ 中国证监会在跨境执法合作中也取得了显著成就,通过深化市场互联互通、推出新金融产品、取消金融机构外

---

① 参见孙航:《加强司法合作交流助力构建人类命运共同体》,载《人民法院报》2024年7月20日,第1版。

② 参见李准、王琪:《首次举行高官会议,讨论加强执法协调,中美禁毒合作取得新进展》,载环球网,https://world.huanqiu.com/article/4Irk9ixL0Ns,访问日期:2024年9月5日。

③ 参见邬春阳:《大国担当,国际执法安全合作再上新台阶》,载中国警察网,https://news.cpd.com.cn/yw_30937/923/t_1103969.html,访问日期:2024年9月21日。

第七章 发展环境论：高水平对外开放体制机制塑造的法律支撑

资持股比例的限制、优化中日 ETF 互通机制、提升国际指数"纳 A"比例、扩容沪伦通机制等措施推动了产品和跨境投融资的开放。①

综上，要加快健全涉外执法体系，提升执法水平，特别是加强对外经贸领域的执法能力，全方位提升我国涉外司法、涉外守法、涉外法律服务、国际交流合作水平。②

四、新质生产力建设中国际合作的法律协调

国际合作讲的是大国竞争背景下冲突与合作并存的局面应当如何应对的问题。其中，"引进来"处理的是中国融入、接纳、包容国际惯例的问题。首先，需要通过移植国际规则以完善我国规则的体系。一方面，剔除我国规则体系中过时、与国际惯例冲突的部分，另一方面，填补我国规则体系中的空白。如果说"引进来"是中国单方面和相对被动地接受，那么"走出去"就是中国经验与方案的输出，在积极参与缔造新规则的基础上，力图引领国际合作法律潮流，输出中国智慧和中国方案。

（一）制度冲突与体系协调：从"立改废释"到对抗侵入型立法

我国在推进改革过程中采取"立改废释"（立法、修改、废止和解释法律）并举的策略，这种全面的法律调整方式可以充分发挥法律体系的动态适应性和创新性。从通过宪法修正案和监察法，到推出乡村振兴促进法、海南自由贸易港法等，多层次、多领域立法工作与各领域的改革紧密结合，有力推动了国家治理现代化。③ 统筹"立改废释"，对一些过于陈旧、对发展缺乏积极作用的法规，该废止的废止，该失效的宣布失效，该修改的安排修改，需要补充完善的尽快调整充实，使法规条文规范、合法、合理、合时；可实现法规体系的整合与系统化，提高行政法规的系统性和逻辑性，提升行政法规与法律、规章、政策、规范的协同效应，减少实施过程

---

① 参见唐燕飞：《证监会：持续加强与境外市场互联互通 不断深化资本市场制度型开放》，载搜狐网，https://www.sohu.com/a/734593735_162758，访问日期：2024 年 9 月 8 日。
② 参见黄进：《加快推进涉外法治体系和能力建设的时代逻辑》，载《民主与法制》2024 年第 24 期。
③ 参见张璁：《在法治下推进改革 在改革中完善法治》，载《人民日报》2024 年 7 月 13 日，第 4 版。

中的混乱和冲突,显著降低管理和执行成本。①

在"立改废释"的过程中,尤其值得关注的是,针对引进的国际规则与国内现有法律之间的不兼容性开展的研究。法律的不兼容,实际上就是法律冲突。法律冲突非常常见,不仅表现为规范冲突,还表现为权利(权力)冲突;既有负面影响,又具有正面作用,甚至可以成为法律变迁的动力。国际法律规范与国内法律规范、一国法律体系内部法律规范、内国法律规范与外国法律规范等不同层次的法律间均存在冲突。其中,静态冲突是法律规范之间的冲突,动态冲突则是法律在实施过程中产生的冲突。所有法律冲突的本质都是利益冲突,只有建立冲突制度化机制以及更新利益评价机制,才能使法律变迁成为助力经济发展的利器。② 国际法与国内法应在法律规范层面协调一致,通过协调不同层次和类别的法律规范来实现法律体系的整体性和一致性,而不是简单地按照一元论或二元论的观点进行划分。无论是国际法还是国内法,都应当符合良法的标准。③ 当然,此处指的是广义上的立法对接与立法冲突协调,并不局限于法律法规,也包括司法解释、相关部门出台的行政指导意见等。

我国应更加主动对接国际通行规则,更大力度清理国内不合理、不相容的法律法规,统筹优化边境制度设计与边境内制度设计,并增强二者间的协调性,进一步提高与其他国家和地区尤其是主要发达经济体经贸规则的相容性,从而以高水平对外开放深入推进社会主义市场经济体制改革。我国在释缓法律冲突、深化法律协调方面已经作出诸多尝试。为确保与WTO规则的兼容,我国系统性地修订了大量法律法规,如《中华人民共和国反倾销条例》以及商务部《执行世界贸易组织贸易救济争端裁决暂行规则》等。另外,我国应明确国内数字贸易发展现状以及与其他数字贸易大国和现有国际数字经济治理规则的差异,在全面对接国际高标准

---

① 参见冯玉军:《统筹"立改废释"持续提升政府立法质效》,载司法部官网,https://www.moj.gov.cn/pub/sfbgw/zcjd/202403/t20240329_496771.html,访问日期:2024年4月22日。
② 参见范忠信、侯猛:《法律冲突问题的法理认识》,载《江苏社会科学》2000年第4期。
③ 参见李龙、汪习根:《国际法与国内法关系的法理学思考——兼论亚洲国家关于这一问题的观点》,载《现代法学》2001年第1期。

第七章
发展环境论：高水平对外开放体制机制塑造的法律支撑

经贸规则的基础上加快推进制度型开放，秉持协商一致原则，支持和引领各国和地区在WTO框架下开展数字贸易、数据流动安全、电子商务合作、数字知识产权等国际经贸规则谈判。① 类似的还有国务院印发了《关于加快内外贸一体化发展的若干措施》《全面对接国际高标准经贸规则推进中国（上海）自由贸易试验区高水平制度型开放总体方案》。商务部副部长盛秋平在政策吹风会上指出，内外贸一体化经营是企业用好两个市场、应对市场风险、拓展发展空间的重要手段，但企业在国内外市场切换时仍面临资金、标准、渠道、监管等方面的障碍，需要进一步提升内外贸一体化经营能力。促进内外贸规则制度衔接融合，深化试点，复制推广创新经验，更好发挥自由贸易试验区、国家级新区、国家级经济技术开发区、综合保税区等开放平台的示范引领作用，鼓励加大内外贸一体化相关改革创新力度，都是未来将持续重点推进的内容。②

制度冲突中的另一类型是合理应对不合理和侵入型的域外立法。以近年来甚嚣尘上的美国"长臂管辖权"为例，其始于处理州际案件的需要，但现在已扩展成为国际问题。随着应用范围的扩大，美国在行使"长臂管辖权"时往往不受宪法的严格限制，导致其在国际法上的合法性受到质疑。中国需要通过完善立法、积极司法和加强国际合作来应对美国滥用"长臂管辖权"的挑战。在司法方面，可以鼓励中国法院积极受理反制案件，并在反垄断等领域行使司法管辖权。③ 在立法方面，可以完善不可靠实体清单制度和阻断办法。其中，不可靠实体清单制度的主要目的是对美国的歧视性措施进行报复反制，保护中国企业和国家利益，该制度具有防范断供、封锁等重大风险的功能，能够确保国家经济和科技安全。应当在《中华人民共和国对外贸易法》《中华人民共和国国家安全法》和《中华人民共和国出口管制法》的基础上，参考欧美国家

---

① 参见魏浩、卢紫薇：《【学习时刻 | 金句】以制度型开放引领新一轮高水平对外开放》，载光明网，https://guancha.gmw.cn/2022-03/16/content_35591391.htm，访问日期：2024年9月16日。

② 参见边万莉：《四部门解读内外贸一体化发展政策：促进规则衔接融合、加大金融支持力度》，载《21世纪经济报道》2023年12月19日，第2版。

③ 参见肖永平：《"长臂管辖权"的法理分析与对策研究》，载《中国法学》2019年第6期。

应对美国"长臂管辖权"的经验和措施,包括阻断法令、补偿性立法和司法抵制,完善列入和移出清单的标准、被列入清单的后果,以及与国际法的对接等配套机制。①

(二)制度移植的创新路径:从"被动移植"到"兼容同构"

法律移植是将一个国家或地区的法律制度或规则引入另一个国家或地区的过程,这一复杂而精细的任务要求深思熟虑和周密规划,具有相当的重要性。法律移植与广义的"立法"及法律变革在本质上是同质的,其不仅仅是法律文本的引进,而且涉及整个法律体系的变革。法律移植应当被视为广义立法的一部分,二者具有相同的价值、态度和立场。② 国家间的法律移植包括落后国家采纳先进国家的法律,或经济、文化、政治发展相似国家间的相互吸收,如法国移植古代罗马的法律、近代德国移植法国的法律、近代美国移植英国的法律,等等。我国近现代法的发展也是我国学习、移植外国法的时代,我国很多的法律观念、法律部门体系、制度原则和概念有其域外根源。法律的普遍性是法律移植的重要理论依据。③ 除了各国间的移植与借鉴,在国际趋同的立法趋势下,区域性和世界性的法律统一现象也很常见。国际法治的发展和国际司法机制的强化使得此前的国际法任意规范逐步转型为强制性规范,"全球法"成为我们审视国际立法行为的重要范式。④ 在理解法律移植重要性的基础上,以下是移植国际规则时需重点关注的几个方面:

(1)优选性与前瞻性。法律移植应注重优选性和前瞻性,即首先选择最成熟、最先进的法律,考虑未来社会的发展趋势及因应社会变革和科技发展的需求,为本国法制的稳定性和进步性提供保障;其次要注意法律移植的前瞻性,即移植国外法,无论是移植某一国家的法律还是移

---

① 参见沈伟:《中美贸易摩擦中的法律战——从不可靠实体清单制度到阻断办法》,载《比较法研究》2021年第1期。

② 参见刘星:《重新理解法律移植——从"历史"到"当下"》,载《中国社会科学》2004年第5期。

③ 参见何勤华:《法的移植与法的本土化》,载《中国法学》2002年第3期。

④ 参见高鸿钧:《法律移植:隐喻、范式与全球化时代的新趋向》,载《中国社会科学》2007年第4期。

第七章
发展环境论:高水平对外开放体制机制塑造的法律支撑

植国际法和国际惯例,都应面向未来,面向现代化,前瞻世界法律发展的趋势。①

(2)同构性与兼容性。各国法律作为调整人类行为的规范,具有普遍性。法律移植也是一个普遍的现象。例如,我国民法深受德国民法的影响,原因有四:其一,我国传统法律以成文法为主,与德国法的成文法特点相吻合,易于接受。其二,德国的社会状况,如政体和习俗,与我国相近,利于法律的本土化。虽然英国法也极为先进,但由于其比大陆法复杂许多,且以判例法为主,运用时需从具体判例中抽象出一般原则,再适用于具体案件,思维过程复杂,故而清末法制改革选择德国法而非英国法,有其必然性。其三,德国法在欧洲及日本的成功经验,为清政府提供了有力的借鉴。清政府通过派遣官吏考察、驻外使节报告、翻译德国法学著作及从日本法中了解德国法,为移植德国法做好了充分准备。② 其四,符合我国的政治诉求。《德国民法典》是德意志帝国统一的产物,德国通过统一私法,加强了政治上的统一。中国在百年来经历分裂,法制未能统一。法学家提议通过制定统一的民法典,促进国家统一。③

(3)本土性与适应性。法律移植必须注意"供体"和"受体"之间的同构性和兼容性,防止移植后出现"组织"或"器官"变异。必须通过同化和整合国外法,使其适应本国的社会文化和法律体系。④ 根据本国具体情况调整移植的法律,可以确保它们既能融入本地法律文化,又能有效执行。这需要对移植法律进行细致的本土化改造,使其能够在新的社会和文化环境中发挥应有的作用。在选择移植对象时,需考察供体国家与受体国家在法律传统、文化背景和经济发展水平上的共通之处,以提高移植的成功率。必须警惕盲目移植,精心挑选那些优秀且符合本国实际需要的法

---

① 参见张文显:《继承·移植·改革:法律发展的必由之路》,载《社会科学战线》1995年第2期。
② 参见王立民:《清末法制改革为何移植德国法而不是英国法》,载《文史天地》2021年第2期。
③ 参见谢怀栻:《从德国民法百周年说到中国的民法典问题》,载《中外法学》2001年第1期。
④ 参见张文显:《论立法中的法律移植》,载《法学》1996年第1期。

律进行移植。通过科学的筛选和评估,确保所选法律既有实践的可行性,又有理论的先进性。譬如,在采纳国际金融监管规则时,我国注重与国内金融法律体系的协调,避免监管空白和法律冲突,确保国际金融监管规则能够与我国法律体系相融合,形成统一的监管框架,确保国际金融监管规则在结构、概念和运作机制上与我国法律体系相匹配。又譬如,在引入以英美法精神为核心的商法设计时,我国常常会以德日等国的改良设计为参考,而非直接引入英美法的设计。这主要是由于德国和我国在银行系统上具有显著相似性,主要表现为都采用银行主导型金融体系,银行在金融体系中占据核心地位。这一体系的形成受到历史和政治因素的影响,德国受到法国模式的影响,而我国则是由于改革开放初期对资本市场的认知不足和对银行业务的政策支持。近年来,两国都在向市场主导型金融体系转变,德国通过提高直接融资比例和发展证券市场来增强资本市场的重要性,我国则通过金融创新和加强金融监管来推进市场化。此外,两国在金融创新和市场化进程中,都在不断完善金融监管体系,以应对金融科技的发展和市场化带来的挑战。这些共同点反映出两国在银行系统结构和发展路径上的相似性。因此,两国均需改良英美法的制度设计,使之与本国实际相符合。①

(4)定期评估与调整。定期评估移植法律的效果,及时发现并解决问题,确保法律移植真正服务于社会进步和法制完善。这一过程包括对法律实施情况的跟踪调查、对法律适应性的评估以及对潜在问题的预警,以便及时进行必要的调整和改进。我国的立法后评估制度仍处于探索阶段,各地方政府积极开展相关工作,积累了一定经验。重庆、北京、深圳、河北、安徽、太原等地开展了立法后评估的探索,2004年国务院发布的《全面推进依法行政实施纲要》第18条也推动了全国范围内立法后评估工作的开展,但目前缺乏统一的立法后评估体系,评估主体不统一、缺乏统一的评估标准、立法后评估程序不规范等问题普遍存在。应该制定统一的法律依据,建立统一的评估标准,完善立法后评估程序和统一立法后

---

① 参见邢会强:《金融法的未来:金融法内部结构之变动趋势展望》,载《法学评论》2022年第5期。

评估的启动时间。① 可以仿照英美,引入非营利组织,如大学研究机构、专业评估组织等作为独立第三方评估主体。我国已有《社会团体登记管理条例》等法规,且存在广泛的非营利组织和社会团体,这为独立第三方评估主体的建立提供了基础。②

(三)制度整合:涉外法律制度中的互认与协作

在推进市场开放与国际合作的进程中,我国正着力构建一套全面的制度框架,旨在促进境内外规则的协调融合,优化跨境监管合作,提升争议解决机制的效率,深化境内外市场的双向交流,并提高中国在全球治理中的话语权。随着跨国经济活动的增加,不同国家和地区法律体系间的管辖权冲突日益凸显。在处理这些冲突的过程中,首先须遵循国际造法的四项基本原则,即客观性原则、国际民主原则、国际合作原则和国际法治原则。③ 而要具体落实上述原则,主要包括司法合作、监管合作和替代性争议解决机制三个方面。

1. 司法合作:长臂管辖、机构设置与常态化协作机制

管辖权问题的厘清。通过深入分析境内外规则差异,解决管辖权冲突,探索国际规则本土化路径,努力实现规则体系的无缝对接,以打造一个既符合国际标准又适应本土需求的制度环境。要实现这一目标,首先,需要完善本国国内法域外适用体系。国内法域外适用指的是国家通过行使域外管辖权赋予其国内法在本国管辖领域外的效力,这种行为的目的通常是实现国家政策目标或保护本国利益。针对特定国家的国内法域外适用措施,受影响的个人或企业可以通过该国国内法机制或国际法机制寻求救济。但由于国内法机制耗时长、成本高、胜诉概率小,而国际法在很多领域存在空白或不明确,这两种途径往往难以提供及时有效的救济,因此,从长远角度看,完善本国国内法域外适用

---

① 参见李亚娟、张进花:《我国立法后评估制度的构建》,载郑州市中级人民法院官网,https://zzfy.hncourt.gov.cn/public/detail.php?id=19461,访问日期:2024年9月16日。
② 参见汪全胜、金玄武:《论构建我国独立第三方的立法后评估制度》,载《西北师大学报(社会科学版)》2009年第5期。
③ 参见古祖雪:《国际造法:基本原则及其对国际法的意义》,载《中国社会科学》2012年第2期。

体系是各国应对他国国内法域外适用的有效制衡措施。① 其次,可以通过与相关国家签订双边或多边司法协助条约,明确管辖权归属和法律适用原则,减少争议。目前,区域性的尝试包括,金砖国家中的中国与巴西签订了包括民商事司法协助内容的双边条约,中国与巴西、南非、俄罗斯签订了包括刑事司法协助内容的双边条约。最后,也可以在特定部门法中尝试加入域外效力条款,并逐步推广。譬如,增设对于建设国际板有基础性意义的《证券法》域外效力条款。② 2019 年修订的《证券法》在第 2 条第 4 款规定,对于"在中华人民共和国境外的证券发行和交易活动,扰乱中华人民共和国境内市场秩序,损害境内投资者合法权益的,依照本法有关规定处理并追究法律责任",就初步确立了我国证券法域外效力的"效果原则"。

在机构设置上,国际商事法庭可以起到将离岸案件及投资者与东道国的国际投资争端案件纳入管辖范围的作用,我国也应模仿新加坡和迪拜等国的国际商事法庭均基于协议管辖受理离岸案件的做法,促进管辖权的适度扩张。可以采取一审终局的设置,以满足高效解决国际商事纠纷的需求;引入联合国国际贸易法委员会制定的《国际商事调解和调解所产生的国际和解协议示范法》,为国际商事调解提供法律支持。③

完善司法协作机制,首先,需改进证据调查程序。以跨境取证为例,我国已建立起一套跨境电子取证的制度体系,但目前确立的制度属于单边取证,没有取得数据所在国的同意和授权,这面临网络主权和司法管辖权理论带来的非法性风险,因此,应尽快构建符合合法性原则和效率性原则等的简易程序。④ 其次,需优化法律查明等配套服务。譬如,上海在

---

① 参见廖诗评:《国内法域外适用及其应对——以美国法域外适用措施为例》,载《环球法律评论》2019 年第 3 期。
② 参见石佳友:《我国证券法的域外效力研究》,载《法律科学》2014 年第 5 期。
③ 参见薛源、程雁群:《以国际商事法庭为核心的我国"一站式"国际商事纠纷解决机制建设》,载《政法论丛》2020 年第 1 期。
④ 参见王立梅:《论跨境电子证据司法协助简易程序的构建》,载《法学杂志》2020 年第 3 期。

第七章
发展环境论：高水平对外开放体制机制塑造的法律支撑

智慧赋能方面,建成"东方域外法律查明服务中心",提供目标国法律法规查询服务;为方便当事人跨国办理公证或参与调解,启用"商事纠纷在线视频调解系统""电子签名系统"和"在线仲裁立案系统及远程仲裁庭审平台",探索采用远程视频方式为海外中国公民提供公证服务。① 最后,应扩大司法判决互认范围,同时探索在线争议解决机制的跨境应用。在深化境内外市场双向交流方面,应搭建制度互认框架,通过法律移植借鉴国际经验,强化法律保障以促进优势互补,拓宽跨境资金的投融资渠道,推动市场互联互通迈上新台阶。我国的法律互惠规定也在进一步优化升级,最高人民法院于2015年在《关于人民法院为"一带一路"建设提供司法服务和保障的若干意见》中明确提出,"要在沿线一些国家尚未与我国缔结司法协助协定的情况下,根据国际司法合作交流意向、对方国家承诺将给予我国司法互惠等情况,可以考虑由我国法院先行给予对方国家当事人司法协助,积极促成形成互惠关系"。2021年最高人民法院在《全国法院涉外商事海事审判工作座谈会会议纪要》中,相较既往司法实践作了进一步的宽松解释。该会议纪要赋予"互惠关系"新的内涵,除较为严苛的"事实互惠"(即以判决作出国法院是否有承认和执行我国民商事判决的先例为标准判断两国之间是否存在互惠关系)外,还可以是"法律互惠",即只要理论上我国法院判决能在对方国家获得承认,即视为存在互惠关系。这一规定进一步拓宽了承认和执行外国民商事判决的空间,在未来,还应有更多类似的探索。②

2. 监管合作:基本原则与协作遵从

我国正在构建跨境监管合作的新模式。目前,我国跨境金融监管合作存在的主要问题是,以软法为主导的国际金融监管规则缺乏"硬约束"。国际金融监管规则的实施和监督机制严重不足且缺乏统一的国际机构予以执行,以及国际金融监管规则的实施和监督机制不健全,缺乏有效的争

---

① 参见巴赋敏:《积极发展涉外法律服务 助力涉外法治大协同格局》,载东方律师网,http://www.lawyers.org.cn/info/26c45fda0ae7415f9abf39370e50fa02,访问日期:2024年9月12日。

② 参见付鑫、李馨霖:《国浩视点|中美民商事判决互认的实践与挑战》,载微信公众号"国浩律师事务所"2024年7月11日。

端解决机制,危机驱动型的监管合作缺乏持久性和稳定性,等等。① 为应对上述问题,在原则上,跨境监管合作应遵循三项基本原则,即国籍中立原则、母国控制原则和相互承认原则。这些原则为跨境监管合作提供了理论基础。主要的合作模式包括区域性合作和全球性合作。②

区域性合作产生了一系列实践。中国与南亚国家在货币市场、银行市场、证券市场、信贷市场等领域开展合作,通过加强高层对话、完善法律法规、推进标准化建设、建立信息共享平台、加强人才交流与培训等方式提高合作水平。③

全球性合作中较为有代表性的是国际证监会组织(International Organization of Securities Commissions, IOSCO)的合作机制,譬如在跨境监管合作中,可以通过多边合作框架,共同推进联合检查,克服单边主义带来的监管障碍,在尊重国家主权的基础上,实现信息共享。IOSCO 通过发布多边谅解备忘录(MMoU),在联合检查中,建立信息交换程序、保密机制等信息共享渠道,确保在监管合作中能够有效保障信息质量和信息安全,提升跨境监管的协同效应。④

在未来,还可以考虑进一步研究监管遵从制度,即一个国家的监管机构承认另一个国家的监管制度达到了同等的监管效果,从而给予相应的监管待遇。通过给予国民待遇、承认、单一牌照等优惠降低跨境监管成本,提高监管效率,具体而言可以参考二十国集团(Group of 20, G20)、金融稳定委员会(Financial Stability Board, FSB)和 IOSCO 的实践情况。⑤

3. 替代性争议解决机制:仲裁与其他法律服务机构

替代性争议解决机制的完善方面。要建立多元化的纠纷解决机

---

① 参见廖凡:《跨境金融监管合作:现状、问题和法制出路》,载《政治与法律》2018 年第 12 期。

② 参见干云峰:《我国跨境证券监管协作机制的改革和完善研究》,载《现代经济探讨》2016 年第 7 期。

③ 参见蒋瑛、陈钰晓、邵旭阳:《中国与南亚国家金融监管合作研究》,载《南亚研究季刊》2021 年第 1 期。

④ 参见李有星、潘政:《论中概股危机下中美跨境审计监管合作》,载《证券市场导报》2020 年第 10 期。

⑤ 参见李仁真、杨凌:《监管尊从:跨境证券监管合作新机制》,载《证券市场导报》2021 年第 7 期。

第七章 发展环境论:高水平对外开放体制机制塑造的法律支撑

制,完善仲裁机制,鼓励当事人选择仲裁解决纠纷。特别是在"一带一路"倡议下,我国建立了多个国际仲裁中心,为跨国投资和贸易提供了高效便捷的争议解决途径,在此基础上,应拓展以商事仲裁为代表的替代性纠纷解决机制的体系建设。例如,中国国际贸易促进委员会联合国内外主要仲裁机构,发布了《"一带一路"仲裁机构外国法查明合作备忘录》。

(四)制度引领:建设国际法律秩序的中国方案

中国积极参与国际治理,输出成功实践经验,已成为国际交流合作中的重要力量。在中国与世界的关系发生历史性变化的大背景下,需要向世界更好地展示中国状况,以回应外部世界的关切。通过与其他国家的文化交流,认识自身文化的优势和不足,这有助于加速经济结构调整,推动社会经济转型。作为负责任大国,中国希望通过推广"以和为贵"的文化,为构建和谐世界做出贡献。① 我国引领国际法律秩序建设的基本逻辑是,基于人类命运共同体理念,对国际法社会基础理论进行创新性发展。不同于国际法社会基础理论主要强调国家间的利益协调和冲突解决,人类命运共同体强调全球性的合作与共赢,超越了国家利益的狭隘视角。这不仅体现在对国际法现有规则和原则的承认与遵守上,还体现在通过构建新的国际法律秩序来回应全球化带来的挑战。基于整体主义方法论,为全球治理提供中国智慧和中国方案,是我国为国际社会整体利益积极生产国际公共产品的表现。这种理念不仅提升了中国的国际话语权和话语能力,还是对传统国际关系理论和实践的重要补充和发展。②

我国积极参与国际规则制定的前提是,提升中国人才在国际组织中的影响力,确保中国实践获得国际认可与支持。应该形成"政府—高校—社会"三方合力的培养模式,政府设立相关项目和政策主导人才培养,高校作为人才培养的主力提供专业教育和实习机会,社会各界如企业、智库和国际组织退休官/职员也应为人才培养提供支持和资源。需拓展培养渠道,包括发挥社会力量的潜力和社会参与度、重视国际组织志愿服务的

---

① 参见中共中央对外联络部研究室编著:《中共十八大:中国梦与世界》,外文出版社2013年版,第174—176页。

② 参见张辉:《人类命运共同体:国际法社会基础理论的当代发展》,载《中国社会科学》2018年第5期。

作用、开展多样化的模拟国际组织活动、加强初级专业人员和青年专业人员项目的培养选派工作,以及拓宽赴国际组织实习和任职的渠道。① 在此基础上,应着力完善国际法律秩序。

就输出中国经验的具体内容而言,大体上有两类:一类是中国独特的制度设计;另一类是中国在发展中积累的可以同其他国家分享的重要经验。后一类显然对其他国家具有借鉴意义,主要包括以下六个方面:第一,在现代化进程中坚持发展这个硬道理,强调发展是党执政兴国的第一要务。与此同时,不断从发展的实际出发确定发展要解决的重点问题。第二,既制定分步走实现现代化的发展战略,又从实际出发制定实现发展战略的经济社会发展五年规划和年度计划。第三,强调要坚持以人民为中心的发展思想,每实施一个重大战略部署都要让人民群众有明显的获得感。第四,注意处理好政府和市场的关系,坚持把"看不见的手"和"看得见的手"有机结合起来。第五,注意处理好改革、发展、稳定的关系,十分重视社会稳定,坚持把改革的力度、发展的速度和人民群众可承受的程度结合起来。同时,始终坚持把"致富"和"脱贫"结合起来,解决数千万人口的贫困问题,避免陷入"中等收入陷阱"。第六,在对外开放中既积极主动参与经济全球化,又始终坚持独立自主原则,维护国家主权和经济安全,走出一条和平发展道路。② 通过落地上述战略,中国在全球经济发展和南南合作中发挥了重要作用,积极帮助其他发展中国家实现包容性增长,通过基础设施建设、清洁能源合作和人员培训等领域的合作,推动了这些国家的现代化进程。例如,中国在斯里兰卡和非洲的基建项目已经开始显现成效。此外,中国在清洁能源领域的技术输出,使得更多发展中国家能够以较低门槛获取太阳能和风能等资源。③

中国在全球治理中的领导力不仅体现在经济领域,还包括应对全球

---

① 参见张贵洪:《国际组织人才培养的模式与方法》,载中国社会科学网,https://www.cssn.cn/skgz/bwyc/202307/t20230713_5667601.shtml,访问日期:2024年9月15日。
② 参见李君如:《中国经验对发展中国家的重要意义》,载《人民日报》2018年3月27日,第7版。
③ 参见俞懋峰:《述评:中国经验拓宽发展中国家现代化途径》,载新华网,http://www.xinhuanet.com//world/2017-10/14/c_1121802165.htm,访问日期:2024年9月20日。

性的挑战。例如,关于全球安全治理,中国把自身的安全治理同国际社会的安全治理紧密协调起来,坚定参与联合国的维和行动,积极参与打击跨国犯罪、网络诈骗等。中国深度参与全球科技治理,重点在于深化国际科技交流合作,既主动布局并积极利用国际创新资源,坚持融入全球科技创新网络,又全面提升中国在全球创新格局中的优势,提升中国在全球科技治理中的影响力和规则制定力。在全球环境治理中,中国从全球生态文明的立场出发,增强中国在全球环境治理中的话语权、影响力,形成世界环境保护和可持续发展的方案,坚决坚持环境友好原则,引导世界各国正确应对气候变化,加强国际合作。① 在国际金融危机期间,中国通过扩大内需、加大投资,稳定了全球经济局势,这些负责任的表现增强了中国在全球治理中的地位。中国在国际舞台上倡导并践行多边主义,主张以《联合国宪章》为基础的国际法作为全球治理的核心,强调国家主权平等,反对干涉他国内政,提倡在国际事务中实现公平、合作与共赢。②

当然,世界上没有放之四海而皆准的发展模式,各国都需要独立自主地根据本国的国情来探索符合自己的发展道路。中国坚持走自己的路,既不输入外国模式,也不输出意识形态,不会要求别国复制中国的做法。当然,如果有些国家对中国发展的经验和做法感兴趣,中国会讨论、分享,但不会强加自身的意识形态于人。③

五、新质生产力发展中风险防控的安全底线

新质生产力的发展必须秉承安全与开放并重的价值取向,在理解风险形成与传导机制的基础上,要做到守住系统性风险不发生的底线,但同时保持积极探索开放与合作的不同样态,意识上不可以故步自封。欲实现这一目标,需对风险的识别、预警和应对机制有基本的研究和认识。

---

① 参见于洪君:《参与并引领全球治理,推动世界和平与发展》,载《人民政协报》2023年11月16日,第3版。
② 参见马新民:《新时代中国的国际秩序观》,载《国际问题研究》2024年第1期。
③ 参见《中国向外输出中国模式是要改变国际秩序? 张业遂回应》,载中国新闻网,https://www.chinanews.com.cn/m/gn/2018/03-04/8459318.shtml,访问日期:2024年9月20日。

（一）风险的五种基本样态及其形成的基本原理

以下简要剖析高水平对外开放内部的风险构成与运行机制,聚焦风险的共性问题,不具体展开。风险并非孤立存在,而是通过一系列复杂的生成与传导路径,在市场中形成连锁反应,影响市场的稳定性和健康发展。这些风险相互交织,构成了对外开放环境下的风险矩阵。风险矩阵中,各种风险会以复合形式发挥作用,多层次、多主体、多环节的资本叠加、行为叠加和技术叠加,各种诉求、规则和价值之间的互嵌、冲突和对抗普遍存在,蕴含的风险繁杂多样。笔者认为,在新质生产力发展过程中,最不容忽视的是,政治、经济、文化和科技层面的风险。安全本身是一个相对和演进的概念,安全不可能是绝对的。同时要认识到国家安全的各种要素及其对国家安全的影响不是一成不变的,而是不断演变的,不同时期可能会有不同的核心要素,各要素之间的关系也在不断变化。①。

1. 经济风险:安全与效率的平衡

党的十八大以来,习近平总书记围绕维护经济安全作出了一系列重要论述,强调"我们要坚决维护我国发展利益,积极防范各种风险,确保国家经济安全"②,"维护好经济安全特别是粮食安全、能源安全、产业链供应链安全"③,"坚持统筹金融开放和安全"④。经济安全是指国民经济能够抗御国内外各种经济风险而保持平稳有序运行的态势,是国家安全体系的重要组成部分。经济波动、市场需求变化、产业结构调整等都可能影响新质生产力的应用和推广。

在金融市场,市场波动风险、信用风险、热钱流入风险、经营机构竞争风险、跨境操纵风险、跨境资本流动引发的系统性风险等都值得关注。理解这些风险首先需要把握的原则是,金融安全与金融效率存在先天的矛

---

① 参见马维野:《国家安全·国家利益·新国家安全观》,载《当代世界与社会主义》2001年第6期。
② 董志勇:《强化国家经济安全保障》,载《经济日报》2023年11月13日,第11版。
③ 董志勇:《强化国家经济安全保障》,载《经济日报》2023年11月13日,第11版。
④ 参见国家外汇管理局党组理论学习中心组:《坚持统筹金融开放和安全——学习〈习近平关于金融工作论述摘编〉》,载《人民日报》2024年4月24日,第10版。

盾,两者是对立统一的关系。强调金融安全会导致金融市场主体的积极性和创造性受到束缚,同时增加了交易成本,进而导致金融效率的降低。强调金融效率,必然会弱化对市场的监管和控制,这就容易产生市场失灵的情况,导致金融市场主体滥用金融创新,还可能出现风险累积而引发的市场波动甚至崩溃,危及金融市场的安全与稳定。①

不过,对于安全的表达不宜过于泛化,比如,"金融安全"话语在某些场景中有可能弱化司法自由裁量权的外部约束,因为除了涉及政策性的不良金融债权处置案件,"金融安全"话语在现实中并不构成司法领域"所有制歧视"的基础。"金融安全"的表达泛化会侵入司法,埋下对司法稳定性冲击的隐患。② 固定经济安全的定义,可以为"经济安全"所涉关系国家安全和国计民生的战略行业、重点企业提供具体的指引,避免因行政裁量权的不当行使而对开放政策形成冲击。对金融风险也不宜过于恐惧:金融创新往往会带来金融风险,而金融创新又是推动金融市场发展的重要动力。金融创新常常会打破传统的风险管理框架,超出现有监管框架的覆盖范围,导致监管真空,增强金融市场的复杂性和互联性。创新产品如金融衍生品、资产证券化等,使得风险更容易在不同市场、机构和国家之间传导和扩散。③ 影响国家金融安全的要素主要包括以下几个方面:经济过度虚拟化可能导致经济泡沫的形成和破裂,进而引发金融危机;国内金融体系的脆弱性容易导致信用关系破坏和市场波动;不合理的资本项目可兑换政策可能引发大规模资本流动,造成经济冲击;外债规模和结构不合理会加剧金融风险;国际收支失衡可能导致经济发展的不可持续性;低效的金融监管容易使金融市场面临系统性风险。国际资本的过度投机、国际金融市场的风险溢出效应以及国际金融体系自身的缺陷也是影响金融安全的重要外部因素。④ 另外,资本市场不发达也是金融体系的

---

① 参见冯果:《金融法的"三足定理"及中国金融法制的变革》,载《法学》2011年第9期。
② 参见黄韬:《"金融安全"的司法表达》,载《法学家》2020年第4期。
③ 参见王德凡:《金融创新、金融风险与金融监管法的价值选择》,载《国家行政学院学报》2018年第3期。
④ 参见王伟:《国家金融安全法治体系研究:逻辑生成与建构路径》,载《经济社会体制比较》2016年第4期。

核心风险,发达的资本市场为企业提供了更丰富的融资渠道,有利于金融稳定,过度依赖银行体系则容易引发金融危机。①

2. 政治风险:背景、成因与扩张

当今世界正经历"百年未有之大变局",世情、国情、党情都在发生着深刻变化,防范政治风险显得尤为重要。在世情方面,全球化加剧了风险的全球化,世界多极化带来国际秩序的挑战,增加了我国在国际政治安全方面的风险。在国情方面,我国社会主要矛盾发生了变化,但我国仍处于社会主义初级阶段的国情未变,最大发展中国家的国际地位未变,社会发展与人民群众的期望之间的差距可能动摇党的执政根基,加剧国内政治风险。在党情方面,尽管全面从严治党取得了很大成绩,但党内存在的政治问题还没有得到根本解决,当前,一些党组织和党员干部忽视政治、淡化政治等问题还比较突出,严重威胁到党的执政地位和国家政权安全。为了在新时代有所作为,必须保持警醒,以高度的忧患意识和风险意识防范政治风险。②

政治风险因素在经济、金融、科技、文化等方面风险因素作用下容易被放大。一方面,敌对势力不断强化对我国进行战略遏制和围堵。另一方面,随着我国全面改革的不断深入,一些深层次的矛盾问题日益凸显,党内存在的政治不纯、思想不纯、组织不纯、作风不纯等突出问题尚未得到根本解决,一些已经解决的问题还可能反弹,新问题不断出现,"四大考验""四种危险"依然复杂严峻。这些容易诱发政治风险的因素,如处理不当、把控不好,将会直接影响国家安全和社会稳定。③ 习近平总书记关于防范政治风险的论述,概括了政治风险的主要表现形式。首先是敌对势力挑起的"颜色革命"。各种敌对势力不断试图西化、分化我国,威胁我国政治安全。其次是西方意识形态攻击。西方国家利用舆论和意识形

---

① 参见陈建青:《多层次资本市场与国家金融安全研究》,载《学习与探索》2013年第10期。

② 参见张士海、安瑞龙:《必须把防范政治风险放到更加突出的位置》,载人民网,http://opinion.people.com.cn/n1/2019/0420/c1003-31040722.html,访问日期:2024年9月26日。

③ 参见顾伯冲:《着力提高防范政治风险能力》,载求是网,http://www.qstheory.cn/llwx/2019-08/21/c_1124902206.htm,访问日期:2024年9月26日。

态手段试图动摇我国思想和制度,危害国家政治安全。再次是分裂主义危险。西方敌对势力利用人权问题等挑起事端,制造民族分裂,搞民族分裂主义,严重危害国家统一和政局稳定。最后是党内政治腐败。腐败问题日益严重,政治腐败与经济腐败交织,形成利益集团,严重威胁党和国家政治安全。①

新质生产力的发展可能会受到国内外政治环境的影响。例如,不同国家之间的政策差异、贸易战、监管政策的不确定性等,都可能对企业的创新和生产力产生影响。此外,政府对技术的管控和审查也可能成为限制因素。政治风险主要包括政权风险、制度风险、政局风险、政策风险和对外关系风险等。政治风险因涉及国家主权、政权、制度和意识形态的稳固,而具有根本性,其他方面的风险最终都有可能传导和反映到政治领域,因此政治风险对其他方面的风险具有决定性的影响。只有确保政治安全,才能有效维护经济、科技、文化、社会、国防和军事等其他领域的安全。② 譬如,针对国际投资的研究表明,制度风险大的东道国,良好的政治关系可以作为一种替代性的制度安排,减弱不确定性,促进投资。③ 应当建立政府主导、企业参与的政治风险评估系统及多边和双边投资保护协定体系。④

3. 文化风险:话语霸权主义及其应对

16世纪以后,世界历史发展方向主要是在西方国家主导下进行的。殖民地的扩张加速了西方资本主义文化的传播,这种强势文化不断销蚀着其他文化的民族自主性,消弭着人类文化生态的多样性。随着英语逐渐成为世界性语言,基督教节日在全球广为流行,与此同时,以纽约、伦敦为模板的现代城市文化景观在全球蔓延,许多地方性文化消失或成为被

---

① 参见吴辉:《切实把握防范政治风险的着力点》,载《前线》2020年第12期。
② 参见思力:《时刻防范政治风险》,载求是网,http://www.qstheory.cn/wp/2019-07/23/c_1124787521.htm,访问日期:2024年9月26日。
③ 参见潘镇、金中坤:《双边政治关系、东道国制度风险与中国对外直接投资》,载《财贸经济》2015年第6期。
④ 参见王海军:《政治风险与中国企业对外直接投资——基于东道国与母国两个维度的实证分析》,载《财贸研究》2012年第1期。

观赏的"文化标本"。看上去是"自然历史过程"的文化变迁,事实上自始至终是由资本逻辑推动的,其不仅在现实中构造起一个西方化的世界景观,也在人们头脑中植入了西方价值体系,从而深刻影响着人类文化发展进程。如果说早期西方文化霸权具有某种"自发性"的话,那么,"后冷战"时代西方的文化输出却越来越表现出主动进行议程设置的特征。从亨廷顿的"文明冲突论",到西方推动的各种"颜色革命",我们可以管窥西方文化霸权的顶层设计和霸权逻辑,以及文化和意识形态领域失控的灾难性后果。①

面对文化霸权话语体系的现状,习近平总书记指出:"今天,人类交往的世界性比过去任何时候都更深入、更广泛,各国相互联系和彼此依存比过去任何时候都更频繁、更紧密。一体化的世界就在那儿,谁拒绝这个世界,这个世界也会拒绝他。"②我国在对外开放中需要平衡文化交流与保护本土文化的关系,积极应对文化冲突和风险,提升自身文化软实力和国际影响力,确保文化安全和社会稳定。然而,在与不同国家和地区进行经济、政治、文化交流的过程中,由于文化背景、价值观念和社会习俗的差异,容易引发文化冲突。在引进外来文化的同时,可能会导致本土文化的同化和流失。外来文化带来的不同价值观可能与本土价值观产生冲突,尤其是在涉及宗教、道德和伦理等问题上。例如,一些不良文化和思想的传播,可能对国家安全和社会稳定产生负面影响。因此,需要建立健全的文化管理和保护机制,防范文化风险。在此过程中,语言障碍、传播渠道有限、文化内容的国际化表达等问题都需要面对。

4. 科技风险:技术冷战中的七大挑战

当今世界,霸权主义和冷战思维依旧是和平稳定发展的最大阻碍,本无国界的科学技术与地缘政治深度绑定。近年来,西方将科技竞争视为国际战略竞争的核心,将中国视为科技领域主要打压对象,我国科技安全面临出口管制、科技产业链剥离、科技资本切割、科技交流限制、科技国际

---

① 参见邢云文:《在文化开放中维护国家文化安全》,载《光明日报》2019年4月12日,第11版。
② 习近平:《在纪念马克思诞辰200周年大会上的讲话》,载人民网,http://jhsjk.people.cn/article/29966126,访问日期:2024年10月26日。

第七章
发展环境论：高水平对外开放体制机制塑造的法律支撑

合作围堵、意识形态攻击等一系列"外源性"风险。同时，关键产业还面临被境外间谍情报机关渗透窃密及"精准"制裁的重大风险隐患。在新一轮科技革命和产业变革与我国加快转变经济发展方式的"历史性交汇期"，"外源性"风险成为我国把科技命脉牢牢掌握在自己手中的重大障碍。我国实现高水平科技自立自强，解决"卡脖子"问题刻不容缓。①

现阶段，全球正面临新一轮科技革命的瓶颈期，各国在同质化竞争中，降低自身对外部依赖的敏感度和脆弱性成为共同挑战。具体而言，我国科技安全领域面临以下七大风险和挑战：第一，关键核心技术受制于人。我国在基础研究和原创性成果方面依然不足，关键技术领域依赖进口。例如，半导体产业链主要集中在中低端环节，高端芯片严重依赖进口。第二，技术优势下降。尽管我国在载人航天、卫星导航、量子信息等领域取得了重要成果，但在许多关键核心技术和基础研究能力方面仍受制于人。一旦被"卡脖子"，技术优势会迅速下降，影响未来产业的持续发展。第三，国际交流受阻。一些发达国家限制我国人才交流和国际合作，阻碍科技创新和人才培养。例如，美国通过《芯片与科学法案》限制科研合作，影响中美学术合作和论文发表数量。第四，新兴技术应用带来的不确定性。人工智能、深度伪造等新兴技术带来了科技治理和经济增长的风险。虚假信息、网络安全问题、基因编辑技术的不当使用等，都对社会稳定和经济安全构成威胁。例如，新能源汽车的锂电池爆炸和网络信息泄露等事件频发，凸显了技术应用的不确定性和潜在风险。② 第五，尚未跟上研究范式的变革。科学研究范式和组织模式的深刻变革，使我国在原创性成果方面不足，可能被西方国家进一步拉大科技差距。多个重点领域的技术群体跃进和颠覆性突破，可能导致原有技术路线归零，若研发储备和基础能力不足，难以抓住发展机遇。第六，外部环境改变。全球经济周期与政治周期交汇，带来重大风险，后疫情时代全球经济衰退引发的创新退潮，使国际经济和科技合作面

---

① 参见《破解科技安全"两大风险"》，载上观新闻网，https://web.shobserver.com/sgh/detail?id=1243353，访问日期：2024年11月9日。
② 参见郭秋怡、游光荣：《深刻认识科技安全与经济安全互动关系 建立科技安全监测预警体系》，载《中国科学院院刊》2023年第4期。

临重大挑战。第七,新科技创新引发的伦理和法律问题进入高发期,科技伦理监管和治理面临新挑战。①

5. 网络风险:系统安全观背景下的四维挑战

网络安全的内涵已经超越了传统意义上的技术防护,涵盖了更广泛的国家安全维度。它不仅涉及防止网络系统和数据受到攻击、窃取、篡改和破坏,还包括确保信息和数据在网络中的完整性、保密性和可用性。网络安全是国家主权在网络空间的延伸,涉及对关键信息基础设施的保护、信息主权的维护以及防范网络空间中的各种威胁。随着技术的迅猛发展,网络安全的内涵还进一步扩展到数据安全和算法安全,尤其是在人工智能时代,算法的可靠性与安全性也成为国家安全的重要组成部分。因此,网络安全不仅是一个技术问题,更是关系到国家经济利益、社会稳定和国际竞争力的综合性安全挑战,必须从整体国家安全观的高度进行系统化的治理与防护。②

信息主权实际上已经成为国家安全的一部分,国家必须在信息安全方面投入更多资源,以维护其主权。2014年7月,习近平总书记在巴西国会发表《弘扬传统友好 共谱合作新篇》演讲时强调:"当今世界,互联网发展对国家主权、安全、发展利益提出了新的挑战,必须认真应对。虽然互联网具有高度全球化的特征,但每一个国家在信息领域的主权权益都不应受到侵犯,互联网技术再发展也不能侵犯他国的信息主权。"③尽管网络空间的主权并不像传统的领土主权那样清晰,但信息流动的全球化和网络空间的主权冲突使得网络攻击、信息战和数据隐私等敏感领域的冲突显化。④ 信息主权是信息自由的边界,过分的信息自由不应被提倡。西方国家,特别是美国,长期以来提倡"互联网自由"的

---

① 参见丁明磊、王革:《防范化解科技重大风险的思路与对策建议》,载网易网,https://www.163.com/dy/article/G02M8DKT0511B355.html,访问日期:2024年9月5日。

② 参见杨蓉:《从信息安全、数据安全到算法安全——总体国家安全观视角下的网络法律治理》,载《法学评论》2021年第1期。

③ 《习近平在巴西国会的演讲:弘扬传统友好 共谱合作新篇》,载人民网,http://jhsjk.people.cn/article/25296593,访问日期:2024年9月6日。

④ 参见刘连泰:《信息技术与主权概念》,载《中外法学》2015年第2期。

理念,主张互联网应该成为一个不受国家管辖、自由开放的空间。这种理念看似强调普遍的言论自由和信息获取权,但实际上,它往往成为这些国家进行"网络外交"的工具。在推动"互联网自由"的过程中,西方国家可能通过外交、经济制裁、技术手段等方式,干预他国的网络信息管理政策。例如,西方国家可能施压要求其他国家放松对互联网的管制,甚至直接支持一些非政府组织和活动家,通过网络渠道影响这些国家的政治舆论和社会运动。①

关键信息基础设施的保护是网络安全的重要方面,涉及保护国家的重要网络设施免受攻击。《网络安全法》专门规定了对关键信息基础设施的保护,旨在保障国家网络和信息系统的安全和可控。这一保护包括技术层面的防护措施,以及法律制度的支持,以防范对国家安全构成威胁的"软杀伤"形式的网络攻击。重视基础设施立法的重要性在于,关键基础设施对国家的安全、经济稳定和社会福祉有着不可替代的作用。这些基础设施涉及能源、电信、金融、运输、水利、卫生等领域,一旦遭到破坏或失去运作能力,可能对国家安全和社会秩序产生严重威胁,并对经济造成深远的负面影响。以美国为例,早在1998年,美国就通过总统令列出了包括信息和通信、电力、银行和金融、供水等在内的关键基础设施,并在后续的立法中不断扩大和细化其范围,确保这些基础设施在面临威胁时能够得到有效的保护。②

数据风险防范超越了单纯的数据保护,包含对数据作为国家战略资源的安全保障。随着数字化和全球化的发展,数据在国际贸易和投资中的作用日益重要,但数据的跨境流动也带来了隐私泄露和国家安全风险。因此,数据风险防范不仅关乎个人隐私的保护和国家安全的维护,也是中国参与全球数字经济竞争的关键。目前全球数据风险防范按国别划分主要包括两种类型:欧盟强调个人数据权保护,将数据权作为基本人权,通过严格立法限制数据跨境流动;相对的,美国则侧重数据自由流动,推行

---

① 参见黄志雄:《网络信息管理:行使信息主权的应有之义》,载《国家治理》2016年第3期。
② 参见左晓栋:《关键信息基础设施,保!》,载国家互联网信息办公室网站,https://www.cac.gov.cn/2015-11/04/c_1117015673.htm,访问日期:2024年11月4日。

以市场主导和行业自律为中心的个人数据保护政策。① 另外,在国际法上,还有《服务贸易总协定》隐私例外条款、《关于隐私保护和个人数据跨境流动的指南》及亚太经合组织《隐私框架》等贸易协议和推荐指南等。它们都在支持数据自由流动的同时,仍允许各国或地区根据其隐私保护需求设置相应的障碍,体现出国际法上注重数据安全、国家主权与国际贸易自由化之间平衡的特点。② 然而,当前中国在跨境数据流动中存在法治保障不足,包括制度零散、监管机构不明、执法手段单一等问题,这导致我国在数据风险防范过程中较为被动。跨境数据流动中企业需要同时满足国内外法律要求的"双向合规",即在数据跨境流动中,不仅要遵守本国法律,还必须符合数据流入国或数据流出国的法律规定。我国应积极出台相关规定、标准、规范,以应对上述问题。③

算法风险同样不容小觑。人工智能算法具备深度学习和自我进化的能力,这使算法的决策过程往往变得更加复杂和难以解释,加之算法本身的设计缺陷或不完善,都加剧了算法结果的不确定性,传统法律规制手段对其显得力不从心。特别是在算法不断自我学习和进化的过程中,法律难以准确预测并及时调整规制措施,从而可能无法有效应对潜在的算法安全问题。④ 算法安全分为三个层次:一是算法自身的安全性,即确保算法设计、部署和使用过程中的稳定性、准确性和可控性;二是算法的安全可控性,防止算法脱离人类控制,确保算法运行透明、可解释,并受到严格监管;三是算法应用安全,防止算法在实际应用中引发社会、政治、经济等宏观层面的风险。未来应就这三方面的问题提升风险防范水平。⑤

---

① 参见许多奇:《个人数据跨境流动规制的国际格局及中国应对》,载《法学论坛》2018年第3期。
② 参见张金平:《跨境数据转移的国际规制及中国法律的应对——兼评我国〈网络安全法〉上的跨境数据转移限制规则》,载《政治与法律》2016年第12期。
③ 参见许多奇:《论跨境数据流动规制企业双向合规的法治保障》,载《东方法学》2020年第2期。
④ 参见郑智航:《人工智能算法的伦理危机与法律规制》,载《法律科学》2021年第1期。
⑤ 参见许可:《算法规制体系的中国建构与理论反思》,载《法律科学》2022年第1期。

(二)风险传导的基本原理

前述简单将新质生产力发展过程中可能出现的风险进行了类型化分析,以下将在此基础上分析理解这些风险是如何传导的,这既包括不同风险类型间的相互传导,也包括风险内部不同面向之间的传导。

1. 跨领域风险传导:以政经风险与其他风险的转化为例

跨领域风险的传导及其制度应对极其重要,从总体国家安全观的视角出发,理解国际政治风险、全球经济格局变化、文化差异以及金融科技发展等因素可能给我国高水平对外开放和新质生产力建设带来的风险至关重要。在此基础上,可以构建更为全面的风险防控体系,以保障国家的稳定与安全。各类风险都有相互转化的可能,此处仅举两例说明风险转化的方式与样态:

(1)经济风险与其他风险的互动关系。影响我国经济安全的内外因素比历史上任何时候都要复杂,呈现出显著的复合型、多层次、多方面、多变量特点。系统观念是具有基础性的思想和工作方法。要运用系统观念,防止各种风险的演化、传导、叠加、升级,构建全域联动、立体高效的国家经济安全防护体系,积极防范应对内外环境复杂多变的挑战,力争把风险化解在源头,不让小风险演化为大风险,不让个别风险演化为综合风险,不让局部风险演化为区域性或系统性风险,不让经济风险演化为社会政治风险,不让国际风险演化为国内风险。① 科技风险经常与经济风险之间产生关联,其传导机制主要表现为:新兴技术的突破和应用可能导致传统产业被颠覆,产生"归零效应",从而需要重新布局和调整经济结构,若一个国家在这些新兴技术领域储备不足,就可能错失发展机遇,导致经济竞争力下降。同时,经济不稳定性如金融危机或经济衰退会导致科技研发投入减少,影响科技创新能力和长期发展潜力。科技依赖加剧了产业链和供应链的脆弱性,一旦关键技术受制于人,就会对经济运行产生巨大冲击。此外,科技进步带来的人工智能和量子计算等新技术,尽管推动了经济发展,但也可能引发伦理、法律和社会问题,需要投入经济资源进行

---

① 参见丁晋清:《牢牢守住经济安全底线》,载新华网,http://www.xinhuanet.com/politics/20231221/3bae221e7ead4897bbe7b47758868646/c.html,访问日期:2024 年 10 月 21 日。

调控和治理;这些问题若处理不当,反过来会影响经济稳定。国际科技竞争加剧使得科技制裁、技术封锁成为常见手段,这种博弈不仅直接影响科技发展,还会通过产业链、供应链影响整体经济安全。因此,科技安全是经济安全的重要保障,而经济安全为科技创新提供必要支撑,两者深度融合,共同促进国家的高质量发展和整体安全。①

(2)政治风险与其他风险的互动关系。"居安思危,思则有备,有备无患。"新形势下,我国面临复杂多变的发展和安全环境,各种可以预见和难以预见的风险因素明显增多。应及早识别、防范、化解"蝴蝶效应"及"黑天鹅"事件、"灰犀牛"事件的冲击。避免各领域风险交叉感染,坚决防止非公共性风险扩大为公共性风险,非政治性风险蔓延为政治性风险。② 政治风险具有突发性和传导性。政治风险通常是特定时机、背景因某些偶然因素而引发,其成因及演化过程包含较多不确定性,因而具有突发性强、变化快等特点。特别是信息网络时代,各种信息传播发酵快、风险流动性加大、关联性增强,容易诱发境内外互动、跨区域联动、跨群体聚合,一地的政治风险往往与其他地方出现传导效应,一项政治风险有时会引发多项政治风险,经济、社会、文化等领域风险也有可能演变为政治风险。如金融风险会导致资本贬值、通货膨胀,引发经济危机、社会冲突,最终转变为严重的政治风险。从影响程度看,政治风险具有整体性和局部性。政治风险本身具有两面性,处理得好,有助于解决社会矛盾,促进社会和谐;处理得不好,小风险会演变为大风险,局部性风险会发展成整体性风险,最终会影响整个社会的安定和执政地位的巩固。随着经济全球化和信息网络化的深入发展,政治风险一旦触发,极有可能出现"多米诺骨牌效应",产生连锁反应,容易从局部性风险演变成整体性风险,需要引起高度警惕和重点防范。③

---

① 参见郭秋怡、游光荣:《深刻认识科技安全与经济安全互动关系 建立科技安全监测预警体系》,载《中国科学院院刊》2023年第4期。
② 参见思力:《时刻防范政治风险》,载求是网,http://www.qstheory.cn/wp/2019-07/23/c_1124787521.htm,访问日期:2024年7月23日。
③ 参见顾伯冲:《着力提高防范政治风险能力》,载求是网,http://www.qstheory.cn/llwx/2019-08/21/c_1124902206.htm,访问日期:2024年9月26日。

2. 跨市场风险传导：以金融市场为例

不同的风险在各自的内部都存在不同的面向，这些面向相互影响，存在联动关系，可能放大风险的程度。其中，较为典型的是金融市场上的跨市场风险。跨市场风险不仅包括股市、债市、汇市等之间的相互影响，还涉及现货与期货市场的联动。跨货币、资金、资本、证券、黄金、期货、外汇及大宗商品贸易市场的协调发展，也使市场风险更加多样化，贸易金融业务未来的发展不仅限于银行的授信业务或者信贷业务。债券、理财和传统的信用风险以及流动性风险会必然交织。随着跨境贸易和金融活动的增加，信息不对称问题，以及资金往来过程中的热钱、洗钱包括境外融资涉及的国别风险等逐渐显现，跨境金融集团的风险传递以及期现市场中的操纵行为尤其值得关注。①

为了保障金融稳定，需要建立有效机制来监控和防控这些风险，确保资本市场的健康运行和对投资者利益的保护。譬如，期货领域的跨市场操纵就可以通过价格关联操纵和支配性力量操纵的方式导致风险的跨市场传播，住友商事交易员轧空铜市场案、保时捷轧空大众汽车股票案等案件都可以说明跨市场操纵的多样性和复杂性。②《证券法》《中华人民共和国刑法》和相关交易规定的不足，会导致这一风险被放大。尤其是高科技使得程序化交易引发的市场操纵行为将更具破坏性。③ 研究表明，随着经济开放度的提高，短期资本流动和跨市场极端风险溢出在短期内的冲击较强，长期内则逐渐减弱。风险溢出效应并不局限于资本市场，还会扩张到不同行业（如金融业、房地产业、电信服务业等）。因此，在开放市场之前，应完善跨市场极端风险防控体系、制定差异化的风险补偿机制、加强跨境资本流动的监控。④

---

① 参见王好强：《关注四大趋势 谨防"三跨风险"》，载《金融时报》2015年1月24日，第5版。
② 参见谢杰：《跨市场操纵行为监管研究》，载《上海金融》2015年第10期。
③ 参见谢杰：《跨市场操纵的经济机理与法律规制》，载《证券市场导报》2015年第12期。
④ 参见花秋玲、邱泽鹏、景玉洁：《经济开放度、短期资本流动与跨市场极端风险溢出》，载《财经科学》2021年第12期。

(三)风险的识别与预警机制:从预防、监测到应急处置

一般而言,风险识别可以遵循以下思路:首先,风险识别与预防阶段要求对潜在风险有敏锐的洞察力,能够及时捕捉风险动态,评估可能的风险点;其次,风险监测与预警是持续性的过程,需要建立实时的数据分析和预警模型,确保风险信号的及时捕捉;最后,风险应急处置考验决策效率和执行能力,一旦风险爆发,能否迅速响应,采取有效措施,并将损失降至最低,是检验防控体系是否完善的关键。因此,需发挥法治的激励与约束作用,推动政府、市场、社会形成风险共治机制。美国等许多西方国家很早就建立了负责国家安全的最高领导机构,协调涉及国家安全的各个部门和行业,建立了基础设施、恐怖主义、自然灾害、外商投资、网络空间等领域的国家安全风险管理机制,并制定了与之相适应的法律体系与标准规范文件。通过开展定期的国家安全风险评估,为重大风险的预防、预警、控制和管理提供支持。应以系统性思路构建国家安全风险监测预警体系,加强国家总体风险及国家重点领域风险的监测预警能力建设,补齐国家安全和社会稳定重点领域的风险监测预警能力短板,提升国土、粮食、生物、能源资源、海外利益、重要产业链供应链等领域的安全保障能力,推动国家安全风险治理由被动应对转向主动预防,由事件驱动转向源头治理。①

风险监测机制是风险识别的基石。风险监测机制可通过全面收集整合行业动态、国际经济政治形势、文化风向等多源数据,构建风险指标体系,并运用大数据分析和人工智能技术,实现对市场波动、信贷风险、资本流动异常、文化异常、科技乱象等风险信号的实时捕捉和精准分析。此外,跨部门协作机制的建立,促进了信息的高效共享与沟通,增强了监测网络的灵敏度和响应速度。

风险预警机制是在风险监测基础上的深化与扩展,通过设定风险指标的预警阈值,一旦监测数据触及预警线,即可即时触发预警信号,通知相关监管机构和市场参与者。风险预警机制还应包括预警信号的快速响

---

① 参见杨泽坤:《贯彻落实总体国家安全观 完善国家安全风险监测预警体系》,载中国日报网 https://cn.chinadaily.com.cn/a/202304/15/WS643a0d88a31053798936fdc2.html,访问日期:2024年4月15日。

应流程、风险评估与决策支持系统,以及危机应对预案的准备,确保在风险发生初期就能得到及时有效的干预,最大限度地降低潜在危害。未来我国应进一步加强组织、人员和技术支撑,筑牢公共安全体系向事前预防转型的保障基础。推动专业化风险监测预警与公共安全治理的有机衔接。在公共安全治理中加强风险监测预警、风险评估、风险会商、风险沟通的专业化组织和人员比重,鼓励风险实时监测和分析研判等专业技术工具创新,提升风险监测预警能力、安全韧性能力、基层第一响应和初期处置能力,推动实现公共安全治理工作重心向事前预防转移。加大公共安全治理的学术研究与实务部门融合创新力度,进一步明确新时代公共安全治理的内涵、边界、重点及建设思路。加快建立大安全大应急框架,及时将关键领域安全风险、新型安全风险、次生安全风险等纳入公共安全体系,确保食品药品、生物安全、个人信息等群众关切领域的安全,真正做到将公共安全风险化解于萌芽之时、成灾之前,切实推动公共安全治理模式向事前预防转型。① 通过风险监控技术的运用,建立风险预警监测机制,提高风险识别水平。加强对风险的预测预警预防,深入研究追踪风险的态势、环境和机理。加快建立全方位、多层次、立体化的监管体系,构建跨地区跨领域跨部门工作协调机制,推动中央与地方之间、部门之间、军地之间、地区之间高效协同运转,统筹协调重大事项和重要工作,有效整合各种资源、力量和手段,形成强大合力。②

  在风险预警中,法律起着至关重要的作用,法律通过规范风险预警技术和方法的使用,确保其科学性和合理性。如法律可以设定预警指标的选取标准和预警系统构建的合理性,以确保风险预警不仅符合技术要求,也符合社会理性的标准。法律可以规范风险预警组织的形态和结构,确保这些组织在执行预警任务时的秩序与效率。这种规范性可以帮助避免预警过程中的主观偏差,保证预警行为的客观性和公正性;还可以从国家安全、企业合规和社会认知等多个角度对风险预警评估的范围和

---

① 参见詹承豫:《准确把握三个体系之间的关系》,载《中国应急管理报》2022年11月19日,第3版。

② 参见宋彦波:《坚持把防范化解国家安全风险摆在突出位置——学习〈总体国家安全观学习纲要〉系列谈⑦》,载《解放军报》2022年7月13日,第7版。

对象进行确认,确保风险预警评估范围的确定性和周延性。这种法律框架的构建可以确保预警评估体系的确定性和全面性,使得预警行动能够更好地识别、预防和控制潜在风险。①

(四)风险的应对机制:局部与整体并重

1. 经济稳定:守住底线与增强韧性

守住经济安全底线的前提是,必须加强粮食和能源等基础资源的安全保障,通过提升生产潜力及技术突破,增强应对外部风险的能力。坚持总体国家安全观,深入实施国家粮食安全战略,严格落实"藏粮于地"战略、深入实施"藏粮于技"战略。坚持"四个革命、一个合作"能源安全新战略,围绕推动能源消费革命、能源供给革命、能源技术革命、能源体制革命,全方位加强国际合作。要提升应对与处置外部经济冲击的水平。需要通过结构优化和经济转型提升经济韧性,推动经济高质量发展,特别是在关键领域构建自主可控的产业链和供应链,确保国家经济安全和人民福祉。近年来,尤其受到关注的是统筹发展与安全的关系这一命题,这需要强化系统性金融风险的防范与化解能力,完善金融监管和风险应急处置机制,确保金融体系稳定。②

建立国家金融安全体系需要树立法治思维,设计国家经济安全战略,完善金融监管和市场准入机制,构建金融稳定机制。这一体系的构建需要政府、市场和社会多方协同,以确保国家金融安全体系的安全和稳定。③ 风险防控体系应以金融稳定为核心,坚决防止系统性风险的发生。在金融开放中应坚持"协调、适度"的原则,强调金融开放应服务于中国自身的经济和国民福利,而不是盲目屈于外部压力或跟随国际趋势。④ 现有的金融安全审查机制无法完全覆盖金融开放带来的风险,应将政策逻辑转化为系统性的立法模式,并通过制定外商投资风险审查法等法律,完善我国的金融安全审查机制。在金融安全审查中,应通过"防护网"和"防

---

① 参见靳文辉:《金融风险预警的法制逻辑》,载《法学》2020年第11期。
② 参见董志勇:《强化国家经济安全保障》,载《经济日报》2023年11月13日,第11版。
③ 参见王伟:《国家金融安全法治体系研究:逻辑生成与建构路径》,载《经济社会体制比较》2016年第4期。
④ 参见张明珅:《金融开放进程中的金融安全分析》,载《上海金融》2014年第3期。

第七章 发展环境论：高水平对外开放体制机制塑造的法律支撑

护墙"抵御金融外部风险和系统性风险。通过具体的"靶向"定位，如反垄断审查、重要基础设施购并审查等，强化金融安全审查机制，处理好国家安全审查与金融安全审查之间的职权边界和监管衔接问题。① 2023年中共中央、国务院印发的《党和国家机构改革方案》对于金融稳定作出了初步安排，金融监管体系上实现了从"国务院金融稳定发展委员会"到"中央金融委员会"的转变，改革了央行制度，支持数字货币的发展和推进反洗钱工作。将金融消费者保护职能集中到新的金融监管总局，有利于更好地保护金融消费者的权益。应完善存款保险制度和金融稳定保障基金制度，并在数字金融领域加强跨部门监管合作，保障数字金融的健康发展。② 在未来，更应该关注互联网金融给金融稳定带来的新挑战，尤其是金融科技带来的系统性风险。③ 但金融科技的问题可以通过监管科技的方法解决④，应借助科技手段完善金融市场的基础设施⑤，加强金融科技领域的跨领域立法协同，倡导金融监管机构与数据监管机构的密切合作，建立跨领域的协同立法与监管机制⑥。

2. 科技安全：构建监测预警与国际合作机制

加快建设科技安全监测预警体系，保障科技和经济安全，需采取以下措施：一是建立常态化监测预警体系，持续跟踪全球科技动态，完善监测预警指标，对关键技术发展进行动态评估与预警。二是完善监测预警理论方法与协同应对机制，利用现代信息技术构建智能防控网，提升预防、预测和预警能力，加强科技风险分级分类管控。三是打造专业科技评估

---

① 参见李晓安：《开放与安全：金融安全审查机制创新路径选择》，载《法学杂志》2020年第3期。
② 参见吴晓灵、李曙光、郭雳：《金融改革与法律监管》，载《中国法律评论》2023年第3期。
③ 参见许多奇：《互联网金融风险的社会特性与监管创新》，载《法学研究》2018年第5期；李敏：《金融科技的系统性风险：监管挑战及应对》，载《证券市场导报》2019年第2期。
④ 参见袁康、唐峰：《金融科技背景下金融基础设施的系统性风险及其监管因应》，载《财经法学》2021年第6期。
⑤ 参见张阳：《金融市场基础设施论纲：风险治理、科技革新与规制重塑》，载史际春主编：《经济法学评论》（第18卷），中国法制出版社2019年版，第88页。
⑥ 参见郭雳：《国家金融安全的法治保障及其动态协同进路》，载《中国法律评论》2024年第4期。

队伍,建立科技安全动员机制,提升评估人员专业水平和社会认可度,形成良性工作机制。四是加强国际合作,利用全球科技产业链监测,开辟多元化合作渠道,增强我国产业链韧性,通过科技安全监测预警体系支撑经济安全,实现高质量发展。①

相较于不负责任的科技霸权主义,我国提出《全球人工智能治理倡议》,以负责任的态度和务实合作的方案得到了国际社会高度关注和积极评价。面对科技安全领域的新风险、新形势、新挑战,国家安全机关在党中央的坚强领导下,坚持以习近平新时代中国特色社会主义思想为指导,贯彻落实总体国家安全观,聚焦破解"外源性"风险和"步调性"风险,防范反制个别国家对我国重要产业、技术、人才的无理打压,依法打击境外间谍情报机关及其代理人向我国科技领域渗透窃密活动,加强对科技风险治理议题的前瞻性战略研究,护航高水平科技自立自强加快推进,以新安全格局保障新发展格局,以高水平安全保障高质量发展。② 未来,我国还将进一步提升科技安全水平,加强科研攻关,通过补短板、建优势、强化能力,构建新型举国体制,解决关键核心技术受制于人的问题。加强基础研究和前沿领域布局,提升企业和高校的创新能力,激发科技人才的活力。③

3. 网络安全:筑牢防线与提升治理能力

在信息主权层面,首先,严格遵循《网络安全法》《数据安全法》和《个人信息保护法》的规定,合理实施数据本地化措施,避免各地法规层层加码,以确保数据主权的法律基础稳固。其次,利用《个人信息保护法》的兜底条款,积极推动国家层面的"一对一"国际谈判机制,为中国数字企业获取境外数据提供有力支持,增强其国际竞争力。最后,通过多边和双边合作,积极参与和主导数据跨境流动的国际规则制定,构建中国主导的国际数据治理

---

① 参见郭秋怡、游光荣:《深刻认识科技安全与经济安全互动关系 建立科技安全监测预警体系》,载《中国科学院院刊》2023年第4期。
② 参见《破解科技安全"两大风险"》,载上观新闻网,https://web.shobserver.com/sgh/detail?id=1243353,访问日期:2024年11月9日。
③ 参见王志刚:《加强自主创新 强化科技安全 为维护和塑造国家安全提供强大科技支撑》,载《人民日报》2020年4月15日,第11版。

框架，推动我国数字企业顺利"走出去"，提升全球数据治理话语权。①

在关键信息基础设施保护层面，我国近年来也在加紧完善关键信息基础设施的保护立法工作，并且特别关注关键信息基础设施的责任分配和管理机制，明确了运营者的安全责任和行业主管部门的监管职责。通过建立跨部门协作机制，确保关键信息基础设施在遭遇网络威胁时，能够迅速、有效地采取应对措施，防止单一部门监管失效或多部门监管重叠的问题。②

在数据风险防范层面，应完善重要数据的界定与风险评估机制、构建适应碎片化规制的数据跨境规则体系、完善数据安全审查机制、保障跨境投资中个人数据安全，以及企业海外上市时的数据安全监管与国际规则的协调，建立更加安全、有序的数据跨境流动环境。积极应对数据跨境中存在的体系链短、动态性弱、共建度低等问题③，设置数据安全认证并配置相应责任④，以及完善数据跨境中的长臂管辖机制设计⑤。应设立一个独立的跨境数据监管机构，以确保双向合规的落实。积极参与跨境数据流动的国际规则制定，通过国际合作增强在全球数据治理中的话语权。⑥

在算法风险层面，应通过巡警机制（监管机构通过积极、主动、集中地履行职责，在事前、事中发现和纠正违反立法目标的算法行为）、火警机制（通过社会监督和用户反馈，提供救济并惩罚违规行为）和片警机制（强调信息的充分采集和管理，核心手段包括算法备案、约谈制度等）相结合的方式，确保算法安全与发展的并重。同时，应通过多种算法规制机制，包括算法备案、算法安全评估、实时监控等，实现算法规制的场景化和

---

① 参见徐凤：《网络主权与数据主权的确立与维护》，载《北京社会科学》2022 年第 7 期。
② 参见左晓栋：《关键信息基础设施，保！》，载国家互联网信息办公室网站，https://www.cac.gov.cn/2015-11/04/c_1117015673.htm，访问日期：2024 年 11 月 4 日。
③ 参见吴一楷：《金融安全观下我国涉外金融数据法治体系的生成逻辑与构建路径》，载《上海金融》2024 年第 2 期。
④ 参见刘权：《数据安全认证：个人信息保护的第三方规制》，载《法学评论》2022 年第 1 期。
⑤ 参见叶开儒：《数据跨境流动规制中的"长臂管辖"——对欧盟 GDPR 的原旨主义考察》，载《法学评论》2020 年第 1 期。
⑥ 参见许多奇：《论跨境数据流动规制企业双向合规的法治保障》，载《东方法学》2020 年第 2 期。

整体性。①

4. 其他风险的应对机制:政治与文化的系统性应对

在政治风险层面,应加强对国际政治动态的监测与分析,制定前瞻性的应对策略。首先,应坚持党的领导,坚决做到"两个维护"。通过坚持党的领导,发挥党总揽全局、协调各方的作用,形成防范政治风险的合力,确保各项决策的落地落实。其次,以人民为中心,坚决站稳政治立场。以人民为中心提升群众对党的信任和拥护,厚植党的执政基础,确保社会主义现代化事业的正确方向,避免颠覆性错误的发生。最后,增强忧患意识,锤炼过硬政治能力。常怀"能力不足"的忧患意识,增强政治敏锐性和政治鉴别力,提高风险处置能力,将风险化解在源头,化危机为转机。②

在文化风险层面,应尊重并理解各国文化差异,促进各国间和谐互动,既强调"提高文化开放水平",又强调"切实维护国家文化安全"。统筹好文化开放与文化安全,应重点抓好以下几方面工作:一是筑牢文化安全思想防线。开展文化安全宣传教育,增强人们延续民族文化血脉、传承民族文化基因、巩固民族文化根基的自觉性和坚定性。尤其要加强社会主义核心价值观宣传教育,将其作为抵御国外各种腐朽落后思想文化侵蚀、确保我国文化安全的基石。二是加强维护国家文化安全的制度设计。构建科学合理的国家文化安全预警、应对机制,善于运用市场、法律等手段化解文化开放带来的风险和冲击。三是加强国际传播能力和对外话语体系建设。加快形成与我国经济社会发展水平和国际地位相称的国际传播能力和对外话语权,不断提升中华文化的辐射面和影响力。③ 根据习近平总书记着眼人类发展和世界前途提出的人类命运共同体理念,通过文化创造,在摆脱"跟着说"的困境之后,为国家文化安全提供科学支撑。④

---

① 参见许可:《算法规制体系的中国建构与理论反思》,载《法律科学》2022 年第 1 期。
② 参见张士海、安瑞龙:《必须把防范政治风险放到更加突出的位置》,载人民网,http://opinion.people.com.cn/n1/2019/0420/c1003-31040722.html,访问日期:2024 年 9 月 26 日。
③ 参见吴艳东:《如何在文化开放中维护文化安全》,载《人民日报》2014 年 4 月 3 日,第 7 版。
④ 参见邢云文:《在文化开放中维护国家文化安全》,载《光明日报》2019 年 4 月 12 日,第 11 版。

主要参考文献

一、中文著作

1. 盖凯程、韩文龙:《新质生产力》,中国社会科学出版社 2024 年版。

2. 刘典:《新质生产力:中国经济发展新动能》,中国财政经济出版社 2024 年版。

3. 洪银兴、高培勇等:《新质生产力:发展新动能》,江苏人民出版社 2024 年版。

4. 陈波:《我国碳市场法律治理研究》,法律出版社 2023 年版。

5. 国务院发展研究中心国际技术经济研究所编著:《世界前沿技术发展报告 2023》,电子工业出版社 2023 年版。

6. 黄越钦:《劳动法新论》,中国政法大学出版社 2003 年版。

7. 李言:《要素市场化配置改革与区域经济发展问题研究》,经济科学出版社 2023 年版。

8. 戎珂、陆志鹏:《数据要素论》,人民出版社 2022 年版。

9. 孙晋:《竞争性国有企业改革路径法律研究——基于竞争中立原则的视角》,人民出版社 2020 年版。

10. 中共中央党史和文献研究院编:《习近平关于中国特色大国外交论述摘编》,中央文献出版社 2020 年版。

11. 叶明:《互联网经济对反垄断法的挑战及对策》,法律出版社 2019 年版。

12. 李克、朱新月:《第四次工业革命》,北京理工大学出版社 2015

年版。

13. 苗金明:《安全法学导论——风险、理性与安全》,清华大学出版社 2014 年版。

14. 中共中央文献研究室编:《习近平关于全面深化改革论述摘编》,中央文献出版社 2014 年版。

15. 陈钊编著:《信息与激励经济学》,上海三联书店、上海人民出版社 2005 年版。

16. 张维迎:《信息、信任与法律》,生活·读书·新知三联书店 2003 年版。

二、中文译著

1. 〔美〕克莱顿·克里斯坦森:《创新者的窘境》,胡建桥译,中信出版社 2021 年版。

2. 〔美〕约瑟夫·E. 斯蒂格利茨:《全球化逆潮》,李杨、唐克、章添香等译,机械工业出版社 2019 年版。

3. 〔德〕克劳斯·施瓦布、〔澳〕尼古拉斯·戴维斯:《第四次工业革命——行动路线图:打造创新型社会》,世界经济论坛北京代表处译,中信出版集团 2018 年版。

4. 〔美〕劳伦斯·莱斯格:《代码 2.0:网络空间中的法律(第 2 版)》,李旭、沈伟伟译,清华大学出版社 2018 年版。

5. 〔德〕乌尔里希·贝克:《风险社会:新的现代性之路》,张文杰、何博闻译,译林出版社 2018 年版。

6. 〔美〕布莱恩·阿瑟:《技术的本质:技术是什么,它是如何进化的》,曹东溟、王健译,浙江人民出版社 2014 年版。

7. 〔美〕约瑟夫·阿洛伊斯·熊彼特:《经济发展理论——对利润、资本、信贷、利息和经济周期的探究》,叶华译,中国社会科学出版社 2009 年版。

8. 〔英〕克里斯·弗里曼、〔葡〕弗朗西斯科·卢桑:《光阴似箭:从工业革命到信息革命》,沈宏亮主译,中国人民大学出版社 2007 年版。

9. 〔美〕罗伯特·克赖特纳、安杰洛·基尼奇:《组织行为学(第 6

版)》,顾琴轩等译,中国人民大学出版社2007年版。

10.〔美〕约翰·霍兰:《涌现:从混沌到有序》,陈禹等译,上海科学技术出版社2006年版。

三、西文著作

1. Helen Nissenbaum, *Privacy in Context: Technology, Policy, and the Integrity of Social Life*, Stanford University Press, 2009.

2. Ian Ayers, John Braithwaite, *Responsive Regulation: Transcending the Deregulation Debate*, Oxford University Press, 1992.

3. David Collingridge, *The Social Control of Technology*, St. Martin's Press, 1980.

四、中文论文

1. 黄正平、黄健:《企业家精神的时代内涵和实践要求》,载《人民论坛》2024年第11期。

2. 齐承水:《如何理解"新质生产力本身就是绿色生产力"》,载《经济学家》2024年第7期。

3. 黄尹旭、杨竹、张超:《数字融通与优化配置:促进新质生产力发展的数字金融法治建构》,载《学习与实践》2024年第7期。

4. 冯果:《以高质量法治助推新质生产力发展》,载《民主与法制》2024年第6期。

5. 莫纪宏:《论新质生产力基础上的"新质民主"与"新质法治"的辩证统一》,载《政治与法律》2024年第6期。

6. 魏鹏举:《作为新质生产力的文化科技融合与人文经济发展》,载《福建论坛(人文社会科学版)》2024年第6期。

7. 王丹丹、杨勃:《碳排放权交易制度对控排企业绿色技术创新的驱动机制研究——基于市场逻辑视角》,载《软科学》2024年第6期。

8. 张永刚:《基于新质生产力的生产要素创新和优化配置》,载《学术界》2024年第5期。

9. 李弦:《数据要素赋能新质生产力的理论逻辑与实践进路——基于马克思劳动过程理论的分析》,载《上海经济研究》2024年第5期。

10. 石佑启、李坤朋:《论新时代实现共同富裕的法治保障》,载《学术研究》2024 年第 4 期。

11. 张占斌、付霞:《深刻把握发展新质生产力的逻辑内涵》,载《广东社会科学》2024 年第 4 期。

12. 张阳:《谁需要数据交易所——治理三边模型的提出》,载《北方法学》2024 年第 4 期。

13. 张素华:《数据资产入表的法律配置》,载《中国法学》2024 年第 4 期。

14. 胡丽文:《统一大市场视域下反垄断事务的共同事权属性及其实施结构》,载《法学家》2024 年第 4 期。

15. 周绍东、张恒:《以区域产业协调的"五大创新机制"推动新质生产力发展》,载《社会科学辑刊》2024 年第 4 期。

16. 宋阔:《新质生产力赋能企业绿色动态能力培育的路径机理》,载《社会科学家》2024 年第 4 期。

17. 郑志峰:《人工智能应用责任的主体识别与归责设计》,载《法学评论》2024 年第 4 期。

18. 鄢浩宇:《企业数据合规的困境纾解与体系构建》,载《华中科技大学学报(社会科学版)》2024 年第 4 期。

19. 史丹、何辉、薛钦源:《数据分类分级制度与数据要素市场化:作用机制、现实困境和推进策略》,载《福建论坛(人文社会科学版)》2024 年第 4 期。

20. 张忠民、张琪:《预防与控制:能源市场准入制度因应"双碳"目标的法律机理》,载《重庆大学学报(社会科学版)》2024 年第 4 期。

21. 胡浩然、宋颜群:《市场激励型环境规制与企业风险承担——以碳排放权交易试点政策为例》,载《当代经济科学》2024 年第 4 期。

22. 翟云、潘云龙:《数字化转型视角下的新质生产力发展——基于"动力—要素—结构"框架的理论阐释》,载《电子政务》2024 年第 4 期。

23. 佟家栋、于博:《新质生产力与高水平对外开放:必要性、一致性与实现路径》,载《国际经济合作》2024 年第 4 期。

24. 张守文:《论在法治轨道上推动经济发展》,载《法学论坛》2024年第3期。

25. 吴汉东:《数据财产赋权:从数据专有权到数据使用权》,载《法商研究》2024年第3期。

26. 孙晋:《借助〈反不正当竞争法〉修订促进新质生产力发展》,载《数字法治》2024年第3期。

27. 王先林:《优化营商环境背景下我国公平竞争制度建设的基本框架》,载《政法论丛》2024年第3期。

28. 黄绍坤:《人工智能训练数据收集的合法性困境与制度建构》,载《荆楚法学》2024年第3期。

29. 袁康:《金融数据治理的分层与耦合》,载《法学杂志》2024年第3期。

30. 刘志彪:《以新型生产关系推动新质生产力发展》,载《理论探索》2024年第3期。

31. 陈伟光、裴丹:《大国产业政策转型下的全球产业治理》,载《天津社会科学》2024年第3期。

32. 秦天宝:《人与自然和谐共生的现代化与环境法的转型》,载《比较法研究》2024年第3期。

33. 张夏恒、刘彩霞:《数据要素推进新质生产力实现的内在机制与路径研究》,载《产业经济评论》2024年第3期。

34. 任保平、巩羽浩:《数字新质生产力推动传统产业新质化的机制与路径》,载《兰州大学学报(社会科学版)》2024年第3期。

35. 张凌寒:《中国需要一部怎样的〈人工智能法〉?——中国人工智能立法的基本逻辑与制度架构》,载《法律科学》2024年第3期。

36. 张琳琳:《以系统观念推进劳动法典编纂》,载《法制与社会发展》2024年第2期。

37. 陈波:《绿色金融标准的法治转型》,载《东方法学》2024年第2期。

38. 张忠民:《能源法的法权构造及其体系展开》,载《政法论丛》2024

年第 2 期。

39. 肖国兴:《能源市场革命与能源规制革命的法律维度》,载《政法论丛》2024 年第 2 期。

40. 张涛:《人工智能治理中"基于风险的方法":理论、实践与反思》,载《华中科技大学学报(社会科学版)》2024 年第 2 期。

41. 洪银兴:《新质生产力及其培育和发展》,载《经济学动态》2024 年第 1 期。

42. 刘金瑞:《"避风港"规则的实践困境与完善路径》,载《云南社会科学》2024 年第 1 期。

43. 刘金瑞:《我国重要数据认定制度的探索与完善》,载《中国应用法学》2024 年第 1 期。

44. 夏杰长、王文凯:《新质生产力赋能服务业高质量发展的着力点与政策建议》,载《价格理论与实践》2024 年第 1 期。

45. 王倩:《论"网约工"劳动权益的数据法保护路径》,载《法学》2023 年第 11 期。

46. 郭如愿:《破除数据要素的交易困境:法律透视与机制重塑》,载《中国流通经济》2023 年第 11 期。

47. 周文、许凌云:《论新质生产力:内涵特征与重要着力点》,载《改革》2023 年第 10 期。

48. 龙勇、宋敏:《全球能源安全大变局下保障我国能源安全的思路与方略》,载《改革》2023 年第 10 期。

49. 韩凤芹、陈亚平:《适应高水平自立自强的科技创新双层治理逻辑与实现路径》,载《中国科技论坛》2023 年第 9 期。

50. 刘雅君、张雅俊:《数据要素市场培育的制约因素及其突破路径》,载《改革》2023 年第 9 期。

51. 张阳:《论我国金融市场基础设施的监管识别》,载《社会科学》2023 年第 9 期。

52. 申卫星:《数据产权:从两权分离到三权分置》,载《中国法律评论》2023 年第 6 期。

53. 包晓丽、杜万里:《数据可信交易体系的制度构建——基于场内交易视角》,载《电子政务》2023年第6期。

54. 贺德方、陈宝明、汤富强:《科技治理体系演变趋势与对策研究》,载《科学学研究》2023年第6期。

55. 李政、廖晓东:《发展"新质生产力"的理论、历史和现实"三重"逻辑》,载《政治经济学评论》2023年第6期。

56. 陈兵、郭光坤:《国家级数据交易平台建设的法治方向及架构——以〈数据二十条〉为中心的解读》,载《法治现代化研究》2023年第6期。

57. 冯果:《资本市场制度型开放的内在机理与法治因应》,载《北京大学学报(哲学社会科学版)》2023年第5期。

58. 郭雳:《精巧规制理论及其在数据要素治理中的应用》,载《行政法学研究》2023年第5期。

59. 王天玉:《数字时代劳动法典的规范构造与篇章体例》,载《吉林大学社会科学学报》2023年第5期。

60. 曹明德:《社会系统论视角下实现碳达峰碳中和目标的法律对策》,载《中国法学》2023年第5期。

61. 胡萧力:《算法决策场景中就业性别歧视判定的挑战及应对》,载《现代法学》2023年第4期。

62. 刘凯:《价格行为规制的法理逻辑——基于整体价格法秩序的视角》,载《法学研究》2023年第4期。

63. 徐伟:《论生成式人工智能服务提供者的法律地位及其责任——以 ChatGPT 为例》,载《法律科学》2023年第4期。

64. 谢增毅:《劳动法典编纂的重大意义与体例结构》,载《中国法学》2023年第3期。

65. 朱晓峰:《数字时代离线权民法保护的解释路径》,载《环球法律评论》2023年第3期。

66. 王显勇:《带薪年休假的法律属性及实施机制》,载《法学》2023年第3期。

67. 战东升:《论劳动法上的工资》,载《法学评论》2023年第3期。

68. 袁曾:《生成式人工智能的责任能力研究》,载《东方法学》2023年第3期。

69. 袁明、张忠民:《绿色低碳发展的法治需求与法典化表达》,载《华中科技大学学报(社会科学版)》2023年第3期。

70. 张文显:《论建构中国自主法学知识体系》,载《法学家》2023年第2期。

71. 涂永前:《论我国劳动法治的现代化与劳动法典的编纂》,载《法学论坛》2023年第2期。

72. 冯辉:《整体主义视野下离职竞业限制违约金的法律治理》,载《清华法学》2023年第2期。

73. 王天玉:《平台用工的"劳动三分法"治理模式》,载《中国法学》2023年第2期。

74. 杨春桃:《"双碳"目标下中国低碳能源法律制度创新研究》,载《广西社会科学》2023年第2期。

75. 蓝寿荣:《消法视角下的电子商务平台安全保障义务》,载《政法论丛》2023年第2期。

76. 习近平:《新发展阶段贯彻新发展理念必然要求构建新发展格局》,载《求是》2022年第17期。

77. 赵鹏、谢尧雯:《科技治理的伦理之维及其法治化路径》,载《学术月刊》2022年第8期。

78. 袁康、鄢浩宇:《数据分类分级保护的逻辑厘定与制度构建——以重要数据识别和管控为中心》,载《中国科技论坛》2022年第7期。

79. 梅夏英:《数据交易的法律范畴界定与实现路径》,载《比较法研究》2022年第6期。

80. 张吉豫:《数字法理的基础概念与命题》,载《法制与社会发展》2022年第5期。

81. 张守文:《要素市场化配置的经济法调整》,载《当代法学》2022年第5期。

82. 赵鹏:《科技治理"伦理化"的法律意涵》,载《中外法学》2022年第5期。

83. 孙晋:《规制变革理论视阈下公平竞争审查制度法治化进阶》,载《清华法学》2022年第4期。

84. 冯果、刘汉广:《互联网平台治理的生态学阐释与法治化进路》,载《福建论坛(人文社会科学版)》2022年第4期。

85. 李晓珊:《数据产品的界定和法律保护》,载《法学论坛》2022年第3期。

86. 李勇坚:《数据要素的经济学含义及相关政策建议》,载《江西社会科学》2022年第3期。

87. 许身健:《行政性垄断的概念构造及立法完善——基于〈反垄断法(修正草案)〉的分析》,载《行政法学研究》2022年第3期。

88. 袁康、鄢浩宇:《包容审慎视角下数据竞争法律制度的理念调适与范式革新》,载《北京邮电大学学报(社会科学版)》2022年第3期。

89. 丁晓东:《数据交易如何破局——数据要素市场中的阿罗信息悖论与法律应对》,载《东方法学》2022年第2期。

90. 李东方:《存托凭证投资者权益保护制度的特殊性及其完善——兼论我国现行存托凭证制度的完善》,载《法学评论》2022年第3期。

91. 杨浩楠:《共享经济背景下我国劳动关系认定标准的路径选择》,载《法学评论》2022年第2期。

92. 秦天宝:《整体系统观下实现碳达峰碳中和目标的法治保障》,载《法律科学》2022年第2期。

93. 张文显:《论中国式法治现代化新道路》,载《中国法学》2022年第1期。

94. 王伟:《平台扼杀式并购的反垄断法规制》,载《中外法学》2022年第1期。

95. 齐延平:《数智化社会的法律调控》,载《中国法学》2022年第1期。

96. 丁晓东:《基于信任的自动化决策:算法解释权的原理反思与制

度重构》,载《中国法学》2022年第1期。

97. 钟维:《基于价格影响的期货市场操纵规制理论:反思与重构》,载《法学研究》2022年第1期。

98. 许可:《算法规制体系的中国建构与理论反思》,载《法律科学》2022年第1期。

99. 沈建峰:《劳动法上休假的法学构造与谱系》,载《法学》2021年第10期。

100. 刘志彪、孔令池:《从分割走向整合:推进国内统一大市场建设的阻力与对策》,载《中国工业经济》2021年第8期。

101. 李仁真、杨凌:《监管尊从:跨境证券监管合作新机制》,载《证券市场导报》2021年第7期。

102. 孙晋:《数字平台的反垄断监管》,载《中国社会科学》2021年第5期。

103. 张永亮:《金融科技视阈下金融基础设施域外适用的法治保障》,载《法治研究》2021年第5期。

104. 殷继国:《互联网平台封禁行为的反垄断法规制》,载《现代法学》2021年第4期。

105. 孙晋:《公平竞争原则与政府规制变革》,载《中国法学》2021年第3期。

106. 贺丹、唐娅华:《中国绿色服务政策演进、协同及文本内容分析》,载《中国环境管理》2021年第3期。

107. 李晓辉:《算法商业秘密与算法正义》,载《比较法研究》2021年第3期。

108. 袁康:《可信算法的法律规制》,载《东方法学》2021年第3期。

109. 钟维:《欺诈理论与期货市场操纵二元规制体系》,载《清华法学》2021年第3期。

110. 冯果:《整体主义视角下公司法的理念调适与体系重塑》,载《中国法学》2021年第2期。

111. 陈兵、赵秉元:《数据要素市场高质量发展的竞争法治推进》,载

《上海财经大学学报》2021年第2期。

112. 张凌寒:《数据生产论下的平台数据安全保障义务》,载《法学论坛》2021年第2期。

113. 段宏磊:《竞争政策适用于国有企业的限度与法制重构》,载《西南民族大学学报(人文社会科学版)》2021年第2期。

114. 冯果、张阳:《不能忽视的债券市场分层:基于破解市场流动性困局的思考》,载《华东政法大学学报》2021年第2期。

115. 张守文:《数字经济与经济法的理论拓展》,载《地方立法研究》2021年第1期。

116. 谢增毅:《远程工作的立法理念与制度建构》,载《中国法学》2021年第1期。

117. 刘金瑞:《数据安全范式革新及其立法展开》,载《环球法律评论》2021年第1期。

118. 冷静:《超越审计纠纷:中概股危机何解?》,载《中国法律评论》2021年第1期。

119. 许可:《自由与安全:数据跨境流动的中国方案》,载《环球法律评论》2021年第1期。

120. 杨蓉:《从信息安全、数据安全到算法安全——总体国家安全观视角下的网络法律治理》,载《法学评论》2021年第1期。

121. 李有星、潘政:《论中概股危机下中美跨境审计监管合作》,载《证券市场导报》2020年第10期。

122. 田杰棠、刘露瑶:《交易模式、权利界定与数据要素市场培育》,载《改革》2020年第7期。

123. 闫冬:《社会化小生产与劳动法的制度调适》,载《中外法学》2020年第6期。

124. 汪庆华:《算法透明的多重维度和算法问责》,载《比较法研究》2020年第6期。

125. 张江莉、张镭:《互联网"平台封禁"的反垄断法规制》,载《竞争政策研究》2020年第5期。

126. 唐彬彬:《跨境电子数据取证规则的反思与重构》,载《法学家》2020年第4期。

127. 苏宇:《算法规制的谱系》,载《中国法学》2020年第3期。

128. 洪银兴:《实现要素市场化配置的改革》,载《经济学家》2020年第2期。

129. 刘权:《网络平台的公共性及其实现——以电商平台的法律规制为视角》,载《法学研究》2020年第2期。

130. 时建中:《共同市场支配地位制度拓展适用于算法默示共谋研究》,载《中国法学》2020年第2期。

131. 许多奇:《论跨境数据流动规制企业双向合规的法治保障》,载《东方法学》2020年第2期。

132. 邓峰:《公司合规的源流及中国的制度局限》,载《比较法研究》2020年第1期。

133. 沈岿:《数据治理与软法》,载《财经法学》2020年第1期。

134. 孙莹:《人工智能算法规制的原理与方法》,载《西南政法大学学报》2020年第1期。

135. 杜宇玮:《高质量发展视域下的产业体系重构:一个逻辑框架》,载《现代经济探讨》2019年第12期。

136. 李晓华:《数字经济新特征与数字经济新动能的形成机制》,载《改革》2019年第11期。

137. 王天玉:《互联网平台用工的合同定性及法律适用》,载《法学》2019年第10期。

138. 沈伟伟:《算法透明原则的迷思——算法规制理论的批判》,载《环球法律评论》2019年第6期。

139. 张欣:《从算法危机到算法信任:算法治理的多元方案和本土化路径》,载《华东政法大学学报》2019年第6期。

140. 周辉:《算法权力及其规制》,载《法制与社会发展》2019年第6期。

141. 王道发:《电子商务平台经营者安保责任研究》,载《中国法学》

2019年第6期。

142. 陈晓敏:《论电子商务平台经营者违反安全保障义务的侵权责任》,载《当代法学》2019年第5期。

143. 刘乃梁:《包容审慎原则的竞争要义——以网约车监管为例》,载《法学评论》2019年第5期。

144. 王全兴、刘琦:《我国新经济下灵活用工的特点、挑战和法律规制》,载《法学评论》2019年第4期。

145. 张凌寒:《算法权力的兴起、异化及法律规制》,载《法商研究》2019年第4期。

146. 范健:《制度竞争下的中国公司法改革》,载《法治研究》2019年第3期。

147. 张凌寒:《算法规制的迭代与革新》,载《法学论坛》2019年第2期。

148. 薛晗:《中国存托凭证制度的规制逻辑与完善路径》,载《中国政法大学学报》2019年第2期。

149. 蒋大兴:《〈商法通则〉/〈商法典〉总则的可能体系——为什么我们认为"七编制"是合适的》,载《学术论坛》2019年第1期。

150. 王利明:《数据共享与个人信息保护》,载《现代法学》2019年第1期。

151. 冯辉:《公共产品供给型监管:再论金融监管的理念变革与法制表达》,载《政治与法律》2018年第12期。

152. 冯果、张阳:《商事交易场所的类型化检视及多层次架构——从场内衍生品交易规制边界突破》,载《法学》2018年第8期。

153. 贺明华、梁晓蓓:《共享平台制度机制能促进消费者持续共享意愿吗?——共享平台制度信任的影响机理》,载《财经论丛》2018年第8期。

154. 鲁晓明:《从家户并立到家庭统摄——我国民事法上家户制度的问题与出路》,载《法商研究》2018年第5期。

155. 张守文:《体制改革与经济法的关联性考察》,载《北京大学学报

(哲学社会科学版)》2018年第5期。

156. 阳镇:《平台型企业社会责任:边界、治理与评价》,载《经济学家》2018年第5期。

157. 冯果:《债券市场的主体培育:目标、进路与法制变革》,载《政法论丛》2018年第3期。

158. 王晓晔:《论相关市场界定在滥用行为案件中的地位和作用》,载《现代法学》2018年第3期。

159. 许多奇:《个人数据跨境流动规制的国际格局及中国应对》,载《法学论坛》2018年第3期。

160. 冯洁语:《人工智能技术与责任法的变迁——以自动驾驶技术为考察》,载《比较法研究》2018年第2期。

161. 唐应茂:《"一带一路"背景下熊猫债结构性问题的制度出路》,载《法学》2018年第2期。

162. 周汉华:《探索激励相容的个人数据治理之道——中国个人信息保护法的立法方向》,载《法学研究》2018年第2期。

163. 冯果:《略论经济法在风险社会中的适应性》,载《经济法论丛》2018年第1期。

164. 吴泓:《信赖理念下的个人信息使用与保护》,载《华东政法大学学报》2018年第1期。

165. 苏力:《历史中国的经济构成与整合》,载《求索》2017年第7期。

166. 冯果、段丙华:《债券违约处置的法治逻辑》,载《法律适用》2017年第7期。

167. 吴汉东:《人工智能时代的制度安排与法律规制》,载《法律科学》2017年第5期。

168. 孙晋、钟原:《竞争政策视角下我国公平竞争审查豁免制度的应然建构》,载《吉首大学学报(社会科学版)》2017年第4期。

169. 曹阳:《互联网平台提供商的民事侵权责任分析》,载《东方法学》2017年第3期。

170. 赵鹏:《超越平台责任:网络食品交易规制模式之反思》,载《华东政法大学学报》2017 年第 1 期。

171. 张金平:《跨境数据转移的国际规制及中国法律的应对——兼评我国〈网络安全法〉上的跨境数据转移限制规则》,载《政治与法律》2016 年第 12 期。

172. 洪银兴:《以创新的经济发展理论阐释中国经济发展》,载《中国社会科学》2016 年第 11 期。

173. 梅夏英:《数据的法律属性及其民法定位》,载《中国社会科学》2016 年第 9 期。

174. 秦国荣:《劳动法上用人单位:内涵厘定与立法考察》,载《当代法学》2015 年第 4 期。

175. 刘连泰:《信息技术与主权概念》,载《中外法学》2015 年第 2 期。

176. 陈甦:《构建法治引领和规范改革的新常态》,载《法学研究》2014 年第 6 期。

177. 张守文:《政府与市场关系的法律调整》,载《中国法学》2014 年第 5 期。

178. 孙南申、彭岳:《证券融资市场开放与境内投资者法律保护》,载《上海财经大学学报》2014 年第 5 期。

179. 刘权:《目的正当性与比例原则的重构》,载《中国法学》2014 年第 4 期。

180. 高秦伟:《论行政法上的第三方义务》,载《华东政法大学学报》2014 年第 1 期。

181. 李沫:《协商性监管的挑战与应对》,载《社会主义研究》2012 年第 6 期。

182. 丰霏:《法律治理中的激励模式》,载《法制与社会发展》2012 年第 2 期。

183. 李沫:《激励型监管的行政法思考》,载《政治与法律》2009 年第 10 期。

184. 方纯:《法律的激励机制及其实现条件》,载《广西民族学院学报(哲学社会科学版)》2006 年第 4 期。

185. 詹国彬:《从管制型政府到服务型政府——中国行政改革的新取向》,载《江西社会科学》2003年第6期。

186. 周佑勇:《行政法基本原则的反思与重构》,载《中国法学》2003年第4期。

187. 余凌云:《论行政法上的比例原则》,载《法学家》2002年第2期。

188. 付子堂:《法律的行为激励功能论析》,载《法律科学》1999年第6期。

五、西文论文

1. Mihailis E. Diamantis, "Vicarious Liability for AI", 99 *Indiana Law Journal* 317-334(2023).

2. Johanna Chamberlain, "The Risk-Based Approach of the European Union's Proposed Artificial Intelligence Regulation: Some Comments from a Tort Law Perspective", 14 *European Journal of Risk Regulation* 1-13(2023).

3. Keri Grieman, Joseph Early, "A Risk-Based Approach to AI Regulation: System Categorisation and Explainable AI Practices", 20 *SCRIPTed* 56-88(2023).

4. Béatrice Schütte, Lotta Majewski, "Private Liability for AI-Related Harm: Towards More Predictable Rules for the Single Market", 6 *Market and Competition Law Review* 123-130(2022).

5. Gerhard Schnyder, Mathias Siems and Ruth V. Aguilera, "Twenty Years of 'Law and Finance': Time to Take Law Seriously", 19 *Socio-Economic Review* 377-406(2021).

6. Fengliang Jin, "The Challenges of Applying Turnover Threshold to the Sharing Economy for Control of Concentrations Between Undertakings in China", 35 *Computer Law & Security Review* 59-68(2019).

7. Cynthia Rudin, "Stop Explaining Black Box Machine Learning Models for High Stakes Decisions and Use Interpretable Models Instead", 1 *Nature Machine Intelligence* 206-215(2019).

8. MegLeta Jones, "Does Technology Drive Law? The Dilemma of Techno-

logical Exceptionalism in Cyberlaw", 2 *Journal of Law, Technology & Policy* 249-284(2018).

9. W. Nicholson Price II, "Regulating Black-Box Medicine", 116 *Michigan Law Review* 421-474(2017).

10. Shoshana Zuboff, "Big Other: Surveillance Capitalism and the Prospects of an Information Civilization", 30 *Journal of Information Technology* 75-89(2015).

11. Annabelle Gawer, "Bridging Differing Perspectives on Technological Platforms: Toward and Integrative Framework", 43 *Research Policy* 1239-1249 (2014).

12. Nicholas Calcina Howson, Vikramaditya S. Khanna, "Reverse Cross-Listings: The Coming Race to List in Emerging Markets and an Enhanced Understanding of Classical Bonding", 47 *Cornell International Law Journal* 607-629(2014).

13. Julie E. Cohen, "What Privacy Is For", 126 *Harvard Law Review* 1904-1933(2013).

14. Elinor Ostrom, "Beyond Markets and States: Polycentric Governance of Complex Economic Systems", 100 *The American Economic Review* 641-672 (2010).

15. Oliver Hart, Bengt Holmstrom, "A Theory of Firm Scope", 125 *The Quarterly Journal of Economics* 483-513(2010).

16. Chang-Tai Hsieh, Peter J. Klenow, "Misallocation and Manufacturing TFP in China and India", 124 *The Quarterly Journal of Economics* 1403-1448 (2009).

17. Katharina Pistor, "Rethinking the 'Law and Finance' Paradigm", 2009 *Brigham Young University Law Review* 1647-1670(2009).

18. Lori Snyder Bennear, "Are Management-Based Regulations Effective? Evidence from State Pollution Prevention Programs", 26 *Journal of Policy Analysis and Management* 327-348(2007).

19. Tobias H. Troger, "Corporate Governance in a Viable Market for Secondary Listings", 10 *University of Pennsylvania Journal of Business Law* 89-185(2007).

20. Andrew P. Cortell, James W. Davis, "Understanding the Domestic Impact of International Norms: A Research Agenda", 2 *International Studies Review* 65-87(2000).

21. Beth A. Simmons, "International Law and State Behavior: Commitment and Compliance in International Monetary Affairs", 94 *American Political Science Review* 819-835(2000).

22. Rafael La Porta, Florencio Lopez-de-Silanes and Andrei Shleifer et al., "Investor Protection and Corporate Governance", 58 *Journal of Financial Economics* 3-27(2000).

23. Rafael La Porta, Florencio Lopez-de-Silanes and Andrei Shleifer et al., "Law and Finance", 106 *Journal of Political Economy* 1113-1155(1998).

24. J. Stacy Adams, "Toward an Understanding of Inequity", 67 *Journal of Abnormal & Social Psychology* 422-436(1963).

六、报纸

1. 胡曼:《促进型立法如何起到"促进"作用》,载《学习时报》2024年3月27日,第A3版。

2. 习近平经济思想研究中心:《新质生产力的内涵特征和发展重点》,载《人民日报》2024年3月1日,第9版。

3. 曾金华:《财政优化资源支持科技创新》,载《经济日报》2024年2月19日,第7版。

4. 《习近平在中共中央政治局第十一次集体学习时强调 加快发展新质生产力 扎实推进高质量发展》,载《人民日报》2024年2月2日,第1版。

5. 习近平:《敏锐把握世界科技创新发展趋势 切实把创新驱动发展战略实施好》,载《人民日报》2013年10月2日,第1版。

6. 熊丙奇:《推进高校科研院所薪酬制度改革正当其时》,载《光明日报》2023年7月24日,第2版。

7. 石长慧、张文霞:《完善激励机制,激发创新活力》,载《科技日报》2023年2月20日,第8版。

8. 陈丽君:《如何迎接新一轮全球人才竞争》,载《光明日报》2021年2月21日,第7版。

关键词索引

A

安全 11,28,30,121,238,283-284,287,292-297,300-303,323-329,349,368-369,372,385-396,398-404

安全审查 27,400-401

B

包容审慎 75,327

本土主义 197

必要条件 17,42,341

C

产品和服务安全 292-293,323-324

产业数字化 273,275-277,345

持续性技术创新 275

传统产业绿色化转型 204-205,218,234,251

促进型权益 84-86,91,93

D

地方保护主义 21,42,173,194,346

多元共治 265-266,330

E

扼杀式并购 290-292,319,321-323

F

发展型权益 84,91

法律重要性假设 351

防范和预警机制 353

风险的基本样态 386

风险防控 385

风险应对 11

负面清单制度 33,340

G

概念 92,99,125,155,249,338,340,347,378

高水平对外开放 12-13,338,341,344

公平竞争 34,40,123-125,189-192,247,366-367

公平竞争审查 34,190-191,366-367

国际参与机制 355

H

核心特征 8-9,225,275,366

后设监管 332,335-337

后物质时代 62

回应型司法 56

J

基本概念 99

基本内涵 58,155,205,340,342

基础设施 27,354,357,362-363,393,403

基准型权益 84,91-92

集体型权益 85,91-93

集约型投入 274

技术安全 282-284,294

技术标准 43

技术行为的法律规范 301

技术要素 50,160-162,170,175,178,346

技术责任 268,310

技术正义 268,306

监管合作 367,379,381-382

金融安全 386-387,400-401

竞争政策 34,191

K

科技成果的商品化 23

科技革命 2,100-102,111,155,391

科技金融 24,161

科学技术进步法 22-23,107,126-127,129-130,132,138

科技伦理 29-30

科技伦理规范和标准 30,132

科技伦理审查和监管制度 30

跨境风险 349

跨境人才流动机制 364

跨境融资工具 357-358,360

跨境审计监管 367

跨境数据审查 368

L

劳动禀赋 44,48,58-59,61-70,80,88

劳动禀赋提升 65,83

劳动禀赋优化升级的历史逻辑 59

劳动纠纷解决机制

劳动力要素 49,159,162-164,178

劳动资料的算法化 75

离线权 67-68,84-85,92

灵活用工 60,67,77

绿色低碳产业及其供应链 204,212,234,247,250,252

绿色服务业 204,209,212,234,239-240

绿色化 25,204-207,209-252,255-266

绿色能源产业 204,212,234,243,252

绿色生产力 102,158,198,204-210

绿色制造业 204,209,212,234,252

M

命令强制型监管模式 294,298-299,332,334

N

能效性 280

能源安全 245,386,400

P

平台安全 325-326
平台安全保障义务 325-326
平台封禁 290-291,319,321
平台经营者 21,291
平台滥用市场支配地位 21
平台用工的法律制度 88

Q

侵入型立法 373
全国统一大市场 90,171-173,189

R

人才评价的法律制度 94
人才型劳动者 72
柔性监管 332-335

S

生产要素定价 181,195
生产要素交易场所 185
生产要素市场 162-164,166,174-178
市场准入制度 33,346
数据安全 27,268,283-284,332,403
数据保护 364,393
数据分类分级保护制度 301-302
数据合规 303-306
数据跨境 38,403
数据确权 51,179-180
数据要素 6,50,63,78,108,156,159,
162,164,168,170-171,178,184,192-193,269-270,276,279,301
数字产业化 273,275-277,339,345
数字化垄断协议 291,319,321
数字平台权力 289,315
算法偏见 21,30

T

碳足迹 222,230,250
提出背景 2
通用目的技术 275,279-280
土地 45,49,78,154,159,163,199,269-270

W

外国人才 73,82
网络安全 392,402
网络强国 26
网络数据安全 292-293,297,324
网络数据监管 37

X

新质劳动资料 278
行政垄断 42
信息内容安全 292-294
信用法律制度 34

Y

要素安全 301
要素产权 167,179
营商环境 32,348,363,366

Z

战略性新兴产业 11,31,156-157,201,345-346
政府定价 195-196
知识产权保护 47,55,147,365
制度竞争 349,351,353
制度型开放 14,27-28,340-341,347-349
制度移植 376
制度引领 350,383
准行政权 288-289,315-317
准立法权 287-289,315
准司法权 288-289,318
资本 14,78,199,357,397
作为新型劳动对象的数据 80